普通高等教育"十三五"经济与管理类专业核心课程规划教材

人力资源开发与管理

主编 杨睿娟

主审 苏列英

罗 静

西安交通大学出版社
XI'AN JIAOTONG UNIVERSITY PRESS

国 家 一 级 出 版 社
全国百佳图书出版单位

内容提要

本书系统介绍了人力资源开发与管理的基础理论、方法和工具,分析了大数据、人工智能和物联网的发展对人力资源开发与管理的影响。书中列举的符合我国国情并充分反映当前人力资源开发与管理实践的大量典型案例,既有理论上的前瞻性和创造性,又有实践上的适用性和可操作性。全书分为10章,各章开始均列出了本章要点,并以案例教学为导向,引领读者带着问题进行学习,突出了人力资源开发与管理的实践性,同时为了便于读者理解教材内容,每章后面都配有思考题和案例分析。

本书主要适用于工商管理大类的本科生教学,也可供其他相关专业的本科生、研究生以及人力资源管理工作者阅读和参考。

图书在版编目(CIP)数据

人力资源开发与管理/杨睿娟主编. —西安:西安交通大学出版社,2019.8
普通高等教育"十三五"经济与管理类专业核心课程规划教材
ISBN 978-7-5693-1288-1

Ⅰ.①人… Ⅱ.①杨… Ⅲ.①人力资源开发-高等学校-教材
②人力资源管理-高等学校-教材 Ⅳ.①F241

中国版本图书馆 CIP 数据核字(2019)第 169765 号

书　　名	人力资源开发与管理
主　　编	杨睿娟
责任编辑	魏照民　崔永政
出版发行	西安交通大学出版社
	(西安市兴庆南路 1 号　邮政编码 710048)
网　　址	http://www.xjtupress.com
电　　话	(029)82668357　82667874(发行中心)
	(029)82668315(总编办)
传　　真	(029)82668280
印　　刷	陕西思维印务有限公司
开　　本	787mm×1092mm　1/16　印张 21.625　字数 540 千字
版次印次	2019 年 9 月第 1 版　2019 年 9 月第 1 次印刷
书　　号	ISBN 978-7-5693-1288-1
定　　价	49.80 元

如发现印装质量问题,请与本社发行中心联系、调换。
订购热线:(029)82665248　(029)82665249
投稿热线:(029)82668133
读者信箱:xj_rwjg@126.com

普通高等教育"十三五"经济与管理类专业核心课程规划教材

编写委员会

总 主 编：汪应洛（中国工程院院士）

编委会委员（按姓氏笔画排序）：

马治国　王文博　邓晓兰　孙林岩

冯宗宪　冯　涛　刘炳南　刘　儒

李　成　李　琪　张　禾　张俊瑞

张晓明　杨睿娟　赵西萍　郭根龙

相里六续　郝渊晓　袁治平　董安邦

魏　玮

策　　　划：魏照民

书链二维码使用及学习卡绑定说明

本书各章配套了丰富的案例和课后习题,为了便于学习,配置了相应的二维码和学习卡号。购买正版图书的读者用手机等移动设备扫描二维码并绑定学习卡号后即可免费获取图书配套资源。使用中需保持手机等移动设备的网络畅通。具体使用方法如下:

1. 扫描二维码。

扫描方式有以下两类:

(1)通过"书链"APP扫描:

①手机或其他移动设备下载并安装"书链"APP(在手机浏览器页面或者应用市场均可搜索)。

②点击运行手机上安装的书链APP,进入首页后点击右上角的扫描图标,出现"二维码/条形码"扫描框。

③按照手机画面提示,将图书上的二维码放入扫码框内即可自动扫描。

(2)通过微信"扫一扫"扫描:

①手机下载并安装"微信"APP(在手机浏览器页面或者应用市场均可搜索)。

②依次在手机上点击微信、发现、扫一扫,出现"二维码/条形码"扫描框。

③按照手机画面提示,将图书上的二维码放入扫码框内即可自动扫描。

2. 绑定学习卡。

(1)二维码扫描成功,自动加载后出现提示"绑定学习卡即可学习所有内容",点击对话框右下方的"去绑定"。

(2)在跳转出现的页面中输入学习卡号,再点击"绑定"按钮,即可实现绑定。

(3)绑定后即可浏览丰富的扩展资源。

特别说明:

学习卡一书一码,一个号码只能绑定一次,绑定后永久有效,微信和书链APP的账户不通用,请选择自己最常用的方式绑定。

前言 Perface

天下事莫不成于才，"尊重劳动、尊重知识、尊重人才"是我国的长期方针。习近平总书记明确指出：治国之要，首在用人。当今世界的综合国力竞争，归根到底是人才竞争，人才是推动经济社会发展的战略性资源。要在全球激烈竞争的形势下获得发展，必须"聚天下英才而用之"，创新人力资源开发与管理的理念、模式和方法。无论是公共部门，还是私营部门，都必须充分激发每个员工的积极性、主动性、创造性，挖掘组织潜能，引领组织内涵式发展。不仅仅是人力资源管理专业工作人员，其他管理部门的领导者和工作者也有必要了解人力资源开发与管理的理念与方法。

近二十多年来，人力资源管理专业在我国蓬勃发展，人力资源开发与管理已经从人力资源管理专业的核心课程发展为工商管理、经济管理和公共管理的专业平台课程。1998 年，教育部颁布的《普通高等学校本科专业目录》在管理学门类的工商管理一级学科中设置了二级学科专业——人力资源管理；1999 年，全国 37 所高等院校开设了人力资源管理本科专业；截至 2018 年，我国已有 460 所本科院校、180 所专科院校开设了人力资源管理专业，多数设置在经济管理学院或公共管理学院，是在劳动经济、劳动保障、行政管理、企业管理、心理学等专业基础上发展起来的。《人力资源开发与管理》教材也出现了多个版本，按使用方向划分，分为 7 大类：①适用于人力资源管理专业的教材，专业性很强，侧重于理论与工具；②公共管理专业的教材侧重公共部门人力资源开发与管理；③劳动保障专业的教材侧重劳动经济分析和社会保障方面的知识；④面向 MBA 和有工作经验的在职人员的教材，更注重实践性；⑤高职高专教材侧重人力资源管理的实务操作技能；⑥适合于成人自学考试和应试的教材则以基础知识介绍为主。在教材编写和教学资源开发方面，很多学者做了大量有益的探索，但是仍旧缺乏反映中国人力资源开发与管理情景和发展趋势并适合工商管理大类本科生教学的教材。

对于中国来讲,在人力资源开发与管理方面,需要解决以下三个方面的问题:①建立适合中国本土的创新型人力资源开发与管理的理论、方法和模式;②形成与高质量发展的时代要求相匹配的人力资源开发与管理的理念和知识;③总结和传播本土企业在实践中形成的极具中国特色又符合国际发展趋势的人力资源开发与管理实践。这些问题需要长期研究和实践,不是一本教材能够承担的重任,呈现在读者面前的这本教材,在这些方面进行了探索。

本教材系统介绍了人力资源开发与管理的基础理论、方法和工具,分析了大数据、人工智能和物联网的发展对人力资源开发与管理的影响,编写了反映人力资源开发与管理实践的时效性强的案例,既有理论上的先进性、创造性,又有实践上的适用性和可操作性,同时充分考虑到中国国情。全书分为 10 章,包括人力资源开发与管理概述、人力资源战略管理、工作分析、人力资源规划、员工招聘、员工培训与开发、职业生涯规划与管理、绩效管理、薪酬管理和劳动关系等内容。本教材以案例教学为导向,突出了人力资源开发与管理的实践性,同时为了便于读者理解,每一章的开始部分均列出了本章要点,并以引导案例起始,引领读者带着问题进行学习,每章后面的思考题、案例分析和案例讨论都有助于进一步理解教材内容。本教材的主要特色为:①吸收了近年来最新的学术和应用研究的成果,时效性强。②案例的原始素材来自编写者的企业咨询项目和知名公司官网,具有一定的原创性。在案例编写过程中,尽量立足于中国的管理情景,增强了案例的实践价值。本教材主要适用于工商管理大类的本科生教学,也可供其他相关专业的本科生、研究生以及人力资源管理工作者阅读和参考。

本教材由杨睿娟主编,苏列英、罗静主审,张晓超、张优智、王翎力制作配套教学资源。感谢齐宝华、宋佳乐、张思宇、施成立在资料收集和初稿整理中所做的工作。我国的人力资源开发与管理的实践发展速度很快,理论已经滞后于实践发展的速度,尽管我们希望能够尽量系统反映人力资源开发与管理的理论与实践进展,但难免会有疏漏之处,恳请各位专家、学者、管理者和广大师生批评指正。

编 者

2019 年 5 月

目录 Contents

第10章　劳动关系

参考文献

第1章　人力资源开发与管理概述

本章要点

○人力资源、人力资本的界定
○人力资源与经济社会发展的关系
○人力资源开发与管理的内容
○人力资源开发与管理的发展趋势
○人力资源开发与管理面临的挑战

引导案例

海底捞——独具特色的人力资源管理

"海底捞"创建于1994年,始终奉行"服务至上,顾客至上"的经营理念,以周到、贴心、个性化的服务,赢得广泛赞誉。经过二十多年的发展,海底捞在世界各地经营着400多家门店,拥有50000余名员工,成为以卓越服务著称的服务行业知名品牌。2018年9月26日,海底捞在港交所上市。

海底捞的成功源于其极致的"服务",贴心服务使海底捞在众多火锅餐饮品牌中脱颖而出,赢得了消费者的心理认可。海底捞是如何让员工具有主动服务意识的呢? 人力资源开发与管理发挥了重要作用。多数餐饮企业,学习的大多是以麦当劳和肯德基为代表的管理体系。该体系的突出特点是流程化、标准化,有着一系列的流程和制度,为了使这些流程和制度能够实施,又需要更多的流程和制度去规范和约束,管理层级多,容易形成官僚主义和形式化。海底捞的管理团队认为层层管控的人力资源管理体系不适合服务行业,特别是餐饮行业。经过多年的实践探索,海底捞摸索出了适合自己发展的人力资源开发与管理体系。

海底捞的员工招聘"举贤不避亲",提倡内部推荐,员工大部分都是老乡、同学、朋友甚至夫妻,员工之间认同感较强,相互监督,共同承担责任,营造了良好的氛围,增强了员工的归属感。在员工的培训方面,采用了传统的师徒制,不仅强调一对一进行培训,而且将"徒弟"的绩效纳入"师傅"的薪酬体系,落实了培训责任,增强了培训效果,具有鲜明的中国传统文化特色。

在吸纳传统文化优秀元素的同时,海底捞也积极将未来元素融入其经营管理中,努力探索从劳动密集型向技术密集型转变,历时3年打造了全球首家智慧火锅餐厅。从配菜、出菜到上菜环节都进行了人工智能化改造,全程都由机器人来完成服务,节约近37%的人力成本,理想状态下,从下单到送餐的整个过程最快仅2分钟就可完成。在餐饮行业,率先开始了对人工智能技术的探索和对新时代的追求。

人力资源开发与管理既需要传承优秀传统文化,又需要直面未来。那么,究竟什么是人力资源开发与管理? 它在组织发展中有什么意义? 发挥什么作用? 又将面临什么挑战呢? 希望您通过本章的学习,能够清晰回答以上问题。

1.1 人力资源及相关概念

无论是自然活动还是社会活动都需要投入各种资源。资源是可以被开发和利用的物质、能量和信息的总称,广泛存在于自然界和人类社会中,主要包括五类,即人、财、物、信息、时间。这五类资源又可分为"人"与"物"两大类。财、物、信息、时间都可视为"物"类,它们具有机械性,服从简单的物理性规律,易于界定和测量。"人"则是受多种因素的复杂规律制约,包括感情的、心理的、价值观的因素,是难以预计、界定和测量的。

1.1.1 人力资源的界定

人力资源(human resource)的概念可以追溯到1912年,康芒斯(John R. Commons)在其著作《产业信誉》和《产业政府》中采用了"human resource",但经历了近百年的发展后,人力资源已经有了新的含义。

1. 人力资源的内涵

从一般意义来讲,人力资源是指储存在人体内的,能按一定要求完成工作的体能和智能资源。这些体能和智能由人的感知、气质、性格、兴趣、动机、态度、能力等各种素质和知识、技能综合构成,通过先天遗传和后天教育过程而形成,也包括由人构成团体乃至整个组织时所产生的整体特性和效力,构成完成特定工作或活动所需要的基础,决定了完成工作或活动的质量和速度,体现为质量和数量的统一。随着生产力的社会化程度越来越高,不同个体的体力和智力的协同作用对整体的人力资源的发展起到非常重要的作用。因而,人力资源还应包括人际交往能力,即情商。在生产全球化发展的今天,人力资源指人所具有的对价值创造起贡献作用并且能够被组织所利用的体力、脑力和情商的总和。如果从现实的应用形态来看,则包括体质、智力、知识和技能四个方面。同时,从广义的、可操作的角度分析,人力资源是指能够推动整个经济和社会发展、具有劳动能力且有劳动机会的人口总和。

人力资源的内涵主要包括:

①人力资源是脑力、体力和情感的综合,人所具有的体力资源,如身高、力量、柔韧性以及人所具有的智力资源,如记忆力、逻辑推理能力、计算能力以及人际交往能力、亲和力等都是人力资源作用的充分体现;

②人力资源是各种能够创造价值的能力的总和,其作用体现在创造精神财富、物质财富及对经济社会发展的贡献;

③人力资源包含质与量两个方面,是质量与数量的有机结合。

2. 人力资源的数量与质量

人力资源作为社会财富形成的基本要素,具有质的规定和量的要求,无论是国家、地区,还是组织的人力资源,都需要从质量和数量两个方面进行分析。

(1)人力资源的数量。从广义的角度理解人力资源的数量,包括现实的人力资源和潜在的人力资源。我们可以根据一个国家具有劳动能力的人口数量加以统计。实践中,各国根据本国的实际情况依据劳动年龄划分劳动能力人口,可计量出包括潜在的、现实的人力资源数量。我国现行的劳动年龄规定为男性16～60岁,女性16～55岁。人力资源数量构成如图1-1所示。由图1-1可知,潜在的人力资源数量由适龄就业人口、未成年就业人口、老年就业人口、失业人口和暂不参加就业的其他人口构成,而现实的人力资源数量则由适龄就业人口、未成年就业人口、老年就业人口数量构成。人力资源的数量构成是受到多种因素影响的结果。

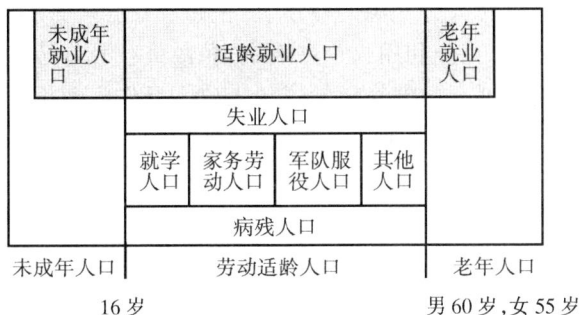

图1-1 人力资源数量构成

①人口总量,包括人口再生产过程。持续不断的人口生产和再生产过程,积累起一定时期、地域的人口总量,人口总量的多少决定了可供给人力资源数量的多少。人口总量的变动受到人口基数与人口自然增长率两个因素的影响,自然增长率又取决于人口的出生率和死亡率两个因素。

②人口的年龄结构,指一定时点、一定地区各年龄组人口在全体人口中的比重,又称人口年龄构成。人口年龄结构是过去几十年甚至上百年自然增长和人口迁移变动综合作用的结果,又是今后人口再生产变动的基础和起点,它不仅对未来人口发展的类型、速度和趋势等有重大的影响,而且对今后的社会经济发展也将产生一定的作用。人口的年龄结构直接决定了人力资源的数量。劳动适龄人口是人口总量的一部分,在人口总量相同的情况下,不同的年龄结构决定了可供人力资源数量的不同。劳动适龄人口所占比例越大,可供人力资源数量相对较多,反之就相对较少,并且劳动适龄人口内部年龄构成的变化,也会引发人力资源内部构成的变化。人口的年龄结构随着出生率、死亡率的变动,特别是人口预期寿命的延长而变化,但是在相当时期内又是相对稳定的。不同年龄结构类型的人口,具有不同的人口再生产的规模、速度和发展趋势,具有不同的社会经济和人口问题。中国0～14岁人口占总人口的比重从2009年的18.5%下降到2018年的16.9%,15～64岁人口比重从73.0%下降到71.2%,65岁及以上人口比重从8.5%上升到11.9%。老年抚养比上升速度远高于少儿抚养比下降速度。我国人口年龄结构的变化不仅意味着劳动力资源下降,劳动力负担逐步加重,还意味着我国社会已经进入了老龄化社会,"人口红利"时代已渐远离。

③人口迁移。人口迁移一般指的是人口在两个地区之间的空间移动,这种移动通常涉及人口居住地由迁出地到迁入地的永久性或长期性的改变。国际人口迁移是指人口跨国界并改变住所达到一定时间(通常为1年)的迁移活动。国内人口迁移主要形式包括:a.边疆垦殖迁移。因地区间经济发展不平衡,资源枯竭地区人口相对过剩,人口迁移伴随新土地的开发而产生。b.乡村人口向城市集中。其实质是农业人口转变成非农业人口,与工业聚集、商品经济的发展有着密切联系。人口迁移会使某一地域人口数量发生改变,因而使该地区

的人力资源数量发生变化。人口迁移是由多种因素引起的,包括自然环境因素、社会经济因素、政治因素,如气候、工作、交通和通信的发展、文化价值观、婚姻和家庭、政策等。资本向生产成本低的地区流动,人力资源向收入高的地区流动是社会发展的一般规律。我国人口流动的主要趋向是从农村到城市,从不发达、欠发达地区到发达地区,实现生存和收入最大化。

④人口政策。人口政策对人力资源的数量、质量以及社会经济的发展有着重大的影响。日本在第二次世界大战之后,充分利用人口红利期,积极进行教育改革,提高人力资源素质,极大地促进了国民经济的发展。西方经济学家把人口问题作为经济增长与发展中的一个重要问题来看待,形成了具有特色的人口思想,这些思想在很大程度上影响到我国的人口政策。自 1980 年实行计划生育政策以来,中国妇女生育水平开始快速下降。总和生育率从 1970 年的 5.81% 降到 2000 年的 1.30% 左右,中国用了不到 30 年的时间就完成了发达国家上百年才能完成的现代人口增长模式转变过程,从而使中国面临着人口数量与人口结构的双重压力。因此,2016 年 1 月 1 日起,我国实施了全面二孩生育新政策。

(2)人力资源的质量。人力资源的质量是劳动者综合素质的体现,是由智力素质和体力素质以及情商构成,具体表现为劳动者的身体健康状况、科学文化水平、专业技能水平、工作态度以及人际交往能力等。人力资源质量构成如图 1-2 所示。

劳动者的身体健康状况是人力资源质量的基础,科学文化水平、专业技能水平是决定人力资源质量的关键因素,工作态度是人力资源质量体现的重要条件,现代社会大量工作需要协作完成,因而人际交往能力在很大程度上决定了人力资源的质量能否体现及如何体现。

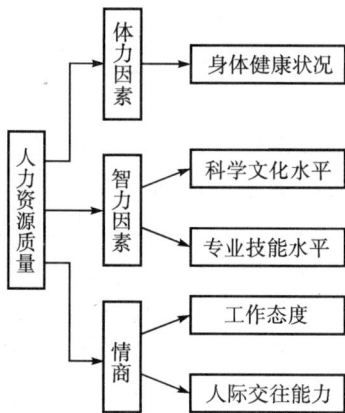

图 1-2 人力资源质量构成

(3)人口资源、劳动力资源、人力资源、人才资源的关系。人口资源是指一个国家或地区具有的人口数量,以生命活体为表征,它主要表明数量概念。劳动力资源是指一个国家或地区具有的劳动力人口的总称,通常是 16 岁左右至 60 岁左右的有一定能力从事某种工作的人口群体。年龄是一个重要因素,能够劳动也是其中的一个重要因素。人才资源是一个国家或地区具有较强的战略能力、管理能力、研究能力、创造能力或专门技术能力的人口总称。人才资源概念偏重突出人力资源中较杰出、较优秀的那一部分。人力资源、人口资源、劳动力资源以及人才资源之间的关系见图 1-3。

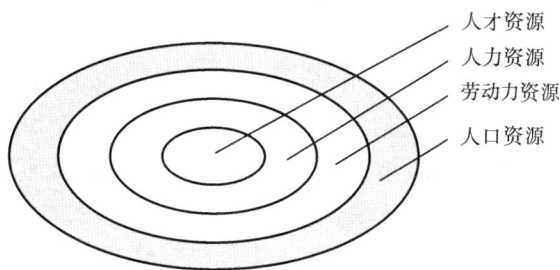

人才资源
人力资源
劳动力资源
人口资源

图 1-3　人力资源、人口资源、劳动力资源以及人才资源之间的关系

3.人力资源的特征

人力资源与其他资源有着明显的不同,体现为以下特征:

(1)主体性。人力资源与人直接相关,是具有主体能动性的资源。从资源开发的角度看,人力资源既是被开发、被管理的对象,又是自我开发、自我管理的主体。人的主体能动性,对于人力资源开发的效果,具有很重要的影响。在一定条件下,人力资源开发的程度和效果,很大程度上取决于劳动者个人的主体条件、个人素养、价值观念、使命感、责任心、意志力、自我控制力等。这些因素越是接近最佳状态,人力资源开发的效果就越好。人体内潜伏着巨大的能量,通过自己的智力能创造工具和机器,利用这些手段,使自己作用于外界的能力无限扩大,取得巨大的效益。

(2)社会性。人力资源的形成、开发、配置和使用都与一定的社会经济环境相联系,通过社会分工来完成,以社会的存在为前提条件。社会环境是人力资源的大背景,社会生产力与生产关系对人力资源质量和效能有重要影响。

(3)流逝性。当组织拥有了一定数量的人力资源以后,如果不及时有效地使用,这种资源不会保存下来,而会随着时间消失。而且即使人力资源流逝了,这种消失的人力资源的使用费用或者说劳动者的工资还必须支付,所以,人力资源的使用状况对组织的效益有非常明显的作用。

(4)增值性。人力资源增值性表现在两个方面:一是人力资源本身的价值含量是变化的,当组织在市场上根据人力资源的质量按照一定的价格获得人力资源后,由于使用及培训的不同及人员本身努力程度的不同有可能会提升或者降低人力资源的价值含量。二是人力资源使用具有创造性或者价值增加性,其他任何一种资源在使用的过程中只有价值的转移,它们本身不会创造任何新的价值。而人力资源则是所有新价值的最根本的来源,会创造大于自身购买价格的价值。

(5)时效性。人力资源的形成需要较长的时间。一个成熟的劳动者的培养教育需要相当长的时间,少则十五六年,多则二十几年。即使是一个成熟的劳动者,随着技术的进步和生产条件的变更,也还需要进行再培养、再教育,才能适应生产发展的需求。就是说人力资源的生产具有长期性,它的形成和发展需要经过一个长时期的积累过程。而且能力形成之后不是一成不变的,人力资源具有时效性。首先,人由于其生物本性而具有生命周期,这就决定了人在青年时期社会财富创造能力要强于老年时期,健康时的能力要胜过病弱时,而人一旦失去生命,这种能力也随之消失,这是人力资源的有形损耗。其次,随着科学技术的发展,先进技术日新月异,人力资源如果不能持续学习,跟不上社会的发展,就会导致能力作用变弱或者无用,人力资源价值就会贬值,这是人力资源的无形损耗。

(6)差异性。人力资源是由个体组成的,由于成长环境、家庭背景、所受教育、不同经历以及先天因素使个体具有很大的差异性。不同的人力资源个体在知识技能、素质、劳动参与率倾向、劳动供给方向、工作动力、工作行为、工作绩效等特征方面都具有一定的差异。人力资源的个体差异性要求在进行人力资源开发与管理时考虑到人力资源的个体差异,实行个性化管理,从而最大限度激发个体潜能,发挥人力资源的最大效用。

(7)流动性。人力资源具有流动性也是其具有主观能动性的引申特性。人力资源有其自己的思想和对外界的认识,并有自己的需要。人力资源为了追求自己的需要,而主动流动到其认为能满足需要的地方。当人力资源对工作岗位、工作单位或生活环境感到不满或不适时,就会利用自己的主观能动性和智能性,搜索信息,找寻并选择最满意的目标。这种主观能动性和智能性可以表现为转换工作岗位、工作单位或生活环境,甚至迁移到别的地方或国家。人力资源的流动性对提高人力资源质量具有极其重要的意义。

1.1.2　人力资本的起源与发展

人力资本(human capital)又称"非物质资本",是体现在劳动者身上的知识技能、文化技术水平与健康状况等资本,是劳动者在教育、培训、实践、迁移、保健等方面的投资所形成的资本。投资于人力而获得的可以投入组织中的知识、技术、管理方法等提高了人力的创新性、创造性、增值性和资源的配置效率,有助于促进经济社会可持续发展。

人力资本的概念源于美国经济计量学的先驱、耶鲁大学教授欧文 · 费希尔(Irving Fisher)1906 年出版的专著《资本的性质与收入》。费希尔在其专著中首次提出人力资本的概念,并将其纳入经济分析的理论框架中。西奥多 · W. 舒尔茨在 1960 年美国经济学年会上的演说中系统阐述了第一代人力资本理论并于 1979 年获得诺贝尔经济学奖。舒尔茨研究了人力资本的形成方式与途径,并对教育投资的收益率以及教育对经济增长的贡献做了定量研究,被称为"人力资本之父"。舒尔茨的人力资本理论的中心论点是人力资本的提高对经济增长的作用远比物质资本的增加重要得多。加里 · S. 贝克尔重视人力资本的微观分析,在其专著《人力资本》中分析了正规教育的成本和收益,讨论了在职培训的经济意义以及人力资本投资与个人收入的关系。《人力资本》被认为是"经济思想中人力资本投资革命"的起点。经济增长原因分析之父爱德华 · 富尔顿 · 丹尼森通过精细分解计算,论证出美国1929—1957 年经济增长中有 23% 的比例归功于教育的发展,即对人力资本投资的积累。从20 世纪 60 年代开始的全球各国教育经费的猛增,在很大程度上归功于丹尼森的研究成果。

人力资本理论的产生和发展使人在物质生产中的决定性作用得到了肯定和重视,论证了具有专业知识和技术的高质量的人是推动经济社会发展的真正动力。第一代人力资本理论分析了人力资本的含义、人力资本的形成途径及人力资本的"知识效应"。同时,把人对自身能力提升的消费视为一种重要的投资,带来了资本理论、增长理论和收入分配理论革命性的变化,在一定程度上体现了马克思的"经济学研究的不是物,而是人与人之间的关系"思想。

第一代人力资本理论形成的时期,人的受教育程度普遍不高、劳动力市场比较单一、人与组织的关系比较密切、传统职业生涯发展占据重要地位,只要重视对人的投资就能获得回报。随着人受教育程度的提高,高等教育从精英教育发展为大众教育,教育途径越来越多元化;工作类型多样、劳动力市场越来越复杂;人与组织之间的关系越来越弹性且灵活;易变性职业生涯逐渐取代了传统的职业发展,人力资本理论也发生了变化。第二代人力资本理论主要包括筛选假设理论(screening hypothesis)、劳动力市场分割理论(labor market segmentation theory)、社会化理论(theories of socialization)。

1.筛选假设理论

组织总是希望从众多的求职者中选拔有适当能力的人去填补空缺岗位,但是求职者能力的判断是个难题,在没有先进的人才测评技术的情况下,需要借助于显性特征判断求职者与职位之间的匹配性。显性特征中一类是先天的、难以改变的,如性别、种族、家庭背景等,被称为"标识";另一类是后天的、可以改变的,如教育程度、婚姻状况、个人经历等,被称为"信号"。受教育程度是一个重要的信号,能反映求职者接受教育水平、努力程度和学习能力的信息。迈克尔·斯宾塞和罗伯特·索洛等学者认为20世纪50年代和60年代发展中国家的教育扩展并未加速这些国家的经济发展,反而使受教育者大量失业,这说明人力资本理论关于教育能提高人的认知能力,从而提高劳动生产率,促进经济增长的论断是需要被置疑的;教育的作用主要不在于提高人的认知水平,而是对具有不同能力的人进行筛选。

我国劳动力市场上,很多企业青睐一流大学的毕业生,正是因为一流大学毕业传递了学习能力强的信号。第一代人力资本理论认为受教育水平越高,投资回报率越高;而筛选假设理论则认为教育在本质上是"不完全信息"条件下的一种"信号",对经济增长的作用是源于它在劳动力市场上的筛选作用。如果雇主对雇员的学历要求超过岗位的需要,教育水平的提高不一定能促进经济增长;如果劳动力市场的工资结构没有改变,教育水平的提高也不能促进社会公平;过分依赖受教育程度作为选聘的依据,在没有适当协调教育与经济发展的条件下,不仅不会促进经济增长,而且会给国家和个人带来严重的后果。比如,由于获得较高教育文凭便可获得较理想的职业岗位和优厚待遇,会大大刺激人们对高等教育的需求,导致高等教育的过量发展。劳动力市场需求与高等教育供给之间的错配导致的"毕业即失业"问题引发了对人力资本理论的思考。

根据筛选假设理论,在不同的发展阶段,组织需要的人力资源是有差异的,组织需要根据求职者传递的信号分析其与职位的匹配性。工业化初期,地理位置和自然资源是影响经济发展的主要因素,以原材料开采、基础工业和加工业为主要产业,技能人才是人力资源的主体构成,规模化生产需要的是接受了初等、中等教育的人力;工业化中期,劳动力、市场和技术成为影响经济发展的关键因素,对从业人员提出了较高的科学文化和技术技能要求,高等教育获得较快发展;工业化后期,全球化、知识和信息成为经济发展的关键词,高新技术密集型工业、以现代技术为基础的生产性服务业成为产业的主要特征,复合型、创新型人才需求剧增,高等教育结构调整成为主要政策取向。

2.劳动力市场分割理论

由于社会和制度性因素的作用,形成了劳动力市场的差异。由于获得的信息以及进入劳动力市场渠道的差别,导致了劳动者在就业部门、职位以及收入模式上的明显差异,比较突出的是在种族、性别与移民之间的分层等。处于主要劳动力市场的劳动者,其教育程度越高,工资越高;处在次要劳动力市场的劳动者,其工资水平与教育程度没有关系。1954年克拉克·科尔发表了《劳动力市场的分割》,首次提出了内部劳动力市场和外部劳动力市场概念,但没有引起足够重视。1971年,多林格和皮奥里共同出版了专著《内部劳动力市场及人力政策》,把劳动力市场划分为主要劳动力市场和次要劳动力市场,建立了二元劳动力市场理论。该理论认为劳动力市场并不是竞争和统一的,而是被分割成了两大块,即主要劳动力市场和次要劳动力市场,每一块在劳动力配置和工资决定方面都各有其特点。主要劳动力市场由实力雄厚的组织构成,工资高、工作条件好、就业稳定、职业有保障、权利平等、在工作制度的行政管理上有适当的程序和规则、有较多的晋升机会,主要劳动力市场的工资水平不是由边际生产力决定的,受教育程度发挥了信号作用。次要劳动力市场由实力薄弱的组织构成,不稳定的劳动力队伍符合其变动的生产需要,工资低、工作条件差、就业变化性大、要求苛刻、随意给予纪律处分而且晋升机会较少,工资是由劳动力的供求决定的。二元劳动力市场对工人工作态度、动机、习惯等要求很不一样,长期在次要劳动力市场工作的人会形成与主要劳动力市场的要求格格不入的工作习惯,一旦在次要劳动力市场就业就很难再进入主要劳动力市场。在一定程度上,我们国家体制内组织形成了主要劳动力市场,随着市场化的发展,多种用工形式的出现,在主要劳动力市场中的劳动者也出现了分化,同一劳动力市场中的劳动身份分割问题值得研究。

3. 社会化理论

该理论认为在社会化过程中,个体与社会是统一的,通过教育传递集体意识、道德观念,使年轻一代社会化并个性化,以便维持社会的同一性和多样性。1976年,鲍尔斯和金迪斯合著的《资本主义美国的学校教育:教育改革与经济生活的矛盾》一书采用西方新马克思主义的观点和方法,强调教育对维护资本主义经济制度所起的作用,认为教育与经济的关系是阶级矛盾关系的反映。社会是分层或等级化的,教育通过不同的结构和形式为不同的阶级或阶层培育符合该阶层工作特质的人格特性以维持社会结构的稳定性。教育的经济功能源于它的社会功能,而教育的社会功能,远比教育提高知识技能对经济的影响更显著。社会生产结构的等级化、分工化以及不同的工作需要不同个性特征的人力资源。教育的社会化过程是一个差异性的社会化过程,教育通过多种途径及手段使个体社会化,培养形成经济结构所需要的个性特征。通过教育结构形式的多样化、教育决策的作用、教育经费来源的多寡及课程的多种设置,来源于不同阶级或阶层的个体便会受到不同形式和不同素质要求的教育,他们的个性特征也会向不同的社会方向发展。例如职业经理人、高级行政管理人员等工作需要很强的独立性、较高的自尊心及进取创新的精神等个性特征;文员及操作人员需要准时上班、遵守规章、循规蹈矩等个性特征;不同职业需要不同个性特征的人,某些个性特征要通过教育系统地培养。教育的社会化功能是培育"差异性"职业的社会化过程。

早期的人力资本理论将基因决定的先天能力禀赋与后天通过学习获得的能力以二分法的形式进行严格区分,隐含的假设前提是能力禀赋是天生的,是基因遗传的结果,完全不受后天投资策略的影响。然而,遗传学进展表明环境与基因之间存在交互作用,基因的表现受到外在环境影响和控制,人格特征也可以随着环境发生变化。随着经济社会、科学技术和高等教育的发展,人力资本理论在实践中逐步被完善。人力资本是存在于个体与群体之中的具有经济价值的知识、技能和体力(健康状况)等质量因素之和。由于不易被测量,经常以受教育、培训的经历、体检结果、工作经验等显性特征来表征,而职业心理、人格等内隐因素常常被忽略,造成了人力资本测量偏差。随着现代心理学技术的发展,心理学家利用量表对动机、偏好、自尊感、自控能力这样典型的非认知技能进行有效测量,使得以经济学方法研究内隐因素成为可能。

2011 年斯坦福大学胡佛研究所的学者 Eric A. Hanushek 指出能力是新人力资本(new human capital)理论中的核心概念,而传统人力资本理论中强调的教育、健康等被视为个人基于自身能力和外部环境进行选择的结果,影响能力的形成。他于 2017 年发表的研究中指出:知识资本的差异占美国各州人均 GDP 差异的 20%~30%,学校教育程度和认知技能的贡献大致相当。经济增长速度较快的国家,技能的系统性回报更高。新人力资本理论是一个贯穿于全生命周期的概念,涵盖了从先天禀赋、后天环境直到个体发展等因素的框架体系(见图 1-4),需要从生理—心理—社会系统的角度来分析。这意味着人力资本将成为经济学、社会学、教育学、管理学和遗传学、心理学、神经科学等多学科交叉研究的内容,需要从跨学科的综合视角审视。

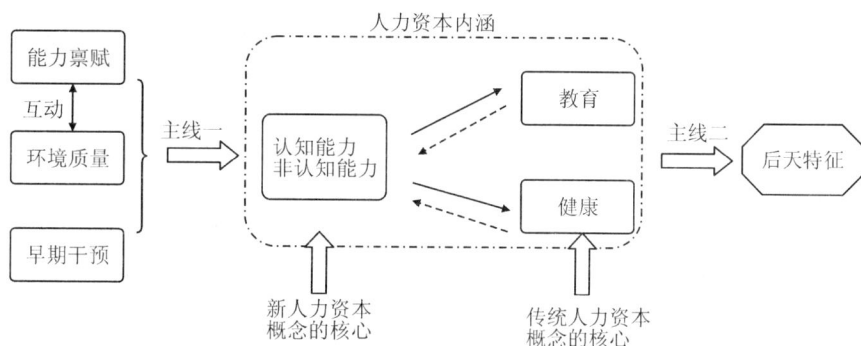

图 1-4　新人力资本理论的框架体系

资料来源:李晓曼,曾湘泉.新人力资本理论:基于能力的人力资本理论研究动态[J].经济学动态,2012(11):120-126.

1.1.3　人力资源与经济社会发展的关系

人力资源作为一种重要的资源,为经济增长率的提高和经济社会的发展做出重要的贡献。

1.人力资本对经济社会发展的意义

2015 年全球 65 岁及以上人口平均比重已达到 8.3%,进入标准老年型社会。2017 年,中国 60 岁及以上老年人口已达 2.41 亿,中国经济高速增长受益于人口红利的可能性减小。2018 年中国 65 岁以上人口 16605 万人(数据来自国家统计局),老年抚养比(指某一人口中老年人口数与劳动年龄人口数之比)达到了 16.8%,比 1990 年的老年抚养比水平(8.3%),提高了一倍之多。同时,生育率水平不断下降,启动了快速人口老龄化的进程。人口结构的变化,特别是实际参与经济活动人口数的下降,是影响中国经济增长的重要因素。为解决日益凸显的人口结构失衡问题,保持经济的稳定增长,中国政府密集调整了人口和计划生育政策,2013年启动实施"单独二孩"政策,2016年1月又开始实施"全面二孩"政策。但是,工作和生活节奏加快、抚养成本上升、社会保障体系不健全等因素导致人们的生育意愿降低,刺激生育的政策并没有达到预期的效果,中国人口红利消失的趋势已经不可逆转。知识经济发展的要求和人工智能的发展使得劳动力的供求结构发生了变化,未来程序化的工作必将被机器取代,人口的数量和低成本优势将会逐渐消失,质量型"人力资本红利"将会取代数量型"人口红利",成为经济增长的新动力来源。

2002—2013年中国248个城市的地市级平衡面板数据研究结果表明:在市场化程度不高时,人口的数量优势、低成本优势对于经济增长的贡献十分显著。通过提高劳动参与率、降低人口抚养比和劳动力流动等三种途径显著促进了经济增长。但"人口红利"对应着"人口债务",在2008年之前人口红利对经济增长产生积极贡献的同时,不断下降的生育率、持续加速的人口老龄化使得"人口负债"逐渐累积,从多个方面影响到中国经济的持续增长,并减弱了经济可持续增长的内在动力。当成年型社会趋向于老年型社会时,老龄化负担呈累进式加重的趋势,加大了消费性人口比例,降低了生产性人口比例,致使我国经济增长中的劳动力要素出现了相对短缺。随着市场化程度的提高,人力资本对于经济增长的贡献作用持续增强,我国的人力资本还具有相当的数量优势和成本优势。2013年,我国研究与试验发展(R&D)活动人员折合全时当量达到353.3万人年,同比增长8.8%,其中研究人员148.4万人年,占42.0%,中国已经成为科技人力资本最为丰富的国家之一。高端人力资本的成本优势,尤其是研发活动中的低成本研发优势,为我国提高研发强度、追赶和超越先进技术提供了有利条件,为实现经济可持续增长提供了内生动力。

人力资本在不同城市之间流动时,追求的是其价值的实现,即投入与边际收益相等。当大城市中人力资本的比较优势不足时,其转移到中小城市仍然可以获得更好的回报。因此,不同规模城市中人力资本对于经济增长的贡献程度相当。中西部一些欠发达城市较快的经济增长和较大的创新空间,产生了对人力资本的巨大需求,该类城市人力资本的稀缺性使得其投入的边际收益很高,对技术进步的促进作用十分显著。并且,人力资本投入对于新技术扩散、科技知识向生产力的转化等起到了积极推动作用,使得人力资本投资在欠发达地区的收益率与发达地区大体相同。在经济增长过程中,发达城市人力资本的集聚效应和欠发达城市人力资本的高边际产出特征均十分明显,中等发达城市的人力资本"空心化"特征使得其人力资本红利要低于发达城市与欠发达城市。有必要采取相关的人才激励措施,激发中等发达城市经济增长的内生动力,实现经济整体的长期可持续发展。

经济社会的发展正从数量型"人口红利"向质量型"人力资本红利"转变,基于此,党的十八大明确提出"科技创新是提高社会生产力和综合国力的战略支撑,必须摆在国家发展全局的核心位置",强调要坚持走中国特色自主创新道路、实施创新驱动发展战略。2017年7月国务院出台了《关于强化实施创新驱动发展战略进一步推进大众创业万众创新深入发展的意见》(国发〔2017〕37号)。党的十九大报告进一步明确了创新在引领经济社会发展中的重要地位,创新驱动发展已成为国家重大战略。持续创新必然需要人力资本的依托,调整以人力资本的回报率为基础来重塑技术要素导向的科技资源的配置模式;改善劳动力市场就业制度分割和社会保障制度分割状况,引致人力资本向研发部门流入,从而提高人力资本投入在创新中的作用是我国实施创新驱动发展的关键,对经济社会发展具有重要意义。

2. 人力资源对组织与社会经济发展的作用

现代经济增长理论研究认为,自然资源、货币资本投入、劳动者技能及科学知识储备的增加是经济增长的主要动因。在知识经济时代,劳动者因素即人力资源对社会经济的发展作用越来越大,是物力、财力资源所无法比拟的。

(1)人力资源是组织与社会存在和发展的基本前提。人力资源是组织与社会经济活动的重要构成因素。人力资源与物力资源、财力资源在组织与社会经济活动中共同作用,其中人力资源处于主体地位,是组织与社会经济活动中最活跃、最根本的因素,没有人力资源无法形成组织与社会的经济活动,没有高质量的人力资源更不能创造价值,也不能实现组织发展和经济增长。在此意义上,人力资源已成为组织与社会的第一资源。

(2)人力资源是创造社会财富的主体。社会财富的创造离不开自然资源,但只有通过人力资源的作用,才能将自然资源转化为社会财富,人力资源通过自身的经验、技能与科学知识作用于自然资源,改变原有的物质形态为人类所用,体现了人力资源在创造社会财富过程中的资本价值。

(3)人力资源是组织与社会发展的主要推动力量。人力资源不仅是社会财富形成的主体,还是推动社会发展的主要力量。随着科学技术、知识技能的迅速发展和不断提高,人力资源对社会财富创造的贡献越来越大。社会经济的发展对人力资源的依赖程度越来越高。

3. 人力资源投资与收益

人力资源作为一种资源,也是经济投资的对象,人力资源投资与收益分析对开发人力资源潜力,提升人力资源价值具有极其重要的作用。人力资源投资与收益分析主要包括:

(1)人口生产投资。人口生产投资指人的各项生活开支总和减去其中教育培训、卫生保健开支的部分。人口生产的经济效益,一方面是对全部人口的生活投入,另一方面是部分人口的生产产出。由于某一时期的人口生活费用投入并不导致即时劳动人口的生产产出,因而常用"可能生产量"或"预期生产量"来表示人口生产的经济效益:

$$人口生产经济效益=人口预期生产量/人口生产费用$$

(2)教育投资。教育投资,使人力资源能力形成和质量提高,从而创造出较多的财富以取得经济效益。教育投资包括国家用于教育的财政支出,企事业单位支付的教育、培训费用,以及个人及家庭的投资和各类社会团体的教育资助。教育投资的收益包括通过教育,培养出各种类型的专业人员(包括技能型人才和行政管理人才),保证各种类型的组织经济活动的正常进行。教育投资有助于提高人力资源质量,使人力资源增值,促进人力资源流动,有利于充分开发人力资源潜力。

教育投资的理论公式为:

$$教育投资效益=教育投资带来的产出量/教育投资$$

教育投资包括各种教育费用的综合,教育投资的产出量可以将其他因素固定后,通过比较不同教育投资的产出量差额来分析。

(3)保健投资。保健投资包括医疗卫生费用和劳动者劳动卫生、安全保护费用两部分,是一种带有"养护"性质的费用,可以理解为人力资源在发挥效用过程中的附加投资,主要包括卫生保健、职业保护投资。保健投资,可以延长人力资源寿命,减少有形损耗的损失,提高人力资源的产出率。

保健投资收益的理论公式为：

保健投资效益＝卫生保健和劳动保护取得的收益量/保健费用

（4）流动投资。流动投资指人力资源从某一地域流动到另一地域，相对于流出地域而言，可能造成一定的经济损失，也有可能由于提高劳动效率并减少工资支付而取得收益；对于流入地域而言，能够得到本地区缺少的人力资源，使自己的经济活动得到保证，并且在不花费人口生产与教育费用的前提下获得人力资源，有助于增加其收益。

流动投资效益的理论公式为：

流动投资收益＝（流入地新增效益＋流出地新增效益）/流动费用

人力资源流动是人力资源与总体经济资源配置状态改善的收益，一般而言费用较小，但对社会经济的发展和人力资源质量的提高意义重大。

1.2　人力资源开发与管理的内容

人力资源开发与管理，就是指运用现代化的科学方法，对与一定物力相结合的人力进行合理的培训、组织和调配，使人力、物力经常保持最佳比例，同时对人的思想、心理和行为进行恰当的引导、发掘、控制和协调，充分发挥人的主观能动性，使人尽其才，事得其人，人事相宜，以实现组织目标。

1.2.1　人力资源开发与管理的意义

在人类所拥有的一切资源中，人力资源开发与管理是第一宝贵的，自然成了现代管理的核心，也是现代经济发展的重要因素。毛泽东主席曾指出："一切物的因素都是通过人的因素才能加以开发利用。"不断提高人力资源开发与管理的水平，不仅是当前发展经济、提高市场竞争力的需要，也是国家、民族、地区、组织持续发展的重要保证，更是现代人充分开发自身潜能、适应社会、改造社会的重要措施。

人力资源开发与管理的重要意义是：

①通过合理的开发与管理，能够挖掘人力资源的潜能，启发其智慧，实现人力资源的精干和高效，使其在组织中发挥最大的价值，更好地实现组织的目标。

②采取一定措施，开发人力资源的兴趣和特长，充分调动人力资源的积极性和创造性，提高人力资源的满意度和成就感，也就是最大限度地发挥人力资源的主观能动性。

③培养和开发全面发展、综合能力强的人力资源，提高人力资源价值。人类社会的发展，无论是经济的、政治的、军事的、文化的发展，最终目的都要落实到人力资源本身的发展中。目前，教育和培训在人力资源开发与管理中的地位越来越高，教育不仅是提高社会生产的一种方法，而且是开发和造就全面发展的人力资源的唯一方法。在现代社会中，一个组织很难为员工提供终身的雇佣保障，但是通过培训和开发，能够为员工的人力资源价值增值做出承诺和努力。

实际上，现代人力资源开发与管理的意义可以从三个层面，即国家、组织、个人来加以理解。

目前，"科教兴国""全面提高劳动者的素质"等国家的方针政策，实际上，谈的是国家、民族的人力资源开发与管理。只有国家的人力资源得到了充分的开发和有效的管理,国家才能繁荣,民族才能振兴。在组织中,只有求得有用人才、合理使用人才、科学管理人才、有效开发人才等,才能促进组织目标的达成和个人价值的实现。针对个人,解决好潜能开发、技能提高、适应社会、融入组织、创造价值、奉献社会等一系列问题,都依赖于人力资源开发与管理的实现。

本书所阐述的内容是针对组织人力资源开发与管理,因而我们不从宏观层面和微观层面,即国家和个人来谈人力资源开发与管理,而是从中观层面,即针对组织来谈现代人力资源开发与管理。因此,我们更为关注现代人力资源开发与管理对组织的价值和意义。现代人力资源开发与管理对组织的意义,至少体现在以下几方面:

一是组织决策层关注的重要内容。人、财、物、信息等,可以说是企业开发与管理关注的主要方面,人力资源又是最为重要的、最活跃的第一资源,只有管理好了"人"这一资源,开发好人力资源的潜能和特长,高效发挥"人"在组织中的价值,提高组织绩效,实现组织目标和愿景,才算抓住了开发与管理的重点。

二是人力资源管理部门的工作主题。人力资源不仅是被开发与管理的"客体",更是具有思想、感情、主观能动性的"主体",如何制定科学、合理、有效的人力资源开发与管理政策、制度,并为企业的决策提供有效信息,永远都是人力资源管理部门的工作主题。

三是一般管理者的重要工作。任何管理者都不可能是一个"万能使者",更多的应该是扮演一个"决策、开发、引导、协调"下属工作的角色。他不仅仅需要有效地完成业务工作,更需要培训下属基本技能和能力,开发员工潜能和价值,建立良好的团队组织等。

四是有助于员工发展。任何人都想掌握自己的命运,但自己适合做什么,组织的目标、价值观念是什么,岗位职责是什么,自己如何有效地融入组织中,结合组织目标如何开发自己的潜能、如何提升自己的能力、如何设计自己的职业人生、如何实现个人价值等,这些都是每个员工十分关心,而又深感困惑的问题。理解现代人力资源开发与管理的基本思想,将会使员工更为清楚自己的潜在工作能力、工作行为、工作关系以及发展规划,帮助员工获得进一步的发展。

1.2.2　人力资源开发与管理的核心内容

人力资源管理关心的是"人的问题",其核心是认识人性、尊重人性,强调现代人力资源管理"以人为本"。在一个组织中,围绕人,主要关心人本身、人与人的关系、人与工作的关系、人与环境的关系、人与组织的关系等。它主要包括求才、用才、育才、激才、留才。为了科学、有效地实施现代人力资源管理各大系统的职能,对于从事人力资源管理工作的人员有必要掌握三方面的知识:①关于人的心理、行为及其本性的一些认识;②心理、行为测评及其分析技术;③职务分析技术,即了解工作内容、责任者、工作岗位、工作时间、怎么操作、为什么做等方面的技术。这些是从事人力资源开发与管理工作的前提和基础,主要包括以下内容。

1. 人力资源战略管理

组织将人力资源管理提升到战略的高度,使人力资源管理在政策、方针、计划方案设计上与组织战略相适应,推动组织战略的实施,促进组织战略目标的实现。战略性的人力资源管理已成为当前人力资源管理发展中的主要趋势之一。

2.人力资源规划

人力资源规划是实施人力资源管理战略的重要步骤,它可将人力资源管理战略转化为各阶段、可实施的中长期目标、计划和政策措施。人力资源规划主要是通过对人力资源现状分析、人力资源需求供给预测,制订组织人力资源管理的各项计划方案,平衡人力资源供求关系,保证组织人力资源在数量质量结构上的合理安排。

3.工作分析

工作分析是人力资源管理的基础性、支持性工作环节,工作分析是通过工作设计来决定组织内部如何进行专业分工和任务目标分解,划定不同的工作岗位,决定不同岗位的职权、职责及职能范围。工作分析是对组织中每一个工作岗位进行描述,包括岗位特征、流程、规范、要求,以及能够胜任该岗位人员的素质、知识、技能要求等,最终形成工作说明书。工作分析的结果是组织进行招聘、培训、考核、职位评价、薪酬分配、员工调配等工作的依据。

4.招聘、选拔与录用

根据组织内的岗位需要及工作岗位职责说明书,利用各种方法和手段,如接受推荐、刊登广告、举办人才交流会、到职业介绍所登记等从组织内部或外部吸引应聘人员。并且经过资格审查,如接受教育程度、工作经历、年龄、健康状况等方面的审查,从应聘人员中初选出一定数量的候选人,再经过严格的考试,如笔试、面试、评价中心、情景模拟等方法,进行筛选,确定最后录用人选。人力资源的选拔,应遵循平等就业、双向选择、择优录用等原则。

5.培训与开发

通过人力资源培训与开发,提高员工的综合素质、知识水平、工作技能,挖掘员工的潜力,激发员工的积极性,培养员工对组织的认同感和责任心,既实现员工的个人价值,又促进员工对组织的贡献。培训与开发活动包括培训与开发需求分析、项目制订、计划实施、选择适时的方式方法、培训与开发成果转化与评价。总之,为了提高广大员工的工作能力和技能,有必要开展富有针对性的岗位技能培训。对于管理人员,尤其是对即将晋升者有必要开展提高性的培训和教育,目的是促使他们尽快具有在更高一级职位上工作的全面知识、熟练技能、管理技巧和应变能力。

6.绩效管理

工作绩效考核,就是对照工作岗位职责说明书和工作任务,对员工的业务能力、工作表现及工作态度等进行评价,并给予量化处理的过程。这种评价可以是自我总结式,也可以是他评式的,或者是综合评价。考核结果是员工晋升、接受奖惩、发放工资、接受培训等的有效依据,它有利于调动员工的积极性和创造性,检查和改进人力资源开发与管理工作。绩效管理的内容则不仅仅局限于绩效考核,它的主要目的并不在于肯定过去,而在于激励未来。根据绩效考核的结果,管理者可以对员工进行合理的配置,以期更大限度地开发人力资源的潜力。

7.薪酬管理

合理、科学的报酬体系关系到组织中员工队伍的稳定,人力资源管理部门要从员工的资历、职级、岗位及实际表现和工作成绩等方面,来为员工制订相应的、具有吸引力的工资报酬标准和制度。薪酬应随着员工的工作职务升降、工作岗位的变换、工作表现的好坏与工作成绩进行相应的调整,不能只升不降。总之,组织运用薪酬设计与分配,实现对员工人力资源价值的认可,回报员工的贡献。它既是对员工个人需求的满足,同时也是吸引人才、激发员工劳动积极性的有力措施。

8. 激励系统

由于人力资源是一种特殊的资源,具有主体性、社会性、增值性以及差异性等特点,激励可以使其发挥最大的效用。20世纪六七十年代,人本主义心理学形成并产生了广泛的影响,其主要创始人马斯洛提出了著名的人的需要层次论。他认为人最基本的需求是满足(生存的)生理需求,此外还有安全和工作保障,爱、被爱、社会归属和尊重的需求,最后一个层次是自我实现的需求。著名动机心理学家麦克里兰提出了人的工作动机的三重需要理论以及三种满足:人际亲和关系的满足、个人成就的实现、权力的获取和运用。这些基本的理论引导人力资源管理者开始关注激励的作用。随着社会的发展、人力资源素质的提高,许多工作由外显性的体力劳动逐渐发展成为难以监控的脑力劳动,控制等手段对于人力资源管理的效果越来越弱,推动了激励进一步发展。

9. 职业规划

人力资源管理部门和管理人员有责任鼓励和关心员工的个人发展,帮助其制订个人发展计划,并及时进行监督和考察。这样做有利于促进组织的发展,使员工有归属感,进而激发其工作积极性和创造性,提高组织效益。人力资源管理部门在帮助员工规划其职业生涯时,有必要考虑它与组织发展计划的协调性或一致性。也只有这样,人力资源管理部门才能对员工实施有效的帮助和指导,促使个人发展计划顺利实施并取得成效。

10. 安全与保健

在生产劳动过程中,员工的生命安全、身心健康是组织人力资源管理中需要关注的问题。为员工创造良好的工作环境、提供优越的工作条件,例如减少污染、建立安全保障措施、进行减压活动、配备心理咨询师等,使员工的安全和保健得到保障。

1.2.3 人力资源开发与管理的规律和层次

1. 人力资源开发与管理的规律

(1)人力资源的开发与管理水平决定着物力资源开发利用的程度。人类首先为了生存,其次为了发展。为了生存,人类必须开发物力资源;为了发展,人类必须管理好人力资源可持续发展与物力资源有效利用的关系。因此,对于物力资源开发利用的水平、层次、程度有赖于人力资源对于自身开发水平的提升。从组织人力资源开发角度看,人力资源的开发水平决定着组织物力、财力、人际关系等开发水平,这是不可否认的现实定律。

(2)人力资源的开发随其程度的加深使其价值不断提升。人力资源中最能体现价值的资源是人才资本。人才资本的形成与人力资源的开发程度呈正比。人力资源开发程度越深、潜能挖掘利用越充分,人力资源所具有的能力就越强、人力资源发挥的价值就越大、人才资本的含量就越高。组织人力资源的开发不能离开这一规律。这是人才成长的内部规定性,也是现代组织开发人力资源和拥有人才资本的法则。

(3)人力资源的开发与管理永无止境。人力资源之所以能优于其他资源,关键是人力资源拥有不同于其他资源的内容。人是有思想、有意识、有感情的,而人的思想、意识、感情从某种意义上来说又是无形的、动态的、难以管理的。

2. 人力资源开发与管理的层次

(1)组织层次的开发与管理。立足于组织层次的人力资源开发与管理,其主体是组织的决策层,包括高层管理部门或高层管理团队(如董事会、监事会)及政策制定者,其客体是全体职能人员;开发与管理的手段、方法是制定组织人才发展战略、发展方向、发展目标和授权赋能,其性质是政策性开发;开发的目的是使员工能力不断提高、潜能得以开发,人才和人才资本不断涌现或增值,组织管理目标得以实现;开发的内容是制定各项有效的人力资源开发、管理、培养、训练制度。

(2)职能层次的开发与管理。人力资源的职能层开发与管理的主体是组织的管理层,包括中层的各个管理部门和管理人员;开发与管理的客体是全体职工;其手段、方法是使用,性质是使用性开发;目的是人尽其才,才尽其用;开发与管理的内容是因人制宜、合理使用与激励为主,具体举措是强化培训、设计职业生涯和进行指导。

(3)基层的开发与管理。人力资源的基层开发与管理的主体是组织的执行层,包括基层各职能部门和执行部门的人员;开发与管理的客体是员工;其手段和方法是培训、传授、灌输、个别教育;目的是优化知识和技能;开发与管理的内容是跟进传授知识和技能,提高员工素质。

(4)个体自我的开发与管理。个体自我开发与管理的主、客体是员工自己,即员工自我开发与管理。开发与管理的目的是员工自我成长、自我发展,最终实现自我价值;内容是员工确定目标、自我学习、自我激励、自我成长。

1.2.4 人力资源开发与管理的基本功能和任务目标

1. 人力资源开发与管理的基本功能

人力资源开发与管理的基本功能就是通过吸收、整合、开发、激励与调控、保护,实现人力资源管理目标。

(1)吸收功能。人力资源的吸收功能就是根据人力资源规划和工作分析,通过招聘与录用,吸收组织所需要的人力资源。

(2)整合功能。通过教育培训、文化传播、信息沟通、冲突与压力的调节和缓释等,员工不同的目标、价值观、态度、行为整合趋于一致。经过整合培养员工的认同感,规范员工的行为,提高员工工作生活质量和满意度。

(3)开发功能。通过教育培训、职业规划等开发管理活动,员工的知识、技能、综合素质得到进一步的提高,从而使员工的积极性和潜力最大限度地发挥出来。

(4)激励功能。运用多种报酬分配手段,对人力资源的资本价值给予回报,满足员工对物质、精神的需要,激励员工努力工作,创造佳绩。

(5)调控功能。通过运用绩效考核、岗位变动、人员流动等手段,对员工的行为、态度、工作业绩等方面进行调控,提高企业管理水平和管理绩效。

(6)保护功能。在经营活动中保护员工的合法权益、保证员工的安全和身心健康、保障员工就业和应得的合法收入,是人力资源开发与管理的一项不容忽视的工作内容,以此保证员工能够持续不断地正常工作。保护功能可以避免劳资纠纷,融洽组织与员工的关系,实现共同发展目标。

2.人力资源开发与管理的任务目标

人力资源开发与管理的任务目标可从组织和员工两个角度分析。

(1)从组织方面看,人力资源开发与管理的任务目标主要有以下五个方面:

①使员工的态度、行为、价值观念符合组织的需要。员工在个性表现、教育经历、生活背景等方面各有不同,从而形成不同的工作态度、行为和价值观念,当其符合组织需要时,则对组织发展起促进作用,反之则阻碍组织发展。人力资源开发与管理活动就是寻找、培训和开发符合组织需要的综合型员工,即开发员工的潜在能力,提高员工的工作效率,培养员工对企业的奉献精神。人力资源开发与管理的措施可有以下几个方面:

- 实现双向沟通;
- 确保公平的对待;
- 培养团队意识和团队精神;
- 采用"以价值观为基础的聘用"政策;
- 为员工提供就业安全保障;
- 实施"员工与组织是共同体"的发展计划;
- 为员工提供个人价值自我实现的机会。

②促使人力资源的使用价值最大化。人力资源具有潜在性特征,其潜力是可以被开发和激发的。通过人力资源的培训、开发、教育,以及强有力的激励措施,把员工的创造性、积极性激发出来,不仅促使员工人力资源的使用价值最大化,而且使员工的人力资源价值得到最大的实现。据调查发现,员工在工作中只需发挥自己20%~30%的能力,就能完成岗位工作任务。但如果能充分调动其积极性和创造力,使其潜力发挥出80%~90%,从而创造出更大的价值。

③提高企业生产率和经营绩效。企业员工是企业生产活动的重要资源,企业劳动生产率的高低和经营绩效的水平与员工有着密切的关系。进行人力资源管理的目的就是通过规范员工行为、提高员工技能、鼓励创新和努力工作,以及合理配置资源,来改进员工工作绩效,进而实现企业生产率和经营绩效水平的提高。

④获取持续不断的竞争优势。竞争优势就是一个组织能够更有效益地为消费者提供其所需要的产品或服务,从而在绩效方面超越其他组织的能力。有效的人力资源开发与管理是获取竞争优势的重要源泉。斯坦福大学教授杰弗瑞·菲费提出,有16种人力资源开发与管理实践活动能够提高一个公司的竞争优势:a.就业安全感;b.招聘时的筛选;c.高工资;d.诱因薪金;e.雇员所有权;f.信息分享;g.参与和授权;h.团队和工作设计;i.培训和技能开发;j.交叉使用和交叉培训;k.象征性的平等主义;l.工资浓缩;m.内部晋升;n.长期观点;o.对实践的测量;p.哲学思维。

⑤实现组织的战略目标。人力资源不仅是组织的生产要素,更是战略性资源。战略性人力资源管理是组织战略管理的有机组成部分,通过具有核心能力的人力资源建立竞争优势,从而实现企业的战略目标(见图1-5)。

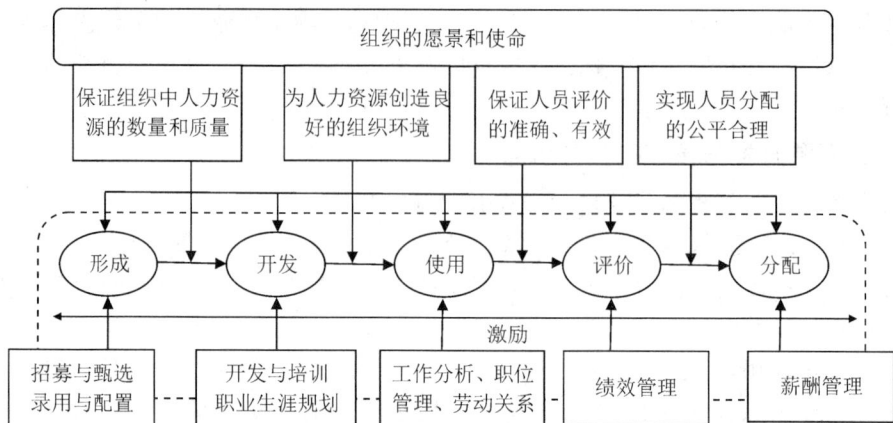

图 1-5 组织战略实现与人力资源开发与管理的关系

(2)从员工角度来看,人力资源开发与管理的任务目标主要有以下三个方面:

①改善员工工作生活质量。要想使员工处于最佳的工作状态,组织就要创造出一种积极向上、有情感归属、心态良好的工作环境。这种环境是否形成,可用工作现场的总体工作生活质量来衡量。工作生活质量是指员工重要的个人需要能在工作中得到满足的程度,至少包括以下 10 个方面:a. 有价值的工作;b. 舒适安全的工作条件;c. 满意的薪金与福利;d. 安全的就业保障;e. 充分的工作指导;f. 工作绩效反馈;g. 成长和发展的机会;h. 增长才干的机会;i. 积极的社会环境;j. 公正公平的交往。

人力资源管理者的主要职责就是设计和实施一整套制度体系,让员工在这些方面得到最大的满足。例如:用工作设计帮助员工确定所做工作是否有价值;安全与健康计划的作用是要保障员工能够在安全无忧的环境中安心地工作;等等。有效的人力资源开发与管理能够帮助企业创造一种促使员工努力工作的环境,不断提高员工的工作生活质量。

②员工个人的价值追求得到满足。尽管企业经营的目标是追求利润最大化,但是随着经济社会的发展和员工需求层次的变化,企业不得不将视角从重视企业逐步转向员工,员工个人的成功、价值的实现、精神需求的满足也成为人力资源开发与管理的主要内容和目标。

③促进人的全面发展。组织不仅要重视员工的贡献,还要重视对员工的培养和成长。通过人力资源开发与管理使员工达到完善人的意志、脑力、体力、品格,获得更为全面的自由的发展,实现人与社会和谐发展,这是人力资源开发与管理的最高境界。

1.2.5 人力资源管理者的职能划分

人力资源管理者主要包括人力资源管理部门的工作者和部门人力资源管理人员(直线管理人员)。人力资源开发与管理不仅是人力资源管理部门的职能活动,而且是与组织经营管理活动密切相关的战略导向下的所有管理人员的活动。我们将人力资源管理者分为两类:一类为一般的人力资源管理者,即企业直线管理人员,他们是企业人力资源管理实践活动的主要承担者;另一类是专业的人力资源管理者,即企业人力资源管理人员,他们是人力资源开发与管理活动程序、方法、政策的制定者。在实际工作中,他们各有分工,职责明确,并且相互作用,如表 1-1 所示。

表 1-1　直线管理人员与人力资源管理人员的职责

项目	直线管理人员	人力资源管理人员
获取	<ul><li>向人力资源部门提供特定工作岗位的职责要求,协助进行工作分析</li><li>向人力资源部门提供所空缺的职位,解释工作对未来雇员的要求以及所要雇用的人员类型,描述出工作对人员素质的要求,以便人力资源管理部门设计出适当的招募和测试方案</li><li>同候选人进行面谈,做出最后的甄选决策,选出符合本部门要求的候选人</li></ul>	<ul><li>进行工作分析,构建企业的任职资格系统,为员工招聘提供依据</li><li>制订人力资源晋升、招募计划</li><li>根据直线部门提供的所需人员类型和素质要求设计招募方案</li><li>开展招募活动,获取一批具有高素质的求职者</li><li>对候选人进行初步的面试、笔试,然后将通过测试的可用候选者推荐给直线部门主管</li></ul>
整合	<ul><li>促进员工相互了解和沟通</li><li>指导员工的合作和协调</li><li>调节员工冲突</li><li>收集和反馈相关信息</li></ul>	<ul><li>保障员工沟通渠道的畅通</li><li>向员工传播企业文化</li><li>增强员工的组织认同感</li><li>进行人事信息和人员档案管理</li></ul>
开发	<ul><li>评价员工的工作绩效</li><li>总结员工工作中存在的问题,提出培训和开发的内容</li><li>帮助下属制订职业生涯规划,对下属的职业生涯发展情况进行跟踪评价,为下属的职业发展提供可行性建议</li><li>对人力资源培训和开发活动进行评价,增进培训和开发活动的有效性</li></ul>	<ul><li>开发绩效评价工具并保存评价记录</li><li>根据直线部门提供的要求,制订员工培训与开发计划,为员工提供培训和开发服务</li><li>帮助员工进行职业生涯规划,并为员工实现职业目标提供各种支持</li><li>构建组织的职位晋升系统,为员工的发展指明方向</li><li>对管理者进行开发,制订和执行接班人计划</li></ul>
激励	<ul><li>向人力资源部门提供各项工作的性质和对价值的贡献程度,帮助他们确定工作水平</li><li>进行员工绩效评估,为人力资源部门为每位员工确定和调整报酬提供依据</li><li>根据奖励的性质确定支付给雇员的奖金数量</li><li>制订福利计划和服务项目的总体方案</li><li>工资、奖惩制度及其他激励措施的实施</li></ul>	<ul><li>制定具体的绩效评估方法和制度</li><li>确定每一项工作的价值</li><li>进行薪资调查,确定企业薪资标准,保证组织薪资的公平性、公正性和竞争性</li><li>向直线经理提供有关奖励、各种备选奖金分配和工资支付计划的建议</li><li>在直线经理的帮助下,制订福利和服务的详细计划</li><li>开发多种员工激励方案</li></ul>
维护	<ul><li>保持组织的信息渠道畅通,使每一个员工都能及时了解组织的发展目标和战略,以及可能实现的贡献</li><li>公平对待每一个员工</li><li>尊重、关心员工,与员工保持良好的沟通,及时了解员工的想法和需求</li><li>解决抱怨和争端</li></ul>	<ul><li>构建和谐的组织文化,让员工体会到关爱</li><li>保障员工的健康和工作安全,为员工提供各项工伤和医疗保险</li><li>制定确保公平待遇的程序性规定,并对直线管理人员进行相关培训</li></ul>

1.3 人力资源开发与管理的历史与发展

学习人力资源开发与管理,有必要了解人力资源开发与管理的历史和发展趋势,有助于更为准确地把握人力资源开发与管理的实质。

1.3.1 人力资源开发与管理的历史

早期的人力资源管理被称为人事管理。人事管理的发展与18世纪后半叶工业革命的到来是相伴随着的。从15世纪到18世纪盛行于欧洲的行会制度是以家庭式的管理来处理学徒培训和雇佣问题的。而工业革命的兴起则导致工作性质和雇佣关系出现了根本性的变化:机器大工厂的建立需要大量的人集中到工厂来做工。这样,当时的所有问题都归结为:吸引农业劳动力放弃原有的生产和生活方式到工厂来,然后将工业生产所需要的基本技能传授给他们,并且使他们适应工业文明的行为规则,以最大限度地发挥劳动分工和生产协作所带来的巨大生产率潜力。这些本来都是现代人事管理的内容,却是当时管理任务的最主要方面,而当时的人事管理主要承担的却是福利工作。

美国全国现金公司在1897年首次设立了一个叫作"福利工作"的部门,此后,一些"福利部""福利秘书""社会秘书"的名称相继出现。设立这些部门或职位的主要目的是改善工人的境遇,听取并处理工人的不满,提供娱乐和教育活动,安排工人的工作调动,管理膳食,协助员工平衡工作-家庭关系等。总之,基于关心工人的福利的主张建立起了一套有关企业员工管理的思想体系。这种福利主义的人事管理观点是现代人事管理的来源之一。

19世纪开始的科学管理运动成为现代人事管理发展的另外一条线索。著名的科学管理之父是弗雷德里克·泰罗。泰罗在1878—1890年时是位于费城的伯利恒钢铁公司的工程师,他对工人的工作效率进行了研究,试图找到一种"最好的工作方法"以及一种能够最快地完成工作的方法。他在对工作进行动作研究和时间研究的基础上,进一步提出要挑选一流的工人,对工人进行培训,倡导劳资合作等,还发明了著名的差别计件工资制。所有这些观点,对于现代人力资源管理理论与实践的发展都起到了非常积极的作用,许多观点直到今天仍然具有十分显著的现实意义。

随着工业心理学在第一次世界大战时期的出现,科学管理和福利工作成为在19世纪开始发展起来的两种并行的管理方法。科学管理所代表的努力方向是主要通过对工作方法、工时、动作的研究以及专业化来解决在劳动和管理中所出现的无效行为,而工业心理学所代表的思路则是通过心理学基本原则的运用来提高工人有效完成工作的能力。科学管理主要集中在对工作和效率的研究上,而工业心理学所关注的则是工人以及个体之间的差异。实现工人福利的最大化是工业心理学所关心的主题。

对人力资源管理的发展做出贡献的另外一支力量是所谓的人际关系运动。两位哈佛大学的研究人员埃尔顿·梅奥和弗雷兹·罗尔西斯伯格,将人际关系的因素纳入工作中。这场人际关系运动起源于1924—1933年在位于芝加哥郊外的西方电气公司的霍桑工厂中所进行的一系列研究。这些研究的目的是确定照明对工人以及他们的产出所产生的影响。但是研究最后所得出的结论却是社会互动以及工作群体对于工人的产出以及他们的满意度有着非常重要的影响。人际关系运动最终在20世纪60年代中期发展成为组织行为学的一支并且对其发展做出了自己的贡献。

　　早期的人事管理者的工作就是在管理层和操作层（工人）之间架起一座桥梁。换言之，他们需要用自己的语言去与工人对话，然后再向管理层提出建议，告诉他们应当做些什么事情，使员工达成最好的工作结果。因此，人事管理的早期历史仍然没有明确说明人力资源管理职能对于管理的重要性。一直到 20 世纪 60 年代，人们一直认为人事管理只是针对蓝领工人和操作类员工的。人们把它看成是一个做记录的单位，它的主要功能就是为工作年限满 25 年的员工发放小纪念品以及协调组织公司每年一度的野餐会。彼得·德鲁克曾经为人事管理做了一个反映其以蓝领工人为导向性质的描述。他说，人事管理的工作"一部分是档案管理员的工作，一部分是簿记员的工作，一部分是社会工作者的工作，一部分是消防队员的工作——负责处理工会方面的麻烦事儿"。

　　二战以后，特别是 20 世纪 60 年代以后，"人力资源管理"这一名词逐渐流行起来。在这一时期，有三个因素对于人力资源管理概念的出现起了重要的作用：其一是经济学中的"人力资本理论"在 20 世纪 50 年代被正式提出，从此，人力资本被看成是比物力资本更富有生产率的资本，人不仅不是服从于物力资本的，而且是比物力资本更有潜力的"活的资源"。其二是二战以后兴起的行为科学的不断发展使得组织人道主义的观点深入人心。后期的行为科学从人、组织、工作、技术等多方面对组织中人的行为进行了系统的研究，它不仅吸收了早期人际关系学说的一些有用的研究成果，还借鉴了当时的组织理论、组织心理学、社会心理学等领域的最新理论发展，对于人力资源管理的理论与实践产生了极大的影响。其三是作为一门学科的人力资源会计出现了，它的出现为衡量人力资本利用效率提供了可靠的技术依据，从而使得企业更加明确地认识到人力资源管理对于企业所可能产生的收益。

　　人力资源管理的概念产生于 20 世纪 60—70 年代，然而，它在 20 世纪 80 年代以后才受到企业的普遍重视。其中最主要的原因就是管理学家们在 70 年代末 80 年代初的日美企业管理制度比较研究热潮中发现，日本企业独特的人力资源管理制度与管理实践是造成日美生产率差异的最主要原因。比如，美国管理学家卡尔·佩斯格尔在他于 1984 年完成的《日本与西方管理比较》一书中，就将人力资源管理列为导致日美企业管理效率差距的首要因素。他指出，日美汽车行业成本差异的 40% 是因人力资源管理效率的不同而导致的。

　　人力资源管理的出现标志着人事管理职能发展到了一个新的阶段。现代人力资源管理基本上涉及了企业员工关系管理最为重要的几个方面，即人力资源战略与规划、工作分析、雇员的招募与甄选录用、工作绩效评价、培训与人力资源开发、薪资福利与激励计划、劳资关系和雇员安全与健康计划等。然而，人力资源管理取代人事管理，并不仅仅是名称上的改变和内容的进一步丰富，它更是一种管理观念上的根本性变革。现代人力资源管理与传统人事管理的最大区别就在于：过去的人事管理是以工作为中心的，即让人去适应工作，而现代人力资源管理则是以人为中心的，它总是力图根据人的特点和特长来组织工作，从而使得人力资源的能量得到最大限度的发挥。

　　进入 20 世纪 90 年代以后，人力资源管理职能所关注的对象已经远远超越了档案、内务以及簿记这些方面的工作，人力资源管理对于一个组织的生存所具有的战略重要性和获取竞争优势的重要性越来越明显。招募、甄选、培训开发、奖惩、薪酬以及对劳动者进行激励的重要性，已经受到了组织中每一个单位和每一个职能领域的重视。人力资源管理逐渐开始与其他的所有企业职能紧密合作，以帮助组织具备在地方以及国际上进行竞争时所需的那些能力。随着人力资源管理战略与组织融合为一体,人力资源管理在明确组织中所存在的人力资源问题以及寻找解决方案方面扮演着越来越重要的角色。现在,我们已经很难想象,有哪一个组织可以在缺乏有效的人力资源管理方案和管理活动的情况下实现组织的有效性并且维持这种有效性。

战略性人力资源管理兴起于学者们对竞争优势来源转变的研究。基于企业面临的竞争环境日益激烈,许多学者越来越相信,企业人力资源将是持久竞争优势的重要来源,有效地管理人力资源,而不是物质资源,将是企业绩效的最终决定因素。这一研究显著提高了人力资源在企业竞争优势获取方面的地位,促进了从提升企业竞争力角度对人力资源管理的研究,并直接导致了战略性人力资源管理的兴起。

战略性人力资源管理从组织整体战略发展角度将人力资源管理视为一项战略职能,探索人力资源管理与企业组织层次行为结果的关系,追求人力资源部门与组织其他部门的整合性、人力资源管理与组织战略的适应性与协同一致性。战略性人力资源管理对人力资源管理提出了更高的要求:①要求人力资源管理应完全整合进企业的战略,并且在战略实施过程中,人力资源管理和战略之间应该保持动态协同。②人力资源管理政策在不同的政策领域与管理层次间应具有一致性。③人力资源管理应成为企业每一个部门和员工的事。人力资源管理实践应作为日常工作的一部分被直线经理与员工所接受、调整和运用。④人力资源功能通过规划、政策与实践,创造实施战略的适宜环境,发挥"战略伙伴"的作用,从而促使组织更具竞争力。

人力资源管理的实践经历了人事管理、人力资源管理再到战略人力资源管理三个阶段,在这个发展过程中,人力资源管理的理论逐渐趋于科学和完善,管理技术和方法也在实践中不断地改进,趋于合理化、人性化。每个阶段的特点如表1-2所示。

表1-2　人力资源管理实践三阶段的特点

阶段	时间	特点
从劳工管理向科学管理发展(以物为中心)	19世纪初—20世纪20年代	以生产或工作为中心,忽视人的社会性和物质、精神需求,推行强权管理;视组织为技术经济系统,假定存在最优工作方式;工科出身的管理者(如泰罗、吉尔布雷斯)希望把自然科学的研究方法应用到人力资源管理,以时间动作分析为基础安排人员选拔、培训和工资
组织与行为科学的发展使"人"受到关注(以人为中心)	20世纪20—70年代	意识到人的社会性和人际关系的重要性,发现员工心理状态影响生产效率;视组织是个社会技术经济系统,强调综合运用监督制裁、惩罚奖励等多种措施进行人力资源管理,目的是实现人与人之间、人与事之间的协调;心理学者(如马斯洛、赫茨伯格、麦格雷戈等)和社会学者(如福列特)构建了本领域的基础理论
人力资源开发与管理(以能力为核心)	20世纪70年代至今	人力资本理论的发展使理论界和实践界意识到"人"的价值,重视到教育对经济社会发展的意义,出现"人本管理";随着全球教育水平的提升,人力资源开发受到重视,教育从提高文化水平发展到创新型人才培养,视组织为社会—生理—心理系统,出现了以能力为核心的人力资源开发与管理

在发达国家,人力资源管理已经成为一门相当成熟的学科。经过大学、科研机构、咨询公司以及许多企业的长期研究、探索和积累,许多与薪资调查、工作分析、绩效评价、员工招聘甄选等人力资源开发与管理问题有关的技术手段已经日趋完善。尽快提高人力资源开发与管理水平已经成为当前我国许多企业所面临的一项紧迫任务。但是需要特别注意的是,由于中外管理发展历史的差异,我们在学习和借鉴国外人力资源开发与管理的理念以及方法时一定要有所分析和判断,认清组织所处的发展阶段等各种组织内部和外部环境因素,在理解的基础上创造性、变通性地使用,而不能盲目照搬,否则很可能会产生事与愿违的结局。

1.3.2 人力资源开发与管理的基本理论

1.人事管理理论

人事管理理论以法约尔的古典功能理论、韦伯的古典组织理论以及美国泰罗的科学管理功能理论为代表。其特点是:认为人是“经济人”,以追求利益最大化为目标。对人的管理要通过经济利益刺激并辅以规章制度约束。在管理过程中关注指挥系统及指令的传达和执行,注重管理者的最佳管理幅度和层次,要求权利和义务对等,合理设置组织机构,注重管理规章制度的建立和执行、奖酬制度等。该理论力求寻找适用于一切组织与环境的“最佳”管理模式。

2.行为学理论

行为学理论以“霍桑实验”的人际关系学派和行为学派为代表。该理论认为人际关系同样能够对生产率发生作用。人除了物质需要外,还有对友谊、组织、感情等多种需要。人不单纯是“经济人”,还是“社会人”。该理论着重研究组织中人的行为和人的本性,研究群体内、群体与群体间的关系,强调给员工提供良好的工作条件,改变他们的工作满意程度,从而提高生产率。

3.X 理论与 Y 理论

美国学者麦格雷戈于 1964 年提出了两种对立的人性观,分别称为 X 与 Y 理论。X 理论认为:人大多是懒惰的、不愿劳动的、被动的、不能自律的,他们必须在物质刺激的诱惑下和规章纪律的约束驱使下才肯工作。大多数人是避免寻求责任的,他们乐于接受少数精英分子的管理。Y 理论认为:从能量平衡的角度分析,人们进食后获得的能量,必须通过游乐或劳动来消耗与散发,因此,游乐与劳动对人是同样可取的,人们之所以表现出不愿劳动的倾向,是由于迫使人们以劳动为谋生手段,使工作具有强制性而令人厌恶的缘故,同理,工人们并非不能自律和不愿承担责任,只是必须为他们提供条件,给予信任和机会。Y 理论是人力资源管理对人的基本认定。

4.需求层次理论

马斯洛(Abraham Maslow,1908—1970),美国著名的社会心理学家、人格理论家和比较心理学家。他是人本主义运动的发起者之一和人本主义心理学的重要代表,于 1967 年被选为美国心理学会主席。其主要著作有《动机论》《自我实现的人》《动机与个性》《在人的价值中的新认识》《科学的心理学》《一种存在的方式》等。

马斯洛在 1943 年发表的《人类动机的理论》(*A Theory of Human Motivation*

Psychological Review)一书中提出了需要层次论。这种理论的构成根据三个基本假设：①人要生存，他的需要能够影响他的行为。只有未满足的需要能够影响行为，满足了的需要不能充当激励工具。②人的需要按重要性和层次性排成一定的次序，从基本的（如食物和住房）到复杂的（如自我实现）。③当人的某一级的需要得到最低限度满足后，才会追求高一级的需要，如此逐级上升，成为推动继续努力的内在动力。

马斯洛的需求层次论认为：人类动机的发展和需要的满足有密切的关系，需要的层次有高低的不同，低层次的需要是生理需要，向上依次是安全、爱与归属、尊重和自我实现的需要。各层次需要的基本含义如下：

（1）生理上的需要。这一需要包括衣、食、住、行等方面的要求，是人类维持自身生存的最基本需求。如果这些需要得不到满足，人类的生存就成了问题。在这个意义上说，生理需要是推动人们行动的最强大的动力。马斯洛认为，只有这些最基本的需要满足到维持生存所必需的程度后，其他的需要才能成为新的激励因素，而到了此时，这些已相对满足的需要也就不再成为激励因素了。

（2）安全上的需要。这是人类要求保障自身安全、摆脱失业和丧失财产的威胁、避免职业病的侵袭等方面的需要。马斯洛认为，整个有机体是一个追求安全的机制，人的感受器官、效应器官、智能和其他能量主要是寻求安全的工具，甚至可以把科学和人生观都看成是满足安全需要的一部分。当然，当这种需要一旦相对满足后，也就不再成为激励因素了。

（3）感情上的需要。这一层次的需要包括两个方面的内容：一是友爱的需要，即人人都需要伙伴之间、同事之间的关系融洽或保持友谊和忠诚，人人都希望得到爱情，希望爱别人，也渴望接受别人的爱。二是归属的需要，即人都有一种归属于一个群体的感情，希望成为群体中的一员，并相互关心和照顾。感情上的需要比生理上的需要来得细致，它和一个人的生理特性、经历、教育、宗教信仰都有关系。

（4）尊重的需要。人人都希望自己有稳定的社会地位，要求个人的能力和成就得到社会的承认。尊重的需要又可分为内部尊重和外部尊重。内部尊重是指一个人希望在各种不同情境中有实力、能胜任、充满信心、能独立自主。总之，内部尊重就是人的自尊。外部尊重是指一个人希望有地位、有威信，受到别人的尊重、信赖和高度评价。马斯洛认为，尊重需要得到满足，能使人对自己充满信心，对社会满腔热情，体验到自己活着的用处和价值。

（5）自我实现的需要。这是最高层次的需要，它是指实现个人理想、抱负，发挥个人的能力到最大程度，完成与自己的能力相称的一切事情的需要。也就是说，人必须干称职的工作，这样才会使他们感到最大的快乐。马斯洛提出，为满足自我实现需要所采取的途径是因人而异的。自我实现的需要是努力实现自己的潜力，使自己越来越成为自己所期望的人物。自我实现指创造潜能的充分发挥，追求自我实现是人的最高动机，它的特征是对某一事业的忘我献身。高层次的自我实现具有超越自我的特征，具有很高的社会价值。健全社会的职能在于促进普遍的自我实现。

5. ERG 理论

耶鲁大学的克莱顿·爱尔德弗（Clayton）重组了马斯洛的需要层次理论，使之和实证研究更加一致。经他修改的需要层次理论称为 ERG 理论（ERG theory）。

爱尔德弗认为人有三种核心需要：生存（existence）、相互关系（relatedness）和成长

(growth)，所以称之为 ERG 理论。第一种是生存需要，涉及满足我们基本物质生存的需要，包括马斯洛称为生理需要和安全需要的这两项。第二种需要是相互关系需要，即维持重要的人际关系的需要，要满足社会的和地位的需要就要和其他人交往，这类需要和马斯洛的社会需要和尊重需要的外在部分相对应。最后，爱尔德弗提出了成长需要——人发展的内部需要（包括马斯洛的尊重需要的内在部分和自我实现需要的一些特征）。

爱尔德弗的 ERG 理论和马斯洛的不同之处在于：①ERG 理论证实分析了多种需要可以同时存在。马斯洛的需要层次是一个严格的阶梯式序列，ERG 理论却不认为低层次需要获得满足后才能进入高层次的需要。例如，甚至在生存和相互关系需要没有得到满足的情况下，一个人也可以为成长而工作，或者三种需要同时起作用。②ERG 理论提出了挫折—倒退维度。马斯洛认为，一个人会滞留在某一特定的需要层次直到这一需要得到满足。ERG 理论却认为，当一个人较高层次的需要不能得到满足时，较低层次的需要强度会增加。例如，无法满足社会交往的需要可能会带来对更多的工资或更好的工作条件的需求，所以受挫可以导致倒退到较低层次的需要。ERG 理论代表了关于需要层次的一种更为有效的观点。

6. 期望理论

期望理论是美国心理学家佛隆（V. H. Vroon）于 1964 年提出的解释行为激发的一种理论。期望理论假定，个体是有思想、有理性的人。对于他们生活和事业的发展，他们有既定的信仰和基本的预测。因此，在分析激励雇员的因素时，我们必须考察人们希望从组织中获得什么以及他们如何能够实现自己的愿望。期望理论的基本模式为：激励力量＝效价×期望值。基本模式表明，激励力量即推动人去追求和实现目标，满足需要的力量，是效价和期望值这两个变量的乘积。效价越高，可能性越大，激励力量也越大，反之亦然。如果其中有一个力量为零，激励力量也就为零。

7. 公平理论

公平理论是由美国心理学家亚当斯于 1956 年提出的。公平理论的基本思想是员工对所得报酬是否满意不在于报酬的绝对数额，更重要的在于报酬的相对数额。相对数额来自两个方面的比较。一是纵向比较，是将自己目前的劳动报酬与劳动投入的比率与自己过去的情况进行比较，如果两者比值得当，员工会觉得公平满意，反之，则会产生不安或不满情绪。纵向比较所含的核心问题是关于一定量投放获得一定量报酬的价值准则。二是横向比较，就是将自己的劳动报酬与劳动投入的比率与他人的情况进行比较。当两者比值相当，员工会产生公平感。由于同工同酬是所有人都认为应当享受的基本权利，所以当人们认为公平时，一般并不会特别兴奋或激动，而只是处于一种平静泰然的心境。但是，如果员工在这种比较中感到不平衡，甚至不把金钱看成是单纯的经济报酬，而是透过金钱评价领导和同事对自己的态度，甚至扩大到自己与群体或他人的关系，这种不公平、不合理的感觉会严重地挫伤个人的自尊心，并且导致委屈、愤怒、焦虑、郁闷等强烈的情绪反应。

8. 强化理论

强化理论是美国心理学家和行为学家斯金纳、赫西、布兰查德等人根据对学习进行强化的原则并以此为基础提出的关于理解和修正人们行为的一种理论。从最基本的方面来讲，对某一种行为进行肯定（强化）可以促进这种行为重复出现，对某一种行为进行否定（强化）

可以修正或阻止这种行为的重复出现。也就是用强化(通过报酬、奖励或惩罚手段)来激励人们的行动。

强化理论与期望理论有许多共同之处。它们都强调某一种行为与其导致的后果之间关系的重要性。但两者也有很大的区别。最大的区别是期望理论强调有关理解、评估、主观的可能性等内部的心理过程,而强化理论则试图避免涉及这些心理过程而只讨论人的行为。强化理论认为只有人的行为本身才能进行科学的分析研究。

9.成就需要理论

成就需要理论是由美国行为科学家戴维·麦克莱兰德(David McCelland)及其合作者提出的。这种理论主要关注三种需要——成就、权力、归属。它们的定义分别如下:

(1)成就需要(need for achievement)。成就需要是指追求卓越,实现目标,争取成功的内驱力。成就需要理论认为:世界上的人可分为两类,少数人愿意接受挑战和艰苦的工作,以便有所成就;而大多数人则对取得成就的愿望不是那样强烈。一些人具有获得成功的强烈动机,他们追求的是个人成就而不是成功的报酬本身。他们有一种使事情做得比以前更好或更有效率的欲望,这种内驱力就是成就需要。

(2)权力需要(need for power)。权力需要是指影响或控制他人且不受他人控制的愿望或驱动力。高权力需要者喜欢"承担责任",喜欢竞争性和地位取向的工作环境。

(3)归属需要(need for affiliation)。归属需要是指建立友好和亲密的人际关系的愿望的需要,寻求被他人喜爱和接纳的一种愿望,这种需要一直未能引起研究人员的足够重视。高归属需要者渴望友谊,喜欢合作而不是竞争的环境,希望彼此之间的沟通与理解。

10.目标设置理论

目标设置理论(goal-setting theory)的主要内容是指员工们一旦接受具有一定难度且具体的目标,将会比容易的目标更能激发高水平的工作绩效。

20世纪60年代末,爱德温·洛克(Edwin Locke)提出,指向一个目标的工作意向是工作激励的主要源泉,也就是说,目标告诉员工需要做什么以及需要做出多大努力。事实有力地支持了目标的价值,更重要的是我们可以这样说:明确的目标能提高绩效,一旦我们接受了困难的目标,会比容易的目标带来更高的绩效,反馈比无反馈带来更高的绩效。具体的、有一定难度的目标比笼统的目标"尽最大的努力"效果更好。目标的具体性本身就是一种内部激励因素。如果能力和目标的可接受性这样的因素保持不变,目标越高难度越大,绩效水平越高,同时如果能够及时把追求目标过程反馈,人们会做得更好。因为反馈能帮助认清他们已做的和要做的之间的差距,也就是说,反馈引导行为,自我反馈是比外部反馈更强有力的激励因素。

1.3.3 人力资源开发与管理的发展趋势

21世纪是知识经济的时代,竞争的重点正由先前的产品经营竞争、资本经营竞争转化为智力资本经营的竞争,人力资源成为获取竞争优势的源泉。组织只有取得了优于竞争对手的人力资源,并充分发挥他们的智力能量,才能在竞争中获取并保持其竞争优势。知识经济时代的人力资源开发与管理将呈现新的发展趋势。

1.人力资源开发与管理趋于柔性化

柔性化管理是使组织在市场机会不断变化、竞争环境难以预测的情况下,快速反应,不断重组其人力和技术资源,获得竞争优势和利润的管理模式。它不依赖于固定的组织结构、稳定的规章制度进行管理,而是随着时间、外部环境等客观条件的变化而变化,是一种反应敏捷、灵活多变的崭新的人力资源开发与管理模式。柔性化管理在本质上是一种"以人为中心"的管理,要求用"柔性"的方式去管理和开发人力资源。"柔性化"要求人力资源开发与管理既要具有适应不同情况的能力,也要具有坚强、韧性、忍受变化带来负面影响的能力。

2.人力资源开发与管理的系统化趋势

战略人力资源管理要求人力资源开发与管理以促进组织的发展为目标,从组织发展战略角度制定人力资源战略。用集中的数据库将几乎所有与人力资源相关的数据(如薪资福利、招聘、个人职业生涯的设计、培训、职位管理、绩效管理、岗位描述、个人信息和历史资料)统一起来,形成了集成的信息源。人力资源系统所具有的友好的用户界面,强有力的报表生成工具、分析工具和信息的共享使得人力资源管理人员得以摆脱繁重的日常工作,集中精力从战略的角度来考虑人力资源规划和政策。

3.人力资源开发与管理的电子化趋势

人力资源开发与管理的电子化(EHR)有广义和狭义之分。狭义是指基于互联网的高度自动化的人力资源开发与管理工作,包括招聘、薪酬管理等。广义是指基于电子商务理念的所有电子化人力资源开发与管理工作,包括内部网及其他电子化手段。人力资源开发与管理电子化一方面可以缩短周期,使工作流程自动化,使员工自主选择 HR 信息和服务等信息,另一方面,可以使 HR 部门从提供简单的 HR 信息转变为提供 HR 知识和解决方案,可以随时地向管理层提供决策支持,提高组织运作效率,降低成本。

4.人力资源开发与管理的外包化倾向

由于市场竞争的加剧,人力资源管理部门作为经常性开支的单位遭到许多公司的削减。同时,日益复杂的企业管理问题还要求人力资源管理部门提供更好、更快、更低成本的服务,人力资源外包就是企业选择的一种模式。人力资源管理部门因此转型为以市场为导向、以客户为中心的事业实体,为客户提供更多的产品和服务,尽可能地满足客户的要求。人力资源管理不再是"企业的合作伙伴",而是作为一个独立的企业而存在。同时,也有专门从事人力资源管理和开发的专业性公司出现,为企业提供诸如人才招聘、人才培训、人员素质测评、人才规划、职业生涯设计等高效率专业化服务。

5.人力资源管理者的职业化倾向

随着知识经济的推进和近年来人力资源管理中非核心业务的外包,人力资源管理者的工作环境和工作性质发生了质的变化。人力资源管理从事务型转为战略型,对人力资源管理者的能力提出了更高的要求。人力资源管理者要成为人力资源管理的专家,除了要掌握人力资源专业知识外,还应领会管理的精髓和具备广泛的经营管理知识,熟练掌握向高层领导和员工推销人力资源产品和服务的技巧,扮演好战略规划的参与者和执行的管理者、人事与行政管理专家、员工发展的指导者与支持者、组织发展变革的倡导者与代言人等多重角色,需要同时具备战略意识与综合服务的"通才"能力。

6.人力资源开发与管理趋于全球化

国际竞争的深化将推动组织在全球范围内配置人力资源。人才的国际化、跨文化管理将成为企业人力资源管理的重要问题。人力资源管理的全球化趋势不可逆转,国际化的人才交流市场与人才交流将出现,并成为一种主要形式。人力资源的价值不仅在一个区域市场内体现,而更多的是要按照国际市场的要求来看待人才价值。网络将成为重要的人才市场形式。跨文化的人力资源开发与管理成为重要内容。人力资源管理的边界也从清晰到模糊,从封闭走向开放,国际人力资源管理成了人力资源开发与管理的新领域。组织人力资源开发与管理的政策和方法必须和所在地的环境和文化相适应。人力资源管理者也需要具备全球化人力资源管理技能,掌握相关的业务知识,建立人才的全球观念和系统整合观念,要以全球的视野来选拔人才、管理人才。

7.大数据对人力资源开发与管理的影响

20 世纪 90 年代约翰·马西使用推广了"大数据"(big data 或 megadata)这一概念,指的是由大量、高速、多样、真实的数据构成的数据集合。在总数据量相同的情况下,与个别分析独立的小型数据集(data set)相比,大数据将各个小型数据集合并后进行分析可得出许多额外的信息和数据关系性,可用来察觉商业趋势、判定研究质量。

在商业、经济及其他领域中,决策并非仅仅基于经验和直觉,数据成为决策的重要依据。大数据所蕴含的能量将引发管理创新和变革,为人力资源开发与管理精细化、个性化、系统化提供支撑。在大数据影响下,人力资源开发与管理由传统管理向数据化管理乃至大数据人力资源开发与管理演进,将充分运用大数据技术及其他数据处理技术,获取和分析所有人力资源开发与管理中的决策支持、洞察发现和流程优化具有潜在价值的数据,将其转化为与人力资源开发与管理相关的决策依据和有力的证据,并应用于人力资源开发与管理实践中,提高人力资源开发与管理的效率;集合信息技术、大数据及人力资源开发与管理理论与方法全面处理人力资源开发与管理过程中的各项相关事务。

大数据人力资源开发与管理的应用扩大了数据处理系统的处理范围,解决了随着电子商务、物联网、移动互联网、智能终端设备以及社交网络的蓬勃发展,海量信息难以链接整合的问题;改变了传统管理模式中管理者通过个人经验和直觉做出主观、偏见的决策的方法,完整、丰富的数据源在大数据技术的分析下,使管理者可以依据透明、真实和精确的数据从而做出客观、明确的决策。

大数据的合理运用有助于提高人力资源规划、人员招聘与甄选、绩效管理、薪酬管理和劳动关系管理的效果。大数据时代的人力资源规划以实现公司战略目标对人力资源的需求为目标,基于人力资源大数据、公司运营和财务大数据、产业和市场大数据以及宏观经济大数据,采用机器学习等现代预测技术来预测人才供给和需求,预测的内容更加广泛、精确和细致。大数据改变了招聘的运作方式,通过提供海量信息,帮助企业从被动搜寻转向主动搜寻;以最少的投入甄选出最佳人选;通过量表测试的结果数据可以预测求职者的性格特点、兴趣倾向、求职意向、工作潜能和职业道德,提高人岗匹配的精准度。大数据技术实现了跨部门、跨公司甚至跨国界的数据共享与整合,提高了招聘效率,优化了招聘效果。大数据技术使企业从周期性绩效考核转向实时跟踪绩效波动考核,为员工提供及时的绩效反馈,并依据绩效动态调整薪酬激励。实时更新的定量绩效数据不仅能够反映员工的绩效波动情况,使绩效评估结果更为客观、透明、公正,而且通过在线系统对员工提供自主性的绩效反馈,帮助员工提高绩效水平。大数据分析通过对员工的持续监测,可以有效识别具有潜在离职倾向的员工,为人力资源经理提供了主动干预的前置时间,使人力资源开发与管理从被动处理问题转型为主动发现潜在问题并采取措施优化管理。人力资源开发与管理的敏捷性和快速反应能力得到了质的提升。

但大数据在人力资源开发与管理领域的应用还受到技术和伦理的限制。大数据需要一套新的整合形式的技术来揭示数据集的多样性、复杂性和大规模。大数据几乎无法使用大多数的数据库管理系统处理,而必须使用"在数十、数百甚至数千台服务器上同时平行运行的软件"。无论是数据科学家还是人力资源专家,都不能够独立完成大数据人力资源开发与管理的全部工作。因此,复合型大数据人才是未来制约人力资源大数据发展的主要瓶颈之一。大数据提供数据共享便利的同时也带来了信息泄露的风险。在进行人员备案入库时,即使保证了被管理对象的知情权,而且数据并未公开仅仅用于人力资源开发与管理,依然有可能给被管理对象造成窥探个人隐私的不安全感,如果保存不妥善而导致数据信息泄露,有可能违背个人隐私保护的法律法规,给个人和组织造成重大损失。

8. 人力资源业务合作伙伴(HRBP)

人力资源业务合作伙伴的理论框架体系最早由美国密歇根大学罗斯商学院教授戴维·尤里奇(Dave Ulrich)在20世纪90年代提出,其内容包括战略伙伴(strategic partner)、变革推动者(change agent)、员工倡言者(employee champion)和行政专家(functional expert)。到21世纪,戴维又提出了改进版的人力资源业务合作伙伴框架体系:其一是在员工倡言者的角色中强调了人力资本开发者(human capital developer)的作用;其二是强调人力资源管理者作为领导者而存在,人力资源业务合作伙伴不仅是行政专家,还需要协助开展公司治理与组织战略层面的工作。戴维还指出,人力资源管理部门应当像企业一样运营,有人负责客户管理,有人负责专业技术,有人负责服务交付。他的理论最终演变为"人力资源管理三支柱"模型,包括人力资源业务合作伙伴(HR business partner,HRBP)、人力资源领域专家中心(HR center of expertise,HRCOE)、人力资源共享服务中心(HR shared service center,HRSSC)。其中:人力资源领域专家中心(HRCOE)是系统性的顶层设计,旨在为业务部门提供人力资源方面的专业咨询,收集员工的真实需求,推出灵活的培训项目,提高员工的能力,从而提高组织的学习能力,保证人力资源开发与管理方案能够快速、高效的实施,最终改善组织绩效,使企业获得可持续竞争优势;人力资源共享服务中心(HRSSC)以负责基础人力资源事务性工作为主要职能,解决各业务单元中与人力资源开发与管理有关的共性问题,提高行政效率,提升员工满意度;人力资源业务合作伙伴(HRBP)是人力资源部门内部与各事业部门负责人沟通的桥梁,服务于企业各业务部门的战略发展,挖掘和满足业务部门的独特需求,提高业务部门的人力资源开发与管理水平,有效激励员工,保证人力资源开发与管理支撑业务发展。

人力资源业务合作伙伴(HRBP)旨在颠覆传统的人力资源开发与管理模式,重塑人力资源开发与管理职能及其责任主体,打通人力资源部门与业务部门之间的壁垒,实现人力资源部门与业务部门的对接,从而有利于人力资源部门提供具有针对性和独特的服务,发挥人力资源管理部门和人力资源开发与管理的价值效能,实现组织战略从而提高组织绩效。要做好人力资源业务合作伙伴需要切实针对业务部门的特殊战略要求,提供独特的解决方案,将人力资源和其自身的价值真正嵌入各业务单元的价值模块中,这样才能真正发挥和实现人力资源业务合作伙伴的重要作用。人力资源业务伙伴模式(HRBP)成为众多企业人力资源开发与管理模式转型的方向,已经在华为、腾讯、阿里、京东等著名企业得到应用。

华为的人力资源业务伙伴模式由三个部分构成:人力资源共享服务中心、人力资源专家中心以及业务合作伙伴。其中人力资源共享服务中心、人力资源专家中心以及业务合作伙伴各司其职,人力资源共享服务中心关注的是公司层次日常性事务聚焦效率的提升,人力资源专家中心关注的是制度方案的制订,聚焦政策流程的优化,业务合作伙伴关注人力资源管理部门与业务部门的关联,聚焦客户关系的维系,三个支柱互相联系、不可分割、循环往复。华为的人力资源共享中心承载着集团公司层面日常事务性工作和行政性服务,从公司整体出发为优化公司运营服务,对公司现有的基本流程进行监督与控制,关注的是目前政策与制度执行效率的变动;华为的人力资源专家中心主要负责对人力资源政策、制度以及流程的制定,通过培训以及辅助性支持对业务合作伙伴进行技术合作,与业务部门合作推动人力资源开发与管理制度及方案的推广和执行,此外,对公司层面的人力资源战略规划也会向高层管理团队提供方向性建议;华为业务合作伙伴通过深入业务一线部门,在了解业务运行基本状况的基础上,向业务部门提供业务方向的、具有针对性价值的人力资源解决方案,辅助业务部门展开人力资源流程的运行与循环,通过推动管理政策与制度方案的实施来强化业务部门的人力资源建设。

在人力资源业务合作伙伴建设过程中,华为高度重视将以客户为中心、以奋斗者为本的企业文化建设在其中,让人力资源管理部门在业务合作伙伴中清晰自身的定位,通过向业务部门提供辅助性工作支持、完善制度流程及方案、推动执行提升效率等手段来为业务部门服务。同时也高度重视共享平台的建设,共享平台的建设体现在华为人力资源业务合作伙伴的三大支柱上,人力资源共享服务中心作为日常事务处理中心成为公司层的共享平台,人力资源专家中心是方案制订与政策推广中心、问题解决中心,成为智力支持平台,而业务合作伙伴则成为企业人力资源部门与业务部门间的跨部门协调与沟通平台,三大共享平台的打造为人力资源业务合作伙伴模型的顺畅运行提供了有力的保障和基础。共享型文化与氛围成为维系松散人力资源体系的重要纽带,从企业创立初期的狼性文化到聚焦以客户为中心、以奋斗者为本、长期坚持艰苦奋斗的文化氛围建设,人力资源业务合作伙伴管理体系促进了人力资源部门与一线业务部门的深度融合。此外,华为高度重视人员素质的提升,特别是对人力资源专家人员及业务合作伙伴成员的选择较为严格,基于胜任力模型的人员素质框架对人力资源管理人员的选拔有较为严格的控制,这也保证了人力资源专家中心、业务合作伙伴人员的素质。

1.3.4　人力资源开发与管理面临的挑战

1.创新驱动发展对人力资源开发与管理的挑战

2015年3月,《中共中央 国务院关于深化体制机制改革加快实施创新驱动发展战略的若干意见》出台,提出要指导深化体制机制改革,加快实施创新驱动发展战略。习近平总书记在十二届全国人大三次会议上海代表团审议时强调,人才是创新的根基,创新驱动实质上是人才驱动,谁拥有一流的创新人才,谁就拥有了科技创新的优势和主导权。企业管理者特别是企业家要牢固树立"抓创新优先抓人才、抓人才就是促发展"的理念,遵循社会主义市场经济规律和人才成长规律,把人才作为企业创新的第一动力。

自主创新是强国之道,而制度创新是自主创新的保证,也是促进自主创新和经济发展的非常重要的动力。制度创新主要是供给侧结构性改革的制度创新,由此调整供给侧的需求结构。就创新驱动而言,制度改革已经成为驱动创新的最大瓶颈,驱动创新发展的制度变革进入深水区。人力资源管理人员面临的第一个挑战就是如何冲破瓶颈,改革体制机制,优化人才供给侧环境机制。

按照"政府引导、企业主体、市场配置"思路来增强人才要素的有效供给,需要形成人才的培养开发、流动配置、评价激励等方面的联动系统、高效的制度供给和开放的市场新空间。传统的观点认为组织都是有边界的,分工不同,职能之间有水平边界;等级和权利不同,上级与下属之间存在垂直边界;内部人员从事与供应商、客户及其他外来者不同的工作,在组织与外部利益相关者之间存在内外边界。在开放的创新体系下,人力资源开发与管理需要打破内部的垂直边界,同时打破水平边界、内外部边界,在组织中形成新趋势和新空间,从更大区域整合创新人才资源,"聚天下英才而用之",破除对人才流动、人才评价、人才激励的体制机制束缚,降低制度性交易成本。这种制度的变化不仅是创新驱动的要求,而且能够进一步促进创新驱动的实施,还可以发挥用人单位和行业组织的主体作用,发挥市场机制的调节作用,支持和引导更多的人才投身创新创业。

形成人力资源开发与管理新空间,需要拓宽人才服务产业链。以人力资源服务业为核心吸纳其他生产性服务业,从人才的培养开发、评价发现到人才的选拔任用、流动配置,再到人才的服务保障等,通过多个服务产品的组合形成综合性服务体系,满足人才各个层面的需求,在产业链延伸和产品创新上下功夫,为人才创新创业提供全面服务。形成与经济社会发展相适应的人力资源服务业,必须在培训、招聘、人才测评、职业指导、人事代理、劳务派遣、高级人才寻访等传统业态中,捕捉并适应新时代人口结构、就业观念、职业期待等变化,不仅要覆盖人才的整个职业生涯,而且需要向人才的生活和其他领域延伸,为人才创新发展提供全方位的服务。从人才的培养开发、评价发现到人才的选拔任用、流动配置,再到人才的服务保障与科技、金融、生活服务等协同发展,通过多个服务产品的组合形成跨界的综合性服务体系,满足人才各个价值层面的需求。

创新驱动发展战略是党的十八大提出的战略任务和奋斗目标,实施创新驱动发展战略最为关键,也是最核心的要素在于人才的发展和任用。在创新驱动发展战略背景下如何合理应用人才资源,建立广纳群贤的用人机制成为人力资源开发与管理面临的重要挑战之一。

2."互联网＋"时代灵活就业对人力资源开发与管理的挑战

"灵活就业"是在劳动时间、福利报酬、工作场地、社会保险、劳动关系等方面或至少一方面不同于建立在工业化和现代工厂制度基础上的、传统的主流就业方式的就业形式的总称。传统主流就业方式是正规单位中的长期、稳定就业,劳动保护的责任由单位承担,劳动者在单位中、在规定的工作时间内劳动,获得稳定的劳动报酬。与这些特征不同的就业就是"灵活就业"。灵活就业的类型主要有：自营劳动者，包括自我雇佣者、自谋职业者和以个人身份从事职业活动的自由职业者；家庭帮工，即帮助家庭成员从事生产经营活动的人员；其他灵活就业人员，包括非全时工、季节工、劳务承包工、劳务派遣工、家庭小时工等一般劳动者。随着社会的发展，灵活就业人员出现了新的发展趋势，一方面脑力劳动者越来越多，另一方面出现了多重职业工作者。2007 年《纽约时报》专栏作家麦瑞克·阿尔伯撰写的书籍《多重职业》(One Person/Multiple Careers: A New Model for Work/Life Success，目前还没有中文版)中的"Slash"指的是不满足于"专一职业"的生活方式，而选择拥有多重职业和身份的多元生活的人群，中文译为"斜杠"，斜杠已经成为越来越多人追求的生活方式。《只有医生知道》的作者张羽是妇科肿瘤学博士、协和医院妇产科医生，又是文学爱好者，她在工作之余，总结临床经验，出版的三部科普书籍《只有医生知道》广受欢迎，仅版税收入就可以实现财务自由。与此同时，她又利用互联网的优势，与"分答""在行"等网络知识分享平台合作，在分享和科普医学知识、实现个人价值的同时获得优厚的物质回报。2019 年的《最强大脑》预赛选出来的 100 名选手中，有世界小姐中国赛区亚军、职业音乐人、高颜值博士、戏剧专业和古汉语专业学生……这些都颠覆了传统的职业认知。

在互联网技术和共享经济、智能设备和物联网飞速发展的背景下，释放潜能、灵活就业、跨行业工作的"斜杠"多重职业发展方式受到越来越多劳动者的青睐。相对于传统正规就业，灵活就业对从业人员的性别、年龄、文化、技能、体力的包容性大，更能满足当前各类求职者的需求。高层次的自由职业者、下岗失业的再就业者，或小时工、非全日制工、短期临时工、较长时期季节工、常年固定工都可以灵活就业，他们可以有固定工作地点，也可以没有固定工作地点，甚至可以在家工作。据《中国分享经济发展报告 2017》显示，2016 年我国分享经济市场共有 6 亿人参与，比 2015 年增加 1 亿人。滴滴出行、京东众筹、阿里巴巴"淘工厂"等在内的分享经济提供服务者约 5000 万人，其中分享经济平台型组织的劳动者约 500 万人，且主要为灵活就业者。灵活就业者已经成为一个庞大且迅速增长的新的劳动群体。《中国共享经济发展年度报告 (2019)》对网约车、共享单车、共享汽车、共享住宿、知识技能、生活服务、共享办公、生产能力、共享物流等 10 个共享经济主要领域的发展态势进行了系统分析，灵活就业已经成为日益庞大的劳动群体。

"互联网+"时代灵活就业者这一庞大且迅速增长的新就业形态劳动群体的就业特征与传统就业方式相比发生了很大变化，使人力资源开发与管理面临着巨大挑战，主要表现在劳动保障、薪酬管理、劳动组织和培训等方面。

劳动保障方面的挑战表现在社会保险的参与及转移。灵活就业者参加社会保险的比例低，绝大多数未纳入现行的社会保险体系且社会保险关系转移难。从制度上看，我国现行的劳动工资、社会保险制度最初是针对正规就业形式，如国有企业这种固定用人单位的大型、正规企业，不适应灵活就业的发展，对灵活就业人员的管理和权益维护存在制度缺失的现象。从管理上看，目前社会保险的管理服务体系不健全，适应灵活就业的监督管理机制尚未形成。随着灵活就业的发展，这些问题成了人力资源开发与管理的面临的挑战之一。处理这些问题，相关人力资源管理部门需研究制定一套适应新形势的培训、就业、劳动关系和社会保障的政策法规，使得合同期限、合同形式、人员流动和社会保险等方面的政策更加灵活，以适应灵活就业发展的需要。按照权利与义务对等的原则，研究确定灵活就业人员参加社会保险的缴费基数、费率、缴费年限、缴费方式及相应的社会保险待遇。对于无用人单位的灵活就业形式,应确立灵活就业人员个人缴费主体地位。逐步实行社会保险经办机构、劳动保障事务代理机构、街道劳动保障工作机构等多渠道登记和缴费。建立灵活多样、选择性强、简便易行的社会保险体系。

薪酬管理方面的挑战表现在薪酬支付和监管。灵活就业的劳动周期短、劳动成果易量化,薪酬发放周期灵活,其薪酬是由劳动关系双方在不低于当地最低工资标准的情况下协商确定的,一般不遵循正规就业单位的薪酬确定机制,基本只包含劳动报酬一项内容,很少有福利津贴和其他报酬。由于灵活就业者大多不与用工方企业签署任何劳动协议,也不长期从事同一份工作,因此灵活就业者工资支付方式多样,有部分灵活就业者和用工企业达成协议,进行私下工资发放,由用工企业负责人通过支付宝、微信等方式支付工资,相关管理部门对这部分工资支付很难形成监管,劳动者的工资权益保障也就难以实现。福利待遇对劳动者的积极性、忠诚度有很大的影响,当前不管是对于平台企业还是用工企业,灵活就业人员的忠诚度较低,流动性很大。如何根据灵活就业的特征有效管理灵活就业人员薪酬福利,保障其权益,激发其工作积极性,提高其忠诚度成了人力资源开发与管理面临的新挑战。

劳动组织方面的挑战表现在劳动时间的安排和流动率的控制。刚性是传统雇佣模式最典型的特征,固定的工作地点、固定的工作时间、明确稳定的工作内容已经无法适应灵活就业的发展。"互联网+"、大数据+云计算快速发展,变革、速度、灵活性和创新的压力使组织在人力资源使用中越来越注重弹性化雇佣模式。员工可以基于信息技术采用的"远程工作"方式,在组织固定工作场所以外,如家里、顾客所在地、上下班途中、卫星通信办公室等任何最适宜的地点高效地工作。灵活就业人员的工作时间不局限于每日8小时、每周5天的固定时间,他们可以根据自己的需求把工作时间发挥到最大效用。灵活就业者的工作内容灵活多变且工作周期灵活,按小时、周、月、季度划分周期,与传统的一次性签订几年的劳动合同的用工模式冲突。因此,如何从传统的刚性雇佣模式向适应灵活发展的弹性化人力资源雇佣模式演进成了人力资源开发与管理面临的挑战之一。

培训方面的挑战表现在被培训者与培训方式的契合性。多重职业者的出现反映了未来职业发展的趋势。职业身份将不再是一成不变的,而是在与社会动态适应中发展。这种趋势反映了后工业化的时代特色,意味着从教育到职业发展都将更加"以人为本"。教育不仅仅是传授知识、学习专业,更是培育人格、培养能力,培养多元化发展、适合社会动态变化的新型人力资源。经济高速发展、竞争日趋激烈、社会对跨学科高质量人才要求越来越高的现状下,多重职业者是顺应时代发展潮流、自立自强、寻求职业突破口的新型人力资源,这一群体凸显自主建构能力、彰显职业价值寻求、拥有多元发展空间。跨界的思路和多元的知识背景使新型人力资源能够更出色地完成任务,但如何吸引跨学科、高质量、多角色的求职者,并以全新的方法去培训和开发新型人力资源成为管理者的新挑战。新型人力资源有更多的自主发展需要,传统企业更强调专业化分工,对员工的要求是专注于一个岗位的职责,专心做好组织里某一职位的工作才是好员工。在员工培训方面,传统企业注重契合其经营目标的职责培训,会主动忽略偏离企业经营目标的员工多重职业角色需求,其行政命令式的、强制的探寻方式,不但起不到预期的效果,还有可能招致新型人力资源的反感。企业想吸引优秀人才,必须发挥"群聚效应",培养新型人力资源的归属感。当新型人力资源能够找到属于自己的小团体时,他们会以共同特性和经验交流为基础形成密切的群聚关系,继而采取一致行动。团队拓展学习、交叉培训、团队领导技能培训和行动学习等方式更适合新型人力资源。

3. 新生代知识型员工对人力资源开发与管理的挑战

高素质的人力资源是知识经济时代的重要战略性资源,越来越多的管理者已经意识到组织间的竞争归根到底是人才的竞争,新生代知识型员工成为职场的中坚力量。1959 年,德鲁克在其著作 *Landmarks of Tomorrow* 中首次提及"知识型员工"的概念:那些掌握和运用符号和概念,利用知识或信息进行工作的人。随着实践和研究的进展,知识型员工的内涵也在扩展,指从事生产、创造和应用知识的活动,通过自己的创新、分析、判断、综合、设计给产品带来附加的价值,为企业或组织带来知识资本增值,并以此为职业的人员。新生代是指1980 年以后出生的人群,这代人成长于政治稳定、经济发展速度快、计算机和互联网普遍使用的环境,其个性特质和工作价值观与其父辈有很大差异。新生代知识型员工是同时具有新生代和知识型两种特点的人群,指 1980 年以后出生的具有独特个性和较强学习、创新能力,接受过高等教育并已经工作、拥有专业知识和专项技能,并能够充分利用专业化、现代化科学技术知识提高工作效率的职业群体。

新生代知识型员工的特性主要有:①接受了高等教育,专业知识丰富,技术能力强;②较强的独立性和自主性,在工作中表现出非常自我,希望按照自己的想法工作,也希望得到领导的指导和意见反馈;③强烈的好奇心和求知欲望,喜欢从工作中寻找乐趣;④喜欢富有挑战性的工作,非常重视自我成长与发展,并主动寻求机会和挑战;⑤流动性强,对组织忠诚度较低,喜欢灵活性强的工作,希望凭借自己的能力频繁跳槽到工作条件更好、福利薪酬更优的企业;⑥抗压能力较弱,耐受力不足,情绪波动大;⑦价值观多元化,功利性较强、重视眼前利益、追求物质享受,同时也明白这需要通过自己努力奋斗去获取;⑧崇尚科学,蔑视权威。

新生代知识型员工特殊的成长环境以及良好的教育背景造就了其鲜明的个性和工作特点,这对人力资源开发与管理提出了新挑战,主要表现在组织管理、职业生涯规划、激励机制等方面。

组织管理方面的挑战表现在人本管理形式化及缺乏组织文化支持。很多组织花费大量人力、物力吸引新生代知识型员工,但未能充分重视员工流入后的管理,以人为本的管理理念未能得到有效落实。组织在日常运作的过程中没有真正关注知识型员工的需求,同时也不注重使用人性化的管理方法。一些组织对新生代知识型员工的管理制度建设滞后,仍然采取传统刚性管理、高压管理,忽略了新生代知识型员工工作的灵活多变性以及员工自主性、个性化特点,对其高效完成工作造成了较大阻碍。特别是很多中小企业当前还处于家族式管理模式,"人治"管理色彩非常突出,不利于新生代知识型员工在企业的生存发展。在一些中小型企业中企业主居于绝对权威的地位,对企业的管理主要是靠企业主的个人主观意志而不是依靠制定的企业制度,企业治理过程中的民主化和法制化程度低。这就造成了企业管理上的专制性和人治性与员工内心的民主和法治价值观相抵触。新生代知识型员工本身就重视追求独立、自主、受尊重的管理形式,这也使他们对这种管理模式越来越反感,大大降低了员工的满意度与忠诚度进而提高离职率。同非新生代员工为了组织利益而牺牲个人利益的职业理念有所不同的是,新生代知识型员工更加注重自我价值的实现。例如,在富士康中所推行的"半军事化"的管理模式,由于其过于强调员工对企业、对组织规则的遵守和服从而忽略了员工个性的发展需要,因而使得这一管理模式在面向新生代员工推行的时候受到了前所未有的阻碍。新生代知识型员工往往会认为自己的才华被束缚而难以施展,长此以往便导致了越来越严重的跳槽的情况。

职业生涯规划方面的挑战表现在体系不完善及管理者重管理轻开发。多数组织都没有针对新生代知识型员工建立相对完善的个人职业生涯规划,使员工在工作过程中找不到自己未来发展的方向,无法获得个人能力的提升,进而离开了组织。大部分员工都比较重视自己的成长,希望能够在工作过程中跟组织共同提升,实现双赢的发展。因此,组织在管理新生代知识型员工的时候,也应该关注他们的个人发展需求,并尽可能将员工的个人目标与企业发展相统一,充分发挥每一个员工的力量和潜力。这需要企业能够针对新生代知识型员工群体建立相对完善全面的个人职业生涯规划,明确员工的个人成长方向,并依靠职业生涯规划将员工个人成长与企业发展关联起来,提高他们参与工作的积极性与主动性。在管理新生代知识型员工方面,我国许多企业普遍存在重管理、轻开发的问题。因为重视管理能够给组织带来直接的、短期可见的效益或是节约成本,或是提高效率。对新生代知识型员工进行职业生涯规划则是一个长期过程,其效应需要在未来一段时间内才会显现。管理者对短期效益的重视会导致对员工职业生涯规划的轻视。

激励机制方面的挑战表现在缺乏科学性及有效性。激励的基础是满足员工的需要,而员工的需求存在着差异性和动态性。因此,组织对员工的激励方式也应该随着员工的变化而变化。目前,我国许多组织在管理实践中并没有对新生代知识型员工的需求进行系统分析,忽视了对他们激励方式的研究,缺乏科学有效的激励机制,主要表现在以下几方面:

第一,片面注重薪酬激励的作用。中国的国情决定了薪酬始终是一个非常重要的激励手段。在对新生代知识型员工进行激励时,许多管理者认为高薪能留住他们。而新生代知识型员工具有价值取向多元化、追求自我价值实现等特点,他们不再以赚钱为唯一的工作目的,更加注重其自我价值的实现。他们的成就动机和成功的意识总体上相比其他年代的员工更加强烈,他们更加渴望自我价值的实现。因此,组织可根据自身的规划和愿景,结合新生代员工的实际需求而采取个性化的目标激励策略。作为企业的领导者,必须要善于发现和抓住新生代员工自我价值实现的愿望和深层次需求,结合企业的实际和可能提供的机会,尊重新生代员工的意愿,充分地考虑他们的兴趣和能力为其设置科学的目标,通过目标来引导他们期望获得的成就或结果,从而有效激发他们的工作热情。这种激励方式所带来的能量比任何激励所带来的能量要大得多,新生代员工甚至可以不计报酬,因为他们是在为自己工作,为实现自我目标或证明自己的价值而努力奋斗。许多管理者片面地夸大了薪酬激励的作用,对新生代知识型员工需求的满足只注重了低层次的物质需求,而并没有考虑其较高层次的个人价值实现、职业发展等方面需求,从而导致了新生代员工工作流动性较强的现象发生。

第二,激励机制缺乏系统化。目前,我国大部分组织已经意识到新生代知识型员工激励的重要性。但在实践过程中,往往简单地照搬其他组织的激励措施,忽视了新生代知识型员工在薪酬、福利、培训及职业生涯发展等方面的多层次需求,使得这些组织的激励措施随意性较强,缺乏系统性的优势。特别是大多数的小规模企业,管理者往往根据个人的主观意识处理员工的激励问题,较少地考虑为新生代知识型员工提供充分的发挥能力的机会,导致了组织吸引力下降。

第三,忽视精神激励的作用。精神激励是一种主导的、持久的激励形式,具有持续的内驱动作用,这种激励方式可以使员工始终维持在一个兴奋状态中,从而使他们的潜能得到开发。新生代知识型员工的工作特点告诉我们,与其他年代的员工相比,新生代知识型员工的需要是多方面的,他们在物质上的基本需要得到满足之后,其追求的目标就会转移到自我价值实现需求上来,其工作绩效主要来自内在的精神激励。相对于物质需要,新生代员工更加在意较高层次的需要,比如社交、自尊、自我实现、责任感等精神需要。所以,对新生代员工进行单纯的工资、福利等物质激励已经不足以调动他们的工作热情。

4. 人工智能发展对人力资源开发与管理的挑战

人工智能(artificial intelligence,AI)的概念在 1956 年的达特蒙斯学院暑期论坛被首次提出,是 20 世纪 50 年代中期兴起的一个新型的研究领域,是指人类的各种智能行为和脑力劳动,比如感知、记忆、情感、判断、推理、证明、识别、设计、思考、学习等思维活动,可用某种物化了的机器予以人工地实现。

蒸汽机的出现,把人类从笨重且重复的体力劳动中解放出来;电力的出现,提高了劳动效率,导致了“知识型劳动者”在人力资源中的比重越来越大;人工智能的出现让机器取代了程序化的脑力劳动。在 2017 年的世界物联网博览会上,马云预言人类即将迎来一场大解放。大量的收银员、服务员、加油站工人、收费员、助理、客服、保安、司机甚至编辑、翻译员、文案写作人员等职位以及未来世界程序化的工作终将被机器所取代。当 AlphaGo 战胜所有的人类棋手;当德勤的人工智能机器人“小勤人”正式入驻银行内审部,使得单个审计证据的获取时间降低到 30 秒以内(人工处理平均需要 40 分钟),替代了大批财务人员的工作;当首个获得人类公民身份的具有自学习能力的机器人 Sophia 宣称“我想和人类一起生活和工作,所以我需要表达情感来了解人类,并建立与人类之间的信任”时,越来越多的人意识到人力资源开发与管理变革的来临。

2018 年 12 月阿里巴巴首家未来酒店菲住布渴(FlyZoo Hotel)开业,作为全球第一家支持全场景身份识别、大面积使用 AI 智能的酒店,该酒店没有大堂经理,没有前台,没有保洁人员……没有任何工作人员!所有的工作统统交给了智能机器人。“自助入住机”能自动识别身份证、护照等证件,通过人脸识别等进行身份验证。身份验证成功后,手机会收到附有确认码的预订成功短信。在输入确认码,点击确认键后,就成功办理了入住手续,整个过程不超过一分钟。然后接待机器人会引领办理了手续的客人到电梯口,电梯旁边有一个大屏幕,只需要对视一下它就能识别客人的身份,然后自动升至入住楼层。电梯还能通过酒店里的摄像头,预知客人的动向,提前出现在客人入住的楼层。如果识别到不是住店客人,即使手动按键,电梯也不能使用。房间门上有一个环绕着蓝灯的、可以自动进行人脸识别的摄像头,在确认入住身份正确之后,自动开启……未来酒店还拥有智能化的健身房、酒店餐厅等公共场所。昔日穿梭不息的服务员,完全被机器人所取代。2018 年,广东全省已经建成高速公路无感支付车道 2200 条,可用微信、支付宝、银联三种软件支付,兼容扫码和车牌付两种方式,只需要将个人车辆与微信(支付宝、银联)账户绑定,再开通免密支付,或是下高速时自动识别车牌,自动从微信(支付宝、银联)账户中扣款,实现不领卡、不停车、全自动支付放入智能出行。在此之前,无人停车场、无人仓库、无人餐厅、无人超市纷纷问世,外卖机器人、分拣机器人、配菜机器人、客服聊天机器人也已经融入人们生活。

随着人工智能技术的迅速发展,人工智能专业人才短缺。在《机器与人:埃森论新人工智能》中介绍了人工智能时代的热门职业,分别是人工智能训练师、解释员和维系者。训练师的任务是训练人工智能,帮助人工智能程序降低错误率,更好地模仿人类行为。比如,客服聊天机器人要经过人员调试,才能知道跟人类交流的复杂和微妙之处。雅虎的训练师正在尝试训练公司人工智能的语言处理系统,让这个系统能够认识到人们字面之外的意思,他们开发的算法可以在社交媒体和网站上识别出带有讽刺和挖苦性的语言,准确率达到80%以上。解释员的任务是解释并证明人工智能决策的合理性。维系者的主要职责是确保人工智能得到正确利用,帮助人们消除对机器的恐惧。比如,当无人驾驶汽车发现一个孩子跑到了街上,它是否应该避开孩子而撞到旁边的行人呢?针对这类问题,使用人工智能技术的公司要雇用人工智能安全工程师,尝试预测人工智能系统的意外后果,并且避免紧急情况可能会造成的任何伤害性事件。人工智能是未来国家竞争力的决定性因素,已经成为世界的主流认识,人工智能技术因此成为各国竞争的战略性领域,要占领人工智能制高点,必须掌握智人管理方法,调整传统岗位,创造新的岗位和就业机会,培养人工智能专业人才,吸纳贤才,这归根到底是人才的竞争。

人工智能的应用已经席卷全球,这对传统的人力资源开发与管理工作是极具颠覆性的挑战。传统的人力资源开发与管理的管理对象是人,主要工作是人力资源的招聘、录用、考核、奖惩、职业发展、工资福利待遇、档案管理、劳动关系管理等。在大数据、"互联网+"和人工智能时代的影响下,人力资源开发与管理者的工作性质也开始变化,管理对象不仅仅是人类,还包括机器人。具有人工智能管理技术背景的人才会进入人力资源开发与管理行业,这是对现有的人力资源开发与管理从业者的挑战。人力资源开发与管理模式将逐步向战略化、智能化、数字化管理模式转型,人力资源开发与管理工作也会越来越趋向于战略方向,工作内容则会趋于复杂化。

人工智能的广泛使用会对个人的隐私产生威胁。随着人工智能的发展,传统的由人控制机器"人-机器"的社会结构,慢慢地被由智能机器充当中介代理的"人-智能机器-机器"的社会结构所取代。在个人生活中,人工智能机器的数量将会逐渐增加,智能机器接触个人隐私的机会越来越多,这样不可避免地要被机器捕捉到人的一些个人情况,隐私权保护成了一项难题。这些都将成为人力资源开发与管理面临的挑战。

思考题

1. 人力资源的含义与特征是什么?
2. 人力资源的数量受哪些因素的影响?
3. 人力资源的投资收益分析主要包括哪些方面?
4. 人力资源管理与人事管理最根本的区别是什么?
5. 人力资源开发与管理的内容、功能及任务目标有哪些?
6. 人力资源开发与管理面临哪些挑战?有什么样的发展趋势?

案例分析

华为公司人力资源管理纲要 2.0 总纲公开征求意见

5G 是形成万事万物最优连接架构的全新网络,发展移动通信技术,最重要的是确立标准。标准之争是最高话语权的争夺,一旦标准确立,将对全球通信产业产生巨大影响。华为在 2017 年 7 月的 3GPP RAN1 会议的 5G 短码讨论方案中,凭借 59 家代表的支持,以极化码(polar code)战胜了高通的 LDPC 及法国的 Turbo2.0 方案,拿下 5G 时代的话语权。2017 年 8 月,德国电信联合华为在商用网络中成功部署基于最新 3GPP 标准的 5G 新空口连接,速率直达 Gbps 级,时延低至毫秒级,可支持移动性、广覆盖以及室内覆盖等场景,实现无处不在、实时在线的用户体验。2017 年 12 月,在国际电信标准组织 3GPP RAN 第 78 次全体会议上,5G NR 首发版本正式发布,成为全球第一个可商用部署的 5G 标准。作为目前行业内唯一能提供端到端 5G 全系统的厂商,2019 年在西班牙巴塞罗那举办的 GTI(Global TD-LTE Initiative,TD-LTE 全球发展倡议)颁奖典礼上,华为凭借在 5G 商用市场的突出表现以及对 5G 端到端产业的推进,荣获"市场开拓奖"(Market Development Award)。截至 2019 年 2 月,华为已经与全球 50 多个商业伙伴签订合作协议,在全球范围内获得 30 多个商用合同,5G 基站商用发货数量也已经超过 40000 个。

华为的发展与其人力资源管理息息相关。从"华为基本法"到"以奋斗者为本"至"聚天下英才而用之",人才创新始终引领华为发展。2018 年 3 月 20 日,为支撑公司长期战略,适应未来公司业务管理的需求,针对公司人力资源管理现存的主要问题和未来的管理需求,华为总裁任正非签发[2018]028 号总裁办电子邮件,就《华为公司人力资源管理纲要 2.0 总纲(公开讨论稿)》(以下简称《纲要 2.0》)全员公开征求修订意见。这是华为首次将内部重大研讨事项在心声社区向社会公开。而该纲要的起草和最后实施,在华为 30 年发展史上,其意义堪比当年起草"华为基本法"。

《纲要 2.0》是对 1.0 进行最精炼的提升,归纳出华为人力资源管理的本质特征,讨论稿里有关人力资源管理的核心理念主要包括人力资源管理的价值贡献、主要途径和要素管理这三个方面,具体内容如图 1-6 所示。

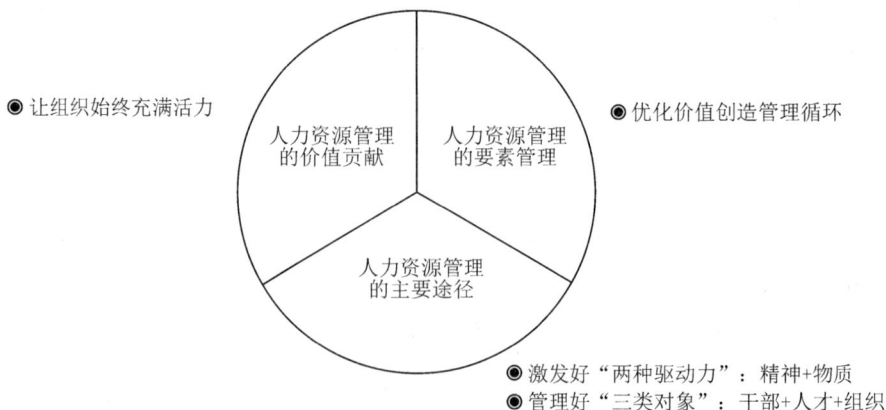

● 让组织始终充满活力　　　　　　　● 优化价值创造管理循环

　　　　　　　　　　　　　● 激发好"两种驱动力":精神+物质
　　　　　　　　　　　　　● 管理好"三类对象":干部+人才+组织

图 1-6　人力资源管理的核心理念

1.人力资源管理的价值贡献:让组织始终充满活力(见图1-7)

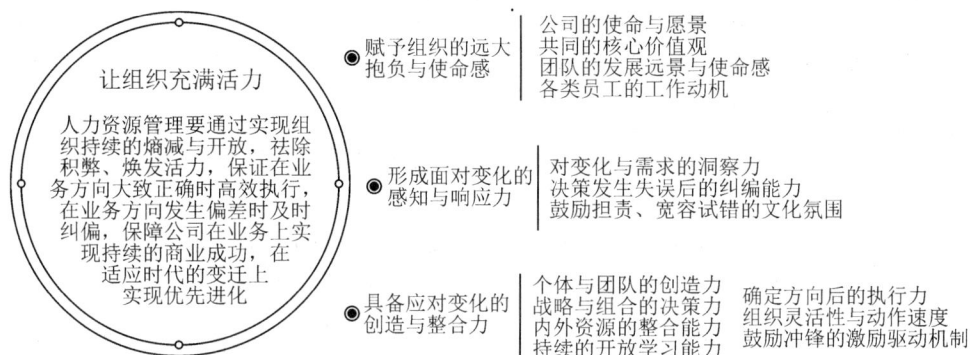

让组织充满活力

人力资源管理要通过实现组织持续的熵减与开放,祛除积弊、焕发活力,保证在业务方向大致正确时高效执行,在业务方向发生偏差时及时纠偏,保障公司在业务上实现持续的商业成功,在适应时代的变迁上实现优先进化

◉ 赋予组织的远大抱负与使命感
- 公司的使命与愿景
- 共同的核心价值观
- 团队的发展远景与使命感
- 各类员工的工作动机

◉ 形成面对变化的感知与响应力
- 对变化与需求的洞察力
- 决策发生失误后的纠编能力
- 鼓励担责、宽容试错的文化氛围

◉ 具备应对变化的创造与整合力
- 个体与团队的创造力
- 战略与组合的决策力
- 内外资源的整合能力
- 持续的开放学习能力
- 确定方向后的执行力
- 组织灵活性与动作速度
- 鼓励冲锋的激励驱动机制

图1-7 人力资源管理的价值贡献

2.人力资源管理的主要途径(见图1-8)

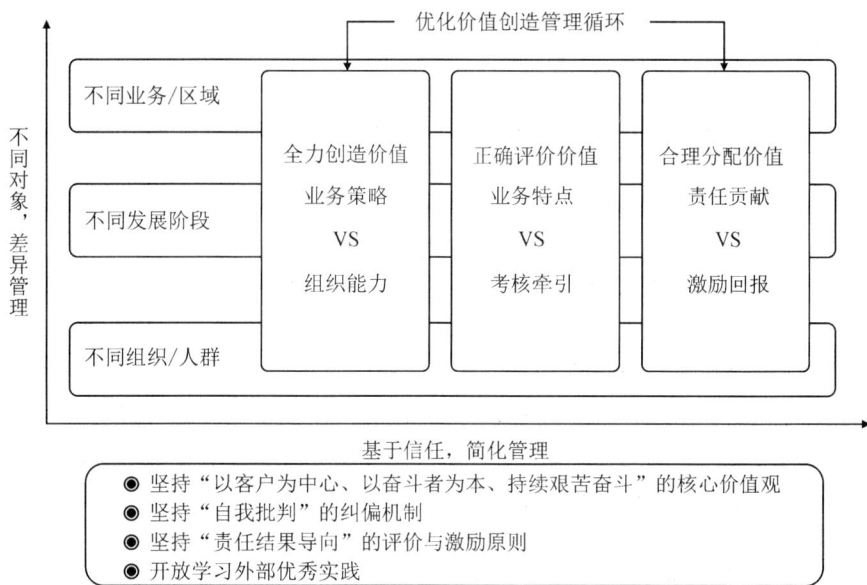

优化价值创造管理循环

不同对象,差异管理

不同业务/区域

不同发展阶段

不同组织/人群

全力创造价值
业务策略
VS
组织能力

正确评价价值
业务特点
VS
考核牵引

合理分配价值
责任贡献
VS
激励回报

基于信任,简化管理

- ◉ 坚持"以客户为中心、以奋斗者为本、持续艰苦奋斗"的核心价值观
- ◉ 坚持"自我批判"的纠偏机制
- ◉ 坚持"责任结果导向"的评价与激励原则
- ◉ 开放学习外部优秀实践

图1-8 人力资源管理的主要途径

3.人力资源管理的要素管理及自身管理(见表1-3)

表1-3 人力资源管理的要素管理及自身管理

激发好两个动力	精神	坚持"核心价值观",用公司的愿景和使命激发员工个人工作动机,以公司的发展提供员工成长的机会,营造信任、协作、奋斗的组织氛围,持续激发组织与员工积极创造的精神动力
	物质	坚持"多劳多得",优化与完善全产业链价值创造与分享机制,让更多、更优秀的内外部人才参与到公司价值创造中来,让各类人才更愿意、更好地创造更大价值

管理好三类对象	干部	坚持"从成功实践中选拔干部",打造"富有高度使命感与责任感,具有战略洞察能力与决断力、战役的管控能力,崇尚战斗意志、自我牺牲和求真务实精神"的干部队伍
	人才	坚持"努力奋斗的优秀人才是公司价值创造之源",让外部优才汇聚、内部英才辈出,建设匹配业务、结构合理、专业精深、富有创造活力的人才队伍
	组织	坚持"业务决定组织",适应不同业务特点、发挥大平台优势,简化组织考核、增强协作牵引,构建聚焦客户、灵活敏捷、协同共进的组织
人力资源自身管理		人力资源管理要来源于业务、服务于业务,构建"以业务为中心、以结果为导向,贴近作战一线、能使业务发展"的人力资源自身体系

《纲要 2.0》展现了华为求真务实的管理态度以及更高阶的管理追求,纲举而目张。任正非关于《纲要 2.0》修订与研讨的讲话纪要涉及六个方面:

1. 人力资源开发与管理要从不信任向信任体系转变

和人性相关的管理经验,未来可能依然适用;和业务、和时代环境相关的经验,可能发生了变化,不能路径依赖;要坚持公司核心价值观的形而上的核心理念,积极开放探索适应变化的新方法,构建以信任为基础的人力资源开发与管理体系。

2. 统治与分治并重的分布式管理体系

未来集团董事会是经持股员工代表大会授权的公司最高领导委员会,代表集团的统治权力;然后是消费者业务管理委员会、ICT(information and communication technology,即信息和通信技术,是电信服务、信息服务、IT 服务及应用的有机结合)基础设施业务管理委员会和平台协调管理委员会。消费者和泛网络业务管理委员会有一定的分治权力;平台协调管理委员会支撑集团统治的协调权力,承接从董事会下来的主张与要求,做细节性的穿透工作,形成公司的共同平台;董事会的中央管控一定是强有力的,通过统治平台来管制不同业务的分治。"横向分权,纵向授权"的权力结构使公司统治系统如董事会和监事会间是分权制衡,但统治系统到分治系统不是分权而是授权,决策权力是授给下面的,监督权仍在集团。

3. 持续奋斗的精神激励与基于价值创造的物质驱动相结合

在精神激励方面,强调坚持核心价值观,将公司的愿景使命与员工个人工作动机相结合,即以集体主义为基础的个人主义。要构建信任、协作、奋斗的组织氛围,逐步实施以信任为基础的管理,持续激发组织与员工积极创造的精神动力。以规则而非人治为中心,优秀人才、超优人才的激励体现在给予机会上战场,在实践中做出成绩后才能提升职级。

物质激励方面,多劳多得是理念,分享机制是手段。对内部可以有一次分配和二次分配,获取分享制要向外延伸,延伸到整个价值链里面去。让所有的内外部的优秀人才参与到价值创造和价值分配的过程中,从而实现价值创造的合理化。

4. 坚持努力奋斗的优秀人才是公司价值创造之源

努力奋斗的优秀人才是公司价值创造的主源,但我们不应忽略其他价值创造要素。在人才管理机制上,要外部优才汇聚、内部英才辈出,通过整个人才队伍机制的打造,形成一个支撑公司发展的专业队伍。公司对不同类型的人才要有差异化的管理政策与机制。针对外部高端专家人才要有"众筹快闪"式的管理方法;面对不确定性的主官族,要实施大浪淘沙,快上快下;对于操作类员工,在改善物质激励的基础上,要进一步加上精神激励。

5.人力资源工作的重心是以业务为导向

人力资源的政策管理是以适应业务、使能发展为目标的,不同业务的运营特点不同、发展阶段不同,比如,各业务所需要的内外资源不同、队伍中新老员工构成的需求不同、集体与个体在价值创造中的作用不同、组织运作的模式不同。人力资源政策的管控要紧紧抓住核心价值观和文化传承、关键高层干部和结构性激励框架管理等一系列集团一致性管理的关键核心,而在与业务强相关的组织、调配、考核、具体分配等事宜上,开放一定的差异化政策制定的空间,鼓励业务部门主动寻找能适应自身业务、激发组织活力的管理办法,对于主动尝试的政策改进不要简单说不。

6.构建基于业务、聚焦客户、灵活敏捷、协同共进的组织

强调业务决定组织,使组织适应业务特点,同时发挥大平台的优势。最终构建的组织要满足三个要求:聚焦客户、灵活敏捷、协同共进。业务组织要有一定管理跨度,但不要分得太细。整体上公司的组织运作要从管控型转向支持作战型。在运作方式上,要逐步推广"平台+业务团队"的方式。职能部门要平台化、平台要服务化、服务要市场化。公司需要构建流程化组织,要逐步改变流程决策机制,对不确定性事务是以主官为主体的团队决策,确定性事务是以高级职员为中心的首长负责制。

资料来源:《人力资源管理纲要2.0总纲》《任总关于人力资源管理纲要2.0修订与研讨的讲话纪要》,有部分删减和修改。

案例讨论

1.《华为公司人力资源管理纲要2.0总纲》的征求修订意见稿在人力资源开发与管理方面的核心理念是什么?

2.结合华为的发展,思考从1.0到2.0,华为的人力资源开发与管理思想有什么变化?为什么会产生这些变化?

3.如何理解人才创新始终引领华为发展?

第 2 章　人力资源战略管理

引导案例

人力资源战略的新时代

2018 年 11 月底在北京举办的中国人力资源管理年会上,参会专家认为,我们进入了一个需要重新定义人力资源战略的时代。

IBM 大中华区前董事长、首席执行总裁钱大群认为人力资源部门在企业战略转型中有莫大的潜力和机会,在 IBM 数字化转型中,人力资源战略是走在最前面的。在让企业战略实施真正落地的过程中,需要每个员工所有的行为都要与企业战略相关。在过去,员工的行为可以稍微落后于企业战略动作,因为以前的战略周期比较长,而如今由于技术的推动,所有行业的时间轴都变短了,战略转型时间大幅缩短,员工行为必须和企业战略保持高度匹配。人力资源战略首先必须符合企业战略要求,其次也要具有前瞻性和对市场变化的敏感性。人力资源战略最核心的内容是什么? 是人力资源战略与企业战略之间的协同效率。

组织架构的转型也需要全新的人力资源战略。传统企业的金字塔式架构对经济市场变化的反应速度较为缓慢,而新兴企业的组织架构则朝着扁平化发展,不同职能之间的壁垒已经被打破,需要全新的人力资源战略整合权责关系。因此人力资源战略在当今时代,会扮演着三种全新的角色:

第一种角色要面向未来和流程。这个角色最重要的任务是匹配企业战略,即战略伙伴——想办法让人力资源战略和企业战略匹配。第二种角色要既面向日常工作又面向人的维度。这个角色其实是领导者,最重要的事情是不断提高员工的能力和参与度,确保员工真正被尊重,能够倾听到他的声音,能够完成他们力所不能及的事情。第三种角色要面向未来。对于人力资源战略很重要的一个要求就是,其必须做转型的首倡者——成为整个企业战略的助推器。

人力资源战略为什么重要? 人力资源战略包含哪些内容? 新时代经济条件下,人力资源战略的制定应该考虑哪些方面? 希望您学习完本章的知识后,可以回答上述问题。

2.1　人力资源战略概述

2.1.1　人力资源战略的发展历程

20 世纪初期,由于产业革命带来的生产工具与生产力的变革,以手工劳动为基础的工场手工劳动转向了机器大生产,资本主义工厂制度迅速建立起来,推动了经济的迅速发展。企业为了获取利润的最大化,不断降低工人工资以减少成本,再加上经济危机的影响,造成劳资关系紧张,工人消极怠工,影响了生产效率的提高。以泰罗为代表的科学管理运动应运而生,他试图通过科学管理以提高工作效率。泰罗将员工与工作进行匹配以获得合理报酬看作“技术问题”,在这个时期,人力资源管理的重点是如何选择合适的员工和通过人力资源措施来提高工作效率,人力资源管理被看作“技术活动”。

管理实践的发展不断推进着人力资源管理向前发展,20 世纪 30 年代到 50 年代,人际关系运动开始兴起,企业在管理中开始重视“人”的因素,关注员工关系的管理,当时的分析家不断提供证据证明改善工作环境可以提高工作产出。这种更为人性化的人力资源政策和实践与以前的科学管理截然不同,尤其是 60 年代后,经济的迅猛发展扩大了对各种人才的需求。所以当时人力资源管理的主要功能是预测企业的人力资源需求,并根据预测结果制订人员招聘及配置方案、培训和开发方案等。由此可以看出,这一时期的人力资源管理一开始就具备一定的战略意味。

20 世纪 80 年代,企业开始对多元化战略进行反思,逐渐认识到战略的制定不是简单机械的过程,不同组织有不同的战略,战略规划和实际结果存在差距,战略也需要根据外界变化而不断做出调整。同时全球化竞争已跨越国界,面对迅速变化的经营环境,企业实施成功的战略管理对企业的生存和发展具有重要意义。越来越多的学者开始关注企业内部的资源与能力,人力资源被视为企业产生核心能力的源泉。在人力资源领域,研究者将重点集中于人力资源各模块之间的匹配,试图建立一个更加综合、严密的系统以有效地对员工进行管理,如贝尔德和米肖拉姆(Baird&Meshoulam,1988)认为:内部匹配和外部匹配对人力资源战略的研究和实践都十分重要。内部匹配是指组织内人力资源管理各组成部分间的一致性,而外部匹配聚焦于人力资源战略和实践与企业的发展阶段和战略方向如何适应,大多数研究者将精力放在了研究如何使人力资源实践和不同类型的业务匹配上。真正意义上的人力资源战略开始形成,并用于指导企业人力资源管理的实践活动。

从以上分析可以看出,人力资源管理在 20 世纪 80 年代以前并不是真正意义上的人力资源战略管理活动,主要还停留在技术活动的层面上,只是随着新的管理实践和理论的发展,人们开始从企业整体的角度来考虑人力资源问题:如何使人力资源措施之间形成合力,如何使人力资源战略支撑企业战略,以确保企业战略的实现。直到此时,人力资源战略才得以真正成形。

2.1.2　人力资源战略的内涵

“战略”是军事术语,出自古代兵法,其定义是“一个计划、方法或一系列为获得一个特殊目的或结果的技巧或谋略”。人力资源,指一个国家或地区所具有的能够为社会创造物质、精神和文化财富,从事智力劳动和体力劳动的人口的总称。

过去几十年,由于美国管理学界对组织的战略管理非常感兴趣,许多战略性管理模式(例如 Porter,1980)诞生,这个取向使企业的各个功能开始思考他们在组织的战略性管理中该扮演什么角色,人力资源管理也同样希望能被整合到整个战略性管理的理念中。这种战略理论发展的背景也推动了人力资源管理研究取向的转变:早期的研究着重于人力资源功能对员工行为及态度的影响,如员工离职意愿、工作投入和工作满意等。自 20 世纪 80 年代以来,人力资源管理的研究领域有非常大的方向性转变,这个转变使得人力资源管理的研究由完全的微观导向转为宏观的或者战略的导向,这种宏观的或战略的导向,就是通常所说的"战略性人力资源管理"。那么什么是人力资源战略呢?

人力资源战略,不同的学者有不同的看法。美国人力资源管理学者舒勒和沃克将人力资源战略定义为:"程序和活动的集合,它通过人力资源部门和直线管理部门的努力来实现企业的战略目标,并以此来提高企业目前和未来的绩效及维持企业竞争优势。"而科迈斯-麦吉阿等人则把人力资源战略定义为:"企业慎重地使用人力资源,帮助企业获取和维持其竞争优势,它是组织所采用的一个计划或方法,并通过员工的有效活动来实现组织的目标。"国内学者李佑颐认为:"人力资源战略是根据企业战略来制订人力资源管理计划和方法,并通过人力资源管理活动来实现企业的战略目标。"盖勇在《人力资源战略与组织结构设计》一书中指出"所谓人力资源战略就是指企业根据内部、外部的环境分析,确立企业目标,从而制定出企业的人力资源管理目标,从而通过各种人力资源管理职能活动来实现企业目标和人力资源目标以及维持和创造企业的可持续发展竞争优势的过程"。

综上所述,我们认为:人力资源战略是指企业为实现其战略目标而制定的一系列有关人力与人才资源开发与管理的总体规划,是企业发展战略的重要组成部分,是抓住组织的战略目标和目的,并将他们转化为前后一致的、整体化的、完善的员工管理计划和政策,是"从人力资源的'质'和'量'入手,评估目前人力资源的质量与企业目前及未来发展变化所需之间的差距,并能够满足这些要求的过程"。

2.2 人力资源战略管理的程序与方法

所谓人力资源战略管理,就是用来联系企业人力资源管理和组织战略进程,并强调企业各种人力资源管理活动间的协作和一致。战略性人力资源管理有别于传统人力资源管理所扮演的职能性角色,而以总体导向的方式,探讨人力资源管理与组织的互动关系,审视组织外在的各项活动与内在的优缺点,确认可能的机会与威胁,将人力资源管理的各项活动与组织竞争战略相结合,提升人力资源管理的地位,协助组织获取竞争优势,达成组织目标。

2.2.1 人力资源战略管理的程序

人力资源战略是根据内外部环境和条件变化的需要而产生。人力资源战略管理的具体程序如下:

1.明确组织的战略目标与任务

人力资源战略的决策者必须了解组织的战略目标,即组织走向哪里、计划从事的业务是什么、发展前景如何等,以便掌握可获得的人员数量与类型。人力资源战略管理必须建立在由管理层共同确定的、符合组织内外各方面利益且得到多数员工认同的战略目标的基础之上,各项人力资源管理活动都要为实现组织战略目标服务。因此,明确组织战略目标与任务,是人力资源战略管理的首要步骤。

2.分析组织的内外部环境

准确全面的环境评价是良好的人力资源战略管理的前提条件。外部环境分析主要包括:组织所处地域的经济形势及发展趋势,本组织所处行业的演变、生命周期、现状及发展趋势,本组织在行业中所处的地位、所占的市场份额、竞争对手的现状及增长趋势、竞争对手的人力资源状况,预计可能出现的竞争对手等。内部环境分析主要包括组织内部的资源、组织总体发展战略、组织文化,以及员工现状及其对组织的期望等。

组织内部资源分析首要是进行人力资源分析,要搞清楚组织内部人力资源的供需现状及趋势;其次要分析组织可利用的其他资源,如资本资源、技术资源和信息资源等。员工期望与人力资源战略的实现密切相关,这一点经常为人们所忽视。在对组织内外部环境进行分析后,战略决策者便获得了有关人力资源管理战略形成所需的信息。

3.人力资源战略的具体制定

制定人力资源战略首先要确定人力资源开发与管理的基本战略和目标。人力资源战略目标是根据组织的发展目标、人力资源现状和趋势、员工的期望综合确定的,对未来组织内人力资源所要达到的数量与结构、素质与能力、劳动生产率与绩效、员工士气与劳动态度、组织文化与价值观、人力资源政策、开发与管理成本提出的更高层次的具体要求。

人力资源战略管理具体包括制订人力资源战略计划、战略性地招聘与使用人力资源、形成战略性的人力资源培训体系、提供战略性的职业生涯设计、设计战略性的薪酬管理体系以及建立战略性的劳资关系等。

4.人力资源战略的实施

管理者必须在人力资源管理各个职能环节中实施新战略。日常的人力资源开发与管理工作将人力资源战略落到实处,并检查战略与规划的实施情况,对管理方法提出改进方案,提高员工满意度,改善工作绩效。人力资源战略管理实施的一个重要工作是协调好组织与个人之间的利益关系。如果这个问题处理不好,则会给人力资源战略的实施带来困难。

5.人力资源战略的评估

人力资源战略的评估是在战略实施过程中寻找战略和现实的差异,发现战略的不足之处,及时调整战略,使之更符合组织战略与实际的过程。战略的评估同时也是对人力资源战略的经济效益进行评估的过程。评估一个人力资源战略需要从两个方面着手:一是评价人力资源政策与组织战略和目标的协调一致性;二是判断这些一致性的政策最终对组织的贡献程度。

2.2.2　人力资源战略管理的方法

战略管理的一个核心问题是战略的形成。战略的形成有两种途径,一种是理性规划法,另一种是循序渐进法。根据理性规划法,战略是(或至少是)在正式和理性的决策程序基础上形成的;而根据循序渐进法,战略的形成过程体现为高度的非正式性。虽然很多实践者赞成战略是正式和理性的规划过程,但很多人也逐渐接受了组织决策者的理性决策更多的是遵循循序渐进的逻辑和系统化的过程。

1.战略形成的理性规划法

早期人力资源战略形成的规划模式与人事规划模式相比有些关键性的差异,主要体现在:①规划过程中提出的问题;②规划的参考标准。人事规划模式在一两年的组织规划基础上预测人力资源的需求,并根据组织内部的供应分析调整这些需求,其关注的最根本的问题是供应组织所需要的技能、组织内部的人事流动以及组织各层级的人员配置等。早期的人力资源战略形成模式将组织的长期需求,以及广泛的人力资源相关问题如柔性运营、员工竞争力、士气及承诺等统筹考虑,即在组织战略和人力资源战略之间是一种单向的关系,与其他职能单位,如财务或市场部门的专项战略一样,人力资源战略主要建立在组织战略的基础上,并能够反映组织今后的需求。

人力资源战略形成的 5P 模式,即所谓理念(philosophy)、政策(policy)、方案(programs)、实践(practices)、过程(processes),其核心仍然是人力资源战略应建立在组织战略基础上。组织的外部环境(如经济、市场、政治、社会文化、人口)、内部环境(如组织文化、现金流、技术)因素都会决定组织的战略需求并改变其形成战略的方式。在对上述因素分析之后,最高管理层制定全面的组织使命,明确关键性的目标,说明管理方案及程度,以帮助组织实现战略目标。

戴尔(Dyer)在 1984 年提出,"组织战略是组织化的人力资源战略的主要决定因素",并列举了实证研究支持这一观点,其中一项研究是拉贝尔(LaBell)对 11 家加拿大企业的最高管理层进行的人力资源战略的形成过程的调查,该调查发现组织战略被提及的频率最高,此外,大部分被调查者都认为组织战略是组织化人力资源战略的决定因素。该项研究同时发现,如果组织追求的战略目标不同,其组织化的人力资源战略形成就会有显著的差异。威尔斯(Wils,1984)对同一组织中 22 个不同战略单位的人力资源战略的调查也同样证实了组织战略是人力资源战略最强有力的决定者。

舒勒(Schuler,1987)认为人力资源战略会在五个方面发生变化,这五个方面是规划、配置、评估、报酬以及培训与开发。这几个方面的变化贯穿三个主要的组织战略:动态成长战略、盈利战略和转变战略。舒勒总结道,在较高的组织层次,组织战略是人力资源战略的决定因素,不同的组织战略决定不同的人力资源战略,有的对整个人力资源战略产生影响,有的仅仅对人力资源子系统战略有所作用。战略也会通过对组织结构(职能型结构或产品型结构)和工作程序(大规模生产或柔性生产)的作用来施加对人力资源战略的影响。

虽然很多研究证实人力资源战略往往是在组织战略基础上形成的,但是从 20 世纪 80 年代中期开始,有些研究者提出组织战略也应考虑到不同职能部门的特殊限制。他们认为,人力资源职能在形成组织战略使命中起到了很重要的作用,当然其自身也是公司战略的重要组成部分。其原因在于组织使命同时被定义为环境职能(即技术、经济、人口等)和文化因素(即价值、信念、理念等),而人力资源部门作为组织单位,其职能就是跟踪上述因素的变化,公司层次的战略形成不可能没有人力资源的投入。进一步说,组织战略也是建立在组织内部分析和外部观察所获得的信息基础之上的,人力资源对组织战略的形成有其额外的贡献。换言之,虽然人力资源部门不会对组织战略形成起到直接的影响作用,但是其他的职能部门也有能力影响公司层次战略形成的信息。

伦迪和考林(Lundy & Cowling,1996)提出人力资源战略在组织战略形成过程中发挥了更加积极的影响。他们认为,在组织战略的形成中,人力资源部门与其他部门一样,不仅被赋予智力角色,同时也被赋予审查角色。他们建议组织应向包括人力资源在内的职能领域提供关于公司或部门所面临的机遇及危机情况,综合考虑组织的战略选择,在所有职能部门都对战略选择有所评判的基础上形成组织的整体战略。结合内部能力(结构、系统、流程)和外部条件(劳动力、经济、立法),人力资源部门审查并评估每一项战略选择。

2.战略形成的循序渐进法

虽然很多实践者坚持组织的最高管理层有能力决定组织战略的形成和实施,但是不少学者对此观点持怀疑态度。他们中的一部分人认为,虽然战略的内容和过程更容易受到组织实施者的影响,但是这一影响是持续相互作用的,而不是立刻显现出来的(Quinn,1980)。另一部分人认为,组织实施者的影响实际上很小,不仅是因为他们部分地参与组织战略的形成,也是因为很大程度上这是由环境决定的。

(1)战略形成的相互作用法。在早期对人力资源战略形成的描述性研究中,戴尔的结论是组织战略和人力资源战略相互作用,组织在整合两种战略的过程中要求从人力资源角度对计划的灵活性、可行性及成本进行评估,并要求人力资源系统开发自己的战略以应付因采取计划而面临的人力资源方面的新挑战。

伦尼克·豪(Lengniek Hall,1998)在人力资源战略形成的"相互依赖"模式的描述中这样认为,组织战略与人力资源战略的形成具有双向作用。该模式建立在战略形成理性化的基础上,并提出三个存疑的假定:其一是组织战略已经制定好;其二是人力资源战略是受组织战略实施导向的,因此人力资源战略对组织战略的形成及完成没有什么贡献;其三是人力资源战略的实施可能会随组织战略变化而进行较为平稳的调整。他们证实了人力资源战略不仅受到组织战略的影响,同时也受到组织是否对未来的挑战和困难做好了准备的影响。当然这些影响也并非是单向的,人力资源战略对全面的组织战略的形成和执行有着自己的贡献。他们提出,人力资源战略的产生就是为了适应组织的成长期望和组织对期望的准备。基于不同的成长预期和组织准备有四种不同的战略方案。例如,有较高组织期望但准备不够充分的,将表现为三种操作:一是投资在人力资源上以提高执行能力;二是根据所缺乏的准备条件调整组织目标;三是利用现有的人力资源配置优势改变战略目标。上述三种情况下的人力资源战略和组织战略相互提供信息并相互影响。因此处于战略形成过程中的组织如果能系统并全面地考虑人力资源和组织战略,其组织绩效将会远远好于那些将两种战略看成是竞争性战略或者仅仅把人力资源战略当成解决组织竞争优势的一种途径的组织。研究证实,越来越多的企业将人力资源结合进组织战略的形成过程中来,对两种战略进行整合的大中型企业的比例已从 20% 上升到 45%。

近年来,泰勒、比奇勒和内皮尔(Taylor,Beechler & Napier,1996)运用资源依赖理论来解释战略形成过程中交叉作用的性质。他们认为,相互作用的程度取决于:①系统-部门战略设计的组织导向(高度集中、分权或学习型);②被组织最高管理层视为成功执行组织战略的关键性内部系统资源交易的性质;③系统领导者的能力。

人力资源战略对组织战略的作用主要体现在:①系统-部门战略的分权化导向;②组织最高管理层将人力资源系统当作获得竞争优势的主要基础;③管理人力资源系统的人被视为非常有能力的人。上述的资源依赖理论是建立在交换、协商以及政治利益基础之上的。因此对人力资源战略形成过程的性质和结果的预测仅在某种程度上是可行的,即对那些有着共同利益的权力和独立关系有着全面的了解。

(2)战略形成的决定法。上面的理论提到人力资源战略直接或间接地(通过组织战略)受环境因素影响,而环境因素是由人力资源系统的决策者来识别、诠释、分析并执行的。有些研究人员认为管理人员的作用在人力资源战略形成过程中应受到更多的限制。例如,在调查合法性及获得监督部门（政府部门、行业协会）的许可时，组织可能不考虑整体的组织战略而采用一般性的人力资源战略。因此从法律的观点来说，如果人力资源战略的组成要素有利于确保组织的稳定和生存，尽管与组织的战略利益密不可分，人力资源战略要素仍然有可能被放弃。正如赖特和麦克马翰（Wright & McMahan,1992）所说，"并非所有的事情都是必要的，并非所有的成绩都是主动决策过程的结果"。

对国际人力资源战略的研究支持这样的观点，预测监督者的行为对人力资源战略的形成也起到重要的作用。例如，汉农、黄和乔（Hannon,Huang & Jaw,1995）发现，对跨国公司的国外分公司来说，当地的法律环境经常制约母公司"输出"人力资源战略。赫塞里德、杰克逊和舒勒（Huselid,Jackson & Schuler,1997）发现，美国企业更倾向于技术性人力资源管理而不是战略性人力资源管理，其原因在于主要的外部监督者（如政府部门的平等就业委员会）的要求和规定改变了管理行为并为专业性的人力资源培训与评估创造了条件。因此他们认为应按照法规要求组建人力资源系统，塑造人力资源经理的专业技能等。外部的法律压力显然对把战略方法运用到人力资源系统中起到了限制作用。

人口生态学家也认为管理并没有在战略形成中起到很大的作用。组织绩效和生存在很大程度上取决于组织存在的环境的性质。环境特征，如人口密度和环境稳定与否，比战略能更好地解释组织的选择。尽管大多数学者批评人口生态学派过于看低战略方向对于组织的价值，他们仍坚持认为，某种程度上可以认为结构的相关性（即员工协同作用、向组织提供关键性结构惯性资源）对企业的生存至关重要，企业人力资源战略的制定同样也是组织战略和组织生存的重要决定因素。不是人力资源系统去适应产品生命周期或组织战略，组织应在生命周期的早期就设计人力资源技巧去加强结构惯性，并通过这种方式增加组织的生存机会。他们的发现说明，组织从早期就开始重视建立强势的、关联的员工队伍可以增加组织的生存机会。人力资源战略的任何变化都有可能削弱企业关联性，从而影响企业生存。

3.基于参考点理论的战略形成方法

班伯格和菲根鲍姆（Bamberger & Fiegenbaum,1996）试图将建立在理性规划法基础上的人力资源战略形成的决定模式和循序渐进模式结合起来，他们使用战略性考察点（strategic reference point）来描绘人力资源战略的形成过程。人力资源的战略性考察点是目标或基准点，组织决策者用来评价选择战略决策。人力资源战略参考点理论（HRSRP）可以用三维矩阵来描述：内部能力、外部条件和时间。从这一点来看，HRSRP 吸取了理性规划法关于经理人对战略的形成具有高度的控制这一观点。班伯格和菲根鲍姆从两个方面发展理性规划法：第一，他们提出了以高度决定性的资源和权力为基础的理论来解释 HRSRP 构架体系；第二，他们提出了管理诠释和感知过程会对 HRSRP 解释人力资源战略起到调节作用。

很多作者认为利用组织理论、资源基础学说和权力基础学说有助于理解 HRSRP 的系统架构。扎姆托（Zammuto,1988）提出，虽然学说之间存在差异，但所有这些理论在关于组织构成这一点上有共同的观点，其原因在于它们都是建立在权力基础学说和资源基础学说之上的。班伯格和菲根鲍姆认为，类似的权力基础学说和资源基础学说推动系统层面的许多现象，如 HRSRP 构架中的参考点。如果企业中人力资源职能缺乏影响，就不可能有能力去构想富有远见的人力资源计划。对所有参考点进行评估和选择时，职能影响较弱的经理们会大量运用历史导向的参考点。这些经理认为有必要在平稳和渐变的基础上审视战略选择,这样才能保证他们在组织中的存在和发展没有风险。相反,那些具有较强影响力的经理们更多地采用未来导向的战略参考点。对他们来说,更重要的是能突出以自己为中心、反映自己利益和更复杂组织变换基础上的战略选择的审视。

类似地,班伯格和菲根鲍姆提出,在人力资源系统更有影响力的组织中:①HRSRP矩阵的内部要素受成果导向目标(如结果)而不是过程导向目标(如方式)的制约;②HRSRP构架的外部取向更加明显。关于第二点,虽然法律要求所有的人力资源系统在确定系统目标时要考虑公共利益,但是在多大程度上考虑外部的战略参考点是组织内人力资源部门的权力。例如,薄弱的人力资源系统依赖其他系统资源,在形成人力资源政策和措施时将不得不特别注意外部监督者的利益和所关心的问题,但是人力资源系统肯定缺少授权和资源来考虑更大范围的外部参考点。

表2-1列出了人力资源战略参考点的选择及趋势。虽然在表中列出了八个基本的HRSRP构架,但班伯格和菲根鲍姆认为,人力资源系统趋向于两种基本构架中的一种,这两个构架是"强势构架"和"弱势构架"。比如,杰瑞尔(Jarrell,1993)是这样描述IBM和Amex的人力资源在战略规划中的作用的:这些公司的人力资源战略是由强势战略参考点推动的,即未来导向(五年计划)、以成果为基础(关注重要的企业收益)和外部驱动(关注组织外部的监督者)。而班伯格、巴卡拉克和戴尔(Bamberger,Bacharach & Dyer,1989)认为,创业阶段的高科技企业的人力资源战略更多的是弱势 HRSRP 构架,注重通过内部程序的效率改善来影响内部客户(如研究和开发)。

表 2-1　人力资源战略参考点的选择及趋势

	内部因素		外部因素		时间因素	
	过程/方式导向	成果/目标导向	低(窄)外部环境	高(广)外部环境	过去	未来
第一种		×	×		×	
第二种		×		×	×	
第三种		×	×			×
第四种*		×		×		×
第五种*	×		×		×	
第六种	×			×	×	
第七种	×		×			×
第八种	×			×		×

　　＊　人力资源系统面临强势或弱势的构架。

　　资料来源:BAMBERGER P, Meshoulam I. Human Resource Strategy: Formulation, Implementation, and Impact[M]. Sage Publications, Inc., 1999.

　　总之,经理们在 HRSRP 构架的形成中具有一定的控制力,班伯格和菲根鲍姆提出管理控制经常是受到限制的,综合考虑了组织决定论观点,非常强调组织的微观政治环境是理性规划过程的限制条件。

虽然人力资源战略参考点构架影响了所采取的人力资源战略和措施,但与企业现状相关的战略参考点会调节这一影响。也就是说,人力资源战略参考点构架会影响战略选择的性质,影响方式根据战略决策者认为系统在战略参考点之上或之下的程度而定。如果人力资源系统在参考点之上,更有可能把新问题和新状况当作危机做出反应(选择新的更有斗志的工会领导),将因采取保守性和防护性政策措施(对劳资关系采取传统的对抗性方式)而导致的潜在损失最小化。相反,如果人力资源系统在参考点之下,最好把新问题和新情况当成机遇,采取更大胆的措施利用这一机遇。在这种情况下,工会领导权的复杂变换会鼓励人力资源决策者挑战现有的思维方式,采用更有创新性的劳资合作计划。

因此,人力资源系统相对于主要参考点的位置关系左右了人力资源决策者的意愿,并对他们的思维方式进行挑战,推动他们采用更大胆的人力资源战略。但这并不意味着人力资源系统在主要参考点之上的组织无须在已有的基础上改进,因为环境中始终存在不确定性,甚至人力资源决策者最好在现有基础上采取渐进的方式,而不是采取与过去截然不同的方式。如果人力资源系统不得不面对新环境和新问题,人力资源决策者最好采取保守一点的态度,遵循已经过证实的方式。

2.3　人力资源战略与企业战略

2.3.1　人力资源战略与企业战略的界定

1.企业战略

(1)古典战略管理理论。自从 20 世纪 60 年代钱德勒在《战略和结构》一书中首先研究企业战略管理理论以来,各种战略管理理论层出不穷,形成了战略管理理论"丛林"。根据已有的这些企业战略管理理论,我们大致可以把战略管理理论分为三个阶段,即古典战略管理理论、以产业分析为基础的竞争战略理论和以资源为基础的核心竞争力理论。

古典战略管理理论以环境为研究出发点,强调对环境的分析及对自身优势和劣势的分析。其中的典型代表是哈佛商学院的安德鲁斯(Kenneth Andrews)教授提出制定企业战略的过程模型——SWOT 分析(见表 2-2)。

表 2-2　安德鲁斯的 SWOT 分析模型

外部因素	内部因素	
	内部优点(S):如在管理、经营、财务管理、研究开发等方面的优势	内部弱点(W):如列在"内部优点"一栏内各个方面的弱点
外部良机(O):如目前和将来的经济条件、政治和社会变化、新技术和产品等	SO 策略:极大-极大 可能是最成功的策略,发挥组织的优势,利用机会	WO 策略:极小-极大 如为充分利用机会而采取克服弱点的发展策略
外部的威胁(T):如缺少能源、竞争激烈等因素	ST 策略:极大-极小 如利用公司的优势解决或避免威胁因素	WT 策略:极小-极小 如紧缩开支、清理和建立合资企业

资料来源:孔茨,韦里克.管理学[M].北京:经济科学出版社,1998.

这一模型是古典战略管理理论的代表,强调企业战略管理要适应外部环境的发展,以提高企业的市场份额为目标。但问题是,企业环境是不断发展变化的,被动地追求适应环境,其结果往往难以适应环境的发展。

古典战略管理理论是建立在线性思维基础上的,即企业在进行战略管理时,分析企业外部环境的机会和威胁,然后把这些条件参数输入特定的战略管理模型,这样就可以获得一个最优的战略管理方案。遗憾的是,这种理想的战略管理方案在现实中实施的效果不佳。这类方案忽略了在现实企业管理中许多小的"随机"事件可以逐步累积,被正反馈放大并最终决定企业在市场中的命运。正如阿瑟(Authur)所指出的,"在现实世界里,如果几个规模相近的企业同时进入一个市场,偶然的小事件——未料到的订货、与购买者的偶然商谈、管理的怪念头——将会决定谁会较早卖出产品,并最终占据市场主流"。这说明市场中小的"随机"因素通过正反馈可以影响企业的发展和命运,而依照古典战略管理理论制定企业战略并不会考虑这些小的"随机"因素,其实施结果往往是失败的。

(2)波特的竞争战略理论。客观地说,古典战略管理理论对于提高企业适应环境的能力,注重企业长期的全局谋划都曾起到了积极的指导作用,但是其被动地适应环境难以提高企业竞争力水平。随着经济的发展和市场竞争程度的加剧,古典管理理论逐渐被以产业为基础的竞争战略所代替,以产业为基础的竞争战略是哈佛大学的波特教授于 1980 年提出的。波特把产业经济学中的贝恩范式(结构-行为-绩效)引入战略管理。他认为"形成竞争战略的实质就是将一个公司与其环境建立联系",并提出分析企业竞争战略包括五种竞争作用力:进入威胁、替代威胁、买方讨价还价能力、供方讨价还价能力、现有竞争对手的竞争。这种竞争作用力的强弱,取决于产业的利润率。他的企业竞争战略强调的重点有:①选择有吸引力的、高潜在利润的产业;②在已选择的产业中获得有利的竞争地位。

波特的竞争战略理论把企业战略管理引入更广阔的环境分析视野中,关注产业结构,提出寻求有吸引力的产业和谋求在具体产业中有吸引力的竞争地位,这些对于提高企业竞争力都有积极作用。但其忽视了对企业内部因素的分析,结果我们常常可以看到,在高吸引力、高利润产业中依然有经营业绩很差的企业。从产业因素等外部因素无法解释这种制定了一个好的竞争战略,但结果未必是获得竞争优势的现象。所以,企业核心竞争能力学派的观点逐渐受到广大战略管理的理论研究者和实践者的重视。

(3)核心竞争能力学派。企业核心竞争能力学派认为,企业要想获得竞争优势,必须具备独特的竞争能力。企业战略管理的核心是善于运用企业的核心资源,提升企业的竞争能力。核心竞争力是"组织中的积累性学识,特别是关于如何协调不同的生产技能和结合多种技术流的学识"。哈默尔(Gary Hamel)和普拉哈拉德(C. K. Prahalad)认为,充分有效地利用资源的方式有五种:更有效地将资源集中于战略目标,更有效地积累资源,整合互补资源以创造高层次的附加价值,尽可能保存资源,缩短消耗与回收之间所需的时间以迅速回收资源。

不论是波特的竞争战略理论,还是哈默尔和普拉哈拉德的核心竞争能力,都对企业的战略管理理论和实务做出了积极贡献。但在现实市场竞争中,有的公司既选择了有吸引力的产业,自身也不乏核心竞争能力,但依然不能在竞争中生存和发展,这是用传统的战略管理理论无法解释的。例如,在现代技术标准争夺战中,两种新的不兼容的技术标准在相互争斗中都想成为事实上的通用标准,常常有赢家通吃、失败者一无所获的结果。还有许多比较常见的例子,如电力方面有爱迪生与西屋电气公司,彩电方面有 NBC 公司与 CBS 公司,录像机方面有索尼公司与松下公司等。不兼容的技术之间一次又一次爆发了技术标准争夺战。输家并不缺乏好的战略,也不是因为技术上落后,但也许因为"先行者优势"(firstmove advantage)等随机小事件,将技术标准锁定在劣等路径上,如英语在全世界范围内的广泛使用,QWERT 键盘的最初设计者是为了降低打字速度才这样设置的,等等。这个结果虽然不能完全归咎于企业战略管理,但至少可以看到传统的战略管理在实践中的苍白无力。

以上是对战略管理理论做的粗线条的回顾和评论。我们可以发现以往战略管理理论的共同前提是:①战略设计的思路遵循线性思维方式,寻求线性战略设计模型,似乎所有企业按这些模型进行操作就行了,但实施效果往往不尽如人意。②追求单一的稳定均衡,规划长远步骤,然后按部就班,以为这样做就能获得理想的结果。然而,事实上经济和管理中存在多种均衡。③寻求最优的战略设计,这些战略设计的经济学假设前提是:经济运行中有帕累托最优,但事实上,组织处在不断演变的过程中,不存在帕累托最优。总之,这些假设脱离现实太远,在此基础上制定的企业战略在实施中常常走样,难以有效指导企业的进化和发展,因此,我们需要新的战略管理方式。

2.人力资源战略的常见类型

学者根据研究角度的不同将人力资源战略做了以下三种分类:

(1)关注重点不同的四类人力资源战略。目前,根据关注的重点不同,西方的人力资源战略可以归为四大类:利用战略、聚焦战略、促进战略和投资战略,如表 2-3 所示。

表 2-3　西方的四类人力资源战略

人力资源战略	重点关注
利用战略	怎样利用好每一个人,更多的是从挖掘现有人才的角度去思考问题
聚焦战略	通过现有人员进行人才的积累
促进战略	企业对个人投资,促进其成长
投资战略	企业在员工身上大量地投入,同时对员工的期望和要求也非常高,即相互投资

资料来源:孙健敏.MBA 全景教程之三:人力资源管理[M].北京:北京大学出版社,2003.

具体来讲,不同的企业在不同的阶段可能需要进行调整。

(2)实施条件不同的三类人力资源战略。根据人力资源战略的特点和实施条件,西方的人力资源战略大致可以分为三种模式:以美国为代表的劳动契约型、以日本为代表的资源开发型和权变模式。三种模式的比较如表 2-4 所示。

表 2-4 西方人力资源战略的三种模式

名称	定义	特点	实施条件
以美国为代表的劳动契约型	整个人力资源管理体系建立在以雇佣关系为基础的契约之上,企业与员工的关系完全是一种合同关系,或者说是一种契约关系,一切制度都以这个契约为前提	特别强调个人能力,不管过去和未来,只管签约合作的这一段时间,因此晋升特别快。整个社会的劳动雇佣体系是自由的	
以日本为代表的资源开发型,也叫资历主义	通过个人能力的积累达到提高整体实力的目标	稳步晋升,终身雇佣制	劳动力市场非常发达。雇主有充分的选择余地,劳动力供大于求
权变模式	把能力跟资历结合起来	以上两种类型的结合	文化必须是个人主义的。因为合同是针对个人签订的

资料来源:孙健敏.MBA全景教程之三:人力资源管理[M].北京:北京大学出版社,2003.

而我国现在还不完全具备劳动力市场发达这个条件,表现之一就是由于受到户籍制度的制约,劳动雇佣不完全自由。

(3)企业生命周期不同阶段的人力资源管理。企业是一个生命的有机体,有其诞生、成长、壮大、衰退直到死亡的过程,在这个生命周期的不同阶段,企业的生产经营和人才使用有着不同的特点。企业生命周期通常被划分为创业期、成长期、成熟期和衰退期。各个阶段企业的主要矛盾和特点不同,人力资源战略也不同。

①创业期的人力资源战略。创业时期就是一个新企业的诞生过程,这个时期企业的不利因素有很多:产品质量不稳定、花色品种单一、产量低、市场占有率低,产品成本高、产品价格高、竞争对手少,管理水平低、经验管理、不规范,企业缺乏资金、知名度低。企业人员少,人才少,没有明确的分工,常常是以一当十,人才使用的特点是高低配置,即高级人才低位使用。因为是初创时期,所以大家不分彼此,对名誉、地位、金钱都不计较,靠的是创业者的极大热情和雄心以及极强的创新精神。这一时期人力资源战略的核心是:充分发挥创始人的人格魅力、创造力和影响力,注意利用"外脑",向他人学习,向外单位学习;在工作中发现一批技术型和管理型人才,为以后企业向规范化、制度化方向发展打下坚实的基础;促进人才组织化,帮助员工设计自己的职业生涯。

②成长期的人力资源战略。这一阶段企业典型的特征是:产品有市场,销售量增加,企业的生产人员和销售人员也大量增加;企业人员的增长和销售量的增加使企业的规模迅速地扩大。正因为这样,企业的规章开始建立,企业的组织机构也开始明确,企业进入规范化管理阶段,企业有一定的创新能力和核心竞争力,顾客、社会开始关注这类企业,企业也开始注意自己的形象。企业在快速发展的同时,也存在大量的问题,结构脆弱、人才短缺,其表现是低级人才高位使用,主要原因是:新进人员熟悉企业环境慢、不能迅速认可企业文化;技术人员不能赶上技术发展趋势、技术优势减弱;市场人员不能充分了解产品和市场情况,服务

能力不足,市场竞争力差;管理人员难以行使有效的职能;开发个人潜能少,难以满足个人发展的需要。这一时期人力资源战略的核心是完善组织结构,加强组织建设和人才培养,大量吸纳高级人才,让员工从事具有挑战性的工作,丰富工作的内容,承担更多的责任;根据市场法则确定员工与企业双方的权利、义务和利益关系;企业与员工建立共同愿景,在共同愿景的基础上就核心价值观达成一致;员工对企业的心理期望与企业对员工的心理期望达成默契,在员工与企业间建立信任与承诺关系,实现员工的自我发展和管理。

③成熟期的人力资源战略。成熟期是企业生命周期中最辉煌的时期,规模、销量、利润、员工、市场占有率、竞争能力、研发能力、生产能力、社会认可度等都达到了最佳状态,但企业也容易得“大企业病”,即企业易骄傲自满、沟通不畅、滋生官僚主义、创新精神减弱。人力资源方面出现高高配置,即高级人才高位使用。这一时期人力资源战略的核心是激励企业的灵活性,具体措施是:建立“学习型组织”,提供企业发展远景规划,建立人力资源储备库,采取比竞争对手更优秀的人才垄断战略;组织职位设计分析,明确人员职责;加强针对性培训,解决老员工知识老化问题;激励手段多样化,吸引、保留企业所需人才;制定关键人力资源“长名单”(即企业在关键职位上制定的两三个层级的后备接替人名单),以防止关键人力资源跳槽或突发事件的发生。

④衰退期的人力资源战略。企业在衰退时期管理不善,销售量和利润大幅度下降,设备和工艺落后,产品更新速度慢,市场占有率下降,负债增加,财务状况恶化,员工队伍不稳定,员工士气不高,不公平感增强,员工对自己职业生涯发展的期望值降低,敬业精神弱化,人才浪费严重,企业缺乏激励上进的组织气氛。企业的人力资源是低低配置,即低级人才低位使用。此时的企业有两种前途:要么衰亡,要么蜕变。此时人力资源战略的核心是人才转型,对员工后期发展给予指导,在新的领域进行人才招聘和培训,实现企业的二次创业。

企业在生命周期的不同阶段有不同的矛盾和特点,其人力资源战略的重心有所不同,采取的措施也有所不同。企业必须根据自身的条件,不断地解决这些矛盾,采取不同的人力资源战略,才有可能实现可持续发展。

3. 人力资源战略在企业生存和发展中的作用

人力资源战略作为企业战略不可分割的一部分,对成就企业竞争优势、推动企业战略目标实现意义重大,关于对人力资源战略在企业生存和发展中的作用,不同学者从不同的角度形成不同的理论依据,例如一般系统理论、角色行为理论、制度理论、资源依赖理论、人力资本理论、交易成本理论、代理理论以及资源基础理论等,主要内容介绍如下:

(1)资源基础角度的分析。最早应用在战略性人力资源管理的理论是组织经济学及战略管理文献中经常提到的资源基础(resource-based)观点。人力资源管理活动为何能够对组织绩效产生影响,资源基础理论做了有力的解释。资源基础理论强调组织的竞争优势由组织内部资源所产生,组织所拥有的资产、能力、内部程序、技能、知识等能被组织所控制,有助于组织策略的形成与执行,也有助于建立人力资源管理系统对组织绩效影响竞争优势的有利资源。

因此,可通过形成组织竞争优势的资源不仅是有形资源,而且包括无形资源。资源基础理论还区分出三种组织资源,包含了实体资本(physical capital)、人力资本(human capital)

以及组织资本(organizational capita1)。实体资本指工厂、设备、技术以及地理位置等;人力资本指组织成员的经验、判断与智识;而组织资本则包括结构、规划、控制与协调系统,以及群体间的非正式关系。其中人力资本以及组织资本显示了人力资源管理对于建立组织竞争优势所可能做出的贡献。因为人力资本代表员工本身的竞争力,组织资本则代表了用以发展、整合人力资本的人力资源系统,所以人力资源管理活动的确是能够符合资源的价值性、稀少性、不易被模仿及竞争者无法取代的特性。组织可通过人力资源管理系统而建立自身的持久竞争优势,进而提升组织的绩效表现。

资源基础理论的学者认为:人力资源代表了企业竞争优势的可能性,而人力资源管理活动使这种可能性转化为现实性。因此,严格说来,"人力资源+人力资源管理活动"形成了企业的竞争优势。

(2)人力资本角度的分析。人力资本理论观点认为组织的成员所具备的技能与知识、能力等是具有经济价值的,而且人力资源管理活动对于人力资本的提升具有正向关系。这些提升人力资本的人力资源管理活动对组织绩效的发挥是最有利的。如何理解各项人力资源管理活动都可以实现对企业人力资本的投资,不同学者的解释差异不大。主要有以下几种解释:

第一,说明人力资源管理活动的观念经常应用到诸如甄选、训练、薪资等各种人力资源管理活动上,而严格甄选、广泛训练与具有竞争力薪酬等可代表直接的人力资本投资活动。第二,高效能人力资源活动可通过员工技能、激励、工作组织等三方面达到增进组织绩效的效果。在员工技能的提升方面,通过取得或发展人力资本以增进员工技能。在激励方面,人力资源管理活动可鼓励员工更努力且更有效率地工作。在工作组织方面,也可通过提供鼓励员工参与以及工作改善等活动以改善组织与工作结构。除了可提高员工学习专属技能的动机外,并可维持组织与员工之间长期合作的决心。第三,人力资源管理活动的差异还可以反映出人力资本投资的水准高低,并可通过此分析出人力资本投资类型的不同。

(3)行为观点角度的分析。行为观点主要是源于权变理论。社会心理学的学者将角色行为定义为:一个人的行为与他人的行动发生适当关联时,能产生可预期的结果。人力资源管理的行为观点理论的主要论点是:员工的行为是战略及组织绩效的中介变量,而人力资源实务是为了诱导或控制员工的态度与行为,不同的组织特性及经营战略则会引发不同的态度与行为需求,由此可以推论在战略性人力资源管理的系统中,由于每一个战略所需要的人员态度与行为不同,组织的人力资源实务也将随之改变。换句话说,人力资源管理是组织的重要工具,以传递角色信息,支持期望达到的行为,以及审核角色表现,以达到组织的目标。因此,有效的人力资源管理可协助员工符合组织的利害关系人的期望,并产生正面的效应。行为观点对于了解人力资源系统对组织绩效的影响机制非常重要。

行为观点的分析可以总结为:在一个企业通过员工行为与技能实施企业战略进而提升企业绩效的过程中,人力资源管理活动可以通过促进员工的行为与技能提升企业绩效。

(4)一般系统角度的分析。一般系统理论认为人力资源管理为一个大组织底下的次系统。赖特和思奈尔(Wright & Snell,1991)提出了用开放性的系统观点来描写组织的竞争管理模式,其中能力与技能被视为"投入",员工行为被视为"转换",而员工满意度与工作绩效被视为"产出"。在这个系统中,有效的管理才能包括:①才能取得;②才能利用;③才能维持;④才能剔除。有效的管理行为则包括:①行为控制,例如利用考核与薪酬系统;②行为协调,例如利用考核及组织发展。在这些管理活动中,人力资源管理起到了重要的作用。

因此,一般系统理论认为,人力资源管理次系统可经由取得、运用、留任及转换适任人才等功能,提升组织效能。

4. 代理及交易成本角度的分析

交易成本理论是从财务或经济学的观点来看组织中人力的交换过程,主要是想探讨什么环境因素可以促使组织进行内部交换来降低交易成本。交易成本是团体间因为协商、监督、评估及强迫交换所需要的成本,交易成本会使团体将该交易成本内部化。代理问题是发生在一个团体需要另一个团体在不稳定的情境下进行服务,而两者又都是自利的时候,代理成本就是确使两者建立有效合约关系所需的成本。

代理成本还可能会发生在人力资源投入、人员行为及绩效产出上。由于机会主义,组织在雇用员工时,应征者往往会夸大自己的才能,造成雇主在甄选时必须花费较多的成本。透过员工的一些技能进行与资产相关的投资时,代理成本也会增加。由于监督及评估员工不易,为确保员工的绩效,成本也会增加。

由于交易成本与代理成本可以解释组织的控制,因此在设计人力资源实务时,有深远的意义。由于交易成本和代理成本的存在,企业会选择适当的管理结构,以便在监督、评估与执行交易与代理过程中形成最低成本;每个组织要克服管理结构的有限理性,但同时又需预防机会主义行为的产生。为了解决这样的弊端,需制定一些正式与非正式的契约与条款,而人力资源管理等各项活动可以有效管理雇主与员工的关系,可以使员工个人的贡献能清楚地定义出来,并适当地给予薪酬,否则员工将不会有诱因去提升绩效,而人力资源实务还可以作为衡量员工绩效的方法,透过这些方法,可以使员工行为及组织目标趋于一致。因此人力资源管理可发挥效用,使交易成本与代理成本降低,促进企业的效益提升。

2.3.2 人力资源战略与企业战略的协调与关系

1. 人力资源战略与企业战略的协调

企业战略是一组企业活动的决策,企业战略目标的实现依赖于一系列功能性战略,而这一系列功能性战略中,人力资源战略最重要。勒温和米切尔(Lewin & Mitchell,1995)指出,人力资源战略与企业战略的协调,可以帮助企业利用市场机会,提升企业的内部组织优势,帮助企业达成战略目标。问题是,如何协调人力资源战略与企业战略呢?

(1)与波特的竞争战略相协调的三种人力资源战略。戈梅斯(Gomez)和麦加(Mejia)等人提出了与波特的竞争战略相协调的三种人力资源战略(见表2-5)。当企业采用成本领先战略时,主要是通过低成本来争取竞争优势,因此严格控制成本和加强预算。为了配合低成本的企业战略,此时的人力资源战略强调的是通过有效性、低成本市场、高结构化的程序来减少不确定性,并且不鼓励创新性。当企业采用差异化战略时,这种战略思想的核心在于通过创造产品或者服务的独特性来获得竞争优势。因此,这种战略的一般特点是具有较强的营销能力,强调产品的设计和研究开发,公司以产品的质量著称。此时的人力资源战略则强调创新和弹性、以团队为基础的培训和考评,以及差别化的薪酬策略等。当企业采用集中化战略时,企业战略的特点综合了成本领先战略和差异化战略,相应地,人力资源战略将结合上述人力资源战略。

表 2-5 与波特的竞争战略相协调的人力资源战略

企业战略	一般组织特点	人力资源战略
成本领先战略	·持续的资本投资 ·严密地监督员工 ·严格的成本控制,要求经常详细的控制报告 ·低成本的配置系统 ·结构化的组织和责任 ·产品设计以制造上的便利为原则	·有效率的生产 ·明确的工作说明书 ·详细的工作规划 ·强调具有技术上的资格证明与技能 ·强调与工作有关的特定培训 ·强调以工作为基础的薪酬 ·建立以绩效管理为基础的控制机制
差异化战略	·营销能力强 ·产品的策划与设计 ·基础研究能力强 ·公司以质量或科技领先著称 ·公司的环境可吸引高技能的员工、高素质的科研人员或具有创造力的人	·强调创新和弹性 ·工作类别广 ·松散的工作规划 ·外部招募 ·团队基础的培训 ·强调个性化的薪酬管理 ·建立以绩效管理为基础的发展机制
集中化战略	结合了成本领先战略和差异化战略组织的特点	结合了上述人力资源战略

(2)与迈尔斯和斯诺的企业战略相协调的人力资源战略。迈尔斯(Miles)和斯诺(Snow)将企业战略分为三种类型:防御者战略(defender)、探索者战略(prospector)和分析者战略(analyzer)。防御者战略寻求的是整体市场中的一个狭窄、稳定的细分市场,而不是成长。探索者战略则是通过不断寻找新产品、新市场或新服务,发掘新的商业机会。在这种战略下,企业资源主要用于鼓励创新以及获取难以在组织内部发展的能力。分析者战略是同时在稳定的和动荡的产品市场上经营,它们往往是其经营领域的领导者,但不是变革发起者。

柏德(Baird)和比奇勒(Beechler)认为,对应于企业的防御者战略、探索者战略和分析者战略,企业应采取相互匹配的人力资源战略(见表 2-6)。当企业采用防御战略时,与其相互协调的人力资源战略是累积者战略。累积者战略是基于建立最大化员工投入及技能培养,充分发挥员工的最大潜能。当企业采用分析者战略时,与其对应的人力资源战略是协助者战略,基于新知识和新技能的创造,鼓励并支持能力、技能和知识的自我开发。效用者战略是基于极少的员工承诺和高技能的利用,企业将雇用具有目前所需要的技能且可以马上使用的员工,使员工的能力、技能与知识能够配合特定的工作。

表 2-6　企业要求和人力资源战略

企业战略	组织要求	人力资源战略
防御者战略： ·产品市场狭窄 ·效率导向	·维持内部稳定性 ·有限的环境分析 ·集中化的控制系统 ·标准化的运作程序	累积者战略： ·基于建立最大化员工投入及技能培养 ·获取员工的最大潜能 ·开发员工的能力、技能和知识
分析者战略： ·追求新市场 ·维持目前存在的市场	·弹性 ·严密和全盘的规划 ·提供低成本的独特产品	协助者战略： ·基于新知识和新技能的创造 ·聘用自我动机强的员工，鼓励和支持能力、技能和知识的自我开发 ·在正确的人员配置与弹性结构化团体之间进行协调
探索者战略： ·持续地寻找新市场 ·外部导向 ·产品/市场的创新者	·不断地陈述改变 ·广泛的环境分析 ·分权的控制系统 ·组织结构的正式化程度低 ·资源配置快速	效用者战略： ·基于极少的员工承诺和高技能的利用 ·雇用具有目前所需要的技能且可以马上使用的员工 ·使员工的能力、技能与知识能够配合特定的工作

2.人力资源战略与企业战略的四种关系类型

人力资源是企业发展的基础，经营战略是企业发展的导向，对企业来说，两者都很重要，两者中任何一个出现不足或偏差，都会影响到企业的可持续发展。那么，企业是应当考虑人力资源现状及预测来制定企业的战略，还是先制定经营战略，再以经营战略为导向来提升企业的人力资源配置呢？人力资源管理与企业战略的关系如表2-7所示。

表 2-7　人力资源管理与企业战略之间的关系

	人力资源管理活动	人力资源管理部门的地位	人力资源管理部门对企业战略的参与	后果
行政关系	孤立的人事是日常事务处理	较低层次服从	无机会，不参与企业战略形成和实施	停留在人事管理的水平，企业战略难以有效实施
单向关系	人力资源部门根据企业战略制定和实施人力资源战略	中高层次服从为主	参与战略实施，不参与战略形成	没有参与企业战略制定，导致企业战略不能成功实施

	人力资源管理活动	人力资源管理部门的地位	人力资源管理部门对企业战略的参与	后果
双向关系	在形成企业战略过程提出建议,将人力资源问题包括在实施企业战略中	较高层次服从和建议	既参与战略形成,也参与战略实施	彼此相互依赖,较好地保证战略制定,企业战略能成功实施
一体化关系	人力资源管理活动完全融入企业战略的制定、实施中	决策层决策执行	持续、全面地参与企业战略的制定、实施	使企业在竞争中处于有利地位,保证企业战略的成功实施

(1)人力资源管理状况是制定企业战略的出发点。企业在制定经营战略时,要评估企业人力资源现状,并根据企业内外劳动力市场预测未来企业的人力资源配置状况。企业所制定的经营战略应当具有一定的高度,这样才会具有挑战性,才能够激起员工的奋斗激情。然而,企业经营战略的制定,不能超越最佳人力资源管理实践所能达到的水平。同时,在实现经营战略的进程中企业要及时总结,并根据实际的人力资源配置状况的动态变化,对经营战略作出调整、改进。超越现实的经营战略对企业来说毫无意义,甚至会削弱企业员工的激情。而对企业来说,过低的经营战略往往失去了战略的导向功能,很难激发员工的潜能。

(2)人力资源管理实践是实现企业战略的途径。企业的人力资源管理实践要贴紧经营战略,通过专业化方法,为员工提供优质的人力资源产品与服务,以实现对企业经营战略的强有力支撑。具体来说,企业人力资源管理经营战略支撑分别体现在战略层、管理层和操作层三个层面上。战略层面,在人力资源要素的约束条件下,企业确定自身发展的战略目标,并制定出与企业战略目标相匹配的人力资源战略目标;管理层面,在人力资源部门的统筹协调下,为企业的其他部门提供良好的人力资源服务,实现人力资源管理各项职能的有序运作,制订企业整体与各部门具体的人力资源管理方案;操作层面,企业精心组织实施人力资源管理活动方案,同时,对方案的实施过程进行控制、监督、分析和评价,及时找出问题并予以调整,以保证企业经营战略的最终实现。企业的人力资源管理与经营战略,分别从两个不同的角度促进或引导了企业的可持续成长与发展。企业要想在激烈的市场竞争中获得并保持优势,企业的人力资源管理与经营战略需要彼此协调、匹配,而要实现两者之间的协调与匹配,便需要两者之间时常进行双向、深入的"沟通"。

思考题

1.什么是人力资源战略管理?人力资源战略管理有哪些特性?

2.如何实现人力资源战略管理?

3.如何根据企业不同的战略类型,开展企业的人力资源管理活动?

第2章 人力资源战略管理

59

案例分析

腾讯的人力资源战略

腾讯科技有限公司成立于1998年11月,是目前中国最大的互联网综合服务提供商之一,也是中国服务用户最多的互联网企业。腾讯作为一家高科技知识密集型企业,其人力资源战略在企业发展中起到了不可忽视的作用。腾讯公司充分发挥人力资源专家中心的作用,使人力资源战略顺利落地,同时在人力资源开发战略、人才结构优化战略、薪酬战略等方面体现出腾讯特色。

一、人力资源专家中心在人力资源战略中的作用

人力资源专家中心(Center of Expertise, COE)作为传统的人力资源三支柱模型之一,同时也是与公司战略衔接最紧密的人力资源部门,持续影响着腾讯的人力资源战略。COE企业文化与员工关系部总监陆文卓说:"COE的一项重要工作就是告诉员工,腾讯的战略如何解读。"

首先,COE承接人力资源战略,提出了"保持人才攻防的绝对优势"和"提升组织活力"的举措。COE通过绘制部门的战略地图与平衡计分卡,对人力资源战略进行分解,强调通过干部管理能力的提升,强化后备领军人才的能力准备度,提升干部管理的有效性,培养和造就一支有主人翁精神的干部团队。

其次,COE制定出强化沟通、加强员工对公司的信任度和认同感的部门战略。在战略的落地规划阶段,COE在仔细分析用户价值的基础上,通常有三个层次的强化沟通体系的架构:第一层是高层思想。通过有效的高层交流活动,让员工充分了解公司战略和管理意图。第二层是中层话语。通过部门业务及战略沟通,让所属员工充分知晓信息、认同决策,知道业务方向。第三层是员工参与。通过营造透明的氛围、运营沟通平台,使员工敢说话,员工声音能有效传递,得到及时反馈和帮助,提升参与感与主人翁意识。COE不仅要搭建沟通体系,还要能发现战略落地过程中可能出现的问题,智慧地解决问题。

二、人力资源开发战略

腾讯公司内部有一套双通道职业发展体系(如图2-1所示),腾讯员工可以根据自己的特长和兴趣,不仅可以选择走管理的发展通道,也可以选择技术、设计、产品、市场等专业发展通道,而在专业通道上发展可以获得和管理通道发展相同的认可和回报。公司针对不同专业类别员工在不同职业发展等级上,都设计有配套的能力要素,使员工清楚地知道自己应该努力和发展的方向;同时公司还根据能力要素标准,设计了一系列的职业培训,帮助员工尽快达到能力要求,实现发展目标。

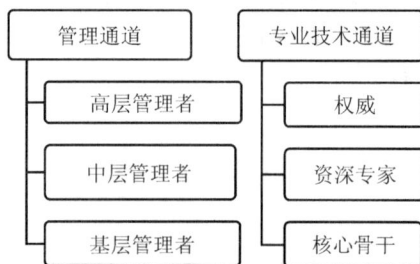

图2-1 双通道职业发展体系

腾讯依托双通道职业发展体系建立了完备的培训体系,加速员工成长。根据员工管理和专业的职业发展双通道体系,员工从进入公司开始,就要接受全方位的培训,包括新人培训、职业培

训和管理培训。其中管理培训是最为重要的,它是一种分层分级的领导力培训体系:无论是后备干部、新任干部还是成熟干部,都可以在腾讯领导力发展培养体系中找到对应的培训方案。

为了更好地贯彻落实具有腾讯特色的人力资源战略,腾讯建立了腾讯学院。作为中国互联网行业的第一所企业大学,腾讯学院创办的初衷是为了更好地组织内部员工持续的培训,注重企业内人才的系统发展与培养,做到内容腾讯化,从而形成完善内部人才培养体系。腾讯学院期望将员工培训提升到人才发展的高度,回归企业人才培养的终极目的。

腾讯学院的培训思路是整合企业内部资源为主、外部培训为辅,一半以上的领导力课程都由本院进行课程设计并培训,主要由腾讯的中高管理层、技术管理员工来进行,让腾讯公司的管理实践与经验沉淀为内部分享的课程。为了避免内部培训与外部培训的理念冲突的情况出现,腾讯学院在挑选外部培训项目时持谨慎态度,尽量保证项目和腾讯公司的发展理念相一致。

三、人才结构优化战略

在 2018 年 11 月腾讯 20 周年公司庆典上,腾讯公司执行董事刘炽平表态,在未来一年内,尤其在中层干部这个领域,有 10% 不胜任的管理干部将离开腾讯。干部体系淘汰力度要进一步加大,每年有一定比例的管理干部必须退下来,不能把干部变成终身制,要鼓励“能上能下”的文化,要有很强的“新陈代谢”能力,人员要流动起来。与此同时,腾讯正式宣布启动“青年英才计划”,把 20% 的晋升机会给予年轻人,其目的就是要加大腾讯的干部体系淘汰力度,进一步优化干部的年龄结构。

腾讯的主要业务群都在互联网方面,而互联网市场的变化风云莫测,经验已经不再是优势,反而可能是变革的负担,所以需要更年轻的员工参与管理和决策;从态度角度而言,随着岁月的磨炼,年龄大些的中层的进取心也会被削弱,不如年轻员工有动力和激情。处于市场风口的腾讯,给了年轻员工上位中层的机会,因此而产生的“鲶鱼效应”,也会带动整个公司的发展。从经济角度而言,年轻员工薪酬更低,员工的司龄、级别都和年龄挂钩,而司龄较大的员工,会掌握有一定的股票期权,隐性收入较多。根据腾讯内部测算,裁撤 1 个中层所节省的人力成本,相当于裁撤 3 个普通员工所节省的人力成本。

四、薪酬战略

为了吸引、激励和保留优秀人才以帮助公司达成战略目标,腾讯在兼顾市场竞争力和内部公平性的基础上,为员工提供了全面的、富有竞争力的报酬。同时,为员工提供了完善的保障计划,旨在为员工创建舒适的工作环境,实现工作-生活平衡(如图 2-2 所示)。

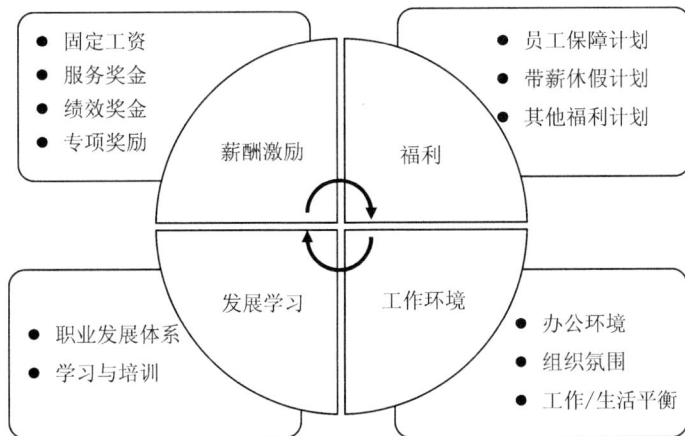

图 2-2 薪酬战略

赫茨伯格的双因素理论指出,即使公司满足了员工的保健因素,员工也不会感到满意,而是"没有不满意"。腾讯的薪酬战略曾经非常注重福利,但员工对于福利的需求是一个水涨船高的过程,过高的福利还有可能对员工的职业发展产生消极影响。腾讯的人力资源部门意识到这点后,对公司的薪酬福利制度进行了变革,意图消除员工对公司的依赖性。如果员工对哪些福利抱怨不断、不满意,就直接取消该项福利。例如,端午节并不是每位员工都希望领到粽子,有的员工希望得到更实际的奖励,那就取消发放粽子的福利。这种做法的目的是先做好员工的预期管理,同时人力资源部门不会为了员工的满意而一味满足他们所有要求。

案例讨论

1.人力资源战略的实施需要考虑哪些方面的问题?

2.除了优化年龄结构外,腾讯公司还可以采取什么手段优化人才结构?

3.结合双因素理论,分析腾讯员工为什么会对公司福利制度产生依赖性的同时也有抱怨心理?

第3章 工作分析

引导案例

员工日常工作分析的重要性

某 IT 企业有十几位业务人员,其素质相差不大,但业绩差异显著。其中最明显的是小王和小李两位员工,小王的业绩是小李的 5 倍多。在对全部员工的调查问卷中,大家一致认为小李比小王更吃苦、更认真。对小王、小李的专业业务掌握进行了综合测试,小李得 91 分,小王得 84 分。对小王、小李的沟通技巧进行了面试,5 个评委,小李得 81 分,小王得 89 分。

于是对两个人做了一周 5 个工作日的跟踪分析。该公司工作时间是 8:30 上班,17:30 下班,中午休息 1 小时。小王平均是 8:21 到公司,小李是 8:05 到公司。为了更进一步分析两位员工的工作内容,对他们的工作进行了梳理,总结其规律,反映在以下表中。

小王一天的工作情况

时间	工作内容
8:21—8:26	打扫办公室卫生
8:27—9:40	联系客户 (平均打电话为 21 个,找到对方负责人的电话为 15 个)
9:40—11:00	处理前一天老客户的成交单据 预约下午的老客户拜访
11:00—11:40 13:30—14:30	平均有大约 18 个开拓新客户的电话,找到单位负责人的电话为 12 个
14:30—17:00	外出进行客户的约定拜访,平均走访 4 家客户,成功拜访(指能见到分管业务的负责人)平均为 3.6 家
17:00—17:43	回公司处理一些杂务

根据一周的工作情况记录,小王总的工作时间为上午 8:21—11:40,下午 13:30—17:43,总计 7 小时 32 分。主要进行的业务活动包括:①联系老客户;②处理成交单据,预约拜访;③开拓新客户;④拜访客户。主要业务活动用时 6 小时 44 分。与老客户联系这项工作

的平均通话率为 71.43%,新客户开拓这项工作的平均通话率为 66.67%,拜访客户的平均成功率为 90%。

小李一天的工作情况

时间	工作内容
8:05—8:20	打扫办公室卫生(其中还会帮其他同事做一些事)
8:20—9:20	处理前一天老客户的业务事务
9:20—11:50	电话联系开拓新客户的工作(平均打 34 个电话,成功找到单位负责人的电话为 9 个)
13:20—17:10	走访老客户,平均走访 5 家,平均成功访问为 1.2 家
17:10—18:35	回公司处理一些杂务

根据一周的工作情况记录,小李总的工作时间为上午 8:05—11:50,下午 13:20—18:35,总计 9 小时。主要进行的业务活动包括:①处理老客户业务;②开拓新客户;③拜访老客户。主要业务活动用时 7 小时 20 分,没有与老客户联系业务的情况下,进行了走访。新客户开拓这项工作的平均通话率为 26.47%,拜访客户的平均成功率为 24%。

对小李电话访问成功率低的原因进行了分析,发现小李电话开拓新客户的时间,正好是多数客户的负责人外出办事的时间,而小王打电话时间多数客户的负责人还在公司。小李走访客户没有事先预约,所以成功率低,多数客户的负责人不在,仅有的一点成功率也多是在下午 17:00 左右的最后一两个拜访中出现的,而小王的走访多是事先预约的。以上两点是小王、小李业绩差异的主要问题。

根据这一结论,让小李先调整工作时间的分配,采用小王的工作时间分配形式。调整后,经过一周的磨合,到第二周,发现小李的成功率有了大幅度的上升,工作量反而有了一些下降。电话开拓新客户的数量为每天 36 个,成功数上升到 22 个,客户走访量仍是 5 家,成功率上升到 4 家。两个月后,小李的业绩已经达到小王的 90%。

工作分析为什么是人力资源管理的基础工作?本案例中,我们应用了哪些工作分析的方法?工作分析还有哪些方法?工作分析的结果可以在人力资源管理的哪些领域应用?需要注意什么问题呢?希望您学习完本章的知识后,可以回答上述问题。

3.1 工作分析及相关术语

战略目标是对组织战略经营活动预期取得的主要成果的期望值,是组织宗旨的展开和具体化,需要传递到每个员工工作中去,通过员工群体工作的努力而实现。工作分析就是对组织的战略目标进行分析,将宏观的、相对稳定的、全面的战略目标转化为具体的、操作性强的、明晰的工作任务,并建立不同工作任务之间的协调机制。通过对组织工作任务的梳理,针对员工禀赋,结合组织现实和未来发展需要,进行任务分析和人员分析,建立较好履行工作职责的能力素质库,构建组织自身的人力资源能力框架,形成独特竞争力。

3.1.1　工作分析的内涵及相关术语

1.工作分析的内涵

工作有狭义和广义之分。狭义的工作是指在某一段时间为了某个目的所从事的活动,即任务;广义的工作是指个体在组织中所扮演的角色的总和,通常由一系列专门任务组成。

工作分析是全面了解工作并提取有关信息的基础性管理活动,为其他的人力资源管理实践如招聘、培训、绩效考核、薪酬设计等搜集信息,通过对现有工作和未来目标的分析,可以发现问题找出差距,重新进行工作设计、工作评价以及其他人力资源管理活动的调整。在工作分析的过程中有三个视角,分别是对工作内容的分析、对岗位任职员工的分析和对组织整体工作构架的分析。对工作内容的分析是指对工作流程、工作活动、工作环境和工作信息进行收集、整理、分析和综合的系统过程,目的是把握各种工作的性质、任务、责任和相互关系;对岗位任职员工的分析是指对工作人员的知识、技能和其他人员特征进行系统调查和研究分析,进行科学、系统的描述并做出规范化记录的过程;对组织整体工作构架的分析是对组织的目标与工作之间的实质联系、各类工作的关系以及组织的工作发展趋势进行分析,剖析组织的工作发展趋势和核心能力。

2.工作分析的相关术语

在工作分析中,经常涉及一些专业术语,只有理解和掌握这些术语的含义,才能科学、有效地进行工作分析。

(1)工作要素。工作要素是指工作活动中不能再分解的最小的动作单位。例如,速记人员速记时,正确书写各种速记符号。

(2)任务。任务是指实现某一工作目的而进行的一系列活动。例如,打印一篇文章。

(3)职责。职责是指任职者担负的一项或多项相互联系的任务集合。例如,人力资源部经理要履行招聘职责就要完成一系列工作,包括撰写招聘材料,联系发布媒体,接待、筛选应聘者,处理应聘信件,发放面试、复试、报到及辞谢书,协助测试、面试应聘者,与新进员工签订相关合同等。

(4)职位。职位是指某一时间内担负一项或多项责任的某一主体所对应的位置。一般而言,有多少职位就有多少个任职者。例如,薪酬主管、招聘主管等。值得注意的是,职位是以"事"为中心确定的,强调的是人所担任的岗位,而不是担任这个岗位的人。

(5)职务。职务是指由组织上主要负责在重要性与数量上相当的一组职位所组成的集合。在不同规模的组织中,根据不同的工作性质,一种职务可以有一个或多个职位。例如,某公司有两个副总经理级领导,一个分管公司的生产,另外一个负责公司的销售,从工作内容来说,两个人的职责内容不相同。

(6)职业。职业是指在不同时间、不同组织中,从事相似活动的一系列工作的总称。例如,教师、司机、会计等。

(7)职权。职权是指依法赋予职位的保障履行职责、完成工作任务所需要的权力。职责和职权有着密切的关系。特定的职责要赋予特定的职权,甚至特定的职责等同于职权。例如,部门主管有对下级工作的指导、监督权。

(8)职系。职系又叫职种,是指职责繁简、责任轻重、难易程度以及所需资格条件并不相同,但工作性质相似的所有职位的集合。例如,人事行政、社会行政等都属于不同的职系。

3.1.2 工作分析的作用与意义

1.工作分析在战略与组织管理中的作用

工作分析对于企业战略实施和组织管理具有十分重要的意义,具体体现在以下几个方面:

(1)实现战略传导。通过工作分析,可以明确组织中每个工作职位设置的目的,从而找到每个工作如何为整个组织创造价值,如何支持企业的战略目标与部门目标,从而使组织的战略目标的实现能够得以落实。

(2)明确工作边界。通过工作分析,可以明确界定工作的职责与权限,消除工作之间在职责上的相互重叠,从而尽可能地避免由于工作边界不清导致的扯皮推诿,并且防止工作之间的职责真空,使组织的每一项工作都能够得以落实。

(3)提高流程效率。通过工作分析,可以理顺工作与其流程上下游环节的关系,明确工作在流程中的角色与权限,消除由于工作设置或者工作界定的原因所导致的流程不畅、效率低下等现象,从而有效提高组织的流程效率。

(4)实现权责对等。通过工作分析,可以根据工作的职责来确定或者调整组织的授权与权力分配体系,从而在工作层面上实现权责一致。

(5)检查工作效果。通过工作分析,有助于员工本人反省和检查自己的工作内容和工作行为,以帮助员工自觉主动地寻找工作中存在的问题,并且圆满地实现职位对于企业的贡献。

2.工作分析在人力资源管理中的作用

工作分析在人力资源管理中具有基础性的作用,它为人力资源管理提供了平台,人力资源管理的其他所有职能活动都是在此基础上进行的。其作用具体表现在以下几个方面:

(1)工作分析为人力资源规划提供了必要的信息。通过工作分析可以对企业内部各个职位的工作量进行科学的分析判断,从而为职位的增减提供必要的信息。此外,工作分析对各个职位任职资格的要求也有助于企业进行人力资源的内部供给预测。

(2)工作分析为人员的招聘录用提供了明确的标准。由于工作分析对各个职位的性质/特征以及担任此类职位所必需的任职资格条件做出了详尽的说明和规划,因此在招聘录用过程中就有了明确的标准,避免了盲目性,有利于提高招聘录用的质量,保证"因事择人、适才所用"。

(3)工作分析为人员培训开发提供了明确的依据。工作分析对各个职位的工作内容和任职资格都做出了明确的规定,因此可以据此对新员工进行上岗前培训,让他们了解自己的工作;还可以根据员工与职位任职资格要求的差距进行相应的培训,以提高员工与职位的匹配程度。

(4)工作分析为科学的绩效考核提供了帮助。通过工作分析,每一职位从事的工作以及所要达到的标准都有了明确的界定,这就为绩效考核提供了明确的标准,减少了评价的主观因素,提高了考核的科学性。

(5)工作分析为制定公平合理的薪酬政策奠定了基础。按照公平理论的要求,企业在制定薪酬政策时必须保证公平合理,而工作分析则对各个职位承担的责任、从事的活动、资格的要求做出了具体的描述,这样企业就可以根据各个职位在企业内部的重要性的大小给予不同的报酬,从而确保薪酬的内部公平。

(6)工作分析可加强职业生涯管理。通过工作分析,在明确工作的职责、权限、任职资格等的基础上,形成该项工作的基本范围,从而为员工职业生涯的发展提供牵引与约束机制。

(7)工作分析为员工安全和健康提供帮助。工作分析信息有助于确定工作中有可能带来的危害和工作环境。通过信息的收集,管理人员和人力资源专家能够一起确定必要的安全、健康设备。

(8)工作分析是组织文化建立的基础。组织文化的目标是尽量地吸收和控制较大的资源,从而为实现战略目标、员工的发展而服务。文化是人本管理的一个核心的体现,它包括制度层面的东西,也包括观念、价值取向等精神层面的东西。组织一方面通过制度建设来明确员工做事的规范,另一方面通过企业文化建设来弥补制度建设的空白。其中关键一点是,价值评价体系中奖惩的行为,是企业文化的根基,而这种评价体系的基础就是工作分析的信息。

3.1.3 工作分析的内容

"所谓工作分析的内容,就是分析对象内容与外延的具体形式与范围的综合,即分析对象的载体形式或表现形式。"虽然工作分析的内容根据工作分析的目的和用途而有所侧重,例如,工作分析的目的是要建立完善的绩效考评制度,内容就应该偏重于工作职责和标准,但是工作分析的主要内容都是岗位基本信息、岗位职责、工作环境和条件等。

1.岗位基本信息

岗位基本信息是指有关这个岗位最基本的内容,例如,岗位名称、岗位编号、所在部门、岗位定员、直接上级、所辖人数、直接下级等。

2.岗位职责

岗位职责包括工作职责、工作任务、权力、工作协调关系等方面的内容。

(1)工作职责。如前所述,工作职责是指任职者担负的一项或多项相互联系的任务集合。

(2)工作任务。工作任务是指工作的内容、完成工作的方法和步骤等,由此可以规范工作行为。

(3)权力。权力是指完成工作任务所需要获得的权力。例如,部门主管为保证部门工作的完成,就有对下属工作的检查、监督权。

(4)工作协调关系。工作协调关系是指该岗位和哪些内外部的部门或单位发生联系。由此可以明确工作之间的协作关系,利于组织结构的调整和工作流程的优化。

3.任职资格

任职资格包括知识和智力、经验和能力、素质等方面的要求。

（1）知识和智力方面的要求。例如，最低学历要求、专业要求、具备的知识方面的要求等。

（2）经验和能力方面的要求。例如，过去从事的工作和时间要求、培训经历方面的要求、能力方面的要求。

（3）素质方面的要求。例如，视力、听力等身体素质方面的要求，耐力、细心、沉着等心理素质方面的要求等。

4.工作环境和条件

（1）工作环境。工作环境主要指工作的地理环境，例如，工作所在地的地理位置、交通和生活条件等，物理环境包括湿度、温度、照明度等，安全环境包括危险性、可能发生的事故、劳动安全卫生条件等。

（2）工作的时间特征。工作的时间特征主要是指工作时间的均衡性，是否经常加班等。

（3）工作中使用的设备和工具。工作中使用的设备和工具就是指在工作中，经常使用到的设备和工具。

3.2 工作分析的方法

工作分析的信息可以通过多种方式收集到，这决定了工作分析方法的丰富性与多样性。本书将工作分析方法划分为传统的工作分析方法、工作导向型的工作分析技术和人员导向型的工作分析技术三种。

3.2.1 传统的工作分析方法

传统的工作分析方法是在科学管理之父泰罗和吉尔布雷斯夫妇对操作性工作所做的时间动作研究的基础上，逐步发展起来的，适用于对重复性的、规律性的操作性工作进行活动分析。传统的工作分析方法的主要类型有：

- 观察分析法；
- 问卷调查法；
- 访谈分析法；
- 工作日志法；
- 实验法；
- 参与法；
- 资料分析法。

按照工作分析目的的不同，应选择与此目的相适应的工作分析的方法。充分、完整的工作分析需要投入大量的时间、精力和资金，所以必须对工作分析的方法进行选择。如果选择时能够比较各种方法的优劣，并进行综合考察则会使时间、精力和资金得到最有效的利用。

1.观察分析法

观察分析法是指工作分析人员到现场实地察看员工的实际操作情况，并予以记录、分析、归纳并整理成适宜的文字资料的方法。它可以系统地收集一种工作的任务、责任、环境等方面的信息。这种方法要求工作分析人员对工作有一定的了解,且具有认真、细致、敏锐等性格特点。

在对主要由身体活动构成的工作进行分析的时候,直接观察是有效的方法。工作分析人员能够比较全面深入地了解工作要求,进行外显行为特征的分析。观察分析法适合于比较简单且不断重复、容易观察、工作内容主要由身体活动来完成的工作,例如流水线上的员工。当工作中包含了很多智力活动或工作中包含很多难以预测的、临时的、偶然的工作任务时,观察分析法就不适用。观察分析法不适合于隐蔽心理素质的分析,也不适合于没有时间规律的和复杂的工作,如以脑力劳动为主的工作。在运用观察分析法时,一般要在观察前拟订观察提纲,以避免观察时遗漏重要的工作信息。观察时,可以用笔录;也可以用事先预备好的观察项目表,一边观察,一边核对。在运用观察项目表时,须事先对该工作有所了解,这样制定的观察项目表才比较实用。观察前先进行访谈将有利于观察工作的进行。

2.问卷调查法

问卷调查法是工作分析中常用的一种方法。一般由相关人员设计调查问卷,然后,由工作的承担者或工作分析人员填写问卷,最后,再将问卷加以归纳分析,并做好详细记录,据此制定出工作说明书。形成工作说明书后再征求任职者的意见,进行补充和修改。问卷法的关键点是调查问卷设计的质量的好坏,这就要求问卷设计人员具有较高的水平。初次对某项工作进行分析时,必要时可以先在小范围内进行问卷调查,结合观察分析法和访谈分析法对工作进行全面分析后,修订问卷,在问卷的信度和效度都达到较高水准时,再展开大范围调研。一般问卷既有结构性的问题也有非结构性的问题,要根据具体的情况及工作分析的目的来确定两类问题的比例。问卷调查法的优点是信息便于量化处理,便于进行大规模调查,省时高效。在信息化高度发达的今天,问卷调查可以超越空间的限制,大量节约资金和时间成本。但是问卷调查法对问卷的质量要求较高;与面谈法相比,问卷的灵活性和丰富程度较差,所设计的结构性问题有可能没有涵盖被调查者对工作的认识,被调查者在备选答案中难以抉择;而开放性问题又难以进行分类和统计。此外,由于问卷设计者、工作分析人员和任职者缺乏深入交流,都有可能曲解彼此传递的信息。此外,问卷编制费时、成本较高,这些都在一定程度上影响了问卷调查的效果。

3.访谈分析法

访谈分析法是工作分析常用的方法,通过访谈可以了解工作内容,了解为什么这样做和怎样做,以此获得工作分析的资料。访谈的对象可以是岗位的任职者,也可以是主管或任职者的同级与下级。根据调查对象的数量,访谈分析法的形式包括个体访谈和集体访谈。根据设计访谈问题的类型,个体访谈包括结构化、半结构化和非结构化访谈;根据调查工作信息的程度,个体访谈可以分为一般访谈和深度访谈。群体访谈可以分为一般座谈、团体焦点访谈。访谈的对象一般是做相同工作或相近工作的员工,可以对有代表性的工作承担者进行结构化访谈,对部分工作承担者进行团体焦点访谈,对了解被分析工作的主管人员进行深度访谈。

交互式的访谈为组织提供了良好的沟通机会,有助于组织不同层面的员工对工作有更深入的认识。访谈分析法所收集的信息包括可能从未以书面表达的信息,提供了一个向大家说明工作分析的必要性和作用的机会,但是由于被访者的心理因素或交流双方或几方理解的差异,有可能存在信息失真的情况。因而,访谈分析法对工作分析人员素质要求较高,不仅对工作有一定程度的理解,而且应具备较好的沟通和理解能力。同时,访谈对象的确定也很重要,访谈前,工作分析人员应与主管人员密切合作,找到最了解该工作的员工,尽快与被访谈者建立融洽关系,在简要说明来意后,用浅显的语言提问和交流。为保证把握访谈的方向,建议使用结构化提纲(如方便可录音),在访谈期间和访谈结束后,应及时对访谈内容进行核实。访谈中涉及的问题较多时,为了避免遗漏、保证质量,最好事先拟订一份详细的访谈问卷或访谈提纲。一般来说,记录应采取标准的形式,这样便于记录、归纳与比较。

4. 工作日志法

工作日志法是由任职者或其主管记录全天工作中的每一工作任务及其进行情况,由此了解实际工作的内容、职责、权力、工作关系及工作负荷。可以根据员工的工作职责的工作范畴,先设计出工作时间表,以便员工利用尽可能少的时间在空白处填写相关的信息。工作日志法所获得的工作信息的可靠性较高,所需的费用也较低。但它不适合于工作循环周期较长、工作状态不稳定的岗位,此外整理信息的工作量大,工作较烦琐。

5. 实验法

实验法指在控制条件下操纵某种变量来考查它对其他变量影响的研究方法。采用实验法,可以有目的地控制一定的条件或创设一定的情境,以引起被试的某些心理活动进行研究。实验法主要有两种形式:①实验室实验法,指在实验室内利用一定的设施,控制一定的条件,并借助专门的实验仪器进行研究的一种方法,是探索自变量和因变量之间的关系的一种方法。实验室实验法,便于严格控制各种因素,并通过专门仪器进行测试和记录实验数据,一般具有较高的信度。它通常多用于研究心理过程和某些心理活动的生理机制等方面的问题,但对研究个性心理和其他较复杂的心理现象,这种方法仍有一定的局限性。②自然实验法,即在日常生活等自然条件下,有目的、有计划地创设和控制一定的条件来进行研究的一种方法。自然实验法比较接近人的生活实际,易于实施,又兼有实验法和观察法的优点。实验法科学严谨,但耗时长,费用较高。

6. 参与法

参与法指工作分析者从事所要研究的工作,在工作过程中掌握有关工作要求的第一手资料。这种方法可以了解工作的实际任务以及在体力、环境、社会方面的要求,适用于短期内可以掌握的工作,不适用于需要进行大量训练才能胜任或有危害的工作。

7. 资料分析法

资料分析法指利用原有资料,例如责任制文本等人事文件,以对每一项工作的任务、责任、权力、工作负荷、任职资格等有一个大致的了解,为进一步调查、分析奠定基础。例如,岗位责任制是国内企业特别是大中型企业十分重视的一项制度,但岗位责任制只是规定了工作的责任与任务,没有规定该项工作的其他方面,如工作的社会环境、自然环境、聘用条件、工作流程以及任职条件等。根据企业的具体情况,对岗位责任制添加必要的内容,则可形成一份完备的工作描述与任职说明书。资料分析法有助于降低工作分析的成本,工作效率较高,能够为进一步开展工作分析提供基础资料、信息。但是收集到的信息不够全面,尤其是小企业或管理落后的企业往往无法收集到有效、及时的信息,一般不能单独使用,要与其他工作分析法结合起来使用。

工作分析的方法虽然很多,但每种方法都有它的优势和局限性,应根据工作分析的目的和侧重点,选择适合的方法。同时,运用几种方法的组合来进行分析也是目前大多数工作分析人员愿意采用的。例如:在分析事务性工作时,工作分析人员可能采用问卷分析法,并结合访谈分析法和观察分析法;分析生产性工作时,工作分析人员可能会综合采用工作日志法、访谈分析法来获得工作信息。

3.2.2　工作导向型的工作分析技术

该技术是从工作角度出发,侧重描述完成其组成元素——工作任务所需要的活动、业绩标准以及相关任职条件等,该方法的关注点是准确详尽地描述履行工作任务的前期投入、中期过程和后期产出。

工作导向型的工作技术的主要类型有:

- 职能工作分析法
- 关键事件法
- 工作-任务清单分析法
- 管理及专业职位功能清单法

我们将以职能工作分析法为例,对工作导向型的工作分析技术进行介绍,期望读者对工作导向型的工作分析技术有一定程度的认识。

1.职能工作分析法简介

职能工作分析法(FJA)又可称为功能职务分析法,是一种以工作为中心的分析方法,它是美国培训与职业服务中心的研究成果,以员工所需要发挥的功能与应尽的职责为核心,列出加以收集与分析的信息类别,规定了职务分析的内容。

FJA 依据共同的人与工作关系理论。该理论认为所有工作都涉及工作执行者与数据、人、事三者的关系。通过工作执行者与数据、人、事发生关系时的工作行为,可以反映工作的特征、工作的目的和人员的职能。数据、人、事三个关键性要素,是这样定义的:

(1)数据。数据是指人、事相关的信息、知识、概念,可以通过观察、调查、想象、思考分析获得,具体包括数字、符号、思想、概念、口语等。

(2)人。人是指劳动者的具体操作或者独立意义的动作。

(3)事。事指人控制无生命物质的活动,这些活动的性质可以用物本身的特征反映出来。

2.FJA 系统的分析要素

(1)FJA 的职能等级。作为一种职务分析系统,FJA 的核心是分析工作的职能。它对职能的分析是通过分析工作执行人员在处理工作时对数据、人、事的特征进行的。行为的难度越大,所需的能力越高,也就说明了工作职能等级越高。表3-1是 FJA 的职能等级表,每项职能描述了一种广泛的行为,概括了数据(信息)、人、事发生时工作人员在做的工作。

表 3－1　FJA 职能等级表

信息		人		事	
号码	描述	号码	描述	号码	描述
0	综合	0	教导	0	装配
1	协调	1	谈判	1	精确操作
2	分析	2	指导	2	操作控制
3	编辑	3	监督	3	驾驶操作
4	计算	4	使高兴	4	操纵
5	复制	5	劝说	5	照看
6	比较	6	发出口头信号	6	送进—移出
		7	服务	7	驾驶
		8	接受指导帮助		

（2）职业域。职业域是对该领域各职业共同的工作任务、方法、程序等的总结,说明该领域内职业的共同特征。研究职业域对职务分析很必要,这可以把职务分析放在一个广泛的框架内,以便了解职务的基础特征。

（3）句法分析技术。在 FJA 中,这是一种用文字精确描述职务的方法。多用一个句子来提供有关职务内容的信息,即一个工作人员做什么（使用一个动词和一个直接宾语）,他为什么要做这项工作或他已经做了什么,以及最终结果是什么。

（4）人员指导尺度。人员指导将工作任务分为两类:一类是指定的,一类是自由决定的。对指定的任务,工作人员无法选择要干什么、如何干,这类任务一般是例行的、程序化的,可自由计划、决策。这类任务的尺度得分越高,说明工作的自由度越高。一般而言,管理层人员的工作自由度高、不确定性强,而执行操作层人员的任务一般是例行的、确定的。

（5）人员特性（定向）。FJA 列出了执行工作人员所需的几种特性,分别是接受过培训的时间（包括普通教育时间和专业技术培训时间）、性格、气质、兴趣、体能需要等。每项因素又细分为几个元素,每个元素均有定义和相应的等级。

3.FJA 的结果表达

FJA 作为一个职务分析系统,从职能等级、职业域、句法分析技术、人员指导尺度和人员特征五个方面定量和定性的说明,可以了解一项工作的职能层次、任职人员的特点、工作任务的内容和类型等。这些工作信息通过汇总、加工,以一定形式把结果表达出来,这种表达一般采用表格的形式,也有文字说明。

表 3－2　FJA 工作分析结果表

1.所分析工作的名称:面粉搅拌工
2.所处行业:烘烤制品业
3.标准产业分类代码及名称:2051 面包及其他烘烤制品
4.工作简述:根据操作程序的要求,操纵搅拌机将各种成分搅拌成现成的、松软的（含酵母）生面团

3.2.3 人员导向型的工作分析技术

人员导向型的工作分析技术是从任职者的行为角度描述工作,侧重于任职者在履行工作职责时所需要的知识、技术、能力以及其他行为特征。人员导向型的工作分析的主要类型有:

- 工作元素分析法;
- 职位分析问卷法;
- 管理职位分析问卷法;
- 工作诊断调查法;
- 能力需求量表法;
- 基础特质分析系统;
- 工作成分清单;
- 职位分析清单法。

我们将以职位分析问卷法为例,对人员导向型的工作分析技术进行介绍,期望读者对人员导向型的工作分析技术有一定程度的认识。

1.职位分析问卷法简介

职位分析问卷(position analysis questionnaire,PAQ)是一种结构严密的工作分析问卷,于1972年由美国普渡大学的麦考密克提出的一种适用性很强的数量化工作分析方法。PAQ包括194个项目,其中187项被用来分析完成工作过程中员工活动的特征(工作元素),另外7项涉及薪酬问题。虽然PAQ格式已定,但仍然用来分析许多不同类型的工作。需要由熟悉待分析的工作分析员填写,所有的项目被划分为六个类别,PQA给出每一项目的定义和相应的登记代码(见表3-3)。

表 3-3 PQA 各维度及其说明

类别	内容	例子	工作元素数目
信息输入	员工在工作中从何处得到信息,如何得到	如何获得文字和视觉信息	35
思考过程	在工作中如何推理、决策、规划,信息如何处理	解决问题的推理难度	14
工作产出	工作需要哪些体力活动,需要哪些工具与仪器设备	使用键盘式仪器、装配线	49
人际关系	工作中与哪些有关人员有关系	指导他人或与公众、顾客接触	49
工作环境	工作中自然环境与社会环境是什么	是否在高温环境或与内部其他人员冲突的环境下工作	19
其他特征	与工作相关的其他的活动、条件或特征是什么	工作时间安排、报酬方法、职务要求	41

2.职位分析问卷的使用步骤

(1)确定所需问项。对某一项工作进行分析时,工作分析人员要确定每一个问项是否适用于待分析的工作。

(2)对有效问项进行评价。根据五个维度对有效问项加以评价。这五个维度是：

- 信息使用度——工人使用该项目的程度
- 耗费时间——做事情所需要花费的时间比例
- 对工作的重要性——问题所细分出来的活动对于执行工作的重要性
- 发生的可能性——工作中身体遭受伤害的可能性程度
- 适用性——某个项目是否可应用于该工作

PAQ采用专用代码(特殊计分)进行评价。专用代码是用于PAQ中特别项目的专用级别量表。而且,每个等级量表都包括六个级别。例如,"工作重要性"的量表见表3-4。

表3-4　工作重要性代码

NA＝不使用
(1)＝很小
(2)＝低
(3)＝平均
(4)＝高
(5)＝非常高

(3)形成报告。把对有效项的评价结果输出到计算机中会产生一份报告,说明某项工作在各个维度上的得分情况。

表3-5　职位分析问卷示例①

使用程度：　NA:不曾使用　1:极少　2:少　3:中等　4:重要　5:不重要
资料投入
工作资料来源(请根据任职者使用的程度,审核下列项目中各种来源的资料)
工作资料的可见来源
1.　4　书面资料(书籍、报告、文章、说明书等)
2.　2　计量性资料(与数量有关的资料,如图表、报告、清单等)
3.　1　图画性资料(如图形、设计图、X线片、地图、描图等)
4.　1　模型及相关器具(如模板、钢板、模型等)
5.　2　可见陈列物(计量表、速度计、钟表、划线工具等)
6.　5　测量器具(尺、天平、温度计、量杯等)
7.　4　机械器具(工具、机械、设备等)
8.　3　使用中的物料(工作中、修理中和使用中的零件、材料和物体等)
9.　4　尚未使用的物料(未经处理的零件、材料和物体等)
10.　3　大自然的特色(风景、田野、地质样品、植物等)
11.　2　人为环境特色(建筑物、水库、公路等,经过观察或检查已成为工作资料的来源)

①资料来源:DESSKER G, Human Resource Management[M]. Prentice-Hall International,Inc. 1997:94.

3.PAQ 的优缺点

(1)PAQ 的主要优点。

①同时考虑了员工与工作两个变量因素,并将各种工作所需的基础技能与基础行为以标准化的方式罗列出来,从而为人事调查、薪酬标准制定提供了依据。

②大多数工作皆可由五个基本维度加以描绘,因此 PAQ 可将工作分为不同的等级。

③由于 PAQ 可得出每一(或每一类)工作的技能数值与等级,因此它还可以用来进行工作评估及人员甄选。

④PAQ 法不需要修改就可用于不同的组织、不同的工作,使得比较各组织间的工作更加容易,也使得工作分析更加准确与合理。

(2)PAQ 的主要缺点。

①需要时间成本很高,也非常烦琐。

②问卷的填写人要求是受过专业训练的工作分析人员,而不是任职者或上级。

③它的通用化或标准化的格式导致了工作特征的抽象化,所以不能描述。

④实际工作中特定的、具体的任务活动。

⑤对于工作描述与工作再设计,PAQ 不是理想的工具。

3.3 工作分析的实施

作为对工作的一个全面评价过程,工作分析过程可以分为六个步骤,如图3-1所示。

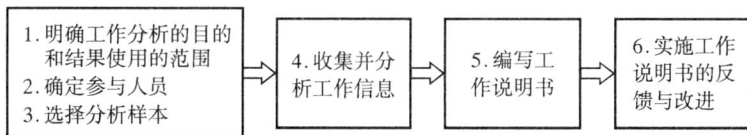

图3-1 工作分析过程图

3.3.1 工作分析实施的过程

1.准备工作

准备阶段分为三个步骤:

(1)明确工作分析的目的和结果使用的范围。工作分析的目的与结果使用的范围决定了需要收集信息的类别和获取信息的方法。例如:编写工作说明书,为空缺岗位甄选雇员,可采用与员工面谈的方式收集与工作有关的信息,而要对企业的各种工作进行量化排序、确定报酬,则可采用职位分析问卷法。

(2)确定参与人员。参加工作分析的人通常有:人力资源专家——包括人力资源管理者、工作分析专家或咨询人员等,工作的实际承担者以及直接主管者。有时,其他人也可作为工作信息的重要来源,如同部门其他岗位的员工、与本部门有工作联系的其他部门的人员等。对服务性的工作岗位来说,顾客也是一个重要的工作信息来源。

(3)选择分析样本。当需要分析的工作较多,而它们当中有些工作有较大相似性时,如流水线上同一工序工人所做的工作,为节约成本,提高效率,不必对每个工作都进行分析,而应该选择有代表性的工作进行分析。

2. 信息的收集

采用各种工作分析方法收集前述有关工作的信息,包括收集工作的背景资料和收集工作的相关信息两项工作。

(1)收集工作的背景资料。对工作分析有参考价值的背景材料主要包括国家的职业分类标准或国际职业分类标准,组织中的有关资料(包括组织结构图、岗位配置图、工作流程图、部门职能说明书等),现有的工作说明书或有关职位描述的资料。有效利用这些背景资料,不仅有助于工作分析人员很快地对企业现状进行了解,更重要的是它能在很大程度上降低工作信息收集的难度和工作量。

(2)收集工作的相关信息。要做好工作分析,就必须了解工作分析所要收集的信息的内容和来源。

①工作分析所要收集的信息的内容。国外人事心理学从管理角度提出了著名的工作分析公式,把工作分析所要回答的问题归纳为 6W1H,即做什么(what)、为什么(why)、用谁(who)、何时(when)、在哪里(where)、为谁(for whom)以及如何做(how)。6W1H 基本上概括了工作分析所要收集的信息的内容。

A. 做什么。"做什么"是指任职者所从事的工作活动,主要包括:任职者所要完成的工作活动是什么,任职者的这些活动会产生什么样的结果或产品,任职者的工作结果要达成什么样的标准。

B. 为什么。"为什么"表示任职者的工作目的,也就是这项工作在整个组织中的作用。其主要包括:做这项工作的目的是什么,这项工作与组织中的其他工作有什么联系,对其他工作有什么影响。

C. 用谁。"用谁"是指对从事某项工作的人的要求,主要包括:从事这项工作的人应该具备什么样的身体素质,从事这项工作的人必须具备哪些知识和技能,从事这项工作的人至少应接受过哪些教育和培训,从事这项工作的人至少应具备什么样的经验,从事这项工作的人在个性特征上应具备哪些特点,从事这项功能工作的人在其他方面应具备什么样的条件。

D. 何时。"何时"表示在什么时间从事各项工作活动,主要包括:哪些工作活动是有固定时间的,在什么时候做,哪些工作活动是每天必做的,哪些工作活动是每周必做的,哪些工作活动是每月必做的。

E. 在哪里。"在哪里"表示从事工作活动的环境,主要包括:工作的自然环境,包括地点(室内和室外)、温度、光线、噪音、安全条件等;工作的社会环境,包括工作所处的文化环境(例如跨文化的环境)、工作群体中的人数、完成工作所要求的人际交往的数量和程度、环境的稳定性等。

F. 为谁。"为谁"是指在工作中与哪些人发生关系,发生什么样的关系。其主要包括:工作要向谁请示和汇报,向谁提供信息或工作结果,可以指挥和监控何人。

G. 如何做。"如何做"是指任职者怎样从事工作活动以获得预期的结果,主要包括:从事工作活动的一般程序是怎样的,工作中要使用哪些工具,操纵什么机器设备,工作中所涉及的文件或记录有哪些,工作中应重点控制的环节是哪些。

②工作分析所要收集的信息的来源。工作分析所要收集的信息可以来自以下几个途径：

A. 现有可查资料。一些组织里都有关于现任职位的资料记录以及其他相关资料,比如组织结构图、以前的工作说明书与职位规范、供招聘用的广告与宣传手册以及各种规章制度等。这些资料对工作分析非常有用,有助于发现问题。另外,类似于工作分析汇编和职业职位辞典等工具书,也会对工作分析有所帮助。

B. 任职者提供的信息。只有任职者最清楚自己的工作,如果任职者能客观真实地描述工作的实际情况,这将是很有价值的信息。从任职者处获得信息主要有两种方式:一种是工作分析人员通过访谈,要求任职者自己描述所做的主要工作以及是如何完成的。这种访谈对现任职位的分析是很重要的一环,然而,很难保证所有工作方面都能在访谈中设计,而且任职者本人所提供的信息难免会有失客观或者是弄虚作假。另一种方式是通过任职者所做的工作日志和记录、填写的工作分析问卷调查等,得到比较详细的工作信息。由于工作日志和记录是在工作中完成的,所以可以避免主观性和由于记忆而造成的失误。

C. 同事提供的信息。除了直接从任职者那里获得有关的资料以外,也可以从任职者的上级、下属等处获得资料。同事提供的信息有助于提供一个对比,也有助于弥补仅从任职者那里获得资料的不足与偏颇。对于结构性分析问卷,例如职位分析问卷,还可检查上级的评价结果是否是有效的。

D. 工作分析人员提供的信息。工作分析人员通过对任职者进行现场观察获得有关信息。尽管工作分析人员出现在任职者的工作现场,对任职者会造成一定的影响(霍桑效应),但只要注意方式与方法仍然可以得到一些其他途径所不能提供的信息。

E. 客户提供的信息。客户包括供应方、用户及顾客等。他们处于组织的外部,一般能站在一个比较客观的角度来看问题,他们的意见及提出的好的建议,对于工作分析同样具有参考价值。随着现代化科技的发展,信息的来源更加多样化,但作为工作分析人员,要注意寻求最为可靠的信息来源渠道,以避免信息失真,确保工作分析的有信度和有效度。

3. 信息的分析

工作分析的信息分析阶段主要的任务就是对收集来的与工作分析相关的信息进行统计、分析、研究、归类。目的是获得各种规范化的信息,并最终形成格式统一的工作说明书。在分析阶段除了利用所收集到的第一手资料,还可以参照组织以前的工作分析资料和同行业相同工作及其他组织的相关工作分析资料,以提高信息分析的可靠性。这一阶段主要包括整理资料、审查信息和分析信息三个环节。

(1)整理资料。将收集到的信息按照工作说明书的各项要求进行归类整理,检查是否有遗漏的项目,如果有的话要返回到上一个步骤,继续进行调查收集。

(2)审查信息。要对经过归类整理的信息的准确性进行审查,如有疑问,就需要找相关的人员进行核实,或者返回到上一个步骤,重新进行调查。审查信息工作完成后,工作分析小组要将经审查后确定的信息送到领导人或委托人进行审查确认。

工作分析提供了与工作的性质和功能相关的信息,这些信息必须与从事这些工作的人员以及他们的直接主管进行核对才能避免出现偏差。核对工作既有助于确定工作分析所获信息是否正确、完整,也有助于确定这些信息能否被所有与工作分析相关的人员所理解。同时,由于所收集的工作信息是反映工作承担者的工作活动的,所以这一审查步骤实际上还为这些工作承担者提供一个审查和修改工作描述的机会,这有助于赢得大家对所收集到的工作分析信息的认可。

(3)分析信息。在确认了所收集的信息没有遗漏和错误后,就可以对这些信息进行分析了。要创造性地分析和发现有关工作及工作人员的关键问题,归纳、总结出工作分析必需的材料和要素。一般来说,对工作信息进行分析通常包括以下内容:

①工作名称分析。工作名称分析需要恰当地反映其在组织中的位置与功能特征,并符合通常的习惯,使人们通过工作名称就可以了解工作的性质和内容。命名应准确,不易发生歧义。

②工作描述分析。工作描述分析的目的是为了全面地认识工作,包括工作任务分析、工作权责分析、工作关系分析和劳动强度分析。

A.工作任务分析。工作任务分析是对工作任务、工作内容、独立性与多样性程度、工作的程序和方法、设备与材料的运用进行分析。

B.工作权责分析。工作权责分析是以定量的方式确定每项任务的责任与权限。例如,财务审批的金额、准假的天数,等等。

C.工作关系分析。工作关系分析是对工作的制约与被制约关系、协作关系、升迁与调换关系等进行分析。明确某个职位会与哪些工作发生关联关系,会对哪些工作产生影响,受到哪些工作的制约,与谁发生协作关系,可以在哪些职位范围内进行升迁和调换。

D.劳动强度分析。劳动强度分析是对劳动强度指数、标准工作量、工作压力进行的研究与界定。如确定工作的标准活动量,规定劳动定额、绩效标准、工作循环周期等。

③工作环境分析。工作环境分析的目的是确认工作的条件和环境。工作环境分析包括工作的物理环境分析、工作安全环境分析和工作的社会环境分析。

A.工作的物理环境分析。工作的物理环境分析包括对工作环境的温度、湿度、照明度、噪音、震动、异味、粉尘、污秽、气压、辐射等,以及任职者与这些环境因素接触的时间等进行的分析。

B.工作安全环境分析。工作安全环境分析包括对工作环境的危险性、危害性、危害程度、发生频率、职业病、工业卫生等安全因素进行分析。

C.工作的社会环境分析。工作的社会环境分析是对工作所在地的生活方便程度、环境的变化程度、工作的孤独程度、工作的单调程度、人际交往等社会因素进行的分析。

④任职资格分析。任职资格分析的目的是确认工作执行人员的基础任职资格条件。主要包括:

A.必备知识分析。必备的知识分析是指工作执行人员所具备的基本知识技能,具体包括:最低学历要求,对有关政策、法令、工作准则及规定的通晓程度,对设备、材料性能、安全技术、工艺过程和操作方法、工具的选择等有关知识的最低要求。

B.必备经验分析。必备经验分析是指工作执行人员的基本的经验要求,主要包括:相关工作经历要求,专门训练和专业证书要求,有关工艺规程、操作规程、工作完成方法等实际经验。

C.必备能力分析。必备能力分析是指工作执行人员根据必备知识分析和必备经验分析内容确定的注意力、决策力、创造力、判断力、组织力、记忆力、智力、适应性等。

D.必备心理素质分析。必备心理素质分析是指工作执行人员的职业性向、运动心理能力、气质性向等,也就是工作中应具备的耐心、细心、沉着、诚实、主动性、责任感、支配性、情绪稳定性等方面的特点。

E.必备身体素质分析。必备身体素质分析是指工作执行人员在工作中应具备的行走、跑步、攀登、站立、平衡、旋转、弯腰、举重、推拉、握力、耐力、手指与手臂的灵巧性、手眼协调性、感觉辨别力等。

3.3.2 工作分析的结果及其应用

1.工作分析的结果

到此已经进入了工作分析过程的完成阶段。工作分析的直接结果,就是产生工作描述、任职资格,最后形成职务说明书。工作描述主要是涉及工作执行者实际在做什么、如何做以及在什么条件下做的一种书面文件。而任职资格说明是指工作执行人员为了圆满完成工作所必备的知识、能力和技术。本节将详细讨论工作描述、任职资格等人事资料的内容、格式以及编写职务说明书的注意事项。

(1)工作描述。

①工作描述的含义。工作描述是对工作本身的内涵和外延加以规范的描述性文件。对工作行为研究的最终结果常常表现为有关工作流程与行为的工作描述。当分析的重点是任务的时候,工作分析的结果常常是工作任务描述。

②工作描述的组成内容。工作描述的基本内容包括工作识别、工作概要、工作关系、工作职责(工作任务)、工作权限、工作绩效标准、工作条件与工作环境。这些内容通常被分为两部分:一部分为核心内容,另一部分是选择性内容。核心内容包括工作识别、工作概要、工作关系、工作职责。选择性的内容包括工作权限、工作绩效标准、工作条件与工作环境。

A.工作识别,又称工作标识、工作认定,包括工作名称和工作身份两方面。

工作名称是指一组在重要职责上相同的职位总称。好的工作名称往往很接近工作内容,并能把一项工作与其他工作区分开(比如,销售经理、库存控制员等)。

工作身份,又称工作地位。它包括所属部门、直接上级职位、工作等级、工资水平、所辖人数、定员人数、工作地点、工作时间等。

了解这些资料的目的,是把这项工作与那些与之相似的工作区别开,同时应列出职位分析人员姓名、人数和职位分析结果的批准栏目。

B.工作编号,又称岗位编号、工作代码。一般按工作评估与分析的结果对工作进行编码。目的在于快速查找所有的工作。组织中的每一种工作都应当有一个代码,这些代码代表了工作的一些重要特征,比如工资等级等。

C.工作概要,又称职务摘要,指用简练的语言文字阐述工作的总体特征、中心任务和要达到的工作目标。比如,对于物料经理的工作来说,其工作概要为:"物料经理负责生产线上所有材料的经济性购买、规范性运输以及存储和分配。"再如,人力资源部经理的工作概要为:"制定、执行与人事活动相关的各方面的政策与措施。"

D.工作关系。工作关系描述又称为工作联系描述,指任职者与组织内外其他人之间的关系。它包括:该项工作受谁监督,此工作监督谁,此工作可晋升的职位、可转换的职位以及可迁移至此的职位,与哪些部门的职位发生联系等。

E. 工作职责,又称工作任务,是工作描述的主题。为使信息最大化,工作职责应该在时间和重要性方面实行优化,指出每项职责的分量或价值。

工作职责主要包括:

· 工作活动内容。工作活动内容逐项说明工作活动内容与工作时间的百分比,按重要性大小的顺序逐项列出工作任务,并说明各活动内容的执行依据。

· 工作权限。工作权限界定工作人员在工作活动内容上的权限范围。它包括决策的权限,对他人实施监督的权限,以及经费预算的权限等。

· 工作结果。工作结果又称工作的绩效标准,说明工作人员的工作结果,应尽可能定量。

F. 工作条件与工作环境。工作条件主要涉及两项,一是任职者主要应用的设备名称,二是指任职者运用信息资料的形式。工作环境更多的是指工作所处的自然环境。具体来说包括以下几点:

· 工作场所
· 工作环境的危险性
· 职业病
· 工作的时间
· 工作的均衡性
· 工作环境的舒适程度

③工作描述编写范例。

A. 某集团总部财务副总裁工作描述(见表3-6)。

表3-6 某集团总部财务副总裁工作描述

职位名称:财务副总裁		所在部门:集团总部
职位编码:XZ-001		编制日期:2018年4月16日
职位概要:负责集团财务方面的事务,为集团的正常运转提供有力的保障		
主要关系		
关系性质	关系对象	
直接上级	总裁	
直接下级	财务部经理、法律事务部经理	
内部沟通	集团总部其他副总裁	
外部沟通	企业主管单位的财务部门,物价局、银行、国资局、税务局、财政厅、经贸委等单位、关联企业的财务部门	
职位职责		
1.制度规范		
1.1 主持制定集团公司的所有财务管理制度,提交总裁		
1.2 审定财务实施细则,呈报总裁		
1.3 审定财务表格的标准格式,呈报总裁		

1.4 主持编制集团公司的内部法律事务管理制度,提出意见,提交总裁
1.5 审定合同的标准范围,呈报总裁
2.财务规划
2.1 依据公司中长期规划,提供未来3~5年的财务规划(增股、配股、拆股)等,提交总裁
2.2 拟订集团公司的经营计划和财务预算方针大纲,具体落实集团财务规划,并提交总裁
2.3 组织建立健全集团公司财务规划监控体系
2.4 提供集团公司资金运作建议,提交总裁
3.经营计划管理
3.1 依据公司发展战略和董事会确定的目标,审定经营计划指标,呈报总裁
3.2 主持编制集团年度经营计划,提供指导支持
3.3 审查集团公司年度经营计划,提出意见,提交总裁
3.4 审查集团公司的经营计划调整方案,提出意见,提交总裁
3.5 依据经营计划执行的信息,做出定夺和决策,提交总裁
3.6 主持对集团各下属机构经营计划的复核事宜,提出复核意见,提交总裁
4.财务预决算管理
4.1 审定集团公司预算方针的具体内容,呈报总裁
4.2 主持编制集团年度财务预算,提供指导和支持
4.3 审查集团公司年度财务预算,提出意见,提交总裁
4.4 审查财务预算调整方案,提出意见,提交总裁
4.5 监督指导财务决算事宜
5.资金管理
5.1 组织拟订公司总部和各下属机构的年度资金计划,提交总裁
5.2 审定下属机构月度资金收支计划和追加资金计划,呈报总裁
5.3 审查资金调拨方案,提出意见,提交总裁
6.信贷管理
6.1 制定集团公司金融规划,提交总裁
6.2 审批各下属机构贷款、抵押担保的申请报告,提出意见,呈报总裁
7.财务核算和分析
7.1 主持编制集团公司财务报表和分析报告,提交总裁
7.2 主持公司重大经营活动(投资、资产重组等活动)的可行性研究(财务和法律上),提出意见和建议,提交总裁
8.管理支持工作
8.1 制定和实施财务系统和法律系统的工作目标和计划,提交总裁
8.2 指导、分派、激励、考核下属部门的工作

9. 其他工作
9.1 沟通政府财务关系
9.2 总裁交办的其他工作
基本职责绩效指标(KPI)
制度完备,切合实际
预决算管理符合国家规定,没有纰漏
在资金上保证了企业的正常运转
为企业经营决策提供了帮助
财务工作没有发生重大问题
下属部门的业绩
实行定时工作制
工作地点:集团总部办公室

B. 某技术质量管理科科长工作描述(见表 3-7)。

表 3-7 某技术质量管理科科长工作描述

职务编号:

职务名称:技术质量管理科科长	所属部门:总装部
职级:	直接上级:总装部经理
制作/日期:	批准/日期:

一、工作概要

负责整车装配工艺设计、生产技术准备与实施及部门技术管理;负责部门质量控制与 TQM 活动的开展;负责部门 ISO9000 运行与提案管理;负责部门培训计划的制订与实施;负责调试班、维修班、质检班的管理。

二、组织中的位置

```
┌─────────────────────┐
│     总装部经理       │
└─────────────────────┘
          ↓
┌─────────────────────┐
│ 技术质量管理科科长   │
└─────────────────────┘
          ↓
┌─────────────────────┐
│   整车装配工程师     │
└─────────────────────┘
```

三、工作职责描述

1. 工艺技术管理

(1)根据新产品开发计划和生产计划,制订新产品技术准备计划,并组织实施

(2)负责编制年度设备、工装、器具、工具申购计划并报批

(3)负责电镀技改、技措计划的编制和实施

(4)参与设备的安装、调试与验收

(5)负责整车装配及包装工作的设计编写,并组织实施和监督检查

(6)负责装配工装、工具的设计、改进、选购及验收

(7)负责整车包装箱设计、鉴定

(8)负责生产技术文件资料管理

(9)负责班组作业指导书的编写指导、审核

(10)负责组织设计变更按计划实施

2.质量管理

(1)负责部门装配过程的质量控制制度的制定,并组织实施、监督检查

(2)负责部门包装过程的质量控制制度的制定,并组织实施、监督检查

(3)负责部门整车调试、修理、检验过程的质量控制制度的制定,并组织实施、监督检查

(4)负责修订与完善ISO9000体系文件,并对其运行情况进行监督检查,保证其有效性

(5)负责现场质量问题的处理与反馈

(6)负责对相关部门和现场发现的本部门过程控制的质量问题进行整改

(7)负责部门提案改善管理制度的制定,并组织提案实施

(8)负责部门TQM活动的推进和QC活动的组织开展

(9)负责制定部门培训制度,并组织实施

(10)组织编写员工岗位培训教材

3.班组管理

负责调试班、修理班、质检班的管理

4.完成上级交办的其他工作任务

工作环境因素

工作地点:室内

主要绩效考核范围

1.部门有关技术、质量指标的完成情况

2.编制、审核工艺规程和工装图纸的质量

3.编写、审核质量统计报告的质量

4.部门质量目标和质量改进计划的完成情况

5.部门技术管理和培训情况

6.部门QC工作的开展情况和QC任务的完成情况

7.完成上级交办工作的效率

晋升与职务轮换可能性

晋升

具有丰富经验与管理能力的人,可晋升到本部门经理职位,也可晋升到其他生产部门或技术部门经理职位

职位轮换

可专任生产、技术或其他部门的科长,但需要进行必要的培训

　　C.某工厂"划线工"的工作描述(见表3－8)。

表 3-8　某工厂"划线工"的工作描述

工作分类编号:T-J-002		工作名称:划线工		职工人数:5

制表人、填写人:××工厂	（签字盖章）	年　月　日
审核人:	（签字盖章）	年　月　日

工作任务

主要工作:1 个机车机械部零部件检修划线;任务指标:日综合定额为 30 对/台

次要工作:准备工具、清扫、检验

工作时间(共 8 小时)	工作种类
正常日班:____至____	单独作业_____人_____小时
早班:____至____	协同作业_____人_____小时
中班:____至____	连续作业_____人_____小时
晚班:____至____	间断作业_____人_____小时
夜班:____至____	

工作行为	工作地(占作业时间的百分比)	
坐约占____%	室内占____%	平地占____%
立约占____%	野外占____%	高空占____%
走动约占____%	车内占____%	其他____%
蹲、弯腰约占____%	固定占____%	
其他约占____%	流动占____%	

程序、方法分析摘要

作业活动	操作要点	机械设备	时间比率
1.擦拭平台准备工具	a.平台要清洁 b.检查划线工具是否准确		4.2%
2.等待配件			5.6%
3.将配件吊放在配件架上	a.吊件注意安全 b.配件按规定位置放在配件架上	天车	6.9%
4.配件划线测量	a.按操作规程进行,不得简化 b.认真测算数字	划线平台	50%
5.将测试结果填入划线记录簿	a.填写内容完整 b.字迹清楚 c.操作者签字	天车	4.2%
6.等待检查			8.3%
7.整理放置划线工具	a.擦拭清洁 b.紧密量具单独存放		2.8%
8.把检查后的配件送出	a.按流入工序及检查员确定的流程分别送出 b.轻装轻吊防止损坏配件	天车	13.8%
9.清扫工地	a.拣出废料 b.垃圾倒入指定位置		4.2%

　　(2)任职资格。

　　①任职资格的含义。任职资格,是指与工作绩效高度相关的一系列人员特征。任职资

格是对任职者或应聘者应该具有的个人特质的要求。

②任职资格的内容。工作分析中的任职资格,又叫作工作规范。一般性的人员任职资格,包括"显性"任职资格和"隐形"任职资格。

A."显性"任职资格在任职资格体系中是指完成工作所要具备的知识要求。通常用教育程度、工作经验、工作技能和培训要求四个部分来代替知识要求。

· 教育程度。度量教育程度有两种方法:一种是完成正规教育的年限与专业来加以界定;一种是以任职者实际所达到的教育水平与职业培训来进行确定。

· 工作经验。对工作经验的度量可以使用社会工作经验、组织内部任职时间与组织内部职业生涯两个尺度。

· 工作技能。工作技能是指对于工作相关的工具、技术和方法的运用。

· 培训要求。在工作说明书中培训要求存在着两种不同的思路和出发点。一种是以职位评价与薪酬为导向的培训要求界定的。这种培训需求主要指从新手到熟练的任职者之间的岗前培训时间和工作熟悉程度,一般而言,这段时间越长,说明职位的要求和胜任难度越大,那么职位的报酬水平也就越高。另一种是以人力资源开发为导向的培训要求界定的。这种培训要求主要指作为该职位的一般任职者的培训要求,即每年需要多长时间的工作培训,培训的内容与培训的方式如何。

B."隐形"任职资格是指完成工作所具备的能力素质要求,目前任职资格体系中被广泛引用的模型主要有 HAY 的"冰山模型"和美国 DOT(美国职业名称大词典)系统中的"GATB(一般能力倾向)模型"两种。在这里我们着重介绍一下"冰山模型"。

我们引用"冰山"来说明能力素质(competency)的特点,能力素质这座"冰山"是由"知识、技能"等水面以上的"应知、应会"部分和水面以下的"态度、个性、内驱力"等情感智力部分构成的。知识、技能等明显、突出并且容易衡量,但真正决定一个人的成功机会的,是隐藏在水面以下的因素,难以捕捉,不容易测量,但对工作有更为重要的影响。

"冰山模型"中的能力要素包括:主动性、领导能力、指导他人、人才培养、建立政治联盟、企业家精神、建立关系、演绎思维、归纳思维、战略思维、发现机会、信息搜寻、人际理解、组织意识、成就动机、权力动机、对秩序与质量的关注、客户服务精神(见图 3-2)。

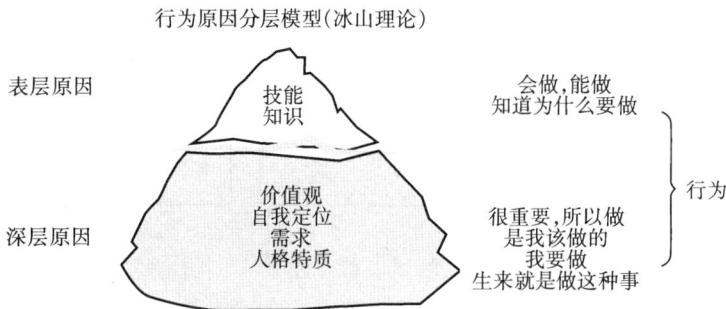

行为原因分层模型(冰山理论)

就像冰山一样,导致行为的原因有多个层次。通常容易被大家注意到的只是露出海面的部分,也就是表层的原因。那些涉及个人深层特点的原因往往容易被忽略。

图 3-2 冰山模型

③任职资格编写示范。岗位任职资格编写示范见表3-9。

表3-9 某岗位任职资格

内容	必备条件	期望条件
教育水平	1.大学本科毕业(含同等学力),具备财务、经营计划相关专业知识 2.熟悉财务会计和经济法律政策法规 3.了解行业管理一般特点及相关业务知识	1.硕士毕业 2.具备中等的英语阅读水平,翻译水平
工作经验	具有8年以上工作经验,其中管理工作5年以上	熟悉公司规章制度、业务流程
特殊技能和能力	核心能力:外部沟通、分析判断、内部协调、发现问题 基本能力:领导、计划、信息管理	创新能力、良好的决断能力
个性品质	沉稳、具有较强的开拓精神、承受心理压力、责任心强、忠诚、协作精神、服务意识	对细节小差错的敏锐洞察力,前卫的管理理念,巧妙的工作艺术和工作技巧
体格要求	身体健康	较强的生理心理承受能力

(3)工作说明书。工作说明书是进行工作分析的结果表述,为人力资源管理其他职能提供管理的依据。

①工作说明书的内容。工作说明书的内容要依据工作分析的目标加以调整,内容可繁可简。工作说明书可以用叙述形式表示也可以用表格形式。图3-3显示了工作说明书应该包括的一般内容。可以看出,工作说明书其实就是对工作描述与任职资格的总结归纳的成果。

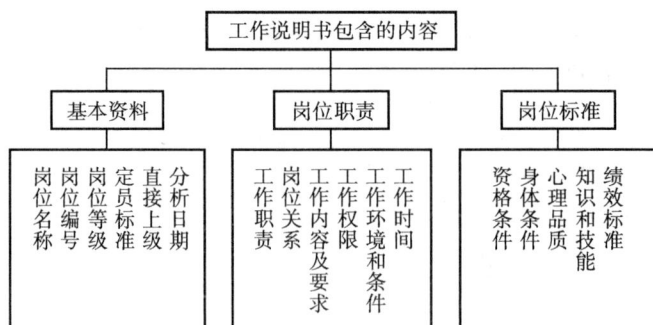

图3-3 工作说明书的内容

②工作说明书编写示范。

A.主管公司战略和财务的副总经理工作说明书(见表3-10)。

表 3 - 10　主管公司战略和财务的副总经理工作说明书

一、职位名称

主管公司战略和财务的副总经理。

二、职务概念

该副总经理为总经理和各部门经理人员在重大战略和经营问题上的主要顾问,并管理公司发展战略和财务事宜。

三、职责

1.公司战略:该副总经理将在协调制定公司价值最大化总体战略方面发挥主导作用。

(1)确保制订适当计划,通过公司目前各项业务为其创造最大价值。

①不断评估各项计划的价值创造潜力。

②通过下述工作确保各项计划侧重主要问题:a.审核绩效变化的基本设想和理由;b.提供价值创造机会的外部参照系数(例如,对其他所有者的业务价值)。

(2)在重大提议上就总经理和部门主管的意见提供专家看法。

(3)制定财务标准以及目标完成情况的监督制度。

(4)协助制定为股东创造额外价值的公司扩展战略。

(5)首先在目前业务密切相关的业务上发现市场机会。

(6)评估公司利用机会的能力与资产,就弥补欠缺的能力开发方案提出建议。

(7)就具体提案进行业务和财务评估。

(8)规划并实施贯彻公司战略的重大交易。

2.财务战略:该副总经理有责任制定、建议并实施公司财务总战略,以支持公司执行其经营战略,实现股东价值最大化。

(1)制定关于价值创造资本结构和提出红利政策建议。

(2)设计向投资者和金融界转向公司计划要点和绩效的战略。

(3)谈判并实施所有重大财务交易,包括借贷、股票发行和股权重构。

3.预算和管理控制:该副总经理将制定并实行有关程序,确保公司总经理掌握正确信息。

(1)确定目标,做出决策,检测绩效。

(2)协调编制短期业务预算。

(3)确定每一业务单位的主要绩效尺度。

(4)确保每一业务单位有充分的管理控制权。

(5)与总经理和部门主管一道评估业务单位绩效。

4.财务管理:该副总经理将确保有效管理公司的各项财务。

(1)确保履行各项外部申报和规定义务。

(2)建立管理制度,保证公司资产。

(3)确保先进和出纳管理的完整和效率。

(4)履行各项报税和纳税义务。

(5)发现机会,减轻公司税务负担。

(6)与公司的银行保持紧密的正常关系。

(7)管理公司的养老金基金。

(8)管理公司的风险管理方案。

四、绩效标准

1.一年之内：

(1)制定明确的公司战略，并完成初步实施阶段的工作。

(2)制定明确的财务战略，并开始执行。

(3)部门主管和骨干经理在制订其计划和评估有关提案时，从为股东创造价值的角度考虑问题。

(4)财务管理能得以顺利执行。

(5)证券分析家了解公司战略，并将它看作实力雄厚的经营公司，而不是破产对象。

2.三年之内：

(1)公司将为股东提供丰厚收益。

(2)公司展开若干价值创造扩张行动(很可能通过内部投资)。

(3)证券分析家将公司视为行业中名列前茅的"价值管理者"。

五、主要资源

1.该副总经理的工作人员包括财务部、计划部和税务部人员。此外，各业务单位的财务人员在某种程度上对其负责。

2.该副总经理在人事问题上有广泛的斟酌决定权。

六、主要的组织关系

1.该副总经理的综合职能要求他与公司的其他所有骨干管理人员建立密切的工作关系：

(1)总经理：该副总经理将在所有重大问题上向总经理提供和分析结果。他将执行总经理的财务政策决定。

(2)业务单位主管：该副总经理将与业务单位主管合作，确保计划、报告和管理制度的顺利运转，解决公司与业务单位之间不同优先考虑的矛盾。该副总经理还应该在与财务有关的问题上同业务单位主管磋商，并为具体项目提供分析支持。

2.该副总经理及其工作人员将管理与各主要外部团体的关系，包括：

(1)投资者、财政分析家、等级评定机构和金融报刊。

(2)金融机构(银行和投资银行)。

(3)外部审计师。

(4)管制和税务机构。

七、该职务的必备能力和要求

1.该副总经理应有经营头脑，并应具有下列特点：

(1)通权达变的业务判断能力和出色的分析能力，尤其是在重大业务和财务分析方面。

(2)独立思考能力，勇于对总经理和业务经理的想法提出质疑，同时保持他们的尊严和自信。

(3)随时准备与金融界交往。

(4)领导和协调重大交易谈判的能力。

(5)出色的行政和人事管理能力。

2.此外，该副总经理应熟悉下列情况：

(1)金融市场。

(2)财务和管理会计。

(3)财务业务。

(4)税务。

B. 人力资源部经理工作说明书(见表 3－11)。

表 3－11　人力资源部经理工作说明书

职位名称	人力资源部经理		直接上级	公司总(副总)经理
定　员	1 人	所辖人员	12 人	工资水平
分析日期	2018 年 1 月	分析人	××	批准人	××

工作描述				
工作概要	制定、执行与人力资源管理活动相关的各方面政策,为填补职位空缺而进行雇员招聘、面谈、甄选活动;计划和实施新员工的上岗引导工作,培养对公司目标的积极态度;指导工资市场调查,确定竞争性市场工资率;制定人力资源管理经费预算;与工会及其他部门的主管人员共同解决纠纷,在雇员离职前与其进行面谈,确定其离职的真正原因;在与人力资源有关的听证会和调查中担任公司代表;监督、指导本部门工作人员			
工作职责	提交公司人力资源管理规划及人事改革方案,贯彻、落实各项计划			
	雇员的招聘、录用,劳动合同签订,定岗、定编、定员计划制订			
	处理职工调配、考核、晋升、奖惩和教育培训工作,对中层干部调整提出方案			
	处理劳动工资、职工福利、职称审定的工作			
	处理雇员离职、人才交流、下岗分流、再就业等人事变动事宜			
	负责人事档案、安全保卫、出国政审及人事批件事宜			
	负责雇员健康检查、献血、保险事宜			
	分析公司业务情况,预测公司发展前景,制订部门发展计划,参与制定公司发展战略			
	协调公司内外部人际关系,向公司高层提出处理人事危机的解决方案			

资格要求		
因素	细分因素	限定资料
知识	教育	最低学历要求为大学本科,工作中能较频繁地综合使用其他学科的一般知识
	经验	至少从事公司职能管理工作 2 年与业务工作满 3 年;在接收工作前还应该接收管理学原理、组织行为学、人事管理、财务管理等相关知识培训
责任	技能	在工作中要求高度的判断力和计划性,要求积极地适应不断变化的环境;经常需要处理一些工作中出现的问题;由于工作多样化,灵活处理问题时需要综合使用多种知识和技能;具有良好的人际关系协调和人事组织的能力
	分析	具有较强分析公司战略发展与业务需要的能力,并预测未来的人力资源供求状况
	协调	工作时需要与上级或其他部门的负责人保持密切联系,频繁沟通
	指导	监督、指导 6~13 名一般工作人员或 3~4 名基层管理干部
	组织人事	在工作中,完成对员工选拔、考核、工作分配、激励、晋升等法定的责任,为中层干部调整制订方案
决策能力	人际关系	能正常运用正式或非正式的方法指导、辅导、劝说和培养下属,紧密配合下属工作和其他管理人员活动,接受一般监督
	管理	工作中向直接上级领导负责,参与公司一些大事的决策,做决策时必须与其他部门负责人和上级直接领导共同协商方可
	财务	不能因工作事务而给公司造成显性或潜在损失;具备财务管理的一般知识,具有较强节约管理经费的意识

工作环境	时间特征	上班时间根据具体情况而定,但有一定规律,自己可以控制和安排
	舒适性	非常舒适,不会引起不良感觉
	职业病与危险性	无职业病的可能,对身体不会造成任何伤害,外地出差时可以乘坐飞机,本地外出时可以由公司派车或是乘坐出租车
	均衡性	所从事的工作不会忙闲不均
工具设备	办公用品与设备	电脑、传真机等
责任		
提高工作效率,调动公司雇员的积极性,发挥公司雇员的创造性,增强企业的凝聚力,确保公司人力资源最优配置,保证人力资源部工作的顺利开展和正常运行		

2. 工作分析的结果的应用

仅仅对工作本身进行分析,而将结果形成文档,束之高阁是没有意义的,工作分析的价值在于其分析结果在人力资源管理其他领域中的应用。

(1)工作分析在人员招聘中的应用。招聘工作是人力资源开发与管理中一项经常性的工作。当工作机会充裕时员工流动比例就高;当工作机会稀缺时员工流动比例就低,再加上组织内部正常的人员退休、辞退以及调动,使得人员的补充成了一个经常性的活动。同时招聘又是一项耗费大量人力、物力和财力的工作。如果盲目地招聘,不但员工的素质无法保证,而且会造成经济损失。要使招聘有效地发挥招纳所需人才的作用,必须要有一个基础平台支持它的运转,这个平台就是工作分析。基于工作分析的招聘流程以及工作分析在招聘环节中所起到的作用如表 3 - 12 所示。

表 3 - 12　基于工作说明书的工作流程

招聘流程中的环节	工作分析在各个环节中的应用
确定招聘需求	通过工作分析掌握人力资源规划中人员配置是否得当;通过工作分析了解招聘需求是否恰当,分析需要招聘职位的工作职责、工作规范
确定招聘信息	根据工作说明书准备发布的招聘信息,使潜在的候选人了解对工作的要求和对应聘者的要求
发布招聘信息	根据工作规范的素质(知识、技能等)特征要求及招聘的难易程度选择招聘信息发布渠道
应聘者资料筛选	根据工作规范的要求进行初步资格筛选,以便选择适当的应聘者面试,以节约交易成本

(2)工作分析在绩效考核中的应用。基于工作分析的绩效考核体系是一种传统的绩效考核体系,以工作分析为基础,绩效指标由工作分析提供的工作目的、任务、职责等信息转化而来。绩效指标设计主要分为前后相连的两步:第一步是业绩标准的提取,第二步是业绩标准转化为绩效指标(考核指标)。首先对各个职位进行科学、客观的分析,从而将各个职位的工作目的和工作职责明确地界定,在界定的基础上,提取出针对每个职责的业绩标准。有些

职责涉及很多的任务组成,针对任何一个任务提取的业绩标准都不能形成对职责的全面考核,在这种情况下,就应该将职责划分为几个小职责,结合小职责目的,从每个小职责提取业绩标准,到这里就完成了第一步。经过第一步提取出来的业绩标准可能多达几十个,这需要筛选掉一些,筛选的原则应遵照绩效指标要求满足的 SMART 原则,筛选过后的绩效标准最好控制在 6~8 个。再对筛选过后的业绩标准进行可操控化,就得到了绩效指标。经过第二步得到的指标还不能全面地反映工作,应该补充一些来自上级、内外部客户对绩效指标的意见和看法,最后形成适用的绩效指标。

下面用流程图来表示绩效指标提取过程,如图 3-4 所示。

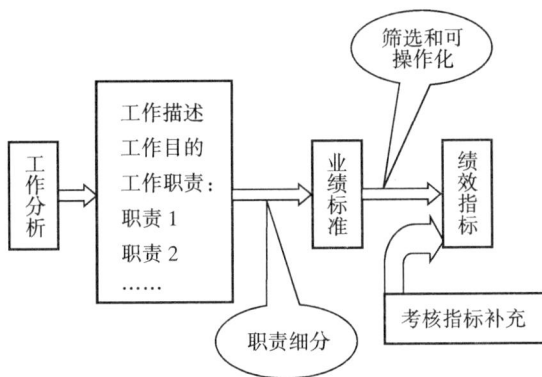

图 3-4 绩效指标提取过程

(3)工作分析在人员培训中的运用。员工的培训流程一般可以分为四个环节,如图 3-5 所示。

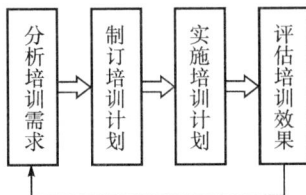

图 3-5 员工流程图

工作分析在培训中的价值与支持主要集在培训需求分析阶段。所谓培训需求分析,即指为帮助员工解决现存问题及弥补为实现组织发展目标之需的不足之处而进行的分析。培训需求分析又叫缺口分析,指在研究组织战略和目标的基础上,确定胜任各职位所需具备的知识、技能、能力等综合素质,并对当前员工的实际素质进行考察,找出两者之间的差距,然后对缺口进行研究,以确认是否可以通过培训和如何通过培训解决问题。

3.4 工作设计与改善

通过工作分析,可以了解组织及员工个人的需要,剖析组织各种类型工作的任务、责任、权力及其相互关系,有助于更好地进行工作设计,改善工作状态。

3.4.1　工作设计的内涵及主要内容

1.工作设计的含义

工作设计是通过满足员工与工作有关的需求来提高工作绩效的一种管理方法,因此,工作设计是否得当对激发员工的工作动机,增强员工的工作满意度以及提高生产率都有重大影响。

所谓工作设计,就是为了有效地达到组织目标,提高工作绩效,对工作内容、工作职责、工作关系等有关方面进行变革和设计。工作设计所要解决的主要问题是组织向其成员分配工作任务和职责的方式。

2.工作设计的主要内容

工作设计主要包括以下六个方面内容:

(1)工作内容。这主要是关于工作范畴的问题,包括工作种类、工作自主性、工作复杂性、工作难度和工作完整性。

(2)工作职责。这是关于工作本身的描述,包括工作职责、工作权限、工作方法、协作和信息沟通。

(3)工作关系。这主要是指工作中人与人之间的关系,包括上下级之间的关系、同事之间的关系、个体与群体之间的关系等。

(4)工作结果。这主要是指工作所提供的产出情况,包括工作产出的数量、质量和效率,以及组织根据工作结果对任职者所做出的奖惩。

(5)工作结果的反馈。这主要是指任职者从工作本身所获得的直接反馈以及从上、下级或同事那里获得的对工作结果的间接反馈。

(6)任职者的反应。这主要指的是任职者对工作本身以及组织对工作结果奖惩的态度,包括工作满意度、出勤率和离职率等。

(7)人员特性。这主要包括对人员的需要、兴趣、能力、个性方面的了解,以及相应工作对人的特性要求等。

(8)工作环境。这主要包括工作活动所处的环境特点、最佳环境条件及环境安排等。

3.4.2　工作设计的理论与方法

1.工作分析与工作设计的关系

工作设计与工作分析之间有着密切的关系。从理论上来说,工作分析作为研究提取有关工作方面的信息,是建立在工作设计基础上的。但是,由于组织和工作随着功能、技术与活动的变化以及适应员工职业发展的拓宽和深化,往往需要对工作进行再设计。这样,工作分析又成了工作设计的前提。因此,一般来说,工作分析是对现有职位的客观描述,工作分析的目的是明确所要完成的任务以及完成这些任务所需要的人的特点。而工作设计是对现有职位说明的认定、修改或对新设计职位的完整描述,它需要利用工作分析的信息。工作设计的目的是明确工作的内容和方法,明确能够满足技术上和组织上所要求的工作与员工的社会和个人方面所要求的工作之间的关系。因此,工作设计需要说明工作应该如何做才能既最大限度地提高组织的效率和劳动生产率,同时又能够最大限度地满足员工个人成长和增加个人福利的要求。

2.工作设计理论

影响现代工作设计活动的理论主要有双因素理论、工作特征理论和社会技术系统理论。

(1)双因素理论。赫兹伯格提出的双因素理论是一个十分著名的工作动机理论,对现代工作设计思想产生了极大影响。该理论把工作中影响满意感的因素分为两类:人们在工作中的高满意感是由工作本身的内在因素决定的,这类因素可称之为激励因素,包括工作认知、成就感、责任、工作时的进步和个人能力的发挥等;另一方面是造成工作中不满意的因素,是由工作中的外在因素引起的,这类因素可称之为保健因素,包括公司的福利政策、管理方式、上下级关系、工作报酬与工作环境条件等。双因素理论认为,这两类因素的性质和作用各有不同,只有激励因素才能真正调动工作积极性,从而提高工作效率。保健因素并不能使人真正获得满足,它没有激励作用,但能防止不满情绪的产生。根据双因素理论,只有当激励被设计到工作活动之中,才能在工作中有效地提高员工的工作动机,仅仅在保健因素上做修补改善无助于工作动机的改进和绩效提高。

双因素理论直接推动了现代工作设计的发展,许多组织应用双因素理论的思想,进行了新工作系统的设计,并取得很大成功。由于双因素理论简单明了,富有说服力,直接联系现实,深为管理人员所熟悉,相信在组织工作设计中还会进一步得到应用。

(2)工作特征理论。哈克曼提出的工作特征理论对现代工作设计具有直接的指导作用。工作特征理论认为,体现在具体工作体系中的客观工作特征是影响员工工作行为的重要因素,通过工作特征的改进,可以为员工创设出某种高内在工作动机水平的工作情景。当员工在工作时能够体验到工作所具有的意义,意识到个人的工作责任感,同时又能够充分了解到工作的结果,则他们的工作动机将得到内在激励,并产生更好的作业绩效。意义感、责任感与工作状况的认知是影响工作行为的三种关键工作心理状态,主要受以下五种客观工作特征的影响:

①技能多样化,指完成一项工作任务所需具备的多种技能与知识的程度。

②任务完整性,指工作任务的整体性程度,如任务的有始有终,并有明确可见的结果。

③任务重要性,指该项工作任务对组织内外其他人的工作或生活产生影响作用的程度。

④工作自主性,指个人能够自主安排工作程序、方法等方面的程度。

⑤工作结果的反馈,指个人获得有关自我工作状况的信息的程度。

当工作技能多样化、任务完整性与重要性程度都比较高时,员工将体验到工作所具有的意义,工作自主性较高将增强员工的责任感,明确的信息反馈将有助于员工更为清楚地了解工作状况与结果。由此,可将上述五种工作特征加以综合,形成一个"激励潜在分数"(motivating potential score,MPS)作为工作特征的指标。

MPS=[(技能多样性+任务完整性+任务重要性)/3]× 自主性×反馈

美国哈佛大学哈克曼与奥德汉姆于 1976 年提出的工作特征模型可以用来衡量工作方法对员工激励作用的程度。其主要论点是：工作的五个核心工作特征影响员工的三种关键的心理状态，员工的关键心理状态又影响其激励水平并进而影响其工作绩效，个体差异对这两种因果关系起调节作用（如图 3-6 所示）。个体差异是指能力（竞争力）、成长需求的强度、对环境因素的满意度等方面的差异。

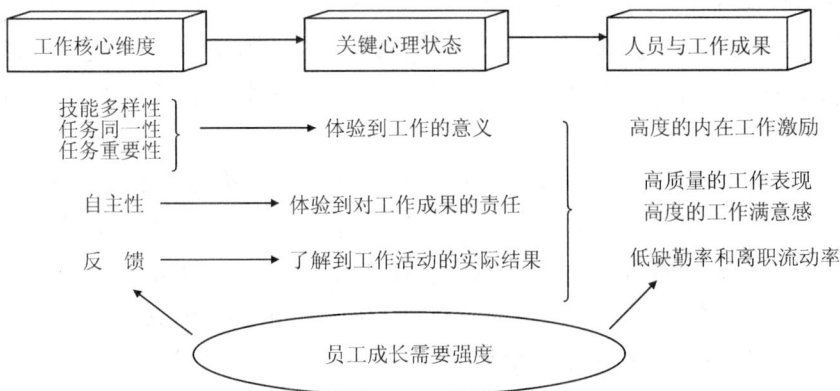

图 3-6　工作特征模型

关键心理状态有三个成分：体验到工作有意义，员工认为自己所做的工作是有价值的、重要的和值得做的；体验到对工作结果的责任，员工感到他们对完成的工作承担个人责任和义务的程度；关于工作结果的信息，了解自己的工作表现。

工作特征模型体现了人本主义的管理方法，重视工作中人的因素。核心工作特征是前因变量，工作绩效是结果变量，员工关键心理状态是中介变量。

员工关键心理状态可以影响到个人和工作的结果，即内在工作动力、绩效水平、工作满足感、缺勤率和离职率等。

依据工作特征理论进行工作设计，主要用于那些缺乏激励、满意感较低的工作系统的重新构造，具体做法有以下几种：

A. 多项工作合并。把割裂开的工作进行组合，形成较大的工作单元，以提高任务的完整性与技能多样化。

B. 形成自然的工作单元。按工作类型、顾客群体、地理位置等形成自然的工作单元，使工作具有内在的逻辑联系与整体性，以提高任务的完整性与重要性。

C. 建立客户联系。让员工与客户建立直接联系，使员工有机会直接获取用户信息，以提高工作的自主性、技能多样化和反馈程度。

D. 增加纵向自由度。把原来由上级控制的权力与职责下放，增强员工在工作活动方面的自由度，以提高工作自主性。

E. 开辟反馈渠道。为员工提供更多的反馈渠道，帮助他们及时准确地了解自己的工作状况与结果。同时，应注意对原有工作系统进行详细的调查、诊断和评估，从而有针对性地做出工作设计。许多研究已经表明，当某项工作依据工作特征理论重新设计，并在上述工作特征上得到改进，则可以预料工作人员的工作满意感、动机和绩效将随之有所提高。特别是对于那些有良好工作知识和工作技能的员工，以及那些成长需要与成就需要相对较高的员工来说,具有更大的工作行为改变作用。当然,工作特征理论所具有的实际意义还需要在工作设计的实践中进一步地进行检验和发展。

(3)社会技术系统理论。社会技术系统理论是根据英国塔维斯托克研究所一系列工作研究而形成的。和上述两种以具体工作为导向的理论不同,社会技术系统的研究特别强调整个工作系统的总体设计的重要性,试图以此促进企业组织中社会系统与技术系统两方面的进一步联系和相互配合。社会技术系统理论认为,组织的活动效率与工作绩效是由组织系统内的社会心理子系统与技术结构子系统共同作用的结果。社会心理系统包括个体、人与人之间和群体的各方面的相互作用与关系,组织气氛和文化价值观等。技术结构系统则包括生产技术类型、设备工具、作业标准与工作方式等。在进行工作设计时,必须对这两个方面做出充分的考虑。

当根据社会技术系统理论进行工作设计时,一般不会采用零敲碎打的形式进行工作系统的改变,虽然工作形式、报酬、物理装置、空间安排、工作计划程序等方面的众多因素都会随着社会技术系统的变革而有所改变,但这些因素都不会作为变革活动中的主要焦点。社会技术系统的变革强调依据不同的组织结构和群体气氛选择适宜的工作设计方案,重视工作群体之间的相互关系,要求在工作设计的同时,调整和改革组织内整个工作关系、作业流程和组织结构。社会技术系统变革的通常做法是,由组织中各个层面的代表对组织进行综合考察,这种考察包括了组织活动中所有和工作效率与工作生活质量有关的方面,根据考察提出变革措施。这种变革包括社会技术系统的各个方面,其重点在于建立新的工作组合形式,由每个职工自主负责某一部分的工作,也就是人们经常提及的"自主性工作团体"。现在,自主性工作团体已经成为广泛采用的工作组织形式,即使在那些并不是明显地由社会技术系统理论所指导的工作设计活动中也可经常发现。

(4)三种理论的比较分析。双因素理论、工作特征理论和社会技术系统理论分别对工作设计提供了不同的理论框架,综合比较三种理论,将有助于我们更为深入地了解各项理论之间的关系,从而使理论更好地为实践应用服务。

首先,这三种理论的研究范围侧重有所不同。双因素理论和工作特征理论强调的是如何进一步增加工作本身的正向激励作用,而它们之间的不同之处在于,双因素理论提出了一个较为一般化的增强动机的过程(即鉴别有效激励因素并强化之);而工作特征理论比较强调具体的工作诊断过程,以尽可能完美地达到人和工作之间的相互适应。社会技术系统理论的特点在于强调以团体而不是以个体作为工作设计时的参考系统。

其次,这些理论之间的另一些不同点体现在工作设计时计划和实施过程的具体方法处理上。双因素理论认为工作设计主要依靠管理人员来进行,希望通过他们发现提出工作中存在的问题,很少考虑从员工处收集和了解有关信息,相对排斥员工参与工作设计。而社会技术系统理论则十分强调员工在工作设计活动中的高度参与。工作特征理论则认为,对于工人在工作中的认知情况和态度进行了解是十分必要的,但在计划工作设计方案时则无须员工的参与。

3.工作设计方法

工作设计方法主要有以下几种:

(1)综合模式。综合模式的特点是着重要求管理人员必须分析和评价在工作设计、规划发展和贯彻过程中许多环境变量可能产生的影响。在主要设计工作开始之前,对来自其他组织系统的影响和对其他组织系统产生的影响,都要仔细地判断和衡量。有效的工作设计对员工的满意度、积极性、责任感、出勤率和工作业绩影响很大。但是不切实际的滥用职务设计方法或者修改工作计划,一般来说,必然会导致失败和各方的不满。最重要的是对问题最有针对性的方法才能最有效地解决问题,而不是随波逐流。

(2)工作轮换。工作轮换是指在工作流程不受较大影响的前提下,让员工从执行一项任务转移到执行另一项任务,从而创造"一专多能"的有利条件。工作轮换尽量使员工发挥多种才能,尝试新的工作职责,获取新的工作经验,这将有助于员工适应能力的培养,同时也为员工提供了一个全面观察和了解工作全过程的机会,有助于工作动机的激发,并能消除长期从事某一项工作的厌恶感。特别是若轮换的工作难度较大,则使其工作更具挑战性。对管理人员进行的工作轮换则是一种学习、培训过程,增加其对组织的全面了解,更好地协调人际关系,为以后晋升做好准备。值得注意的是,若员工不具备完成新任务的技能与知识,工作轮换很难产生预期绩效。

(3)工作扩大化。工作扩大化指通过增加工作内容,使员工的工作变化增加,要求更多的知识与技能,从而提高员工工作兴趣。其特点是横向扩大工作水平与工作条件相似的工作范围,使员工的工作内容多样化。每个员工不仅在每道工序工作,而且还参与了相似的、邻近的、前道或后道工序的工作。工作扩大化在一定程度上降低了工作的单调感,增强了员工的工作技能,加大了工作责任感,提高了员工的工作满意度。不过,如果让员工长期处于这种状态或者不增加相应的经济报酬,员工会感到吃亏,这将极大减弱工作扩大化效果。

(4)工作丰富化。工作丰富化指增大员工计划、组织、控制与评估自己工作的自主性与责任感。与工作扩大化主要是改变员工的工作内容和职责不同,工作丰富化主要是改变员工完成工作任务的方式。工作丰富化让员工拥有确定工作方法、进度、报酬等的自主权,本质是把部分或全部传统的管理授权予员工。工作丰富化的核心是体现激励因素的作用,它包括以下几个方面:

①增加员工责任。不仅要增加员工生产的责任,还要增加其控制产品质量,保持生产的计划性、连续性及节奏性的责任,使其感到自己有责任完成一件完整的工作。同时增加员工责任意味着降低管理控制程度,实行自我管理,自己控制代替外界控制。

②团队建设与工作自主。赋予员工一定的工作自主权和自由度,发挥团队作用,强化团队目标而淡化个人责任制或岗位责任制,给员工充分表现自己的机会,使员工认识到其工作的意义。

③反馈。将有关员工工作绩效的数据及时反馈给员工,使他们看到自己的劳动成果,了解个人的工作绩效是形成工作满足感的重要因素。

④考核。应根据团队或小组成员实现工作目标的程度而给予相应的报酬与奖励,使员工感受到赏识和承认,并认识到集体的力量。

⑤培训。要为员工提供学习的机会,以满足员工进步、成长和发展的需要。

⑥成就。通过提高员工的责任感和决策的自主权,进一步突出团队与小组的作用,并使其中每一个成员都能提高其工作的成就感。

(5)弹性工作时间。弹性工作时间指允许员工自由选择工作时间的工作日程安排。除每天中间的核心工作时间务必工作外,员工可自由选择决定何时上班。研究表明,弹性工作时间既可提高 10% 的生产效率,又可增加员工的满意度水平。

(6)工作分担。工作分担是指两人或两人以上共同承担一项工作。它能使组织的一个职位利用多个人的才能,同时也增加了员工的灵活性。如 A 上午工作,B 下午工作;或 A 周一、周三工作,B 周四、周五工作等。但要注意,工作分担计划要求做好分担者的沟通、协调工作。

(7)压缩工作周。压缩工作周也就是减少每周工作的人数。一些企业可采取每周工作 4 天,每人工作 10 小时,休息 3 天的办法。压缩工作周既增加员工从事休闲、学习、旅游等活动的时间,又有利于提高员工的工作热情。

(8)在家办公。员工在家工作,有关的信息传递与业务往来均通过信息技术,如计算机、手机等,这样既节省了物业费用,又使员工不再因上班、下班而疲于奔波。在家办公主要适应于工作的地方离住处较远,或该企业的先进的通信技术较发达等情境。

此外,工作满负荷以及优化工作环境也是消除不满、激发干劲的有效途径。工作满负荷是指每个员工的工作量都应该饱满,工作时间应得到充分利用。优化工作环境是力求改善工作环境中的各种因素,如工作地点、办公室的安排以及照明和色彩等因素,使之适合员工的生理和心理状态,建立起人-机-环境的最优系统。

应该指出的是,不论是工作扩大化、工作丰富化,还是工作轮换等,都不应看作解决员工不满的灵丹妙药,必须在人员安排、劳动报酬以及其他管理策略方面进行系统考虑,以便使组织需要与员工个人需要获得最佳结合,从而最大限度地激发员工的积极性,达到企业目标。由此可见,工作设计,是推进企业生产发展的要求,是保证企业经济稳定提高的重要手段。衡量工作设计好坏,重要的是考核员工工作完成好坏,以及员工对工作的反应。

3.5　工作评价

良好的工作分析有助于构建组织的工作价值体系,这需要对工作进行评价。

3.5.1　工作评价的含义

工作评价又称职位评价或岗位评价,是指在工作分析或职位分析的基础上,采取科学的方法,对企业内部各职位的责任大小、工作强度、工作环境、工作难度、任职条件等因素进行评价,以确定各职位在组织中的相对价值,并据此建立职位价值序列。

正确理解工作评价的含义,必须把握以下几个要点:
- 工作分析是工作评价的基础。
- 工作评价以企业内部的工作职位为评价对象。
- 工作评价是对企业各类具体劳动的抽象化、定量化过程。
- 工作评价的过程和结果建立在一定的技术和科学的方法基础上。

3.5.2　工作评价的步骤

具体来说,工作评价是在工作描述的基础上,对职位本身所具有的特征(比如岗位对组织的影响、职责范围、任职资格、环境条件等)进行评价,以确定职位相对价值。职位评价的过程可以分为以下几个阶段：

1.准备阶段

①清岗。理顺公司组织结构和职位设置，确定参加评价的职位。

②完成工作说明书。

③确定工作评价方法。

④确定评价因素。

⑤确定专家组。

⑥确定标杆职位。

2.培训阶段

培训的目的是为了提高工作评价的效率、确保工作评价的效果。对专家组进行组织结构调整和职位设置思想的培训，使他们对各个职位的职责和性质有一定的了解。主要的培训方法有：

(1)针对工作评价本身进行培训。培训内容主要是介绍为什么要进行工作评价、工作评价的方法、工作评价的流程、工作评价常出现的问题解决方法、工作评价的结果与薪资结构的关系等。培训时，应强调工作评价针对的是职位而不是人。工作评价结果是建立薪酬体系的重要依据，但不是全部依据，从评价得分到最后的薪酬体系还有很长的路要走。除此之外，应重点向专家们解释评价表的因素定义和权重，使各位专家清楚各评价因素的含义和评分分级标准。

(2)标杆职位打分。专家组对照工作说明书，对标杆职位的不同因素分别进行打分，因素得分乘以权重之后加总，可以得到职位的总分。通过对标杆职位的试打分，专家组成员可以基本上熟悉职位评价的流程。同时，还可以发现问题并及时进行解释，消除专家组成员对评价表中各项指标理解的过大差异，建立合理的打分标准。打分过程中，如果某职位的某因素的得分离差过大，则说明大家对该职位的理解存在较大分歧，为了得到比较准确的结果，需要重新打分。标杆职位的打分结束后，专家组要对"标杆职位"的评分结果进行综合分析，投票选出若干大家公认结果不合理的职位，并重新进行评价。大多数专家一致认为标杆职位的得分能够符合公司的价值取向就可以正式评价。

3.评价阶段

在取得标杆职位分析表后，对照工作说明书并以标杆职位的得分为标准，专家组对其余职位进行打分，其间要同步进行数据统计和分析工作。

4.总结阶段

这一阶段主要对职位评价得分进行排序和整理，得出各个职位相对价值得分，以便进行综合分析。至此，整个工作评价结束。

3.5.3　工作评价的作用

工作评价的根本目的是确定每一个待评职位在组织中的相对价值，它为基本薪酬设计奠定了基础，是人力资源开发与管理中不可或缺的阶段。具体来说，它具有以下作用：

（1）确定职位等级的手段。职位等级常常被企业作为划分工资级别、福利标准、出差待遇、行政权限的依据，甚至被作为内部股权分配的依据，而职位评价则是确定职位等级的最佳手段。

（2）制定薪酬政策的基础。在企业的薪酬体系中，基本薪酬是最基础的部分，对于大多数员工来说，这也是他们所获得的薪酬中最主要的部分。基本薪酬设计，通常要考虑两个因素：一是内部公平性；二是外部公平性，这是通过薪酬调查来实现的，它说明相对于其他公司的相似职位，公司的薪酬是否具有外部竞争力。

（3）确定员工职业发展和晋升途径的参照系。员工在组织内部跨部门流动或晋升时，也需要参考各职位等级。职位评价使组织内部建立起了一系列连续的等级，便于员工理解组织的价值标准，从而使员工明确自己的职业发展和晋升途径。

（4）保障招聘到合适的员工。由于工作评价所使用和产生的人力资源文件，对职位工作的性质、特征以及担任职位工作的人员应具备的资格、条件等都做了详细的说明和规定，可以确定选人用人的标准，这为确定的职位找合适的员工提供了依据。工作评价的结果确定了每个职位在组织中的相对价值，建立了组织价值序列，这便于在招聘过程中向应聘员工做出明确的答复，为招聘到合适的员工进一步奠定基础。

（5）将合适的员工放到合适的职位。组织中每个员工的特点，对组织来说每个职位也有每个职位的特点要求以及相应的工作内容，将这两方面因素结合起来，既可满足组织关于效率的要求，又符合员工性格特点，这也是组织管理人性化的要求。

（6）正确制定人力资源规划。在制定人力资源规划中，需获得关于各种工作对于知识、能力、经验要求等方面的信息，保障在组织内部有足够的人员满足战略规划的要求。

（7）合理进行人员调整。组织出于工作需要，经常会对职位人员进行调整。职位评价明确规定了各职位的技能要求、工作强度、工作责任、工作环境等内容；组织中的人事档案记录了各个职员尤其是重要骨干职员的个人特点、水平、领导能力等个人资料。根据以上资料，可以保障人员调整的合理性。

（8）使员工的目标与组织的目标一致。员工与组织的目标吻合程度越高，组织效率越高，对市场的反应越快。通过调整某一个评价要素或权重而改变职位在组织中价值序列的位置，这等于给员工一个明确的指示：组织更需要具有这类技能的员工。于是员工会按照组织希望的方向努力，使双方的目标在不断调整中趋于一致。

3.5.4 工作评价的方法

可使用的工作评价方法通常有四种：排列法、分类法、要素计点法、因素比较法。

1.排列法

排列法是四种方法中最简单的一种方法。在排列法中，评价者要考查每一项被评价工作的说明，并且按照工作对公司的价值大小顺序排列。其实施步骤如下：

①由有关的人员组成评定小组，并做好各项准备工作。

②了解情况，收集有关工作方面的资料、数据。

③按评定人员事先确定好的评判标准，对同类岗位中的各岗位的重要性做出评判，按最

重要的、次要的、再次要的顺序往下排列。

④将每个岗位经过所有评定人员的评定结果汇总排出序号后,再将序号和除以评定人数得到的每一岗位的序数汇总,按平均序数大小,由小到大评定出各岗位的相同价值的次序。

2.分类法

分类法是确定若干种类或级别来对一组工作进行描述。在使用这种方法评价工作时,评价者将工作说明与级别说明进行比较,与工作说明最一致的类别说明便决定了该工作的分类。它是排列法的改进,其步骤是:

①组成评定小组,收集各种有关资料;

②按生产经营过程中各类岗位的作用和特征,将全部岗位分成几个大的系统,每个大系统按其内部结构特点可再分为若干小系统;

③再将各个系统中的各岗位分成若干层次,最少为5~6档,最多可分为15~20档;

④明确规定各档次岗位的工作内容、责任和权限;

⑤明确各系统各档次岗位的资格要求;

⑥评定出不同系统不同岗位之间的相对价值和关系。

3.要素计点法

要素计点法也称评分法。在该方法中,评价者对具体的工作部分提供定量价值,这些价值的总和就是一项工作的相对价值评价。该方法首先是选定岗位的主要影响因素,并采用一定点数表示每一因素,然后按预先衡量标准,对现有岗位的各个因素逐一评比、估价,求得点数,经过加权求和最后得到各个岗位的总点数。其具体步骤是:

①首先确定工作评价的主要因素。

②根据工作的性质和特征,确定各类工作评价的具体项目。

③确定工作评价的主要因素及具体项目之后,为了提高评定的准确程度,还应对各项评定因素区分出不同级别,并赋予一定的点数。

在各项评定总点数确定后,可用等级差数规定出本项目各级别的评分标准。

④将全部评价项目合并成一个总体,根据各个项目在总体中的地位和重要性,分别给予权数,再根据权数计算出该岗位的总点数。公式如下:

$$X = \sum x_i f_i$$

其中,x_i是第i项项目的评价结果。

例如,某企业评定小组对某岗位的10项因素的评价结果,如表3-13所示。

表3-13 某岗位10项因素评价结果

评价项目序号	1	2	3	4	5	6	7	8	9	10	合计
评价点数 x_i	10	8	20	10	38	10	14	20	10	10	
权数 f_i	7	7	7	7	7	12	7	12	17	17	100
$x_i f_i$	70	56	140	70	266	120	98	240	170	170	1400

按上式合计后,可知该岗位的总点数为:

$$X = \sum x_i f_i = 1400$$

⑤最后,将工作评价的总点数分为若干级别,按照该岗位的总点数归入相应级别。

4.因素比较法

因素比较法是从评分法衍生而来的,它与评分法的主要区别在于:各要素的权数不是事先确定的。首先选定岗位的主要影响因素,然后将工资额合理分解,使各影响因素与之匹配,最后再根据工资数额的多少决定岗位的高低。其具体步骤是:

①先从全部岗位中选出15～20个主要岗位,其得到的劳动报酬应是公平合理的;

②从全部岗位中选定各岗位共有的影响因素作为评定基础,一般包括以下五项:智力条件、技能、身体条件、责任、工作条件;

③将每一个主要岗位的每个影响因素分别加以比较,按程度的高低进行排序;

④评定小组应对每一岗位的工资总额按上述五种影响因素逐一分解,找出对应的工资份额;

⑤将尚未进行评定的其他各岗位,与现有的已定的重要岗位对比,某岗位的某要素与哪一主要岗位的某要素相近,就按相近条件的岗位工资分配计算工资,其累计就是本岗位的工资,亦即工作评价的结果。

5.岗位评价实例

某企业岗位评价小组根据工人岗位调查资料,经过认真、细致的分析、对比,提出了四大类十项工人岗位评价指标。各项指标的定义及标准如表3-14至表3-17所示。

表 3-14 技术高低评价指标与标准表

指标	指标定义	测评指标				
		5	4	3	2	1
一、技术难易	本指标衡量各岗位掌握部颁工艺标准和操作的要求	质量特征值20以上,设备控制点15个以上	质量特征值15以上,设备控制点10个以上	质量特征值10以上,设备控制点5个以上	质量特征值5以上,设备控制点5个以上	本岗位工艺操作要求单一
二、专业知识	本指标衡量各岗位具备生产专业知识水平	掌握高级工专业知识面,具有高中或相当于高中文化水平	掌握中级工专业知识面,具有中级或相当于中技文化水平	掌握初级工专业知识面,具有实践或相当于初中文化水平	掌握熟练工专业知识面,具有相当于初中文化水平	掌握一般生产知识面,具有高小文化水平
三、熟练工作期	本指标衡量各岗位在一定时期内掌握工作的熟练期	两年	一年半	一年	六个月	三个月

表 3-15　责任大小评价指标与标准表

指标	指标定义	测评指标				
		5	4	3	2	1
四、对生产考核责任性	本指标衡量岗位对生产的作用应负的责任	按部颁岗位定员定额行业领先，生产机组直接起主手作用	完成集体岗位考核指标，岗位起主导作用，机台行业领先，起副手作用	完成机台产值指标，起主手作用	完成集体岗位机台考核指标，起副手作用	完成本岗工作指标
五、对原材料和设备使用责任性	本指标衡量岗位在工作中对原材料和设备使用承担的责任	对原材料和设备使用负有较大责任，在工作时稍有不慎将使全厂停产或各类指标下降	对原材料和设备使用负有局部停产和经济损失千元以上、万元以下的责任	对原材料和设备使用负有部分停产和经济损失百元以上、千元以下的责任	对原材料和设备使用负有局部停产和经济损失20元以上、百元以下的责任	无影响
六、对安全生产责任性	本指标衡量岗位承担安全生产的责任	工作要求思想高度集中，负有防火、防爆和防止重大人身伤亡事故发生的责任	工作要求思想集中，负有防火、防爆和防止与其有工作联系的人员发生危险的责任	熟悉掌握本岗位生产要求，负有发生一般人身事故的责任	在工作中安全生产责任性较小	在工作中发生事故的可能性较小

表 3-16　劳动强度评价指标与标准表

指标	指标定义	测评指标				
		5	4	3	2	1
七、工作负荷	本指标衡量各岗位在劳动条件下所付出的体力	强体力复杂劳动，强体力连续托运原材料半成品，吨位以小时重量计算，在1.4吨以上	连续强体力，连续工作间隔托运，吨位以小时重量计算，在0.5吨以上	一般体力，用简单工具托运，平面移动物品	较轻体力，从事手工劳动，移动物品体力消耗较少	轻体力劳动
八、操作形式	本指标区分岗位操作用脑程度	半机械半手工复杂操作	半机械操作	全自动操作	使用简单机械操作	手工操作

表 3 - 17　劳动条件评价指标与标准表

指标	指标定义	测评指标				
		5	4	3	2	1
九、班次形式	本指标区别常年从事转班次劳动所消耗体力之情况	三班制	两班制	早早班	季节性三班制	常日班
十、工作环境	本指标区别不同生产岗位、不同工作环境的情况	常年从事室外劳动	常年从事室内劳动。A. 天热温度达40 度以上。B. 噪音 85 分贝以上	常年从事室内劳动。A. 室内通风不畅。B. 噪音80～85分贝	常年从事半室内半室外劳动。噪音 80 分贝以下	工作环境好

(1)岗位评价的准备工作。

①组织准备。建立岗位测评小组,由各车间、各部门具有生产实践经验的工艺员、计划员、劳资员、高级技师或技师等组成测评小组,具体负责企业的岗位评价工作。

②资料准备。资料准备的重点是:

·　岗位定员标准,复核各岗位人数;

·　检查分析和整理全厂各岗位技术等级标准执行情况和存在的问题;

·　摸清全厂各岗位文化素质要求和现状;

·　收集整理各岗位的性质与人员年龄、工龄、技术素质等情况;

·　摸清适应专业岗位最佳工龄年限;

·　收集整理岗位所使用的设备、工艺等情况;

·　统计各岗位有毒、有害因素分级程度;

·　设计岗位测评结构、要素、标准及分级点数的分配;

·　设计岗位测评表格。

(2)岗位评价的基本方法。岗位测评采取自下而上、由点带面的方法,选择几个岗位作为测评试点。测评的具体法为:

·　现有测评小组进行预测,填写测评表;

·　由测评小组将预测结果交有关车间主任、劳资员、工艺员进行集体复测、修改;

·　根据复测资料,召开老、中、青工人座谈会,进行自测,广泛听取意见;

·　最后由测评小组根据各方面意见,整理、修改、调整、提出分类意见,报厂工改领导小组审议;

·　提交职代会讨论通过。

(3)岗位评价与分类归级实例。经过测评小组的多次平衡之后,得到各岗位四个方面十项指标(要素)的分级点数(参见表 3 - 18 至表 3 - 19),然后按照表下所注明的方法计算各岗位的测评点数。

表 3 - 18　岗位评价指标评分标准表

类别	指标	要素百分率	分级点数				
技术高低	技术难易	20	5	4	3	2	1
	专业知识	10	5	4	3	2	1
	熟练工作期	5	5	4	3	2	1
	合计	35					
责任大小	对生产考核的责任	15	5	4	3	2	1
	对原材料和设备使用的责任	5	5	4	3	2	1
	对安全生产的责任	5	5	4	3	2	1
	合计	25					
劳动程度	体力劳动强度	10	5	4	3	2	1
	劳动姿势	5	5	4	3	2	1
	劳动紧张程度	5	5	4	3	2	1
	合计	20					
劳动条件	班次形式	10	5	4	3	2	1
	工作环境	10	5	4	3	2	1
	合计	20					
	总计数	100					

计算方法:1.分级点数×要素百分率＝指标测评点数

　　　　　2.各指标测评点数之和＝岗位点数

表 3 - 19　岗位类别划分表

岗位分类	一	二	三	四	五
岗位点数	420～500	340～419	260～339	180～259	179 以下

　　最后,根据各岗位的总点数,按照表 3 - 18 所列的数值,将岗位归入一定级别。例如,压延工种挡车手岗位,其评价总点数为 440,故此应归为一类岗。

　　上面的例子是对企业工人岗位进行的岗位评价,而在企业中,企业的核心人才往往是那些专业技术人员和高级管理人员。而且随着经济的发展,机械化的、纯体力劳动的工作会越来越少,而脑力劳动、技术能力在工作中所占比例越来越大。这样,对于知识性工作的工作分析和评价就显得更加迫切,在创新型知识型员工的工作评价方面需要进行积极的尝试。

思考题

　　1.工作分析对于组织管理有什么作用?

　　2.各种工作分析基本方法的优缺点是什么?

3.详细阐述工作分析的组织和实施过程。

4.进行工作评价的意义是什么？如何运用工作评价的成果？

5.工作设计主要包括哪些内容？

6.请论述工作特征模型的主要内容,并分析其在实践中的应用价值。

案例分析

A技术研究院工作分析

A技术研究院于2011年3月成立,它是A集团从加快产业结构调整,提高核心竞争力,促进企业安全、高效、环保和可持续发展的战略高度出发,投资10亿元人民币成立的具有独立法人资格的高新技术开发企业。A技术研究院既代表A集团出资组织集团内外的科技研发工作,又面向市场,积极推进煤炭、化工、新能源、新材料方面的研发和产业化,与一般的能源企业不同,它以创新为动力,具有较强的技术创新能力。以科技核心要素为技术资源,包括技术知识、技术能力与技术人才。A技术研究院的性质和人员结构决定了懂技术善管理的技术管理人员是技术研究院为A集团的转型发展提供科技支撑的核心力量。但在A集团的转型时也面临着凝聚目标、协同工作以及激发人员创新活力的发展问题。

知识经济飞速发展,创新成为推动发展的重要引擎,人才是创新的核心。要激发人才创新活力,首先要让人才知道工作目标是什么,需要什么能力才能胜任工作发展的要求,面对当前研究院人力资源管理的现状和技术管理人员对研究院发展的重要作用,A研究院希望激发人员创新活力,凝聚各部门目标、协同工作。多数组织的工作分析是按照管理人员、技术人员、技能人员来进行大类划分,激发技术管理人员的工作积极性,必然要要先对技术管理岗进行职位分析,明确技术管理人员的工作与素质要求。通过为期两个月的访谈和问卷调查,发现A公司技术研究院技术管理人员职位说明书中岗位职责和任职资格不明确,工作分析管理体系不完善并且职位分析的结果并没有得到实际的应用。技术管理人员在人力资源管理方面有七点诉求,希望能够引起人力资源部的重视,在工作中予以落实。

表3-20 技术管理人员对技术研究院职位分析诉求表

职位考核	建议修订岗位说明书,理顺工作关系。根据职位工作特点建立不同的考核评价体系,设计尽可能量化的、可操作的考核指标来提高员工工作的积极性,考核指标及权重应区分主营业务部门和职能部门、研究型人员和管理人员,更好地体现多劳多得、少劳少得。项目考核建议分项目、分难度系数进行考核,项目类型可分为常规项目和创新型项目,也可以按项目进度将项目分为小试、中试、产业化进行评价
职位薪酬	建议薪酬水平的增长适当地考虑员工生活成本的变动等因素。以激励员工工作的积极性为原则,将绩效工资落实到额外的奖金或者适当调整工资结构(调整工资结构,每月50%的绩效工资调整为平常发70%~80%),更多地体现多劳多得。建立薪酬动态调整机制,对在职培养的硕博士在取得学位后按照研究院相应的薪酬水平进行调整;对能力强且工作年限长的员工进行岗位晋级,更大地激发员工的工作积极性

引进人才	吸引人才要注重物质与精神两方面的激励效用,为人才提供一个能发挥自己能力的舞台。用事业吸引人,用情感留人,要有一个系统的人才培养与选拔的体系,给进入技术研究院的员工一个可预见的"个人梦"
技术管理人员的责权利	做到人职匹配,赋予技术负责人/项目负责人相应的管理权限,平衡技术负责人/项目负责人的责权利。采取项目经理负责制,负责调研论证的人必须是技术负责人,项目经理要有协调资源的权利,结合项目成果给予项目经理物质方面和精神方面奖惩
部门协调	建议计划部门、财务部门、科研管理部门三个部门统一预算和决算的科目
人才队伍建设方面	技术研究院尚缺乏技术带头人及懂产品技术、生产管理、基建、安全、环保、市场的复合型项目经理
人才培养	注重员工的职业生涯发展,做好员工的职业生涯发展规划;明确员工的成长模型,对入职期、职业中期、职业高原期的技术人员分别建立职业发展规划和培训、开发措施。同时结合技术研究院项目实际,为技术管理人员开展经济性分析评估、知识产权、市场分析、品质管理及与政府等机构有效沟通方面的培训

根据调研结果以及员工对职位分析的诉求设计出了一套完整的技术管理人员的职位说明书,其中一个技术管理岗的工作说明书如表 3－21 所示。

表 3－21　现代化工技术研究所所长职位说明书

单位	A 技术研究院	岗位名称	现代化工技术研究所所长	部门	现代化工技术研究所
岗位编号		岗位定员		直接上级	分管院长
				直接下级	课题组组长
任职人		任职人签字		编制日期	
任职条件	学历:研究生学历,硕士及以上学位				
	专业:化学工程、化学工艺、工业催化、分析化学、环境工程、热能工程、精细化工、有机化学、化工机械等化工类专业				
	工作经验:五年以上工作经验,三年以上管理经验,在部门副职岗位工作一年以上				
	专业知识:有化学、化工等相关领域科研成果、研发及产业化工作经验,熟悉科研项目研制程序和管理办法。 环保技术方向:有工业三废处理或环境功能材料开发经验。 煤基化学品方向:①半焦:煤转化技术开发;②碳一化工:有反应器设计、工艺开发及过程模拟能力,了解碳一化工催化过程;③焦油:熟悉石油天然气或煤焦油加工利用相关技术研发。 精细化工方向:有复配或精细化学品开发经验				
	技能技巧:熟练使用自动化办公软件,具备基本的网络知识,具备一定的英语应用能力				
	个人素质:具有很强的领导能力、组织能力、开拓能力、分析能力、判断与决策能力、人际能力、沟通能力、影响力、计划与执行能力、解决问题能力;对新产品、新技术的开发与应用、新工艺的管理等具备专业开发能力;熟悉国内外本行业技术发展状况和最新技术发展信息				

工作关系	内部：院长、副院长、课题组长、研究院各职能部门； 外部：科研院所、集团所属其他企业、集团外相关企业		
岗位职责	根据研究院整体发展要求，负责制定现代化工技术研究所的长远规划及年度计划；建立健全本所的科研管理制度；指导现代化工技术方向小试、中试阶段的科技研发和工业化开发阶段的技术管理工作；掌握员工动态，带领部门员工不断提高业务水平，为实现研究院"国际一流的综合性能源化工科技企业"的愿景目标提供技术支持		
职责范围		建议考核内容	占用时间
按重要顺序依次列出每项职责及其目标		考核指标	100%
1.制度建设与执行 　组织编制设计现代化工技术研究所管理制度体系建设，报上级审批后严格监督执行		规章制度执行情况，由领导与员工进行综合评价	10%
2.计划编制 　根据技术研究院的整体发展要求及下达的年度计划，组织制定本所科研工作长远规划和年度工作计划，并组织实施		年度经营计划目标的完成率达到100%	10%
3.科研项目实施 　根据研究院及本所的发展规划，提出重点关注的科研方向；负责组织指导现代化工技术研究所科研项目的调研、论证、实施、验收及成果管理工作；组织对本所仪器、试验装置的安装、建设、运行与维护；组织对完成项目的知识产权创造、科研成果的鉴定与评奖；组织本所科研成果推广过程中技术交流并协助经营部进行售后技术服务工作		科研项目调研、立项、实施等完成情况	30%
4.科研项目质量控制 　根据对相关方向先进技术进行跟踪和调研，准确判断市场，对项目实施及生产过程中出现的问题，及时进行妥善处理，确保将损失降到最低		对市场的研判能力及科研项目的及时纠错能力	10%
5.科研平台/实验室的运营维护 　根据集团及技术研究院的相关要求，对所里重点实验室和科研平台进行日常维护、管理、协调工作，同时负责实验室/科研平台上的项目申报工作和组织研究院现代化工方面每年的学术年会		重点实验室及科研平台的运营维护情况	10%
6.研究所内部管理 　负责研究所内部日常工作的安排、任务分配，监督协调本所员工完成各项工作。负责本所科研及相关工作的安全保密工作；负责现代化工技术研究所科研人员的梯队建设、人才培养与考核评价工作；根据科研工作需要，提出技术及相关技能的培训方案，并与人力资源部一同开展培训工作；通过激励机制挖掘员工潜力，达到开发人才的目的；负责与计划部、财务部、科研管理部等相关部门及各项目申报单位的联络、对接、协调工作		关键人员流失率、下属行为管理、员工满意度评价、部门合作满意度	15%

7.目标责任完成 负责研究所目标责任制度与考核,制定并不断完善研究所目标责任管理制度体系,对所各课题组进行目标责任考核工作	研究所目标责任考核结果	10%
8.预算控制 负责本所办公设施及物资的管理,控制好部门预算,降低费用成本	固定资产消耗和部门预算控制情况	5%

岗 位 权 力	技术:有对研究院科研相关政策制定的参与权及本所研发方向的建议权;有对研究所科研项目的管理、监督权;有对重点实验室、平台运维的管理、执行权;有对本所科研项目小试、中试、科研成果产业化阶段的指导、建议、监督权和科研项目市场化方向的建议权
	管理:有对研究所内部管理的执行、监督权;有对所属员工出勤的监督权;有对所属员工投诉、奖罚的核实权及所属员工工作的监督检查权
	财务:有对研究所内部预算的审核权及本所预算内费用的使用权
	人员:有对研究所所属员工调配、奖罚的建议权,任免提名权和考核评价权;有对研究所所属员工考核数据和事项的核实权
	其他:有对研究所所属员工工作争议的裁决权

案例讨论

1.A技术研究院的职位分析存在哪些问题？如何改进？

2.结合所学知识谈谈案例中的职位说明书的优势和不足。

3.结合案例谈谈工作分析在人力资源实际管理中的作用,以及工作说明书需要涉及的内容。

第4章　人力资源规划

引导案例

公司高速发展的"困扰"

2017年国务院印发《新一代人工智能发展规划》,规划指出新一代人工智能发展分三步走的战略目标,到2030年使中国人工智能理论、技术与应用总体达到世界领先水平,成为世界主要人工智能创新中心。2020年人工智能核心产业规模超过1500亿元,带动相关产业规模超过1万亿元。在国家倡导人工智能产业化的大环境下,某科技公司抓住发展机遇开展了与人工智能相关的多项业务,逐渐成为本行业的龙头企业。但是,随着公司的高速发展,人才难觅越来越令高层管理者焦虑,公司聘请有关专家进行了调查,寻找人才难以及时满足空缺职位工作需求的原因。

公司按照专家建议进行了人力资源规划。首先,主管人力资源工作的副总组织相关职能部门收集和分析了研发部、生产部、市场与销售部、财务部、人事部等五个职能部门的管理人员和专业人员的需求情况以及劳动力市场的供给情况,并估计了在本年度各职能部门可能出现的关键职位空缺数量。其次,根据对职位和人员需求与供给的预测结果,制订了一系列满足人力资源要求的行动计划。一年后,该公司经理层管理人员的空缺减少了50%,跨地区的人员调动也大大减少。同时,内部选聘效率显著提高,不仅选聘时间节约了50%,而且保证了人选的质量,合格人员的漏选率大大降低,使人员配备过程得到了改进。人力资源规划还使得公司的招聘、培训、员工职业生涯计划与发展等各项业务得到改进,节约了成本。

在人职匹配方面取得显著成效,不仅仅是得益于人力资源规划的制定,还得益于公司对人力资源规划的实施与评价。每个季度,主管人力资源工作的副总会同咨询专家共同对相关工作进行检查评价。检查内容包括:各职能部门现有人员、人员状况、主要职位空缺及候选人、其他职位空缺及候选人;冗余人员的数量、自然减员情况;人员调入与调出、内部变动率;招聘人数、劳动力其他来源;工作中的问题与难点;组织问题及其他方面(如预算情况、职业生涯考察、方针政策的贯彻执行等)。公司高管在检查后根据检查结果与预测(规划)的差距,讨论可能的纠正措施与方法,并对下季度采取的措施与方法达成一致意见。

公司的高速发展离不开优秀员工的群策群力,合理的人力资源规划有助于落实企业战略,为公司的快速发展提供了优秀的人力资源支持。那么,人力资源规划究竟包括哪些内容? 有哪些预测人力资源需求与供给的方法? 如何实施,才能确保组织的人力资源供需保持动态平衡? 希望您学习完本章的知识后,可以回答上述问题。

4.1 人力资源规划概述

人力资源规划是组织为实现其发展目标,对所需人力资源进行供求预测与平衡的过程,是立足于现在、着眼于未来对组织人力资源的数量、质量、分布、结构等内容所进行的与组织战略目标相匹配的规划,有助于持续和系统地满足组织在动态环境中对人力资源的需求,促进组织更好地发展。

4.1.1 人力资源规划的内涵与意义

1.人力资源规划的内涵

人力资源规划是指根据组织的发展战略、组织目标及组织内外环境的变化,合理地分析和预测组织对人力资源的需求和供给状况,并据此制订出相应的计划和方案,以保证组织在适当的时间获得适当数量、质量和种类的人员补充,满足组织和个人发展的需要。简单来说,所谓人力资源规划是指为使组织在不断变化的环境中能够稳定地拥有一定质量和必要数量的人力资源,以实现组织目标而拟订的一套措施,从而求得组织在未来的发展过程中,人员需求量和人员供给量之间的平衡。

为了准确理解人力资源规划的内涵应该把握以下四个要点:

(1)人力资源规划的制定依据是组织的发展战略、组织目标和内外环境。因为人力资源开发与管理是组织经营管理系统的一部分,是为组织的经营发展提供人力资源支持的,组织战略、组织目标及内外环境是人力资源规划的基础。

(2)人力资源规划包括两部分内容:一是对组织特定时期内的员工供给和需求进行预测;二是根据预测的结果采取相应的措施进行供需平衡。前者是基础,不进行预测,人力资源的平衡就不能实行;后者是目的,不平衡供需,预测毫无意义。

(3)人力资源供给与需求预测应从数量和质量两个方面进行。组织对人力资源的需求,数量只是一个方面,更重要的是质量方面,因此,人力资源的结构规划尤为重要。

(4)在实现组织目标的同时,要满足员工个人的利益。企业的人力资源规划要创造良好的条件,充分发挥每个员工的积极性、主动性和创造性,提高工作效率,从而实现组织目标。同时,企业也关心每个员工的利益和要求,帮助他们为企业做出贡献的同时实现个人的目标。只有这样,才能吸引和招聘到企业所需要的人才,满足企业对人力资源的需求。

2.人力资源规划的意义

(1)确保组织生存发展过程中对人力资源的需求。任何组织都处在一定的内外环境中,而这些环境因素又在不断地变化和运动,对组织的人力资源需求状况产生很大的影响。例如,激烈的市场竞争环境下,组织技术变化很快,一项新技术的采用往往会导致生产率的提高,这既可以节省许多劳动力,同时也要求对在岗的员工进行再培训以适应新技术的要求。如果不能事先对组织人力资源状况进行认真的分析,提高现有员工的素质或吸引外部较高素质的劳动力,组织就不可避免地出现人力短缺的现象,影响正常的生产活动。如果说低技能的一般员工可以随时通过劳动力市场获得,或者通过对现有员工简单培训即可满足工作需要的话,那么,那些对组织关键环节起决定性作用的技术人员和管理人员的短缺则无法立即满足组织的需要,势必对组织的可持续发展产生不利的影响。组织内部的其他因素也在不断变化,如退休、自然减员、辞职、辞退、开除、工作岗位的调动、职务升降,以及国家有关退休年龄的法规政策的变动等,这些因素的变化也会导致人力资源数量、质量和结构等方面的变化,需要适时地进行调整。

对于处于稳定状况下的组织来讲,一般不需要进行人力资源规划,只需要对人员进行简单的调整,因为组织的生产经营范围和生产技术条件等没有发生变化,人力资源的数量、质量和结构也相对稳定,这种情况在短期内是存在的。但从较长时期来看,大多数组织处于不稳定的发展状态下,组织的生产技术条件所决定的人员需要的数量、质量和结构也会有较大的波动,使组织劳动力的需求量和拥有量不能自动实现均衡。因此,组织人力资源部门必须分析组织人力资源的需求和供给之间的差距,制定各种规划来满足组织对人力资源的需要。

(2)有助于组织降低人力资源成本。人力资源对组织来讲具有重要的意义,但是它在为组织创造价值的同时也产生了人工成本费用,组织不会使自己拥有的人力资源超出需求范围。通过人力资源规划,预测员工数量变化和结构变化,可以把人力资源的数量和质量控制在合理的范围内,既不会造成人力资源的浪费,也不会增加人工成本的支出,从而能有效地降低人力资源成本。

(3)有助于培养员工忠诚度。人力资源规划在调动员工积极性方面也有很大作用,员工的职业生涯设计和职业生涯发展规划都是在人力资源规划的协助下进行的。借助于合理的人力资源规划,组织可以更加明晰组织愿景和资源配置状况,并将相关信息传递给员工,使员工能有更多的机会预见自己职业发展的前景,能有更多的机会参与提升自身素质和工作胜任力的培训,从而提高员工满意度,使员工在工作中获得发掘自身潜力的喜悦与成就感,培养员工的忠诚度,获得更高的工作质量。

(4)有助于人力资源管理活动的有序化。与工作分析一样,人力资源规划是企业人力资源管理的基础,它由总体规划和具体规划构成,为管理活动,如确定人员需求和供给、职务变迁、人员培训和开发、解聘和退休等提供可靠的信息和依据,从而使人力资源管理的各项职能有序进行。

4.1.2　人力资源规划的内容与程序

1.人力资源规划的内容

组织的人力资源规划分两个层次:总体规划和具体规划。人力资源总体规划主要是指计划期内人力资源管理的总原则、总方针、总目标、总体实现步骤和总体预算安排。具体规划是总体规划的展开和时空具体化,每一项具体规划也都由目标、任务、政策、步骤和预算等部分构成,从不同方面保证人力资源总体规划的实现。人力资源规划的主要内容如表4-1所示。

无论是总体规划,还是具体规划,都建立在预测的基础之上。预测包括对未来发展的预见和测量。预见是指根据组织的内外部环境和资源禀赋状况,分析其发展愿景,侧重于定性的判断;测量指在明确发展方向和组织愿景可实现程度的基础上,剖析所需的人力资源的状况,侧重于定量的分析。无论是预见,还是测量,都必须建立在广泛、详细地分析资料的基础之上,都需要对组织所处的宏观环境和组织内部的微观环境进行透彻的了解。

表4-1　人力资源规划的主要内容

计划种类	目标	政策	预算
总规划	总目标(绩效、总量、结构)	基本政策(扩大、收缩、保持)	人力资源平衡措施总预算
人员补充计划	人员的数量、类型、结构、分布等	胜任力标准、来源、薪酬、职业规划等	招聘及筛选和培训费用
人员配置计划	部门编制、能职匹配、职能幅度、绩效期望等	职位规范、职位变迁设计等	人员配置所涉及的职位的总薪酬变化
人员接替和提升计划	后备人员的筛选和考核、人员变动的趋势预测	选拔的标准和程序、提升受阻人员的安置	职位变动而引起的薪酬变化
人才开发	素质及绩效改善的期望、培训及开发计划	培训及开发的方式、考核、时间及培训期间工作安排	培训的投入和产出
劳动关系计划	员工和谐程度、离职率、满意度、忠诚度等	沟通与反馈渠道设计、管理参与度等	营造和谐工作环境的费用
退休和解聘计划	工作安排和劳务成本的变化	退休和解聘的程序	安置费

2.人力资源规划的程序

组织人力资源规划的制度实施程序一般分为四个阶段和六个步骤,四个阶段分别为准备阶段、预测阶段、实施阶段和评估反馈阶段。

六个步骤分别为:

①设立人力资源衡量指标,收集关于人力资源规划的所有信息并进行处理。

②进行组织现有人力资源状况和背景分析。

③进行组织人力资源需求与供给的预测,即利用合适的预测模型估计组织在某一时间段内所需要的人员数量和组织内外部可以供给的人力资源数量。

④就人力资源供需预测进行分析,确定两者是否平衡,就两者的不平衡状况进行分析,并提出解决问题的对策。

⑤制定组织人力资源总体发展规划和具体业务规划。具体业务规划通常包含员工晋升规划、员工培训规划、员工补充规划、员工补偿规划、员工配置规划和员工职业生涯规划等。对所制定的组织人力资源规划进行评估,评估组织人力资源规划是否与组织经营发展战略相符合,人力资源规划实施后可能带来的后果,人力资源规划的投入与人力资源规划的收益相比较是否经济。

⑥根据人力资源规划的评价结果选择适当的规划,投入具体实施,并在实施过程中进行控制和修正。在人力资源规划实施后需要对实施结果进行评价,并依据评价结果进入下一阶段的人力资源规划,如图4-1所示。这样就可以使组织人力资源规划进入下一个延续不断的循环过程,使组织人力资源在这一循环过程中得到持续发展。

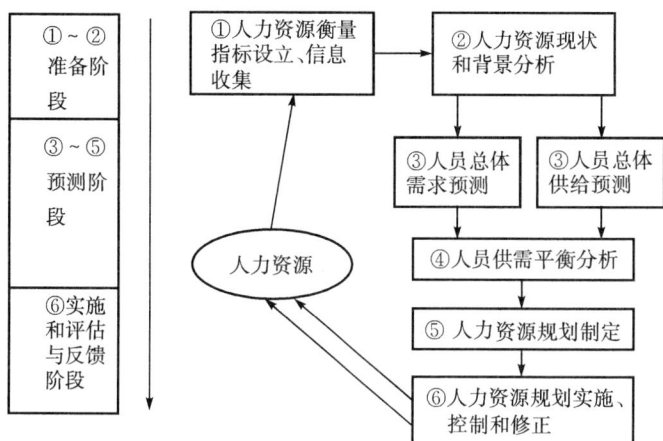

图 4-1　组织人力资源规划程序

4.2　人力资源需求预测

　　人力资源规划是各类组织进行人力资源管理的基础工作。与其他组织相比较,企业具有较大的人力资源规划自主权,因而我们以企业作为各类组织的代表,对其人力资源的供需预测和平衡进行分析。人力资源需求预测是指以企业的战略目标、发展规划和工作任务为出发点,综合考虑各种因素的影响,对企业未来人力资源需求的数量、质量及时间等进行估计的活动。

4.2.1　人力资源需求的影响因素

　　影响企业需求预测的环境因素主要有三大块:企业外部环境、企业内部环境和人力资源自身状况(如表 4-2 所示)。

表 4-2　人力资源需求影响因素

企业外部环境	企业内部环境	人力资源自身状况
经济 社会、政治、法律 技术 竞争者 教育	战略计划 预算 生产和销售预算 新建部门和企业扩张 工作设计 产品质量	退休 辞职 合同终止、解雇 死亡 休假 人员流动

4.2.2　人力资源需求预测的方法

　　进行人力资源需求预测要考虑到多种因素并采取恰当的预测方法,人力资源需求预测的方法分为两大类,即定性预测方法和定量预测方法。

1.定性预测法

定性预测法主要是依靠人们的经验和判断力对未来的需求做出预测,常用的方法有以下几种。

(1)经验预测法。这种方法是企业的各级管理者,根据自己工作中的经验和对企业未来业务量增减情况的直觉考虑,自下而上地确定未来所需人员的方法。具体做法是:先由基层管理者根据自己的经验和对未来业务量的估计,提出本部门各类人员的需求量,再由分管该部门的管理者估算平衡,报上一级的管理者,直到最高层管理者做出决策,然后由人力资源管理部门制订出具体的执行方案。这是一种非常简单、粗放的人力资源需求预测方法,主要用于初步预测或者用于规模小、生产经营稳定、发展较均衡的企业预测。

(2)分合性预测法。这是一种先分后合的预测方法。先分是指企业下属各部门、各单位根据自己的市场任务、技术设备等变化情况,先预测本部门、本单位将来对各种人员的需求,在此基础上组织人力资源规划人员汇总下属各单位的预测数据并进行综合平衡,从中得出整个组织将来某一时期内对各种人力资源的总需求数。这种方法较能发挥下属各级管理人员在人力资源预测计划中的作用,但人力资源部或专职人力资源规划人员要给予下属部门一定的指导。分合预测法比较适合中、短期人力资源预测。

(3)描述法。描述法是组织人力资源部门对组织未来的战略目标和相关因素进行假定性描述、分析,并做出多种备选方案。例如,对某一组织的情况变化描述或假设可能会有以下几种情况:①同类产品可能稳定地增长,同行业中没有新的竞争对手出现,同行业中的技术上也没有新的突破;②同行业中出现了几个新的竞争对手,同行业中技术方面也有较大突破;③同类产品可能跌入低谷、物价暴跌、市场疲软且生产停滞,但同行业中在技术方面会有新的突破。人力资源规划人员可以根据对上述不同的描述和假设,预测和制订出相应的人力资源需求备选方案。这种方法适用于趋势性的预测。如果时间跨度长,环境中的不确定因素较多,就难以进行描述和假设。

(4)德尔菲法。德尔菲法一般采取调查的方式,听取专家们特别是熟悉企业具体情况的人力资源开发与管理专家对组织未来人力资源需求的分析和评估,通过多次重复,最后达成一致意见。这种方法要求比较严格,一般不允许专家之间相互见面,组织者只有通过电话、传真或者网络与各个专家分别进行交流。

德尔菲法的具体过程可以分为四个步骤:

①预测筹划工作。确定预测目标和课题,规定预测要求,选择若干名熟悉本课题的专家组成专家组,准备有关材料。

②首轮预测工作。针对预测项目提出预测问题,将问题设计为调查问卷的形式,将调查问卷和相关背景材料一起交给专家组,各专家以匿名的方式独自做出预测。

③反复预测工作。对各专家的预测进行整理、汇总和统计分析,最后形成第一次预测结果,并把结果反馈给各位专家,进行第二次预测,如此反复进行几轮。

④表述预测结果。经过几次的预测以后,把最后一轮的预测结果加以整理分析,以文字或图表形式表达出来。德尔菲法的整个过程可以用图4-2表示。德尔菲法的有效实施要求征询过程是多轮匿名方式的,并且以专家能够得到充分的信息和要求预测的问题的简单性为前提,且不可苛求专家的预测结果过分精确,应该允许专家做出粗略的估计并提供预测

数字的肯定程度。德尔菲法在实际人力资源预测中已经得到广泛的使用,而且预测的准确性程度也比较高。

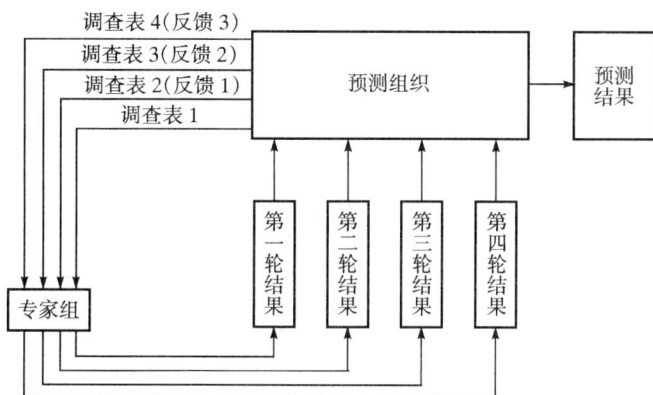

图 4-2　德尔菲法图示

德尔菲法的资金成本和时间成本都比较高,适用于较大规模的企业进行长期的趋势性预测或对重要职位的预测。

2.定量预测法

(1)工作负荷法。工作负荷法即根据历史数据,先算出对某一特定的工作每单位时间(如每天或每年)的每人工作负荷(如产量),再根据未来的生产量目标(或劳动目标)计算出所完成的工作任务量,然后根据前一标准折算出所需的人力资源数。下面以一个例子说明工作负荷法的应用。

[例 4-1]　某工厂为了满足市场日益增长的需要,新设一车间,其中有四类工作,根据已有资料得知,这四类工作所需标准任务时间分别为:0.5 小时/件、2.0 小时/件、1.5 小时/件和 1.0 小时/件。该厂新设车间的工作量估计如表 4-3 所示,假设每人每年工作小时数为 1800 小时,请预测该车间未来三年操作所需的最少人数。

表 4-3　某新设车间的工作量估计　　　　　　　　单位:件

工作	第一年	第二年	第三年
工作 1	12000	12000	10000
工作 2	95000	100000	120000
工作 3	29000	34000	38000
工作 4	8000	6000	5000

解: 本例中未给出工作类型,也没有说明四种工作之间是否具有可替代性,需要进行讨论:

第一种情况:四种类型的工作不具有可替代性

第一年所需最少人数为

$12000 \times 0.5/1800 + 95000 \times 2.0/1800 + 1.5 \times 29000/1800 + 1.0 \times 8000/1800 = 3.33 +$

105.56＋24.17＋4.44

采用进一法取整,第一年所需人数为 4＋106＋25＋5＝140(人)

第二种情况:四种类型的工作具有可替代性

第一年所需最少人数为

(12000×0.5＋95000×2.0＋1.5×29000＋1.0×8000)/1800＝137.5(人)

采用进一法取整,第一年所需最少人数为 138 人。

思考:

①这两种情况除了人力资源的数量有所差别外,还会导致人力资源管理的哪些职能有所不同?

②如果该厂进行员工培训,改革操作方法,使每年劳动生产率提高3％,那么第二年、第三年最少需要多少员工?

(2)一元线性回归预测法。一元线性回归预测法认为在影响人力资源需求的各因素中,存在某一主要的因素对人力资源需求起到极大的影响作用,以至于可以忽略其他因素。例如,学生规模是影响教师数量的重要因素,就诊病人数量是影响医生人数的重要因素等。如果是根据整个企业或企业中各个部门在过去人员数量的变动趋势来对未来的人力需求进行预测,而不考虑其他因素对人力需求的影响,就意味着时间是影响人力资源需求的唯一因素,根据过去的人力资源需求来推断未来即趋势预测法。

如果一个企业人力资源预测对象与某一变量的直线相关趋势成立,就可以建立预测人力资源的一元线性回归模型,模型为:

$$Y = a + bx$$

式中:Y——人力资源预测对象;x——自变量,即相关因素数据;a,b——模型参数。

根据 Y 和 x 的已知样本数,可以利于最小二乘法求得参数 a,b 的估计值 $\hat{a},\hat{b}$。

$$\hat{b} = \frac{n\sum_{i=1}^{n}x_iy_i - \sum_{i=1}^{n}x_i\sum_{i=1}^{n}y_i}{n\sum_{i=1}^{n}x_i^2 - (\sum_{i=1}^{n}x_i)^2}$$

$$\hat{a} = \frac{\sum_{i=1}^{n}y_i - \hat{b}\sum_{i=1}^{n}x_i}{n}$$

这样就可以得到用于预测企业人力资源的一元线性回归预测模型:$\hat{Y}=\hat{a}+\hat{b}x$。

让我们通过例 4－2 来了解趋势预测法。

[例 4－2] 某企业的专业技术人员见表 4－4,现在根据这些数据预测企业在 2020 年和 2025 年所需的专业技术人员数。

表 4－4 历年某企业专业技术人员统计表

X(年度)	(1) 2012	(2) 2013	(3) 2014	(4) 2015	(5) 2016	(6) 2017	(7) 2018	(8) 2019
Y(专业技术人员)	214	223	227	238	248	253	265	276

解 下面先算出以下几个值,以便带入 $\hat{a}, \hat{b}$ 的公式中计算。

已知 $n=8$

$$\sum_{i=1}^{n} x_i = x_1 + x_2 + x_3 + \cdots + x_8$$
$$= 1 + 2 + 3 + 4 + 5 + 6 + 7 + 8 = 36$$

$$\sum_{i=1}^{n} x_i^2 = x_1^2 + x_2^2 + x_3^2 + \cdots + x_8^2$$
$$= 1^2 + 2^2 + 3^2 + 4^2 + 5^2 + 6^2 + 7^2 + 8^2 = 204$$

$$\left(\sum_{i=1}^{n} x_i\right)^2 = (x_1 + x_2 + x_3 + \cdots + x_8)^2$$
$$= (1 + 2 + 3 + 4 + 5 + 6 + 7 + 8)^2 = 36^2 = 1296$$

$$\sum_{i=1}^{n} y_i = 214 + 223 + 227 + 238 + 248 + 253 + 265 + 276 = 1944$$

$$\sum_{i=1}^{n} x_i y_i = 1 \times 214 + 2 \times 223 + 3 \times 227 + 4 \times 238 + 5 \times 248 + 6 \times 253 +$$
$$7 \times 265 + 8 \times 276 = 9114$$

将计算结果带入 $\hat{a}, \hat{b}$ 公式可以求得:

$$\hat{a} = \frac{n\sum_{i=1}^{n} x_i y_i - \sum_{i=1}^{n} x_i \sum_{i=1}^{n} y_i}{n\sum_{i=1}^{n} x_i^2 - \left(\sum_{i=1}^{n} x_i\right)} = \frac{8 \times 9114 - 36 \times 1944}{8 \times 204 - 1296} = \frac{2928}{336} = 8.71$$

$$\hat{b} = \frac{\sum_{i=1}^{n} y_i - \hat{b}\sum_{i=1}^{n} x_i}{n} = \frac{1944 - 8.71 \times 36}{8} = \frac{1630.44}{8} = 203.81$$

由此,可以得出线性预测模型:

$$\hat{Y} = \hat{a} + \hat{b}x = 203.81 + 8.71x$$

由于 2020 年和 2025 年的年度顺序号分别为 $x=9, x=14$。将其带入公式 $\hat{Y} = \hat{a} + \hat{b}x = 203.81 + 8.71x$,可以得到预测值:

$$Y(2020) = 203.81 + 8.71 \times 9 = 282.2 \approx 282(人)$$

$$Y(2025) = 203.81 + 8.71 \times 14 = 325.75 \approx 326(人)$$

(3)多元回归预测法。多元回归预测法与一元趋势回归预测法不同的是根据多个变量的变化来推测与之有关的因变量的变化。企业中人力资源需求的变化总是与某个或某几个因素关联的,如果能够找出和确定人力资源需求随各因素变化趋势,就可推测出企业将来对人力资源的需求。

目前,这些计算工作都可以通过计算机软件来完成,作为人力资源管理人员,需要把握的是与组织人力资源需求相关的因素及因素之间的关系。

人力资源需求预测技术按其精确程度可分为四级。一级最为简单,四级最为复杂、精确。一般情况下,较小的企业其人力资源需求预测均从一级开始,随着企业规模的扩大,预测经验的丰富,逐步向高级预测技术阶段发展,如表 4-5 所示。

表 4-5　人力资源需求预测技术等级表

一级	二级	三级	四级
管理讨论决定企业短期内经营目标及人力资源需求该阶段具有较强的主观性	包括人力资源需求的年度预算计划,尽可能注重人才需求的数量和质量,明确需要采取行动的局部或全部问题	利用计算机检索人才流动的趋势,减轻管理者负担	采用数学模型或其他计算机仿真模型来预测人员流动,建立系统完整的人力信息系统和其他机构随时交换各种人力信息

(4)转换比率分析法。人力资源需求分析实际上是要揭示未来的经营活动所需要的各种员工的数量。人力资源预测中的转换比率法首先估计组织需要的具有关键技能的员工的数量,然后再根据这一数量来估计秘书、财务人员和人力资源管理人员等辅助人员的数量。组织经营活动规模的估计方法是:

$$计划期末需要的员工数量 = \frac{目前的业务量 + 计划期业务的增长量}{目前人均业务量 \times (1 + 生产的增长率)}$$

按照上述方法,假设某商学院在 2019 年有 MBA 学生 1500 人,在 2020 年计划扩招 300 人,目前平均每个教师承担 15 名学生的工作量,生产率保持不变,那么,在 2020 年该商学院就需要教师 120 名。

4.3　人力资源供给预测

人力资源供给预测是指为了满足企业在未来一段时间内的人力资源需求,而对将来某个时间内企业从其内部和外部可以获得的人力资源的数量和质量进行预测。人力资源供给预测分为内部人力资源供给预测和外部人力资源供给预测。

外部人力资源供给预测的目的是对劳动力市场的供求状况、可能为企业提供各种人力资源的渠道以及与企业竞争相同人力资源的竞争对手进行分析,从而得出企业可能从外部获得的各种人力资源的情况,并对获得这些人力资源所需的代价和可能出现的困难和危机做出提前预计。

内部人力资源供给预测主要是对企业内部员工的情况进行分析,包括员工的人数、年龄、技术水平、发展潜能、流动趋势等,从而预测未来一段时间内企业内部可以有多少员工稳定地保留在企业之中,有多少员工有发展和晋升的可能性。

4.3.1　人力资源供给的影响因素

影响企业人力资源供给的因素主要来自企业外部,一般地,从影响外部人力资源供给的因素所涉及的地域范围可将其分为三大类:行业性因素、地区性因素和全国性因素。

(1)行业性因素。行业性因素主要有:企业所处行业的景气程度,行业发展前景,行业内竞争对手的数量、实力及其在吸引人才方面采取的措施,本企业在行业中所处的地位及对人才的吸引力。

(2)地区性因素。地区性因素主要有:公司所在地和附近地区的人口密度、就业水平、就业观念、科技文化教育水平,公司所在地对人们的吸引力、临时工的供给状况、住房、交通、生活条件。

(3)全国性因素。全国性因素主要有:国家的经济发展情况、技术发展的变化态势、劳动人口变化趋势、劳动力结构和模式的发展动态、各类学校毕业生规模与结构、教育制度变革，如学制缩短或延长、教育内容改革对人力供给的影响，国家就业法规、政策的影响，影响人们进入和退出劳动力队伍的其他因素等。

4.3.2 人力资源供给预测的方法

1.人力资源内部供给预测的方法

（1）人员核查法。核查人力资源的关键在于核查人力资源的数量、质量、结构和在各职位上的分布状况，掌握组织拥有的人力资源状况。通过核查，可以了解员工在工作经验、技能、绩效、发展潜力等方面的情况，从而帮助人力资源规划人员估计现有员工调换工作岗位的可能性大小，测定哪些人可以补充企业当前的职位空缺。为此，在日常人力资源管理中，要建立一个良好的人事管理信息系统，形成与员工个人和工作情况相关的动态资料，以备管理分析使用。人力资源信息应包括员工的培训背景、工作经历、持有的证书、已经通过的考试、主管能力评价等（见表 4-6）。

表 4-6　员工基本情况调查表　（填表日期:××年×月×日）

姓名		到职日期		科室		工作地点	
部门		出生年月		职务		职　称	
教育背景	类别		学校		毕业日期		专业
	高中						
	中专						
	大专						
	大学						
	硕士						
	博士						
工作经历	工作单位		起始时间		结束时间		担任的工作
培训背景	培训主题		培训起止时间			培训机构	
技能	技能种类		证书		发证单位		发证时间
志向	是否愿意到其他部门工作		否	是		愿去部门	
	是否愿意承担其他类型工作		否	是		愿承担工作	
	是否愿意接受工作轮换		否	是		愿轮换工作	
需要接受何种培训	改变现有技能和业绩			培训内容			
	提升所需要的经验和能力			培训内容			
主管评价				主管签字			

（2）接替图表法。接替图表法是通过一张人员替代图来预测组织的人力资源供给。接替图表法将每个职位均视为潜在的工作空缺，而与职位相关的每个人均是潜在的供给者，以员工的绩效作为预测的依据，当某位员工绩效过低时，组织将采取辞退或重新进行工作配置的方法；而当员工绩效很高，并且表现出具有适应其上级职位的潜能时，将被提升。通过人员替代图我们可以清楚地看到组织内人力资源供给与需求状况。

接替图表法对人力资源供给进行预测的基本思路是：①通过工作绩效考核和其他业务、心理、个性考核，确定可以提升或需要调任其他岗位的人员；②确定某岗位现有人员和可提升人员的数量；③确定规划期内每个岗位将要退休和辞退的人员；④根据上一级岗位退休、辞退、外部招聘的数量，确定实际提升的人员数量；⑤可提升人员减实际提升人员就是提升受阻的人员数量；⑥实际提升上去的人员数量加退休、辞退的人员数量就是需要从下一级岗位提升上来的人员数量；⑦将上述数值按照图4-3的形式排列在一起，就可以得到人员接替模型；⑧利用人员接替模型可以非常清晰地看到每一级岗位有可能获得的人力资源供给（可提升人员）。

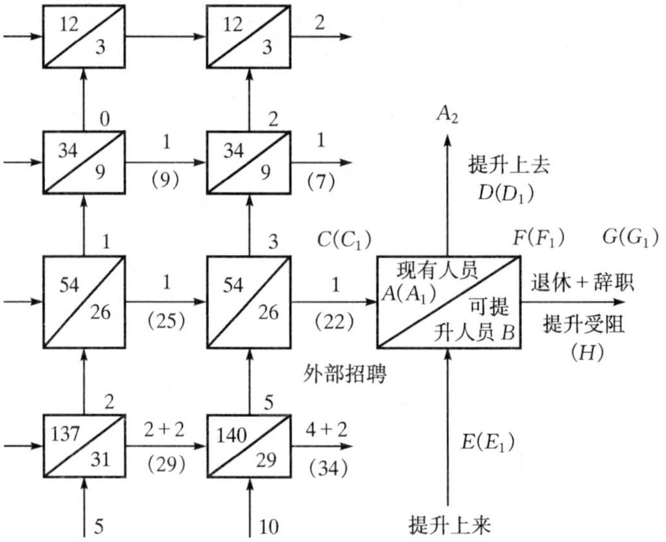

其中，$B = D + H$ $A_2 = A_1 + C_1 + E_1 - D_1 - F_1 - G_1$

图4-3 人员替代图

（3）马尔柯夫预测法。马尔柯夫预测法的基本思路是：找出过去人力资源变动的规律，并假设组织未来人力资源变动的规律不变，以此来推测未来的人力资源变动趋势，即在预测期内，员工的职位变动率是恒定的。

马尔柯夫预测的基本步骤分为两步。第一步：根据企业人力资源变动的历史数据编制一个人员变动矩阵表，如表4-7所示。表中每一个因素表示从一个时期到另一个时期人员变动的历史平均百分比。若掌握组织的相关人员在过去各时期变动的资料越多，在此基础上分析出来的人员变动规律就越准确。表4-7表明，组织的人员变动规律为：平均80%的高层管理者仍在该组织内，20%退出；70%的基层管理者留在原工作岗位，10%被提升为高层管理者，20%离职；80%的高级会计师留在原工作岗位，5%被调任基层管理者，5%被降职为会计员,10％离职;65％的会计员留在原工作岗位,15％被提升为高级会计师,20％离职。

表4－7　某公司人员变动矩阵表

	人员变动概率				
	高层管理者	基层管理者	高级会计师	会计员	离职
高层管理者	0.80				0.20
基层管理者	0.10	0.70			0.20
高级会计师		0.05	0.80	0.05	0.10
会计员			0.15	0.65	0.20

第二步:将计划初期每一种工作的人员数量与人员变动概率相乘,然后纵向相加,即得到企业内部未来各层次、各类型人员的净供给量,如表4－8所示。

表4－8　某公司人员内部供给预测

	初期人员数量	高层管理者	基层管理者	高级会计师	会计员	离职
高层管理者	40	32				8
基层管理者	80	8	56			16
高级会计师	120		6	96	6	12
会计员	160			24	104	32
预计人员供给量		40	62	120	110	68

2.人力资源外部供给预测的方法

(1)分析影响企业外部人力资源供给的主要因素。组织职位空缺不可能完全通过内部供给解决。组织人员因各种主观和自然原因退出工作岗位是不可抗拒的规律,也就是说组织的人力资源总规模是会发生变化的,组织内部的人力资源供给只是内部人员之间工作岗位的转换,不会改变人力资源总量缺乏的状况,所以,组织必然需要从外部不断补充人员。

影响组织外部劳动力供给的因素主要有:

①人口因素。人口现状直接决定了组织现有外部人力资源供给状况。在人口因素中对组织外部人力资源供给产生最主要影响的是人口规模、人口结构和人口政策。

人口规模对人力资源供给总量具有最为直接的作用。人口规模大,进入就业段的人数就多,组织外部的人力资源供给就充分。在大规模的人口基础上形成的巨大的就业压力,会迫使劳动者不断提高自身的素质,同时为了保证其工作岗位,也会在工作中更加认真负责,从而使全社会人力资源的供给数量和质量都得到极大提高。但是如果人口规模过于庞大也会引起另外一些问题,例如资源紧缺、就业困难等,尤其是当社会失业率过大,会给在职员工造成过于巨大的心理压力,影响创造性的劳动。

人口结构包括可就业结构、能力结构、年龄结构、性别结构等,这些因素都会对人力资源的供给产生影响。由于可就业结构、能力结构等方面的问题,可能会出现在总量过剩的背景下的结构性不足以及在总量不足基础上的结构性剩余。我国当前的劳动力供给在这方面的问题就十分突出。虽然在全国范围内,劳动力的总供给超过了劳动力的总需求,但是在一些岗位,尤其是一些科技含量较高或需要创造性工作的行业,劳动力的供给明显不足。在有些情况下,劳动力的供给结构也许比劳动力的供给总量更为重要,对组织来说更是如此。人力资源之所以是第一资源,就在于这种资源具有主观能动性,其价值与其本身所具有的能力成正比。在产业结构的演进过程中,人才供给结构的配置在一定程度上制约着产业结构的水平,尤其在转变经济增长方式的进程中,要摆脱过度依赖能源物质消耗的经济增长方式,关键性因素在于科技创新,而科技创新所依赖的是人才。尽管我国区域间经济发展状况存在着较大的差异,但人才供给的类型、层次和结构要适应产业结构布局和调整的要求却是一个共性的问题。人才集聚程度、自主创新能力、经济社会发展水平这三者之间存在着积累循环的关系。一方面通过人才集聚促进自主创新,另一方面又通过自主创新培养和吸引人才,只有人才集聚与自主创新互相推动,落后地区才能超越社会经济发展水平的自然限制,提升其自主创新能力,促进本地区的社会经济快速发展,使落后地区的人才集聚、自主创新和社会经济发展走上良性循环的轨道。在进行人力资源规划时,重点是对人力资源能力结构的分析,数量的测量必须以质量为依据。

人口政策对组织人力资源供给产生最大影响的是有关人力资源就业、迁移、劳动力准入等方面的政策。目前,无论是发达国家还是我国都有就业准入逐步放开的趋势。联合国国际移民组织(IOM)与全球化智库(CCG)联合发布的《世界移民报告 2018》中指出:国际移民数量大幅上升,大多数移民生活在高收入国家。全球国际移民数量已从 1990 年的 1.53 亿上升至 2015 年的 2.44 亿,占世界总人口比重的 3.3%,其中 72% 为工作年龄移民(20～64岁)。欧洲和亚洲接收了全球移民总数的 62%,美国是最大的移民目的国,印度是最大的输出国。2/3 的国际移民生活在高收入国家,数量达 1.57 亿;7700 万生活在中等收入国家;900 万移民至低收入国家。中国迁移至国外生活的人口为 1000 万,其中 200 万生活在美国,主要由留学生构成。网络、信息技术的发展使国际移民变得越来越普及,人口政策也从国家治理向国际治理发展。2009 年 5 月,欧盟借鉴"绿卡"计划,推出"蓝卡"计划,对技术移民给予了许多优惠条件,期望通过引进高技术人才提高欧盟竞争力,推动经济增长,缓解人口老龄化给欧洲带来的劳动力短缺问题。

②劳动力市场发育程度。良好的发育成熟的劳动力市场,将有利于劳动力顺利地进入市场,并由市场工资率的变动引导劳动力的合理流动。劳动力市场发育不健全,势必影响人力资源的优化配置,亦给组织预测外部人员供给带来困难。

劳动力市场发育的程度主要表现在:劳动力供给和需求信息的沟通程度、劳动力市场的价格机制、社会就业意识和择业心理偏好及劳动力流动的条件。

劳动力供求信息的充分沟通,就业需求和招聘信息能够及时地相互交流,就可以为组织和劳动力提供更多的、更加恰当的机会,否则,没有良好的信息沟通,就可能出现劳动者找不到理想的就业岗位,而组织的就业岗位有没有相应的人员来及时补充的现象。目前,我国的劳动力市场还没有达到省级联网、信息互通,在很大程度上影响到需要人力资源的组织和求职者的信息沟通。

劳动力市场的价格机制的作用在于可以引导劳动力的流动,实现资源的优化配置。没有自主的、反映市场供求变化的劳动力价格机制,就不能给劳动力以正确的发展指向,就可能造成劳动力的结构性缺乏或者剩余。

社会就业意识和择业心理偏好对人力资源供给的影响表现在:一方面,如果应聘者的职业期望值过高,超过了自己的劳动价值和市场发展的状况,就可能使劳动力的供需发生脱节。另一方面,也会使已经就业的劳动者不能安心于自己的工作,增加组织的人员不稳定因素。近几年来,我国出现了持续的"公务员"热,大量人力资源热衷于流向机关事业单位。人力资源趋向流入财富分配部门,而不是财富创造部门,将会对生产力的持续发展造成不利的影响。

劳动力就业的条件或者说劳动力自由流动的条件包括制度条件、工作条件和生活条件。严格的户籍制度会制约组织外部人员的供给,没有良好的工作条件也会减低劳动者流动的要求,当然在劳动者流动的过程中,生活条件的配备也具有非常重要的作用。任何一种条件的限制,都会制约组织的外部人员供给。

③社会因素。社会风俗习惯、运输系统质量的高低、与产品市场的接近程度、平均的劳动力服务期限、妇女就业市场及地理因素都会影响组织的外部劳动力供给。例如,大城市的企业相对来说就拥有更充裕的人力资源供给。

(2)外部人力资源供给预测。组织外部人力资源供给的主要渠道有:各类院校应届毕业生、本市场的失业人员或者等待进入工作岗位的人员、其他组织和组织的在职人员,外地区流入本市场的流动人员、复员军人等。

对组织外部人力资源供给的预测可以根据不同的人力资源供给渠道,针对不同的人力资源供给的特点进行预测。

例如:对各类院校应届毕业生的预测就可以根据规划期内各个院校即将毕业的毕业生数量之和作为组织可以预测的毕业生总供给数量。有的组织会与提供生源的关键院校保持长期的合作关系,密切跟踪目标生源的情况,及时了解可能为组织所用的目标人才的状况。

复员转业军人,由国家指令性计划安置就业,也较易预测。

比较困难的是城镇失业人员和流动人员的预测,在预测过程中必须综合考虑城镇失业人员的就业心理、国家就业政策、政府对农村劳动力进城市的控制程度以及其他一些因素。

对于其他组织在职人员的预测则需考虑诸如社会心理、个人择业心理、组织本身的经济实力以及同类组织工作要求相当人员的福利、保险、工资、待遇等因素。

对在职人员和应聘人员进行分析。分析的内容包括:组织近期雇用的人员来自哪些行业和组织、这些人员受聘或求聘于组织的原因、各空缺职位的应聘者数量和质量,对组织在职人员和应聘人员进行分析也会得出未来的组织人力资源供给状况的估计。

在组织制定人力资源规划的过程中,外部人力资源供给总量的预测虽然对规划的制定有一定的作用,但是在许多情况下宏观性的供给总量的预测往往是政府部门的职责,组织在进行人力资源规划的过程中可以参考有关的统计预测资料。对组织来说,外部供给的预测更主要的是对某一个具体的岗位、在一个具体的价格下,通过确定的招聘渠道,组织获得的人力资源外部供给的预测。

对组织来说,外部的人力资源供给在某种程度上可以视为是无限的,因为在整个社会的人力资源市场上通常存在着远远超过组织需要的人力资源。所以在组织的人力资源供给预测中,在一定价格上的供给预测就显得十分重要。如果组织可以为人力资源提供的价格是无限的,该组织所能够获得的人力资源供给也就是无限的,如果在一个市场上供给不足,还会引导其他市场的人力资源向这个市场流动。所以,组织人力资源供给的预测只能是一定价格基础上的预测。

人力资源供给的预测还必须分不同的岗位分别进行预测,因为笼统的整体预测,对于制定人力资源规划没有实质性的意义,整体市场的人力资源充分供给并不代表个别岗位的充分供给。

由于上述原因,在组织外部的人力资源供给预测中通常采用回归预测模型法,其步骤为:

①确定某岗位人力资源供给的主要影响因素。

②建立以一定的价格为基础的回归预测模型。

③对某一个具体职位的人力资源供给进行预测。

3.人力资源管理信息系统与人力资源供需预测

网络和信息技术的飞速发展,新生代员工就业理念的转变使得人力资源管理供需预测更为动态、复杂,及时掌握员工质量与数量变化的动态信息,才能精准预测。人力资源管理信息系统(human resources management information system,HRMIS)是用来搜集、处理、储存和发布人力资源管理信息的软件系统,能够提供动态的、即时性的人力资源管理制度和作业流程信息,如员工管理办法、绩效考核制度、薪资制度、职位说明书、人员变动信息等,为组织人力资源管理活动的开展提供决策、协调、控制、分析以及可视化等方面的支持。员工也可以通过HRMIS反映个体化的诉求,例如对薪酬福利的需求、培训意愿和工作建议等。

HRMIS特点在于:任何两家组织的HR管理没有相同或者可以借鉴的,组织的不同发展阶段以及大环境的变化都要求人力资源管理随着环境变化而变化,因此对于HRMIS而言,基本架构可能相似,但是具体内容是个性化的。例如针对绩效管理,用户自己定义到底是KPI模式,还是OKR模式。组织可以自己定义人力资源管理规划模块的功能。定义人力资源管理供给和需求模块,并构建与其他模块的关系,形成动态的、流程化的人力资源规划信息系统。图4-4显示了人力资源规划涉及的主要信息模块及各模块之间的关系。当然,人力资源管理必然受到组织经济状况的影响,但是在满足薪酬总额约束的情况下,主要是与绩效管理、人员招聘、人员培训和人员变动信息相关。

HRMIS将员工、管理人员和人力资源部门联系在一起,不仅仅限于信息技术在人力资源管理领域的简单运用,更带来了组织中人力资源管理方式及效果的显著变化,如网络招聘、在线培训等带来的成本降低、效率提高和员工服务模式的改进等,同时也产生了人力资源管理供需预测的新方法。HRMIS的操作包括人力资源管理部门的行政工作,目的是借助于自动化工具和信息技术的支持提高人力资源管理部门的工作效率,具体应用如薪酬系统、电子考勤记录等;此外涉及组织系统制度的具体设计和实施,力图通过改善人力资源服务质量和直接授权员工,达到管理和维持员工与组织之间互动关系的目的,常见的应用包括网络招聘、电子化绩效考核和经理自助服务系统等;同时涉及战略人力资源开发与管理活动的特

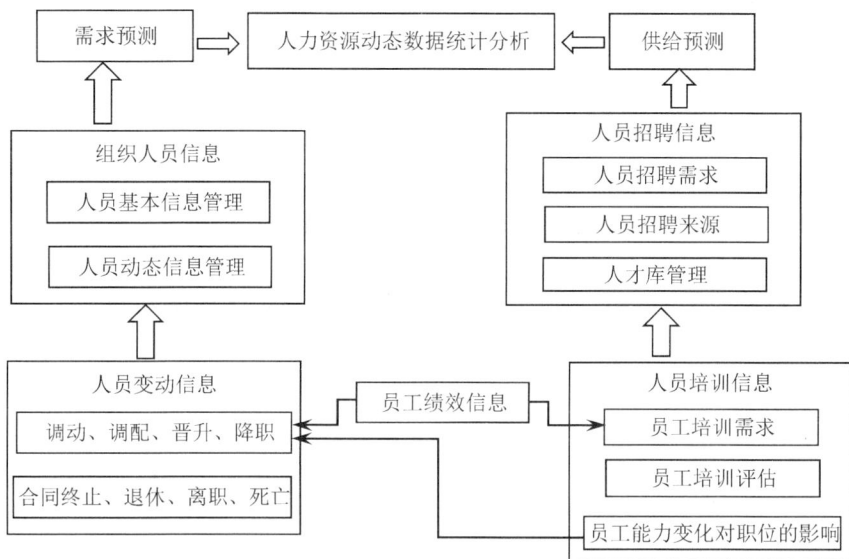

图 4-4 人力资源规划信息系统基本架构

点,旨在通过促进人力资源职能对组织战略目标实现的直接影响,使人力资源管理实现向战略合作伙伴角色的转型,从而重视如人才管理系统、知识管理系统等具体应用。HRMIS 可以实现员工实际工作效果和效率的监测,有利于人力资源管理部门掌握组织内部人力资源的供给和需求的质量和数量;此外,HRMIS 的自动化的招聘和筛选系统,有助于组织掌握外部人力资源供给的情况,便于组织雇用有潜力、有能力的员工。

HRMIS 通过实现办公无纸化、减少行政性工作人力化和促进人力资源通信管理网络化来帮助组织减少人力资源供需预测的基础开支、缩短沟通时间和提升执行效率;同时通过管理信息系统为员工提供电子学习和培训,提高员工质量,使人力资源供需预测关系更为清晰;动态的信息化的人力资源供需平衡可以使人力资源管理部门从琐碎的行政事务中解放出来,承担起组织战略合作伙伴的角色,同时让所有的人力资源管理工作流程都在网络上进行,实现及时的信息沟通。可以预测,在网络和数据飞速发展的背景下,HRMIS 在人力资源供需预测方面将大有可为。

4.4 人力资源供给和需求的平衡措施

4.4.1 人力资源供需平衡的含义

人力资源供需平衡就是组织通过增减人员、人员结构调整等措施使组织的人力资源需求与人力资源供给达到基本相等的过程。组织人力资源供与需求实现平衡的标志是组织生产和发展所需要的人力资源都能够及时地、分岗地得到满足,同时在组织中不存在富余人员,每个人的工作量处于满负荷状态。

4.4.2　人力资源供需的状态

在人力资源需求和供给之间存在供求数量的三种可能关系:

(1)供求平衡。组织人力资源供求平衡,表明组织不仅在人力资源供求总量上达到平衡,在层次、结构上和岗位上也实现了平衡,这种状况一般在组织中只能是短期的现象,因为组织的人员流动、退休、辞职、职务晋升等都会打破这种平衡。

(2)供不应求。人力资源供不应求即供小于求,组织没有获得其发展所需的人力资源,将有可能使其他的资源空置,从而形成浪费。

(3)供过于求。人力资源供过于求即组织内部存在冗员现象,或员工的生产或工作效率低,人力资源的潜力没有体现。

除了从人力资源数量上考虑得到三种平衡状态外,结构失衡与否也是组织应该考虑的,即在组织总体人力资源供求平衡的状态下,也有可能在局部仍存在退休、离职、晋升、降职、补充空缺、不胜任职位要求的职位调整等平衡活动的需要。

4.4.3　人力资源供需平衡措施

人力资源规划就是要根据组织人力资源供求预测结果,制定相应的政策措施,使组织未来人力资源供求实现平衡。供求平衡就是理想状态,而后两种就是供求不平衡的状态,需要组织采取一定相应措施进行调整。

1.人力资源供求平衡状态下的政策

当组织人力资源供求达到平衡时,如果在规划期内可以预见组织的人力资源供给和需求都不会变化,人力资源规划基本政策的核心就是保持这种平衡状态,使现有的人力资源更好地发挥作用。这时,规划的主要内容是对现有员工的激励、保持和发展,人力资源规划的重点是员工激励和保持规划。

2.供不应求状态的调整

组织在人力资源供不应求的状态下,可通过以下途径进行调整:

(1)外部招聘。作为最常用的调整方法,外部招聘可使组织较快地得到熟练员工以满足一线生产需要,但从外部招聘的管理人员需要一段时间熟悉组织内部情况,见效较慢。

(2)内部招聘。组织的职位空缺先考虑内部员工,成本较低,提供了员工发展空间,技能变化不大的职位调整不会带来生产率的损失,提升到比较复杂的职位的员工必须有培训机会。

(3)聘用临时工。临时工不会引起和在职员工一样的福利开支成本问题,用工形式灵活,适于产品季节性较强等特定的组织。

(4)延长工作时间。加班的灵活性使组织在工作量临时增加时可以从容应对,但是加班不应该是变相地违法延长工作时间,也不应该以降低员工的工作质量为代价来推行。需要特别注意的是,加班也应该有一定限度,如果一个组织天天加班或使员工加班频率过高,就会使得员工很反感,及时给员工一定补助他们也未必乐意,因为随着当今生活节奏的加快,工作生活的压力加大,人们对于休闲娱乐等精神享受往往会高于对挣钱的效益评价。这样不但对组织内部来说降低了生产效率,而且对外部来说,可能会引起对本组织实力及生产能力以及对待员工态度的怀疑,影响组织外部形象。另外,加班也要在法律规定的时间长度范围内。

(5)内部晋升。在员工对于工作的适应性强的同时提高了员工职业规划的"含金量",提高了士气。

(6)技能培训。对于员工进行必要的技能培训应该是组织常抓不懈的事情,可使组织近期与远期的各层次的工作都能有符合一定质量要求的人力资源供给。

(7)工作设计。当组织难以在市场上招聘到自己紧缺特定类型人才时,可以通过修改工作说明书,调宽员工工作范围或责任范围,增加员工工作量,以解决人才短缺问题。

(8)工作外包。将非核心、技术含量不高的劳动密集型工作外包给其他组织,本组织只掌握核心技术,从而满足人力资源不足的情况下组织持续发展的需要。

(9)提高企业资本技术有机构成。通过技术创新,使用一些自动化程度较高的设备替代人力资源。在采用这种措施时需要注意比较引进设备和吸纳人力资源的成本。如果引进的是通用设备,而且产品具有较长的寿命周期,可以考虑采用此措施。

(10)缩减业务。当人力资源供给非常紧张时,可以考虑业务重组,减少利润率较低、发展潜力有限的业务。

3.供过于求状态的调整

组织在人力资源供过于求的情况下,可以通过以下途径进行调整:

(1)提前退休。在合法的前提下,提前退休通过放宽退休资格条件(年龄等)促使更多的员工提前退出工作场所,在退休条件吸引力较强时可取得明显的减员效果,但对于组织的后续经营则增加了成本。

(2)减少人员补充。作为改变人力资源供过于求的最常用的方式,不会给组织带来像裁员那样的冲击,但减少人员补充方法的操作空间相对受限多,减员效果不甚明显。

(3)增加无薪假期。这有助于解决短期人力资源过剩的问题,而且还能体现出组织以人为本的管理理念,增加组织声誉,提高员工满意度。不过这对于组织来说,无形中增加了对于剩余员工支付工资的成本。

(4)裁员。裁员指在人力资源供过于求的状态下,剥离人员冗余、预期业务发展前景较差的部门,遣散该部门全部或大部分员工,是效果最明显、最直接的方法。值得注意的是裁员有可能对组织形象产生不良影响,而且组织也需要支付一定的成本。为降低人工成本,特斯拉于2019年3月解雇了其全球招聘团队的半数员工,被裁人员根据其在公司工作的时间获得一定数额的遣散费。裁员的核心是节约人工成本,往往是由于组织发展决策的失误或外界环境变化导致的,是组织战略转型的衍生品,有可能裁掉一些工作兢兢业业、能力较强的员工。即使某些员工能够较好地履行职位规范,也有可能被裁掉,即员工成为组织发展的牺牲品,要承担不是因为自己本身错误而导致的后果。

(5)辞退。辞退指的是组织本身仍需要某些业务,需要相应的人力资源去履行,但是由于任职者不能胜任或难以达到预期的结果而被辞退,即失去工作是由于自身能力不适应职位要求导致。一般,首先裁减掉那些主观上已有"离心"意愿、绩效低下的员工,向"背包袱走路者"提供优厚的离职金等,均能够减少裁员对于在职员工的负面冲击,也能减少组织形象受损的机会。

(6)人力资源外包。当组织人力资源供大于求的情况是周期性的或短期的,可以进行人力资源外包,即由组织将部分暂时没有承担工作的人员组织起来,去完成其他组织的工作。当组织需要人力资源时,就可以很快补充进来。这样可以减少组织辞退员工以及重新招聘、培训员工的费用。

(7)减薪。人力资源供不应求往往使组织面临成本压力。组织如果采用全员等比减薪的方法,全体员工共渡难关,可能会鼓舞员工的士气,发掘员工的潜力,从而迎来新的发展契机。

(8)寻求新的发展机会。人力资源供大于求是可供给人力的数量与需要完成的业务量之间的矛盾。组织可以寻求新的发展机会,开辟新的发展领域,既有助于平衡供需矛盾,还可以增强组织持续发展能力。这种措施对组织管理者的管理水平要求较高。

(9)培训储备。社会快速发展,要使组织在动态环境中保持可持续发展能力,应当进行适当的人力资源储备。如制订全员轮训计划,使员工始终有一部分在接受培训,减少在岗人员,为组织未来的发展进行人力资源储备。

4.5 人力资源规划的实施及控制

在人力资源规划实施阶段,在需求与供给的基础上,人力资源管理人员根据两者的平衡结果,制定出人力资源总体规划和业务规划,并制定出实施平衡需要的措施,使组织对人力资源的需求得到满足。

4.5.1 人力资源业务规划的主要内容

1.人力资源总体业务规划

人力资源总体规划着重于人力资源方面的总的、概括性的策略和有关的重要方针、原则和政策,一般包括以下几个方面的内容:

①阐述在战略计划期内组织对各种人力资源的需求和各种人力资源配置的总的框架。

②阐明与人力资源有关的重要方针、政策和原则,如涉及人才的招聘、晋升、降职、培训和发展、奖惩和工资福利等方面的重大方针和政策。

③确定人力资源投资预算总额。

④确定组织人力资源净需求。人力资源净需求是组织人力资源需求预测与内部供给预测的差值,同时还应考虑到新进人员的损耗。

通常有两类人力资源净需求,一类是按部门编制的净需求,表明组织未来人力资源规划的大致情况,如表4-9所示。

表 4-9　某部门人力资源净需求表　　　　　　　　　　单位:人

	项目	2015 年	2016 年	2017 年	2018 年	2019 年
需求	1. 年初人力资源需求量	120	140	140	120	120
	2. 预测年内需求的增加	20		-20		
	3. 年末总需求	140	140	120	120	120
内部供给	4. 年初拥有人数	120	140	140	120	120
	5. 招聘人数	5	5			
	6. 人员损耗	20	27	28	19	17
	其中:退休	3	6	4	1	3
	调出或升迁	15	17	18	15	14
	辞职	2	4	6	3	
	辞退或其他					
	7. 年底拥有人数	105	118	112	101	103
净需求	8. 不足或有余	-35	-22	-8	-19	-17
	9. 新进人员损耗总计	3	6	2	4	3
	10. 当年人力资源净需求	38	28	10	23	20

第二类是按人力资源类别(如按在组织中所处管理层次)编制的净需求,如表 4-10 所示。

表 4-10　按类别的人力资源净需求表　　　　　　　　单位:人

主要工作类别 (按职务分类)	现有人员	计划人员	余缺	预计人员的流失						本期人力资源净需求
				调职	升迁	辞职	退休	辞退	其他	合计	
1. 高层主管										
2. 部门经理										
3. 部门管理人员										
……										
合计										

2. 人力资源具体业务规划

组织人力资源规划主要在组织业务经营层次上,是为实现人力资源战略发展规划实施的各种业务规划。

人力资源具体规划的内容如表 4-11 所示。

第 4 章　人力资源规划

129

表4-11　人力资源具体规划内容

类别	规划目标	相关政策	预算
人员补充规划	岗位、数量、层次对人员素质结构的改善	人员资格标准、来源范围、起点待遇	招聘选拔费用
人员配备规划	部门人员编制和人力结构的优化,提供效率和用人的合适性,组织内部的合理流动	岗位调整和轮换政策,岗位任用标准和上岗基本资格制度,范围与时间规定	人员总体规模状况决定薪酬预算
人才接替发展规划	后备人员数量保持和人员结构优化	选拔标准,提升比例,未提升人员的安排	职位变动引起的薪酬变动
人才教育培训规划	培训系统拟订、建立,确定培训的系统动作、评价效果	普通员工培训制度,管理技能培训制度,专业人员业务进修制度,绩效发展需求和培训实施规划	培训开发总投入
员工薪酬规划	平衡内、外部薪酬的水平,士气提高,绩效改善	薪酬政策,激励政策和制度,福利设计和实施办法	增加薪酬的数额
员工关系规划	协调员工关系,增加员工满意度,降低离职率,提高工作效率	民主、透明管理,注重沟通	法律诉讼费用
退休解聘规划	降低劳动成本,提高劳动生产率	退休政策和规定,员工解聘制度和程序,人员接替计划和管理程序	安置费用
员工职业生涯发展规划	使组织员工的成长发展与组织的需求一致,实现员工与组织的"双赢"	制定个人层次的职业发展规划,制定组织层次的职业发展规划,个人与组织的职业发展规划的协调	职业生涯发展、规划费用

4.5.2　人力资源规划的实施

人力资源供需达到平衡是人力资源规划的最终目的,人力资源管理人员在制定相关措施时,应当使人力资源的总体规划和具体业务规划与组织的其他规划相互协调,这样制定的人力资源规划才能有效实施。人力资源规划的实施是十分重要的环节,若规划的实施过程出了问题,则即使规划再科学、再合理也没有任何意义。

人力资源规划的实施主要包括四个步骤:

1.开始实施

人力资源规划开始实施是最重要的步骤。在开始实施过程中要注意以下几点:
①在实施前要做好准备工作,主要包括资源准备、组织准备、思想准备及制度准备等。
②实施时要全力以赴。

2. 检查

检查是不可缺少的步骤,许多组织在执行人力资源规划时由于缺少检查而产生不少问题。例如:实施流于形式,实施缺少必要压力,组织不能掌握人力资源规划实施的情况,不能掌握第一手信息。

检查者最好是实施者的上级,至少是平级,切忌是实施者本人或实施者下级。检查前,检查者要列出检查提纲,明确检查目的与检查内容;检查时,检查者要根据提纲逐条检查,千万不要随心所欲或敷衍了事;检查后,检查者要及时地、真实地与实施者沟通检查结果。

3. 反馈

反馈是实施人力资源规划中一个重要步骤,通过反馈,可以知道原来规划中的内容哪些是正确的,哪些是错误的,哪些不够全面,哪些不符合实际情况,哪些需要加强,哪些需要引起注意等重要信息。反馈中最主要的一点是保持信息的真实性。由于环境和个体的不同,有许多信息不一定真实,因此去伪存真、去粗取精显得格外重要。反馈应该由实施者和检查者共同进行。

4. 修正

修正是最后一个步骤。谁也不能保证人力资源规划一经制定后就完全正确。因此,根据环境和实际情况的变化,以及实施中反馈的信息,及时修正原计划中的一些项目将会显得十分重要。

一般来讲,修正一些小的项目,或修正一些项目中的局部内容,涉及面不会很大。但修正一些大的项目,或对原计划中的许多项目进行修正,或对预算要做较大的修正,往往要经过高层管理者的批准。

4.5.3 人力资源规划的控制

组织人力资源规划控制的重点主要在于对人力资源供给控制、人力资源使用控制和人力资源成本控制三个方面。

1. 人力资源供给控制

组织人力资源供给控制的主要任务是监控组织内部现有人员的供给状况,尤其是中高层管理人员和主要技术人员的供给、储备情况,从人员供给方面确保组织的正常运转。

人员供给控制可以分为两类:①人员存量控制。此类控制主要考察组织人员的数目、结构等是否满足组织发展的需要。由于组织内员工的年龄分布情况对于员工的工资、升迁、士气及退休福利等的影响极大,对于员工年龄结构的控制尤其重要。②人员流量控制。此类控制主要是对组织人员的流入和流出的流动情况进行监控。由于人员流入主要取决于组织外部的人力资源供给,这在很大程度上受社会经济发展状况、人口结构、劳动力市场供求等组织无法控制的因素的综合影响,所以组织人员流量控制的重点在于组织人员流出的控制。人员流出可分为两大类:一类是员工的正常流出,如病休、退休、被解聘等;另一类是员工主动离职。由于一些中高层管理者和掌握核心技术的专业人员的非正常流出会给组织造成极大的损失,严重的还会导致组织无法正常运转。所以,后一类人员流出是控制的重点。

组织人力资源流失或损耗的具体情况可用以下几种常用指标进行分析:

(1)人力损耗指数。其计算公式为：

$$人力损耗指数 = \frac{在某一年内离职的人数}{在某一年内的平均职工人数} \times 100\%$$

人力损耗指数越高表明员工离职率越大，则组织保留人才的能力越低。在估计未来的人力供应时，必须考虑离职率的数字。一般而言，当经济繁荣、劳动力短缺、失业率低、工作机会增加时，离职率也相应增加。

(2)人力稳定指数。其公式为：

$$人力稳定指数 = \frac{现时服务满一年或以上的人数}{一年前雇用的总人数} \times 100\%$$

这个指数没有考虑人力的流动，只计算了能任职一段时间的人数比例。

(3)留任率。其计算公式为：

$$留任率 = \frac{一定期间后仍在职的人员}{原在职人员} \times 100\%$$

这项指标可用作估计未来组织内部人力供给的参考，若组织员工流失大，即表示组织凝聚力差、人际关系紧张，并导致产量下降，从而增加招聘、甄选及培训的费用。若流失率过低，则不足以通过人力的新陈代谢来保持组织的活力，对组织发展不利。

(4)服务期间分析。这个方法用于分析员工职位、服务期间与离职情况等项目之间的相互关系，结果可作为预测离职的参考。分析方法主要是观察并详细记录职工的离职情况，搜集有关资料做横向和纵向的分析。

2.人力资源使用控制

人力资源使用控制主要考察组织现有的人力资源是否得到充分利用，主要可以从员工缺勤情况、员工职业发展和组织裁员情况等几个方面进行分析。

(1)员工缺勤分析。其公式为：

$$缺勤比值 = \frac{因各类缺勤原因而损失的工作日数}{损失工作日 + 工作日数} \times 100\%$$

缺勤通常包括假期、病假、事假、怠工、迟到、早退、工作意外、离职等。此外士气低落、生产率低、工作表现差、服务水准差等都可以反映为缺勤的情况。这些缺勤指标及其他有关数据，可以估计未来的缺勤程度，从而可对未来的人力供给进行较为切合实际的分析。

(2)员工职业发展。指导员工做好个人职业生涯规划、为员工提供充分发挥潜能的机会是留住人才的有效方法之一，也是人力资源使用的一个重要环节，帮助员工了解可以获得哪些职位或晋升的机会使员工对前途充满合理的期望。

(3)组织裁员。当组织内部需求减少或供大于求时，便出现人力过剩现象。此时，裁员是无法避免的措施。裁员发生的频率也是衡量组织人力资源使用情况的一个指标。实际上，裁员对组织来说是一种浪费，因为损耗已培养过的人才，无论对组织现有职工还是对被解雇的员工都是很大的打击。即使需要裁员，也可以通过其他方法如退休、辞职等代替方案平衡人力资源供求。

3.人力资源成本控制

各项人力资源规划措施的执行都需要花费一定的成本，因而成本控制是人力资源规划控制的一个重要环节,具体措施的制定和实施要受组织财政实力的限制。例如,随着组织不断发展,员工的工龄和职务提升,组织总体工资成本上升,这就要求管理人员要通过各种方式将工资成本控制在组织可承受的范围内。再如,在许多组织中较为流行的自助餐式的员工福利也是控制人力资源成本的方法,可减少员工非急需的福利支出,节约开支,对员工的激励也更强。

在进行组织人力资源规划控制的过程中,应注意贯彻系统的观点,对组织内的不同部门可以具体情况具体分析,但要及时汇总,在整个组织层面进行控制,不仅使各部门人力资源在数量、质量、结构、层次等方面达到协调平衡,而且要在整体的供需和成本方面达到规划预期的效果,详细内容见第9章的"薪酬成本控制"部分。

思考题

1. 什么是人力资源规划?人力资源规划包括哪些内容?
2. 简述人力资源规划的程序。
3. 影响组织人力资源需求和供给的因素分别有哪些?
4. 人力资源供给需求预测有哪些方法?
5. 对于人力资源供求的三种状态,组织都会采取哪些措施?
6. 简述人力资源规划实施的步骤。
7. 人力资源规划控制从哪几方面考虑?
8. 如何应用人力资源管理信息系统进行人力资源供需预测?

案例分析

西门子公司的人力资源规划

在2018年《财富》的世界五百强榜单中,德国西门子公司名列66位,该公司成立于1847年,是欧洲最大的工业制造公司,业务几乎遍布全球,员工总人数超过了40万人。通过人力资源规划,西门子盘点了员工的能力与技能,系统科学地确定实现既定目标所需要的人力资源数量,提高了人与工作的契合度。

一、人力资源组织架构

西门子将人力资源部门划分为三个层次:位于基础位置的业务部门人力资源,位于中间位置的人力资源运营团队,以及位于顶端的人力资源战略团队。

业务部门人力资源在西门子内部被称为"人力资源大客户经理",负责和业务领域的管理者讨论如何从人才策略的角度满足业务发展的需求。例如,当某业务领域的高层管理者要求设立研发中心时,人力资源大客户经理需要立即和业务部门经理一起讨论需要人力资源在招聘、人员分配、培训、激励等方面做哪些工作,因此人力资源大客户经理确保了西门子不同业务领域的发展都能得到最有效的人力资源策略支持。

一旦人力资源大客户经理确立了业务领域的人力资源策略后,位于中间位置的人力资源运营团队会开始进一步的实施工作。人力资源运营团队的职能包括招聘、人力资源顾问、薪资福利三个方面。组织结构上采用矩阵式组织结构，以服务位于不同地方的业务单元和业务领域。

位于顶层的人力资源战略团队，主要负责研究工作，包括分析人力资源市场的趋势、制定人事政策和流程、开发人力资源工具、推行人事标准等。

除了这三层结构以外，西门子还在各分支机构设置了"人力资源顾问"，主要是招聘顾问和负责人力资源日常事务的顾问。招聘顾问是为了满足业务发展需要而设立的，其作用是吸引人才；日常事务顾问不仅要负责新员工安置、人员配置与调配、人才激励与评估等具体的人力资源工作，也要解答员工提出的关于西门子人力资源政策方面的问题。顾问制度体现了"软硬结合"的企业内部人力资源服务："软"体现在为业务部门管理者提供人才培养、领导力提升、人才保留、企业文化建设等解决方案；"硬"则体现在不仅要亲力亲为地做好新员工引入等具体工作，还要熟悉西门子的各种人力资源政策，清晰而明确地解答员工的疑问。

矩阵式的人力资源组织架构使西门子不仅能够将公司的远景规划有效地转化为各业务部门的人力资源策略；更能够将人力资源的业务伙伴职能有效下沉到各业务单元和分支机构，确保这些终端业务机构的人力资源需求迅速反映给总部。

二、PMP 项目

西门子内部非常注重沟通，开发了以持续沟通为主的 PMP 项目（performance management process，即绩效管理流程），由 PMP 圆桌会议和 PMP 员工对话两部分组成。PMP 圆桌会议每年举行一次，参与者主要为中高级经理和人力资源顾问。在圆桌会议上，参与者会对公司团队和重点员工的潜能进行预测，并提出改进后的与业绩挂钩的薪酬标准，制定具体的管理本地化和全球化有效融合的措施等。

PMP 员工对话项目在经理人员和员工之间随时持续进行，并在年终填写"员工对话表格"。对话内容涉及员工职能及责任范围、业绩回顾及未达到预期结果的原因分析、潜能预测、未来任务及目标设定、员工完成目前职能要求及未来任务的能力评估、员工本人对职业发展的看法、双方共同商定的发展措施等。每一次对话活动结束之后，人力资源部都会对结果进行跟进、落实和存档，以便为员工制订出持续发展计划。PMP 对话结果与员工薪酬紧密挂钩，设立了占员工个人薪酬总额 10%～40% 的年度目标浮动奖金。奖金根据期初目标达成情况发放，超额完成者会获得 200% 的奖金。

三、弹性福利计划

西门子的弹性福利计划在激励和保留人才方面发挥了重要作用。为了推出契合员工实际需要的福利项目，西门子花费了一年时间通过内部调查、员工大会等渠道全方位收集员工的需求，使得弹性福利计划满足了每位员工的个性化需求。员工根据自己的实际需求从公司提供的菜单式福利项目中选择企业年金、医疗、教育培训、交通、现金等福利。弹性福利计划与 PMP 项目等措施搭配组合，协同发挥积极作用。

四、合理化建议体系

在西门子内部，合理化建议体系有一个专属称呼：3I（ideas，impulse，initiatives，即建议、激励和主动性）。西门子全球各地的分支机构都成立了 3I 办公室，这并不是一个传统的自上而下的管理机构，而是一个介于员工与部门经理之间的平衡机构，其主要作用在于平衡员工与部门经理之间关于建议的分歧。针对庞大的组织构架，西门子采用了多种方式保证员工合理化建议的上传下达，在基本层面分为直接建议和间接建议。

直接建议是指每一个员工无论职位高低,如果发现工作中任何可以改进的地方都可以直接接触相关主管,相关主管必须尽快判断并给出答复,如果不能采用也需详细告知原因。间接建议是指某些员工可能会有些新发现,但又不知道如何向上反映或一时无法找到直接负责的人,那么他就可以把自己的想法提交给 3I 办公室,然后由其出面去找相应的管理者。如果员工觉得自己没有被采纳的建议确实是对公司有帮助的依然可以再去找 3I 办公室沟通,这样可以保证员工正确合理的建议切实地对公司产生价值。

在这些制度政策的帮助下,各个沟通渠道都能够最大化地保持畅通,西门子的每一位员工都可以确定自己的建议会被主管部门看到。此外,西门子每年都会进行员工满意度调查来了解员工"是否为在西门子工作而感到自豪"。西门子深信:宽松和谐、紧密沟通的工作环境有助于激发员工的创造性。

五、拒绝末位淘汰制

西门子从来没有正式施行过末位淘汰制。西门子在对员工进行评估的基础上,找到其优点和不足之处,以个人发展潜力和业绩为依据,为他们的职业生涯做出规划。在西门子,员工都有充分的机会来施展自己的才华,如果表现出色,员工都会得到提升,即使本部门没有空缺,也会被安排到其他部门。优秀的员工可以根据自己的能力和志向,规划自己的职业生涯。对于那些暂时不能胜任工作的员工,西门子也不会轻易淘汰,会让员工换一个岗位试一试。

从 1847 年到 2019 年,172 年的实践证明西门子的科学的人才观和行之有效的人力资源规划所构造起雄伟壮观的人才金字塔持续促进了西门子的发展壮大!

案例讨论

1. 西门子公司矩阵式结构的特点。

2. 拒绝末位淘汰制会对西门子带来什么影响?

3. 制定人力资源规划都需要注意哪些方面的问题?

第 5 章　员工招聘

引导案例

AI＋招聘——未来员工招聘的新方法

2018 年 5 月 9 日,爱奇艺某员工回复"面试邀约"的内部邮件截图在网上流出,引发网友热议。邮件显示,该员工在面试某应聘者后,在备注上注明"今后河南人尽量先过滤掉"。对此,不少网友指责爱奇艺在招聘中存在地域歧视问题。5 月 11 日,爱奇艺查实此事后,辞退了相关当事人,并对因用人不当造成的不良影响向公众道歉。招聘中的歧视现象是如何产生的呢? 筛选假设理论可以解释此现象。

筛选假设理论认为,雇主总是希望从众多的求职者中选拔出能力与空缺职位工作需求匹配的人。但是,当雇主与求职者在劳动力市场上相遇时,并不了解求职者能力的实际情况,只能通过求职者的显性特征去推断其能力。一类特征是天生且不能改变的,如性别、种族、家庭背景等,另一类特征是后天获得、可以改变的,如教育程度、婚姻状况、个人经历等。前一类被称作"标识",后一类被称作"信号",雇主可以凭借标识和信号了解求职者的能力。性别歧视、地域歧视、学历歧视等现象,实际上是雇主凭借经验,将这些标识和信号与能力之间构建了一定的假设关系。尽管标识和信号与能力之间并不一定存在必然的因果关系。

如何才能减少招聘中的歧视现象,提高招聘的精准度呢? 大数据＋人工智能或许能够帮助我们解决这些问题。人工智能＋(AI＋,artificial intelligence plus)是将"人工智能"作为当前行业科技化发展的核心特征并提取出来,与工业、商业、金融业等行业全面融合,推动经济形态不断发生演变,从而带动社会经济实体的生命力。

AI＋招聘是在大数据的基础上,借助人岗数字化模型,基于人才和职位画像实现个性化的人岗匹配,帮助企业更快招到与空缺职位工作需求匹配的人,实现人与任务的高效对接,助力企业人才招聘战略成功落地。AI＋招聘会根据企业所需职位的工作要求对潜在的任职者进行立体化刻画,得到职位画像;智能解析应聘者简历和职位要求,动态生成面试题,与应聘者进行文字或语音的对话,并在面试过程中收集数据信息,得到人才画像;然后,对人才画像和职位画像进行匹配计算,帮助企业找到所需职位合适的人选。联合利华在 2017 年全面推广了 AI＋面试,发现 AI＋招聘方法提高了入围候选人名单的民族多样性,被聘用的候选人更符合职位要求,大大提升了招聘的精准性,减少了招聘过程中的歧视现象。

作为人力资源开发与管理的"输入端",招聘包括哪些环节? 有哪些方法? 有什么需要注意的问题呢？希望您学习完本章的知识后，可以回答上述问题。

5.1　员工招聘概述

人力资源管理教育专家戴维·奥里奇（Dave Ulrich）曾经说过，什么样的公司能赢？不是靠产品特色，也不是靠成本领先，在这个不断变化着的高科技驱动下的商业环境中，发现和留住人才将成为竞争的重点。

5.1.1　员工招聘的含义

全球化时代，组织处在复杂动态的环境中，只有其人力资源开发与管理具有一定的灵活性，才能够帮助组织具有有效地、及时地适应外部和内部环境需要的能力。斯诺和斯奈尔强调通过招聘具有创造价值潜力的员工来建立这种灵活性，而麦克杜菲则强调人力资源的灵活性应该从培训员工具有广泛的才能入手。

1.招聘的概念

招聘有招募和聘用的双层含义。所谓员工招聘，是指通过各种方式，发布空缺职位的任职信息，把具有一定技巧、能力和其他特性的申请人吸引到组织空缺职位上的过程。员工招聘实质上是一种组织与应聘者个人之间进行双向选择和匹配的动态过程。在此过程中，组织与应聘者都扮演着积极、主动的角色。

招聘的最终目的是要实现员工与职位之间的匹配，即人与事的匹配。这种匹配具有两层含义：一是职位的要求与员工个人素质相匹配；二是工作报酬与员工个人需要相匹配。只有实现这两重匹配，才能既保证员工胜任某一职位，同时也使职位对员工保持较长久的吸引力。理想的招聘不仅会在员工和组织之间形成书面契约，更重要的是形成心理契约。心理契约一般具有隐含的、个性化的、非正式的和知觉式的特征。书面契约约定了双方的权利和义务，但对合同的理解则是心理契约的范畴，对于正式协议未尽的工作及事宜，是由心理契约发挥作用的。当双方的期望相匹配时，双方都会感到满意；当双方的期望不匹配时，就会发生冲突，产生矛盾。员工心理契约的产生和维持主要受三个因素的影响：签订劳动合同前的谈判；工作过程中对心理契约的再定义；保持契约的公平和动态平衡。这意味着新员工在即将进入组织之前，就已经建立了某种程度的心理契约，而契约的内容主要来自招聘环节。因而，人员招聘是员工职业生涯发展的重要起点，招聘工作也是树立组织形象的重要内容。

2.员工招聘的意义

员工招聘具有以下四方面的意义：

（1）员工招聘关系到组织的生存与发展。在激烈竞争的社会中，如果没有素质较高的员工队伍和科学的人事安排，组织将面临被淘汰的后果。员工招聘是组织人力资源形成的关键，它确保组织当前和未来发展对人员的需求。

（2）员工招聘是确保员工队伍良好素质的基础。组织只有将合格的人安排到合适的岗位，并在工作中注重员工队伍的培训和发展，才能确保员工队伍的素质。这种人与事的匹配是否成功首先取决于组织员工招聘的质量。

（3）员工招聘能提高组织效益。频繁的人员流动将给组织带来巨大的成本支出，包括人员获取成本、开发成本和离职成本等。例如一家公司招聘了一名月薪5000元的销售主管，该员工进入公司三个月后辞职，这给公司造成的直接经济损失（含招聘费用、工资福利费用、培训费用、办公费用等）约为50000元。招聘工作做得好，将减少组织因人员变换而造成的巨大损失，能够间接地提高组织效益。

（4）员工招聘是组织人力资源开发与管理中许多其他职能的基础。招聘为组织人力资源工作形成了一个基础平台，如果这一工作做得好，将会使后续工作相对容易，否则，会给后续工作造成困难，影响工作效率。例如，如果招聘的员工不能适应岗位的要求，就很难产生良好的工作绩效，组织在人员培训方面要花费更多的时间和金钱，人员重新安置更会带来一系列费用和管理问题。

5.1.2　员工招聘的原则

组织在员工招聘过程中一般遵循以下五个原则：

1.合法原则

招聘工作应在合法的框架内进行，由于用人单位的原因订立无效劳动合同或违反劳动合同者，组织应承担相应的责任，不仅有可能遭遇经济损失，还可能损害组织形象，对组织的长远发展造成不利的影响。例如，《中华人民共和国劳动合同法》第八条规定："用人单位招用劳动者时，应当如实告知劳动者工作内容、工作条件、工作地点、职业危害、安全生产状况、劳动报酬，以及劳动者要求了解的其他情况；用人单位有权了解劳动者与劳动合同直接相关的基本情况，劳动者应当如实说明。"这就要求用人单位在撰写招募信息时，应依据事实，而不能夸大劳动报酬或隐瞒工作条件的不利因素。

2.竞争原则

竞争原则指通过人员测评等方式来确定人员的优劣和人选的取舍。竞争的目的，一要动员吸引较多的人应聘；二要严格人员测评程序和手段，科学地录取人选，防止"拉关系"、"走后门"、徇私舞弊等现象的发生，通过激烈而公平的竞争，选择合适人才。

3.平等原则

平等原则指对所有应聘者一视同仁，不人为制造各种不平等的限制或条件（如性别歧视、民族歧视、地域歧视等）和各种不平等的优先优惠政策，努力为潜在的任职者提供平等竞争的机会。

4.能级原则

招聘员工不仅是为了填补空缺职位，更重要的是为组织储备人才，提高组织的核心竞争力，为组织的战略目标服务。基于能力素质模型的招聘选拔体系是根据组织的战略为组织招到合适的人才，通过招聘过程的有效性来支撑组织的战略，提升组织的竞争力。人的能量有大小，本领有高低，工作有难易，要求有区别，因而招聘所选择的人选，不一定是最优秀的，而是最适合的，招聘应遵循能级原则，做到量才录用，人尽其才，确保职得其人，人事相宜。

5. 全面原则

这要求对应聘者从品德、知识、能力、智力、心理、过去工作经验和业绩等方面进行全面考核和考察。因为一个人能否胜任某项工作或者发展前途如何,是由其多方面因素决定的,特别是非智力因素对其将来的作为起着决定性作用。传统的智商测验和知识测验并不能预测候选人在未来工作中的表现,人的工作绩效由一些更根本更潜在的因素决定,这些因素能够更好地预测人在特定职位上的工作绩效。这些"能区分在特定的工作岗位和组织环境中绩效水平的个人特征",如个体的态度、价值观和自我形象、动机和特质等潜在的深层次特征,就是"能力素质"(competence)或称为胜任力。麦克利兰把不能区分优秀者与一般者的知识与技能部分,称为基准性素质(threshold competencies),也就是从事某项工作起码应该具备的素质;而把能够区分优秀者与一般者的自我概念、特质、动机称为鉴别性素质(differentiation competencies)。招聘时,既要关注基准性素质,还要重视鉴别性素质。

5.1.3 员工招聘的影响因素

组织是一个开放系统,其行为方式必然受到外界和内部各种因素的制约和影响。其主要影响因素有:国家的政策法规,社会经济制度,宏观经济形势和技术,劳动力市场,组织性质,组织文化,用人制度,应聘人员的数量、质量和个人特征等。通过对各种内外部影响因素的分析,进而在多变化的环境中采取一定的措施,进行有效的招聘。

1. 组织外部因素

招聘工作是在一定的外部环境中进行的,影响招聘战略的外部因素有很多。如国家的政策法规规范了招聘的人才结构,社会经济制度规定了人员招聘的方式,宏观经济形势决定了供需比例的关系,社会文化背景影响着人们的职业选择,技术进步对就业者的基本素质提出新的更高要求,劳动力市场的状况直接影响招聘战略的制定。这些因素对于组织来说虽然是不可控因素,但是其影响作用却是不容忽视的。

2. 组织内部因素

尽管宏观经济形势、劳动力市场的供求关系等外部因素影响着组织的招聘工作,但是许多内部因素对组织招聘起着决定作用,如组织所提供职位的性质与特点、组织的发展战略与规划、组织文化与形象、组织的用人政策以及组织的招聘成本和负责招聘工作的人员素质等。

3. 应聘者因素

招聘是组织与应聘者双向选择的互动过程。组织自身的因素会对应聘者的选择产生影响;同样,应聘者的特点对招聘工作也起着至关重要的作用。从应聘者角度来看,影响组织招聘的因素主要有应聘者求职动机及强度、应聘者个人的职业生涯设计、应聘者的职业倾向性、应聘者的个性偏好等。

员工招聘工作一般包括六个步骤:招聘的需求分析、招聘计划、员工招募、员工甄选、员工录用和招聘评估。图5-1是一个较为典型的组织员工招聘流程图。

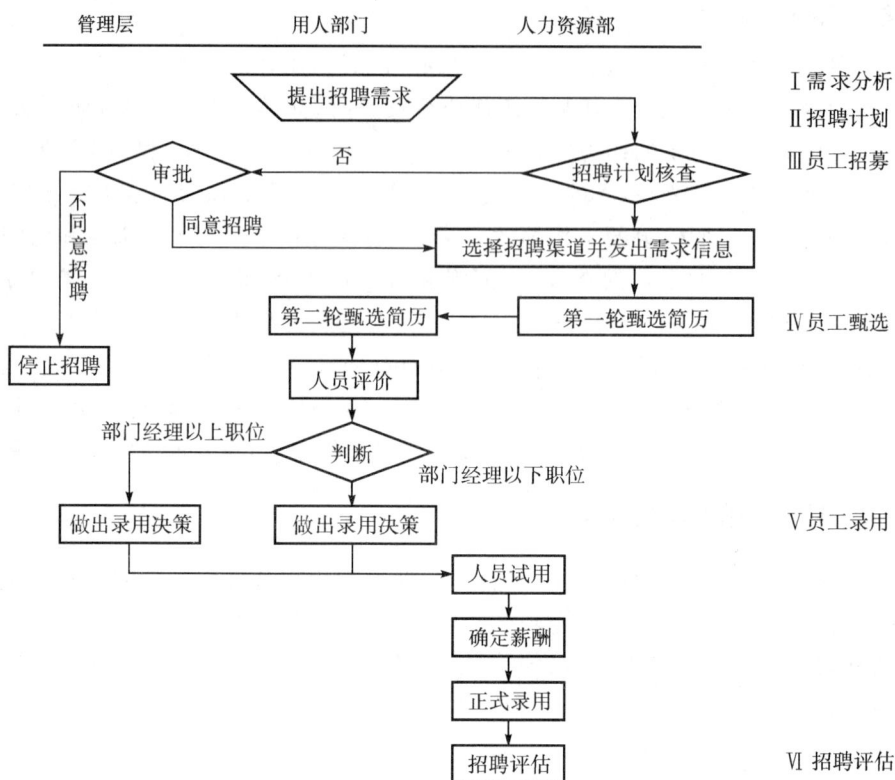

图 5-1　员工招聘流程图

5.2　员工招聘程序

5.2.1　员工招聘的需求分析与计划制订

1.招聘的需求分析

确定招聘需求的目的即在调查人力资源现状的基础上,依据组织的发展趋势和可能提供的条件,对组织未来人力资源需求做出一种估量,从而明确地表明组织的未来发展所需要的人力资源的数量、质量、规格以及如何优化配置以获取最佳效果,从而解决组织在资源配置中最关键的要素——人力资源的配置,在根本上保证组织战略目标的实现。

组织通常是依据组织的战略目标和发展方向来进行人力资源需求预测,从而确定招聘需求的。一个组织对各种人力资源的需求受其生产、服务的需要以及投入与产出之间关系等因素的影响。如果组织扩大生产、增加产品和服务,需要的人员也会增加;反之,对人员的需求就会减少。

确定人力资源需求,是以与人员需求有关的某些因素为基础来估计未来某个时期组织对人员的需求。在预测并确定人力资源需求之前,组织首先要了解某一工作将来是否确实有必要,该工作的定员数量是否合理,现有工作人员是否具备该工作所要求的条件,未来的生产任务、生产能力是否可能发生变化等。在此基础上,再对人员需求做出预测。人力资源需求预测的方法可以参照本教材人力资源规划的相关内容。

2.招聘计划

任何重要的行动都要从计划开始,招聘也不例外。一个考虑周全的招聘计划可以使组织物色到相当数量的优秀人才。一个完善的招聘计划包括招聘人数、招聘标准、招聘经费预算等,还需要对招聘过程做出合理的安排。招聘策略是招聘计划的具体体现,是为实现招聘计划而采取的具体策略,主要包括招聘地点策略、招聘时间策略、招聘渠道和方法的选择等。

(1)招聘计划制订。根据工作分析确定工作任务、人员要求、工作规范等,这只是工作分析第一层次的目标。招聘需求确定后,还需结合具体岗位的工作分析和组织总体人力资源规划来制订详细的招聘计划。招聘计划是把对职位空缺的需求变成一系列目标,并把这些目标具体为相关的应聘者的数量和类型。

人员招聘计划的主要功能是通过定期或不定期地招聘录用组织所需要的各类优秀人才,为组织人力资源系统充实新生力量,实现组织内部人力资源的合理配置,为组织扩大生产规模和调整生产结构提供人力资源上的可靠保证,同时弥补人力资源的不足。更重要的是,人员招聘计划作为组织人力资源规划的重要组成部分,为组织人力资源管理提供了一个基本框架,为人员招聘录用工作提供了客观依据、科学规范和实用方法,能够避免人员招聘录用过程中的盲目性和随意性。

①招聘计划的制订步骤。招聘计划是用人部门根据组织的发展要求、人力规划的人力净需求、工作说明的具体要求,对招聘的岗位、人员数量、时间限制等因素做出的详细计划。招聘计划应由用人部门制订,然后由人力资源部门对它进行复核,特别是对人员需求量、费用等项目进行严格复查,签署意见后交上级主管领导审批。编制招聘计划,需要进行调研分析和预测,需要对招聘渠道、招聘方法和招聘费用等事项做出决策。制订一个完善的招聘计划,关键在于招聘的各项决策,主要包括确定招聘渠道、选择招聘方法、制定招聘预算等内容。

A.确定招聘渠道。组织首先要确定通过何种渠道招聘人员。如果选择内部招聘,就要从现有员工中发现那些能够满足新岗位工作需要的人,以补充岗位空缺;如果选择外部招聘,学校、劳动力市场、劳动服务和中介机构、猎头公司等都是人员招聘的渠道。

B.选择招聘方法。在确定招聘渠道后,就应有针对性地选择最合适的招聘方法。招聘的人员不同,采用的招聘方法也就不同。招聘方法不同,招聘成本也不同。组织要以最低的成本在有限的时间内招聘到所需的人员,因此要根据招聘的人员类型、招聘渠道,科学选择招聘方法。

C.招聘费用预算。随着人才争夺的日趋激烈,招聘方法和手段不断翻新,很多招聘单位都面临着招聘费用的不断提高。用于招聘活动的费用支出主要包括招聘广告和宣传册等在内的招聘信息成本、招聘会或联谊会的费用等。有些招聘活动已经不局限在本地区进行,跨地区招聘还包括差旅费和通信费用等。招聘单位可用于招聘的费用多少,在一定程度上决定了他们可以采用的招聘方法。

②招聘计划的内容。招聘计划是公司对某一阶段招聘工作所做的具体安排,包括招聘

目标、信息发布的时间和渠道、招聘人员、甄选方案及时间安排等。

根据组织发展状况与人力资源规划,招聘计划的内容具体包括:

A. 人员需求清单,包括拟招聘的职务名称、人数、任职资格要求等内容;

B. 招聘信息发布的时间和渠道;

C. 招聘团人选,包括人员姓名、职务、各自的职责;

D. 应聘者的考核方案,包括考核的场所、时间、题目设计者姓名等;

E. 招聘的截止日期;

F. 招聘费用预算,包括资料费、广告费、人才交流会费用等;

G. 招聘工作时间表,尽可能详细,以便他人配合;

H. 招聘广告样稿。

(2)制订招聘计划的注意事项。完整而详细的招聘计划有利于招聘工作的顺利开展。在制订招聘计划时,除对各项内容的描述力求具体明确、对时间及资金的安排要充分考虑到组织的实际情况外,还应注意:

①"部门本位主义"与人力资源部门的综合平衡。在实际中可能会出现某些部门经理为了本部门或个人的利益,为了提高本部门在单位中的地位和本人加薪升职的机会,有意虚报职位需求,使本部门人才需求量超出其实际的人才需求,而获取更多的既定利益。这些都需要人力资源管理部门在对各部门进行职位分析、需求预测的基础上,考虑了成本利益后,对各部门传递来的职位需求进行综合平衡。经人力资源管理部门综合平衡后的招聘计划是组织的一项重要决策,应由组织领导根据组织的发展战略规划、财务成本收益来最后定夺。

②"招聘录用金字塔"。一些招聘者采用一种称为"招聘录用金字塔"的模型来帮助他们确定为聘用一定数量的新员工需要吸引多少人来申请工作。这种金字塔(见图 5-2)显示出一个经验数据:为聘用一定数量的合格新员工,有必要通过招聘活动网罗更多的应聘者。即为了能够邀请 200 名可能的工作候选人到公司接受面试,事先就必须有 1200 名应聘者。在接到组织所发出的面试邀请的 200 个人中,大约会有 150 人来接受面试,而组织将会向这 150 人中的 100 人发出录用通知,但最后实际只会有约 50 名被聘用。

在了解影响求职者接受一份工作的决策因素后,需要对各项具体招聘策略进行研究,包括招聘的类型、招聘人数、人员招聘范围、招聘标准、时间策略、地点策略、招聘经费预算、招聘的具体实施方案。

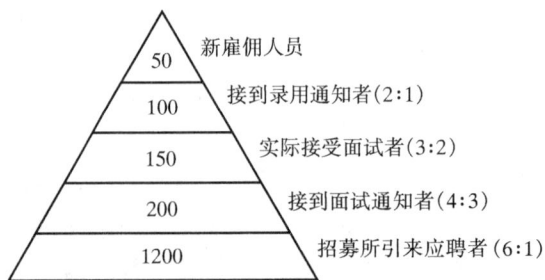

图 5-2　招聘录用金字塔

5.2.2　员工招募与甄选

1.员工招募

组织在制订了较为详细的招聘计划之后,下一步就需要进行人员招募,即通过各种方法尽可能吸引应聘者前来应聘。

有效的人员招募将会使组织有较为充分的人员选择余地,避免出现因应聘人数过少而降低录用标准,或不符合要求的应聘者过多而影响工作效率;同时也可以使应聘者更好地了解组织,减少因盲目加入而给组织和个人造成不必要的损失。

人员招募主要包括两个步骤:一是发布招聘信息;二是接待应聘者,获取组织所需的应聘者相关资料。

发布招聘信息的渠道有报纸、广播电视、网络、宣传资料等。通常组织采取应聘者填写申请表的形式获取个人信息来保障考核选拔的有效性。

2.员工甄选

组织通过内、外招聘等方式吸引到应聘者后,下一步就是进行员工甄选,判断哪些候选人与空缺职位的要求相匹配,并在此基础上做出雇佣决策。

(1)员工甄选的含义。招聘中的员工甄选过程是指综合利用心理学、管理学等学科的理论、方法和技术,对候选人的任职资格和对工作的胜任程度,即与职务的匹配程度进行系统的、客观的测量和评价,从而做出雇佣决策。

组织中员工与职务的匹配程度如何不仅影响该员工产出的数量和质量,还会影响到培训需要和经营成本。如果一个员工不能生产出组织所期望的数量和质量,就会给组织造成财力和时间上的损失。因此,有效的人员甄选过程可以提高组织中人与事的匹配程度,有利于员工在组织中的发展,也可提高组织生产力,节约成本。

(2)员工甄选的内容。候选者的任职资格和对工作的胜任程度主要取决于他所掌握的与工作相关的知识、技能,以及本人的个性特点、行为特征和个人价值观取向等能力素质。因此,人员甄选是对候选者的这几方面因素进行测量和评价。表5-1列出了能力素质的主要内容。

表5-1　能力素质的主要内容

能力素质	定义	内容
知识	对于某特定领域拥有的事实型与经验型信息	如:商业知识、财务知识、专业技术知识等
技能	能够利用自己掌握的知识完成某项工作或任务所具备的能力	如:表达能力、组织能力、决策能力、学习能力等
角色定位	对职业的预期,即想要做些什么事情	如:管理者、技术专家、教师等
价值观	对事物是非、重要性、必要性等的价值取向	如:合作精神、献身精神、集体观念等
自我认知	对自己的认识和看法	如:自信、乐观、反省意识等
品质	持续而稳定的行为特征	如:正直、诚实、责任心、果断等
动机	内在的自然而持续的偏好和渴望,驱动、引导和决定个人行动	如:成就需求、人际交往需求、影响力需求、创新意识、竞争意识等

资料来源:孙清华.SHRM 视角下的核心员工保留及企业绩效研究[D].济南:山东大学,2008.

对其中的重要内容进行解释：

①知识。知识是系统化的信息，可分为普通知识和专业知识。普通知识也就是我们所说的常识，而专业知识是指特定职位所要求的知识，如国家公务员要掌握行政管理、国家方针政策及相关法律法规等专业知识。在人员甄选过程中，专业知识通常占主要地位。应聘者所拥有的文凭和一些专业证书可以证明他所掌握的专业知识的广度和深度。知识的掌握可分为记忆、理解和应用三个不同的层次，会应用所学的知识才是组织真正需要的。所以，人员甄选时不能仅以文凭为依据判断候选者掌握知识的程度，还应通过笔试、测试等多种方式进行考察。

②能力。能力是引起个体绩效差异的持久性个人心理特征，例如，是否具有良好的语言表达能力是导致教师工作绩效差异的重要原因。通常我们将能力分为一般与特殊能力。一般能力是指在不同活动中表现出来的一些共同能力，比如有记忆能力、想象能力、观察能力、注意能力、思维能力、操作能力等。这些能力是我们完成任何一种工作都不可缺少的能力。特殊能力是指在某些特殊活动中所表现出来的能力，例如，设计师需要具有良好的空间知觉能力及色彩辨别力，管理者应具有较强的人际能力、分析能力等，也就是我们常说的专业能力。

对应聘者一般能力的测试可以使用一些专门设计的量表，如智商测试量表等。专业技能的测试常采用实际操作的方法，如招聘文秘可以请应聘者当场打字、速记、起草公文等。也可采用评价中心的方法测试应聘者的专业技能。

③个性。每个人为人处世总有自己独特的风格，这就是个性的表现。个性是指人的一组相对稳定的特征，这些特征决定着特定的个人在各种不同情况下的行为表现。个性与工作绩效密切相关。例如，性格急躁的人不适合做需要耐心的精细工作，而性格内向、不擅长与人打交道的人不适合做公关工作。个性特征常采用自陈式量表或投射测量方式来衡量。

④动力因素。员工要取得良好的工作绩效，不仅取决于他的知识、能力水平，还取决于它做好这项工作的意愿是否强烈，即是否有足够的动力促使员工努力工作。员工的工作动力来自组织的激励系统，但这套系统是否起作用，最终取决于员工的需求结构。不同的个体需求结构是不相同的。在动力因素中，最重要的是价值观，即人们关于目标和信仰的观念。具有不同价值观的员工对不同组织文化的相融程度不一样，组织的激励系统对他们的作用效果也不一样。所以，组织在招聘员工时有必要对应聘者的价值观等动力因素进行鉴别测试，通常采用问卷测量的方法进行。

表5-2是某组织招聘测试的项目清单，它包括了上面提到的几方面的内容。

表5-2　某组织招聘测试的项目清单

A. 技术的 KSA(知识、技能和能力)或学习 KSA 的性向
B. 非技术的技能
  a. 沟通
  b. 人际关系
  c. 推理能力
  d. 处理压力的能力
  e. 果断

C.工作习惯

  a.自觉性

  b.动机

  c.组织公民意识

  d.首创精神

  e.自律

D.没有功能失调行为

  a.滥用物质

  b.偷窃

  c.暴力倾向

E.工作与人的匹配

  a.求职者能受到组织的奖励系统的激励

  b.求职者适应组织关于诸如承担风险和创新之类事情的文化

  c.求职者享受工作的乐趣

  d.申请者的志向与公司能提供的升迁机会相吻合

资料来源:克雷曼.人力资源管理:获取竞争优势的工具[M].2版.北京:机械工业出版社,2003.

(3)员工甄选的程序。

员工甄选一般包括以下一些程序:

①材料筛选。通过求职者填写的申请表掌握其初步信息,筛选出可参加测试者。

②初次面试。人事主管对求职者进行初步面试,决定下一轮的候选者。

③员工选拔测试。员工选拔测试也称为测评,是在面试的基础上对应聘者做进一步了解的手段,包括智力测验、专业能力测验、个性测验和职业倾向测验,可以检测应聘者的能力、潜能、兴趣和职业倾向,消除面试中主考官的主观因素的干扰,提高甄选的公平性和录用决策的准确性。

A.智力测验。测试学习、分析、解决问题的能力,包括表达、计算、推理、记忆和理解能力等。

B.专业能力测验。测试某些具体工作所需的特殊技能,如手的灵巧程度、手与眼的协调程度;测试某些具体工作所需的熟练程度,如打字、操作电脑、速记。

C.个性测验。测试其性格类型、事业心、成就欲望、自信心、耐心等。

D.职业倾向测验。测试其对某些职业的兴趣和取向。

以上这些测验可采用笔试、面试、在工作现场或模拟情景中测试,甚至可以委托专业的人才测评机构测试。

④深入的面试。由人事部主持,由有关各方组成招聘专家组,主要了解求职者的更多信息:求职者的激励程度,个人理想与抱负,与人合作的精神。

⑤未来的上司面试。

⑥核实与评价。核对有关应聘材料、证件的真实性。

⑦建议录用。

⑧体格检查。

⑨录用,进入试用期。

并非每家组织都按以上步骤操作,顺序可有先后变化,有些步骤可以跳过。

在人员甄选过程中,应注意:组织招聘并不是挑选各方面均优秀的"完人",而是要挑选最能与岗位匹配的合适的人。不应降低标准来录用人员,要将候选人与评价标准进行比较,而不是在候选人之间进行比较排序。

(4)"互联网+"背景下员工的招聘与测试。"互联网+"时代是以信息技术为基础,实现信息与信息、信息与人以及人与人之间的相互关联的新时代。"互联网+"技术为我国经济社会的发展注入了源源不断的活力,有利于增强企业的市场竞争力,为组织的经营管理带来了机遇和挑战。在"互联网+"的时代背景下,组织管理者清晰地认识到组织的竞争即是人才的竞争,因此将更多的注意力转移到招聘管理有效性的问题上。招聘管理是组织内部人力资源开发与管理的子系统,也是人力资源开发与管理的重要组成部分,伴随"互联网+"技术的创新与发展,组织的招聘模式、招聘管理也发生了相应的变化,这为组织吸纳优秀的人才提供了新的途径和保障。

在"互联网+"时代背景下,依托互联网展开的招聘平台中,以社交网络为基础实现招聘的营销化、社交化、品牌化,使组织的招聘模式更加丰富。目前,主要的招聘模式有综合招聘、社交招聘、垂直招聘、移动招聘以及分类信息招聘这几种不同的类型。

①综合招聘模式是指通过综合性人才招聘网站,记录组织的招聘信息和求职者的个人信息并对相关数据进行储存和共享。首先,电子软件会对职位和求职者信息进行匹配,筛选出有效信息后提供给相关管理人员评选。优点是求职者和组织数量庞大,模式相对成熟;缺点是信息量大、处理难度高、储存风险大,应用范围狭窄,在文化水平低的普通百姓中并不适用。代表性的综合招聘网站有前程无忧、智联招聘等。

②社交招聘是互联网时代应用相当广泛的招聘模式,指的是在社交网络平台上开展的具体招聘行为。在社交招聘网络中,招聘方和求职者可以进行多角度的互动,双方联系更加紧密,有利于双方各自需求和要求达成一致。优点在于求职者和组织可以直接相互联系;缺点是求职者隐私泄露的风险较高。

③垂直招聘模式是一种利用爬虫程序到其他招聘网站去搜集职位的方式。最初的商业模式是竞价排名、网络广告,之后开发吸纳简历、发布招聘信息内容。它没有自己的数据库,最大的特点是依托各大招聘网站的海量数据,其核心是搜索,而非招聘。优点是信息量大、覆盖面广、针对性强;缺点是信息容易滞后。具有代表性的是拉勾网。

④移动招聘模式是将移动通信和互联网二者结合为一体的新型招聘模式。很多社交招聘网站或垂直招聘网站都有自己的手机客户端,通过移动互联网来连接和匹配用户的需求。优点是方便求职者随时随地登录客户端查询信息;缺点在于这种碎片化阅读的方式容易使求职者错过重要信息。

⑤分类信息招聘平台是依托网站上广泛的用户基础、灵活的市场布局以及明确的市场定位快速布局网络招聘市场的模式。此类网站优点在于易于聚集被动求职者;缺点是认证品牌较低,存在信誉风险。其中赶集网和58同城具有代表性。

"互联网+"时代组织招聘管理的首要目标是吸引和留住有价值的员工。这些新颖的招聘模式逐渐取缔传统的招聘模式,对组织员工的招聘管理产生了重要的影响。

第一，在"互联网＋"背景下，组织可借助微信、微博等平台或是专业化的招聘网络平台发布招聘信息，信息传播速度快、范围广、成本低，可实现组织与求职者之间便捷的双向互动。对求职者来说，网络平台能使求职者个人信息的展现形式更加多样，求职者不仅能通过传统的文字形式，更能通过声音、图片、视频等多种形式的组合，充分展示自己的优势和特色，引起招聘单位的关注。对招聘单位而言，网络平台能使组织通过其主页和微博等形式展示组织相关信息和招聘信息，不需要花费大额传播费用和制作费用，就能使求职者更真实地了解组织文化、职位构成和用人需求。同时，网络招聘平台为求职者与招聘单位的及时沟通和交流提供了便捷，企业与求职者可进行点对点、多层次的双向良性互动，帮助双方做出更加理性的选择。

第二，组织在"互联网＋"背景下利用电子技术对应聘者的简历筛选实现了精准化和便捷化。组织不再使用传统的纸质简历收集和筛选方法，而是采用网络平台，运用计算机和网络技术设定好筛选标准，通过后台管理员操作平台进行"选项卡"式"下拉按钮"选择即可精确地筛选出符合组织需求的优秀简历。利用网络平台和电子技术对应聘者简历进行甄选，减少了人工工作量，简化了甄选流程，便于组织管理者在较短的时间内处理大量的简历信息，有助于组织精准地搜索到与组织岗位相匹配的、优秀的人才。

第三，"互联网＋"时代具有透明性、开放性、多样性和专业性的特点，组织对应聘者的测评方式变得灵活多样且综合有效。组织负责人可采用多种招聘渠道相结合的方法，对应聘者进行综合考评，不仅需考虑专业性、工作能力等客观因素，还要考虑个人价值观、行为习惯等主观因素。可结合网络面试，掌握应聘者沟通能力；进行视频面试，了解应聘者随机应变能力和处事能力；通过笔试结果了解应聘者专业知识储备情况；观察应聘者与同事的沟通方式，掌握其人际交往情况和行为价值观；开发心理测试量表，了解其心理变化和性格特征。充分利用互联网优势，综合多种因素考评，有利于提高招聘工作效率，降低员工离职率。

5.2.3 员工录用与招聘评估

1.员工录用

组织通过员工甄选，做出初步录用决定后，接下来要对这些入选者进行背景调查、健康检查，合格者与组织签订试用协议。同时，组织应及时通知未被录用的应聘者。背景调查主要包括学历学位调查、工作经历调查以及不良记录调查等，主要目的是了解应聘者与工作有关的一些背景信息，对应聘者做一个更为全面的了解，也可以对他的诚实性进行考察。

进行背景调查时，注意把重点放在与应聘者未来工作有关的信息上，尽量从各种不同的信息渠道验证信息，避免偏见，同时要注意避免侵犯应聘者的个人隐私。

有些招聘者往往把注意力放在那些将要被录用的应聘者身上，而忽视了对那些未被录用的应聘者的回复。这些未被录用的应聘者以后还有可能成为组织的一员，也有可能成为组织的顾客或是竞争者。许多组织已认识到，对未被录用的应聘者的答复是体现公司形象的重要一环。但是，告诉人们他们未被录用常常是件很难的事，因为未被录用对一个应聘者来说是一个消极的消息，如果处理不当可能会伤害应聘者的自信心。因此，组织处理这类事情要非常小心。首先可以对应聘者参加公司的招聘表示感谢，同时还可以对应聘者的某些优点表示欣赏，然后再告知公司暂时没有合适的职位给应聘者。

2.招聘评估

对招聘工作进行评估是十分重要的。通过对各种考核指标的核算和分析,发现招聘过程中规律性的东西,有利于组织不断改进招聘方式,使招聘工作更加有效。

在实际的招聘评估过程中,必须根据组织和职位的特点,选取一些特定的指标作为重点分析。下面我们对常用的指标做介绍:

(1)招聘成本评估。招聘成本评估是指对招聘中的费用进行调查、核实,并对照预算进行评价的过程。可以参见表5-3的相关指标,对招聘预算、核算及成本评估进行分析。

表5-3　招聘工作评价的指标体系

一般评价指标	基于招聘者的评价指标	基于招聘方法的评价指标
补充空缺的数量或百分比 及时补充空缺的数量或百分比 平均每位新员工的招聘成本业绩 优良的新员工的数量或百分比 留职至少一年以上的新员工的数量或百分比 对新工作满意的新员工的数量或百分比	从事面试的数量 被面试者对面试质量的评价 职业前景介绍的数量和质量等级 推荐的候选人中被录用的比例 推荐的候选人中被录用而且业绩突出的员工的比例 平均每次面试的成本	引发的申请的数量 引发的合格申请的数量 平均每个申请的成本 从方法实施到接到申请的时间 平均每个被录用的员工的招聘成本 招聘的员工的质量(业绩、出勤等)

资料来源:MILKOVICH G T, BOUDREAV J W. Human Resource Management[M]. Richard D. Irwin, 1994.

①招聘预算。每年的招聘预算应该是全年人力资源开发与管理总预算的一部分。招聘预算中主要包括:招聘广告预算、招聘测试预算、体格检查预算、其他预算,其中招聘广告预算占据相当大的比例,一般来说按4:3:2:1比例分配预算较为合理。当然,每个组织可以根据自己的实际情况来决定招聘预算。

②招聘核算。招聘核算是指对招聘的经费使用情况进行度量、审计、计算、记录等的总称。通过核算可以了解招聘中经费的精确使用情况是否符合预算以及主要差异出现在哪些环节上。

③招聘成本评估。这是对招聘效率进行考核的一个重要指标。如果成本低,录用人员质量高,录用人数多,就意味着招聘效率高;反之,则意味着招聘效率低。招聘成本通常以招聘单价来评估:

$$招聘单价 = \frac{总经费}{录用人数}$$

(2)录用人员评估。录用人员评估是指根据招聘计划对录用人员的质量和数量进行评价的过程。录用人员的数量可用以下几个数据来表示:

$$录用比 = \frac{录用人数}{应聘人数} \times 100\%$$

$$招聘完成比 = \frac{录用人数}{计划招聘人数} \times 100\%$$

$$应聘比 = \frac{应聘人数}{计划招聘人数}$$

对某一组织的空缺职位而言,得以上评估值应在某一合理的范围内。如果录用比过大,有可能是组织关于职位的信息发布得不够准确,吸引了过多不适合职位要求的求职者,会加大招聘的成本;如果录用比过小,有可能是组织招募的渠道不畅,没有将相关信息传递至潜在的胜任者。需要注意的是,以上评价内容仅仅是对招聘评价起到参考作用。招聘是否成功,主要还是依据签合同的员工的工作表现。

(3)甄选方法的效果评估。甄选方法的效果是指测试是否尽可能地选择了符合要求的人以及尽可能地排除了不符合要求的人。甄选方法的效果可以用以下几个指标进行评估:

①标准化。标准化是指与实施测试有关的过程和条件的一致性。为了能根据同样的测试来比较若干求职者的表现,所有人都必须在尽可能相似的条件下接受测试。例如,提供的内容说明和允许的时间必须相同,测试环境也必须相似。如果一个人在一间喧闹的房间内接受测试,另一人在安静的环境中接受测试,测试结果很可能有差别。尽管测试的设计者对测试实施过程有详细的说明,但确保测试条件标准化是测试实施者的职责。

②客观性。当给测试者评分的每个人所得结论相同时,测试就具客观性。多项选择和判断对错的测试是客观的。这种测试的评分是高度机械化的过程,即利用机器评分。

③规范化。一个规范化的测试,受测试者的分数应服从正态分布,规范为将一个求职者的表现与其他求职者相比较提供了一种参考框架。

④可靠性。员工甄选的可靠性是指甄选中所采用的测试方法的可信程度。可靠性是用信度来衡量的。通常,信度可分为再测信度、副本信度和分半信度。

A.再测信度。这种信度是检验时间间隔对测试分数的影响。它是指用同一种测试方法对同一组应聘者在两个不同时间进行测试,两次测试结果之间的相关系数就是再测信度。时间间隔一般在两个月以上,这样比较准确。此法不适用于受熟练程度影响较大的测试,因为被测试者在这一次测试中可能记住某些测试题目的答案,从而提高了第二次测试的成绩。

B.副本信度。一种心理测试的结果与另外副本的心理测试结果进行相关性分析,两次测试结果之间的相关系数就称为副本信度,又叫等值信度。这种评价方法的缺点在于副本有的时候比较难找到。

C.分半信度。将同一测试的题目分成对等的两半或若干部分,对同一组应聘者进行测试,各部分测验所得的分数间的相关系数,称为分半信度。

信度的取值范围在 $0 \sim \pm 1$。心理测试的信度最高值是 1,但这是一种理想的状态,在实际中是达不到的。一般的智力测验的信度达到 0.9 以上,就可以认为该测验相当可信了。

信度的准确与否和误差,特别是随机误差的关系十分密切。产生误差的原因多种多样,例如,被试者的身心健康,参加测试的动机、态度,主试者的专业水平,空气的温度,测试场地的环境,指导语的差异,提议的明确与否,项目的多少等,都会影响到测试的信度。因此,为了使信度测试准确可靠,必须严格控制可能影响测试结果的各种主观变量。

⑤有效性。可靠性高的测试方法不一定有效。员工甄选的有效性是指一项测试所测量出的内容,如应聘者的有关能力、个性特点等是否是招聘者真正想要测量的内容之间的相关系数。效度的取值范围在 $0 \sim \pm 1$,效度的最高值是 1。

效度可分为三种,即预测效度、内容效度、同测效度。

A.预测效度。它说明测试用来预测被试者将来行为的有效性。我们可以把应聘者在选拔中得到的分数与他们被录用后的绩效分数相比较,两者的相关性越大,则说明所选的测试方法越有效,即这种测试方法可以较准确地预测应聘者未来的工作业绩。如果一项测试不能表明某人是否具有完成某项工作的能力,那么它就毫无价值。

B.内容效度。即某测试的各个部分对于测量某种特性或做出某种估计有多大效用。考虑内容效度时,主要考虑所用的方法是否与想测试的特性有关。例如招聘一名语文教师,测试应聘者语法知识、文学知识、写作水平的测试方法,其内容效度是较高的;而测试其数学运算速度的测试方法,内容效度就较低。内容效度的高低一般是凭招聘测试人员的经验来判断。内容效度多应用于知识测试与实际操作测试,而不适用于对能力和潜力的测试。

C.同测效度。它是指用组织现有员工来检测某种测试方法的有效性。即对现有员工实施某种测试,然后将测试结果与员工的实际工作绩效考核得分进行比较,若两者的相关系数很大,则说明此测试效度高。这种效度测试的特点是省时,可以尽快检验某测试方法的效度,但若将其应用到人员选拔测试时,难免会受到其他因素的干扰而无法准确预测应聘者未来工作的潜力。例如,这种效度是根据现有员工的测试得出的,而现有员工所具备的经验、对组织的了解等则是应聘者所缺乏的。因此,应聘者有可能因缺乏经验而在测试中得不到高分,从而错误地被认为是没有潜力或能力。其实,他们若经过一定的培训或锻炼,也有可能成为称职的员工。

5.3 员工招聘的重要决策

招聘流程中的每一个环节都有可能对招聘的结果产生影响,其中有些环节是需要重点把握的。

5.3.1 招聘渠道开发与选择

当公司出现职位空缺需要招聘员工时,既可以从公司内部挑选合适的员工来填补空缺,也可以从社会上招聘新员工。内部招募和外部招募作为公司人员招募的两大来源,各有其有优、缺点(见表5-4)。

表5-4 内部招募和外部招募的优、缺点比较

项目	优点	缺点
内部招募	可提高被提升者的士气 对员工能力可更准确地判断 在有些方面可节省花费 可调动员工的工作积极性 可促成连续的提升	"近亲繁殖"(组织的视野会逐渐狭窄) 未被提升的人可能士气低落 "政治的"钩心斗角 必须制订管理与培养计划
外部招募	"新鲜血液"有助于拓宽组织的视野 比培训专业人员要廉价和快速 在组织内没有业已形成的政治支持者小集团	可能引来组织窥察者 可能未选到"适应"该职务或组织所需要的人 可能会影响内部未被选拔的候选者的士气 新员工需要较长的"调整期"或熟悉时间

1.内部招募

组织现有的雇员常常是组织最大的招聘来源。一些调查显示:成功组织中70%以上的管理职位都是由从组织内部提拔起来的人担任的。内部招募具有许多突出的优点:

①当员工看到工作能力的提高会得到补偿时,他们的士气和工作绩效将因此而提高。内部提升可以激发雇员的献身精神,使他们工作时有长期观点。

②从内部提升员工更安全,因为组织对这些人的素质和技能已经有了比较准确的评价,不像对外来者那样知之甚少。

③内部候选人已经在组织中工作了一段时间,对组织的目标更有认同感,不会轻易辞职,组织人员流失的风险相对较小。

④内部候选人比外部候选人的定位过程更短,需要的培训也更少。

⑤可为组织节约大量的招聘时间和费用。

⑥减少组织因职位空缺而造成的间接损失。

⑦给员工调整岗位的机会,尽可能做到最大限度地利用组织现有的人力资源。

当然,从内部招募亦有其不足之处,主要表现在:

①较难做到内部公平,在一定程度上可能造成内部矛盾。例如:有些职位的候选人会被领导"内定",有些优秀的员工会同时被几个部门争夺。

②提拔不成的员工对组织的忠诚度可能下降。因此,向未获准填补职位空缺的内部候选人明确说明他们的填补申请为什么没有得到批准,以及他们应该采取何种补救措施才能使他们在将来更为成功一些,就显得极为重要。

③容易产生"近亲繁殖"现象。当需要进行创新和提供新指示的时候,就很可能会出现一种"照章办事"和维持现状的倾向。

④员工未必适应新工作。一般来说,组织都会提升在现有职位上绩效优异的员工,但胜任原来的岗位不等于一定能适应新岗位,这对组织来说是一大风险。

⑤选择范围较小,往往不能满足组织的需要。

2.外部招募

内部招募虽然具有许多优点,但人员的选择范围较为狭窄,常常不能满足组织发展的需要,所以组织常采用各种外部招募方法。与内部招募一样,外部招募也具有其优势和局限。

组织采用外部招募可以利用外部候选人的能力与经验为组织补充新鲜血液,并能够给组织带来多元化的局面,避免很多人都用同样的思维方式思考问题。组织还可以借助招聘中与外界交流的机会树立良好的公众形象。同时,组织也必须承担一定的风险:从外部招募管理人员可能会影响组织内部一些员工的士气,新员工需要较长的时间适应组织文化,可能给竞争对手提供了窥视商业秘密的机会等。

5.3.2 招聘信息发布

1.招聘信息的撰写

(1)发布招聘信息。组织的招聘计划决定了招聘信息发布的范围、渠道、方式和时间。一份成功设计的招聘信息应该将组织的客观信息有效地传送到可能的求职者手中,吸引那些具有组织所要求的知识、能力和经验的应聘者主动求职。招聘信息形式多样,不仅仅限于广告,还包括组织内部的工作布告、信件、小册子,以及由组织提供的其他含有招聘内容的文件。

完整的招聘信息起码应包括以下一些内容:

A. 工作岗位的名称。

B. 有关工作职责的简单而明确的阐述。

C. 说明完成工作所需的技巧、能力、知识和经验。

D. 工作条件,如地理位置、时间、每周工作天数、需管理的下属人数等。

E. 工作报酬和享受的福利等。

F. 申请的时间和地点。

G. 如何申请、是否要寄送简历、填申请表及面试等。

发布招聘信息时应注意:

第一,招聘信息应客观实际,不要过分夸大组织的实力或许诺难以兑现的高额工资报酬。如果工作岗位的现实难以满足受聘人员的初始期望,那么,过分"推销"工作或组织可能导致受聘人员的不满和"跳槽",这不仅给应聘者造成了时间和机会的损失,也会使组织付出较高的代价,最终对双方都不利。

第二,应根据招聘对象可能的范围来确定招聘信息发布的范围。虽然发布信息的面越广,接收到该信息的人就越多,应聘者也就越多,这样可能招聘到合适人选的概率就越大,但相应的招聘费用也会增加。为了提高招聘信息发布的有效性,应注意招聘对象的层次性,根据招聘岗位的要求与特点,向特定的人员发布招聘信息。

第三,在条件允许的情况下,招聘信息应尽早发布,这样有利于缩短招聘进程,而且有利于使更多的人获取信息,增加应聘人数。

(2)收集应聘者的相关资料。应聘者在获取招聘信息后,可以通过多种方式向招聘单位提出应聘申请,如通过信函方式、网上申请、直接去招聘单位指定的地点报名等。无论采用哪一种方式,应聘者都应向招聘单位提供一定的个人资料。

在招聘工作中,通常采用的是填写申请表的形式获取应聘者的个人信息。一份精心制作的申请表(见表5-5)提供了一份关于申请人愿意从事这份职务的记录,它为负责面试的人员提供了一份可用于面谈的申请人小传。对于被雇用的求职者来说,它是一份基本的员工档案记录,同时它还可以用于考核选拔过程的有效性。

应聘申请表往往包含这样一些信息:

A. 应聘者所欲申请的职位。

B. 个人简历,着重说明学历、工作经验、技能、成果、个性等信息。

C. 各种学历、技能、成果(包括获得的奖励)证明(复印件)。

D. 身份证(复印件)。

E. 是否愿意从事其他岗位。

F. 对工资的要求。

G. 家庭成员组成等。

如果应聘者要到组织指定的地点报名应聘,应聘接待就成为组织与求职者双方的初次接触。组织在应聘接待中给求职者的感觉如何,将影响他们对组织甚至对组织产品和服务的看法。在初次交流中,组织的工作人员应更全面地向求职者提供有关职务的信息,不仅介绍组织有利的一面,也要介绍不利的一面,以使求职者能够准确地衡量该职务是否符合自己的期望,也可通过交流,消除求职者不切实际的期望。组织应通过向求职者准确地描述各项职务的真实情况,最终减少在职者的不满程度和流失数量。

表 5 - 5　某公司应聘人员申请表

编号		
姓　名		性　别
出生日期		期望收入
最高学历		毕业院校
职　称		专　业
外语水平		
兴趣爱好		健康状况
现工作单位		
通信地址		
邮政编码		联系电话
个人简历		
除了应聘职位外,您还可适应其他何种工作:		
请简述您的性格特点:		
您具备哪些方面的技能:		
您认为您有什么缺点:		
自愿保证:本人保证表内所填写的内容真实,如有虚假,愿受解职处分。		
	申请人签名:　　　　　　　日期:	

2.发布信息的媒体选择

(1)内部招募方法。

①档案法。每个组织都应建立详细的人力资源档案,记录每位员工的教育培训经历、专业技能、职业目标等各种信息。当组织内部出现岗位空缺时,人力资源部门可以调用档案中的信息,搜寻空缺职位的合适人选。用这种方法,组织可以迅速找到候选人,并且可在组织内部进行挑选。但档案中存储的只是员工客观或实际的信息,缺少一些较为主观的信息,如人际技能、团队精神、品德等,而这些信息对于许多工作来说却是至关重要的。所以,组织在选拔人员时不能单凭档案,必须结合其他的人员甄选方法进行选拔。

目前,某些组织采用数据库技术为员工建立电子档案,不仅记录员工的显性特征,而且对员工的日常工作表现及其能力进行记录,并分类进行整理。当需要某一类型的员工时,可以便捷地搜寻到,比较适合于员工规模较大的组织。

②内部公告。在组织内部以公告的形式发布空缺职位信息是最常使用的内部招募方法。发布的信息应说明工作的性质、任职资格、主管的情况、工作时间和待遇标准等相关情况。员工通过努力提高他们的工作技能和绩效,争取更多的晋升机会。对组织而言,增强了人事匹配的合理性,提高了组织人力资源的使用效率。同时,内部公告法也可促使现任各部门主管更有效地管理,以避免员工纷纷"跳槽"。

这种方法也有它的局限性:由于组织内部人员有限,有可能因缺乏合格候选者而导致职位较长时间空缺;某些员工由于缺乏明确的职业发展方向而在工作中"跳来跳去";那些申请被拒绝的员工有可能会离开组织或对组织的忠诚度下降。

③主管推荐。这种方法是由职位空缺部门的主管或上级主管推荐他们认为合适的人员,供决策部门考核。由于主管一般对他推荐的候选人各方面情况较为了解,便于以后工作上的合作,所以这种方法成功的概率很大。但主管的推荐通常带有主观性,易受偏见和歧视的影响,使一些合格的员工失去机会,导致内部不公平。

④职业生涯开发系统。职业生涯开发系统是从内部填补工作空缺的可选方法。组织不是鼓励所有合格的员工来竞争一项工作,而是将高潜能的员工置于职业生涯路径上,接受培养以适应特定目标的工作。这种人员开发方法可以降低组织中高绩效者外流的可能性,并有助于确保在某个职位出现空缺时总有候选者随时填补它。

未被选中进行培养的员工有可能会对组织产生不满而离开,如果目标职位长时间没有出现空缺,被选中的候选员工可能由于期望的晋升没能兑现而感到灰心,降低工作积极性。

(2)外部招募方法。一般而言,从组织内部招募的员工比外部来源的员工离职率低,长期服务的可能性更大。但当内部招募不能满足组织对人力资源的需求时,就需要考虑从组织的外部挑选合格的员工。外部招募一般有以下一些渠道:

①媒体招募。媒体招募指通过报纸、电台、电视、网络等媒体向社会发布招聘信息。这种方式速度快、信息面广,可吸引较多应聘者。通过广告可使应聘者事先对组织有所了解,减少应聘的盲目性;招聘广告留存时间较长,可附带做组织形象和产品的宣传。媒体招募有助于将职位需求信息迅速传递给潜在的求职者,被广泛应用。由于媒体种类比较多,在决策时,需要比较各类媒体的不同特点,在成本与效果等多种因素之间进行权衡。表5-6是几种主要广告媒介的优、缺点比较,可供参考。

表5-6　几种主要广告媒介的优、缺点比较

媒体类型	优点	缺点	何时使用合适
报纸	标题短小精悍;广告大小可灵活选择;发行集中于某一特定的地域;各种栏目分类编排,便于积极的求职者查找	容易被未来可能的求职者所忽视;集中的招聘广告容易导致招聘竞争的出现;发行对象无特定性;广告的印刷质量一般比较差	当你想将招聘限定于某一地区时;当可能的求职者大量集中于某一地区时;当有大量的求职者在翻看报纸,并且希望被雇用时

媒体类型	优点	缺点	何时使用合适
广播电视	不容易被观众忽略;可以将求职者来源限定在某一特定地域;极富灵活性;比印刷广告能更有效地渲染雇佣气氛;较少因广告集中而引起招聘竞争	只能传递简短的、不是很复杂的信息;缺乏持久性;耗时且成本较高;缺乏特定的兴趣选择;为无用的广告接收者付费	当处于竞争的情况下,没有足够的求职者看你的印刷广告时;当职位空缺有许多种,而在某一特定地区又有足够求职者的时候;当需要迅速扩大影响的时候;当用于引起求职者对印刷广告注意的时候
网络	速度快、效率高;成本低、费用省;覆盖面广并具有互动性;能够提供增值服务;较为公平、公正	信息处理的复杂性;虚假信息大量存在;限制了低文化水平者应聘	拥有网络资源,可在较广阔的区域中使用
宣传资料	在求职者可能采取某种立即行动的时候,引起他们对组织雇佣的兴趣;极富灵活性	作用有限;求职者需到招聘现场来	在一些特殊场合,如就业交流会、公开招聘会

②通过职业介绍所与就业服务中心招募。组织可以去职业中介机构检索人才资源库,或委托其招聘员工。这种方式的优点是介绍速度较快,费用较低。目前职业中介机构的服务质量普遍不高,人才资源库有限,不一定能找到合适的候选人,且有些机构可能鱼目混珠。这种方法一般只适用于招聘初、中级人才,或急需的员工。

③校园招募。大学的本科生、专科生和研究生是大多数专业管理人员和工程技术人员的主要来源。校园招募是组织派人员到大专院校招聘应届生,与求职者面谈,也有些组织邀请候选者预先到组织实习。这种招募方式使双方有较充分的了解,组织选拔范围和方向集中,效率较高。应届毕业生属于潜力型人选,他们能给组织注入新的活力。

这种方式也有其局限:首先是代价较高;其次,耗时多,各公司至少提前 9~11 个月就必须确定它们的招聘需求,而且正常情况下必须等到学生毕业才能雇佣;再次,应聘者往往流动性过大,给组织造成损失。校园招募多用于招聘发展潜力大的优秀人才。

④内部员工推荐。当组织出现职位空缺时,通常采用内部员工推荐的方法来填补,即人力资源部门将有关工作空缺的信息告诉现有员工,请他们向组织推荐潜在的申请人。一些组织有时提供少量报酬以激励员工推荐合适的候选人,尤其是在劳动力短缺的情况下往往采用这种方法。

采取这种方式时,招聘双方在事先已有一定了解,用人较为可靠,可节约招聘程序和费用。内部员工推荐的求职者往往比通过其他方式招聘到的人员表现更好,而其"跳槽率"更低。这种方式缺点是招聘面窄,影响招聘质量,并且难以做到客观评价和择优录用,容易形成小团体和裙带关系。内部员工推荐常用于招聘初级员工和核心人员。

⑤委托猎头公司招募。越来越多的组织通过委托猎头公司物色高级技术和管理人才。这种方法针对性强,成功率较高,但是,这种方式招聘过程较长,各方需反复接洽谈判;招聘

费用昂贵，一般需按年薪的一定比例支付猎头费，且策划难度较高；有时会影响内部员工的工作积极性。

⑥人才招聘会。组织可参加定期或不定期举办的人才交流会选择所需人员。在人才招聘会上双方直接见面，可信程度较高，现场可确定初选意向，费用较低。但招聘会上往往应聘者众多，洽谈环境差，挑选面受限制。这种方式只适用于招聘初、中级人才或急需的人员。

⑦互联网招募。网上招募已逐渐成为一种趋势。网络招聘信息传播范围广，不受时间和地点的限制，方便快捷，成本较低。组织可以利用专业招聘网站或公司自己的网站发布招聘信息，也可直接在网上搜索简历库。

⑧应聘者自荐。一些享有良好声誉的组织常常收到那些对公司工作感兴趣的人主动提出的求职申请，因此"主动"招聘有时不必要。毛遂自荐的招聘方法效率高、成本低。同时，求职者对公司和职位一般都做过特别的了解，一旦应聘成功，较易适应新环境。这种方法可能出现的问题是：从求职者提出申请到组织出现职位空缺会存在一定的时间差，此时许多求职者可能已找到了其他工作。另外，由于求职者对工作的渴望，有可能会提供虚假个人信息。

⑨特色招募。通过接待日招募、电话招募等特色招募形式，让应聘者了解组织和岗位的信息。

上述各种外部招募方式各有优势和局限，组织在具体实施时，应依据工作的类型、紧迫程度、地理区域限制及招聘成本综合权衡，选择合适的招募方式。

5.3.3 人员甄选与雇佣决策

1.人员甄选的方法

人员甄选常采用笔试、面试、心理测试和评价中心等方法对应聘者的知识、能力、个性和动力因素进行评价，判断其是否胜任工作岗位。

（1）笔试。笔试是指通过纸笔测验的形式，对应聘人的基本知识、专业知识、管理知识、综合分析能力和文字表达能力进行衡量的一种方式。

根据内容的不同，笔试可以分为百科知识考试（又称广度考试）、相关知识考试（又称结构考试，考查专业知识结构是否合理）和业务知识测试（又称深度考试）。通过笔试，对应聘者的知识结构、实践经验和工作熟练程度做出初步判断。

在设计试卷时，可将各种知识考试类型结合起来运用，在较短时间内全面了解一个应试者各方面的水平。重视对知识的实际运用能力的考查，尽量多用案例和讨论等方式。

笔试法的优点是一次能够出十几道乃至上百道试题。考试的取样较多，对知识、技能和能力的考核的信度和效度都较高，可以大规模地进行分析，因此花时间少，效率高，报考人的心理压力较小、较易发挥水平，成绩评定比较客观。缺点主要表现在不能全面地考查应聘者的工作态度、品德修养以及组织管理能力、口头表达能力和操作技能等。因此，笔试法虽然有效，但还必须和其他测评方法结合使用。在组织招聘中，笔试成绩往往作为甄选依据，合格者才能继续参加面试或下一轮测试。

（2）面试。面试是通过主试与被试双方面对面地观察、交谈等双向沟通方式，了解应聘者的素质状况、能力特征及求职应聘动机的一种人员甄选技术。面试直观、深入、灵活，不仅可以评价出应试者的学识水平，还能评价出应试者的能力、才智及个性心理特征等。

①面试的分类。根据提问种类和具体形式的不同,面试可进行分类。

A. 根据提问种类的不同,面试可以分为以下几种:

a. 非结构化面试(unstructured interview)。在非结构化面试中,没有应遵循的特别形式,谈话可以向各个方向展开。面试者会提出探索性、开放性的问题。这种面试是综合性的,面试者鼓励求职者多谈。非结构化面试一般比结构化面试耗时更多,且不同的面试人会获得不同的信息。

b. 结构化面试(structured interview)。结构化面试由一系列连续向申请某个职位的求职者提出的与工作相关的问题构成,使用结构化面试由于减少了非结构化面试的主观性,从而提高了面试的可靠性和准确性。

结构化面试一般包括四类问题。(a)情景问题(situational questions):提出了一个假设的工作情景,考察应聘者在这种情况下的反应。(b)工作知识问题(job knowledge questions):考核应聘者与工作相关的知识掌握情况,这些问题既可能与基本教育技能有关,也可能与复杂的科学或管理技能有关。(c)工作样本模拟问题(job sample simulation questions):包括一种场景,在该场景中要求应聘者实际完成一项样本任务,当这种做法不可行时,可以采用关键工作内容模拟。(d)员工要求问题(worker requirement questions):旨在确定应聘者是否愿意适应工作要求。例如,面试者可能问求职者是否愿意从事重复性工作或到另一城市工作。这种问题的性质是实践工作的预演,并可能有助于求职者自我选择。

c. 压力面试(stress interview)。该方法是指有意制造紧张,以了解应聘者将如何面对工作压力。面试人通过提出生硬的、不礼貌的问题故意使应聘者感到不舒服,针对某一事项或问题做一连串的发问,打破砂锅问到底,直至无法回答,其目的是确定求职者对压力的承受能力、在压力前的应变能力和人际关系能力。压力面试还可以通过设计一个紧张的场景,比如在有限的时间内考察应聘者如何处理很多重要的事务。

B. 根据具体形式的不同,面试可分为:

a. 个别面试。在这种形式下,一个应聘者与一个面试人员面对面地交谈,有利于双方建立较为亲密的关系,加深相互了解。但由于只有一个面试人员,所以决策时难免有失偏颇。

b. 小组面试。通常是由两三个人组成面试小组对各个应聘者分别进行面试。面试小组可由人力资源部门及其他专业部门的人员组成,从多种角度对应聘者进行全面考察,提高判断的准确性,克服个人偏见。

c. 集体面试。通常由面试小组(由两三人组成)同时对几个应聘者进行面试。在面试人员的引导下,完成一些测试和练习。在这一过程中,对应试者的逻辑思维能力、解决实际问题能力、人际交往能力、领导能力等进行测试。集体面试效率较高,但面试主考官必须善于观察和控制局面。

d. 会议型面试。其适用于高级职位的招聘。一般由若干位组织代表会见一位候选人。虽然对求职详尽的考查十分可信,但受试者的紧张程度很高。

②面试的过程。这一过程主要分为五个阶段。

第一阶段:预备阶段。

这个阶段通常讨论一些与工作无关的问题,例如天气、交通等。其主要目的是面试者为应聘者创造和谐、宽松、友善的气氛,帮助应聘者消除紧张戒备心理,以便在后面的面试过程中更加开放地沟通。

第二阶段:导入阶段。

在导入阶段,面试者首先要问一些面试者一般有所准备的比较熟悉的题目,以缓解被面试者依然有点紧张的情绪。这些问题一般包括让被面试者介绍一下自己的经历及过去的工作等。所问的问题一般比较广泛,使得被面试者有较大的自由度,也为后面的提问做准备。

第三阶段:核心阶段。

核心阶段是整个面试中最为重要的阶段。在这一阶段,面试者将着重收集关于应聘者胜任工作能力的信息。应聘者被要求讲述一些关于胜任能力的事例,面试者将基于这些事实做出基本的判断,对应聘者的各项关键胜任能力做出评价,并主要依据这一阶段的信息在面试结束后对应聘者做出录用决定。

在这个阶段,需要注意的是面试提问的技巧。通常的提问方式有以下几种:

A.封闭式提问。它只需应聘者做出简单的回答,一般以"是"或"不是"来回答。这种提问方式只是为了明确某些不甚确实的信息,或充当过渡性提问。

B.开放式提问。这是一种鼓励应聘者自由发挥的提问方式,在应聘者回答问题过程中,主考官可以对应聘者的逻辑思维能力、语言表达能力等进行评价。

C.引导性提问。涉及工资、福利、工作安排等问题时,通过这种引导性提问方式征询应聘者的意向。

D.压迫性提问。该方法主要用于考察应聘者在压力情况下的反应。提问多从应聘者的矛盾谈话中引出,比如面试过程中应聘者对于原单位工作很满意,却又急于调动工作,主考官可针对这一矛盾进行质询,常常形成压迫性的谈话。

E.连串性提问。该方法主要审查应聘者的反应能力、思维的逻辑性、条理性及情绪的稳定性。考官向应聘者提出一连串问题,给应聘者造成一定的压力,这也是该提问方式的目的之一。

F.假设性提问。该方法采用虚拟的提问方式,目的是为了考察应聘者的应变能力、思维能力和解决问题的能力。

第四阶段:确认阶段。

经过核心阶段的测试后,面试者应该对应聘者的工作胜任能力有一个整体的判断。

第五阶段:结束阶段。

结束阶段是面试者检查自己是否遗漏了关键的问题并加以追问的最后机会。而且,应聘者也可以借这个最后的机会来表现自己。

③面试的重点内容。这些内容包括:

A.仪表风度。这是指应聘者的体格外貌、穿着举止以及精神状态等。

B.求职动机与工作期望。了解应聘者为何希望来本单位工作,对哪种职位最感兴趣,在工作中追求什么,判断本单位所能提供的职位或工作条件能否满足其工作要求和期望。

C.专业知识与特长。了解应聘者掌握专业知识的深度和广度,其专业知识与特长是否符合所要录用职位的专业要求,以作为对专业知识笔试的补充。

D.工作经验。这是面试过程中所要考察的重点内容。此项内容,是通过了解应聘者的工作经历来查询其过去工作的有关情况,以考察其所具有的实践经验和程度。通过考察工作经验,主试人还可考察出应聘者的责任感、主动精神、思维能力,以及遇到紧急情况的理智状况。

E. 工作态度。这里面有两层含义:一是了解应聘者过去对工作、学习的态度;二是对要应聘职位的态度。

F. 事业进取心。事业心、进取心强烈的人,一般都确立有事业上的奋斗目标,并为之而积极努力。表现在工作上兢兢业业、刻意追求、不安于现状,努力把工作做好,工作中常有创新。

G. 语言表达力。通过应聘者对问题的回答,考察其能否恰当地表达出自己的想法。

H. 综合分析能力。应聘者是否能通过分析,抓住所提问题的本质,并且说理透彻、分析全面、条理清晰。

I. 反应能力。即头脑的机敏程度。面试时,应聘者对主持人所提问题能否迅速、准确地理解并尽快做出相应的回答,而且答案简练、贴切,反映出他头脑的机敏程度的高低。

J. 自我控制能力。在面试中,对管理阶层人才的考选,自我控制能力的考察也是一项重要内容。一方面,在遇到上级批评指责、工作有压力或是个人利益受到冲击时,能够克制、容忍、理智地对待,不致因情绪的波动而影响工作;另一方面,干工作要有耐心和韧性。

K. 人际交往倾向及与人相处的技巧。在面试中,通过询问应聘者经常参与哪些社团活动,喜欢和什么样类型的人打交道及在各种社交场所扮演的角色,以了解其人际倾向及与人相处的技巧。

L. 精力和活力。在面试中,通过了解应聘者喜欢什么运动、每天运动量等,可以考察其精力和活力。

M. 兴趣与爱好。了解应聘者休闲时间的爱好及从事哪种活动,喜欢阅读哪些书籍以及喜欢什么样的电视节目,有什么样的嗜好等。这样可以了解一个人的兴趣与爱好,对录用后的职位安排同样也是有益的。

④面试成绩评价。面试成绩的评价是运用评价量表,根据面试过程中所收集到的信息,对应试者的素质特征及工作动机、工作经验等进行价值判断的过程。在这一过程中,面试考官必须做出三种一般类型的判断:

A. 对应试者特定方面的判断,比如他们的能力、个性品质、工作经验或工作动机(一般要求应用预先设计好的评价量表对这些因素做出正式的评价或评级)。

B. 录用建议。

C. 录用决策。

面试成绩评价的具体操作方法主要如下:

a. 内容评分法。这种方法是按照面试重点内容要求打分,不是每提问一个问题就打一次分。操作过程是:每面试一位应聘者,各主试人面前均有一份面试成绩评定表。面试中,根据对应聘者回答问题情况的观察、分析、判断在各项内容的得分栏内打分。要求评委不得互相商量,各自独立打分;也可在面试时记录回答要点和评定意见,等该应聘者面试结束时再在各个项目得分栏内打分,并写出简短评语或录用建议。

这种方法的优点是各评委独立打分,互不影响,因而能集中精力,而且不受主试人或评委中"权威"人士态度的影响,比较客观;缺点是由于评委独立打分,具有隐蔽性,这样就难以避免评委中个别人打"人情分"。

b. 回答评分法。这种方法的操作过程是:将拟订的所有提问题目按照1,2,3,…的顺序编号,面试时主试人依照顺序进行提问,应聘者针对所提问题作答。每答完一题,评委即为此题打分,直到提问结束。这种方法的优点是可使评分工作变得简便,因而评分的信度也有可能提高,但这一方法缺点较多。首先,对报考人的基本素质判断不明显,方法不够规范,尤其是一些技术问题,如提问题目与评价要素如何对应,各主试人之间如何统一等,存在一定的困难。其次,考察内容不宜全面,因为有些面试内容是很难以提"问题"的方式让应聘者回答的。

c.面试评语。面试评语分为两种:一种是主试人评语,一种是主试委员会综合评语。

主试人评语:面试中,各位主试人在为应试者打分的同时,要对应聘人面试的总体情况做出简明扼要的评价。也就是说,要概括地说明对应聘人的总体印象。如将突出特点、明显不足、评定意见等填写在评语栏内,作为主试委员会对某应聘人写综合评语的参考。

综合评语:综合评语是主试小组(或委员会)在对某一应聘者的面试结束时,根据各位主考官的评定意见,综合概括形成的评语。综合评语一般由主试人负责形成并填写在面试成绩评定表的综合评语栏内。

表5-7和表5-8是两份面试成绩评价表的例子。

表5-7 面试成绩评价表(一)

编 号			姓 名		出生年月			性 别	
报考岗位			评分标准						
面试项目	所占比重	具体指标	优秀 100%~90%	较好 90%~80%	一般 80%~70%	较差 70%~60%	很差 60%以下		
性格方面	20	工作热情6 自信心6 开放型4 态度4							
能力方面	40	社交能力10 口头表达力10 应变能力8 创新能力6 处理难题能力6							
知识经验	20	知识水平5 实际经验5 职业道德5 专业知识5							
身体外貌	20	健康程度10 气质10							
小计									
主试评价意见									
评委评价意见	评委甲								
	评委乙								
录取与否的决定									

表 5-8 面试成绩评价表(二)

主试人注意:请根据报考人的行为表现及回答问题的情况,用打钩的方式选择一项评价等级			
评价项目	评价等级		
	3	2	1
求职者的仪表和姿态,是否符合本项工作所要求的条件	好	一般	不好
求职者的自我表现能力	好	一般	不好
求职者的态度及工作抱负与本公司的工作目标是否一致	好	一般	不好
求职者的工作意愿是否能够在本公司得到满足	好	一般	不好
求职者的专业特长是否符合所聘职位的要求	好	一般	不好
求职者的工作经历是否符合所聘职位的要求	好	一般	不好
求职者的教育程度是否符合所聘职位的要求	好	一般	不好
求职者所要求的待遇及工作条件是否适合本单位所提供的条件	好	一般	不好
求职者的潜能是否有在本公司继续发展的可能	好	一般	不好
求职者的口头表达能力如何	好	一般	不好
求职者的综合分析力如何	好	一般	不好
求职者的随机应变如何	好	一般	不好
求职者的想象力及创新意识如何	好	一般	不好
求职者的工作热情及事业心如何	好	一般	不好
求职者是否有足够精力担当此工作	好	一般	不好
求职者所表现出来的综合素质是否足以担任要任命的工作职务	好	一般	不好
综合评语及录用建议:	主试人签字:		

⑤面试中应注意的问题。这些问题包括:

A. 紧紧围绕面试的目的,合理控制时间。

B. 制造和谐的气氛,多问开放性问题,让应试者多说。

C. 测试中不要暴露自己的观点,不要让应试者了解你的倾向并迎合你,从而掩盖他的真实想法。

D. 所提问题要直截了当、语言简练,有疑问马上提问,并及时做好记录。

E. 对应试者要充分重视。

F. 避免过于自信,不能先入为主,过早下判断。

G. 注意非语言行为。

H. 注意第一印象。

I. 要防止晕轮效应。

(3)心理测试。心理测试是通过观察人的少数具有代表性的行为,依据一定的原则或通过数量分析,对贯穿于人的行为活动中的能力、个性、动机等心理特征进行分析推论的过程。在人员甄选中较常用的心理测试有智力测试、性格测试、职业兴趣测试等。

①智力测试。智力测试就是对智力水平的科学测试,它主要测验一个人的思维能力、学习能力和适应环境的能力等。在智力测试中,采用"智商"这一概念表示智力水平的高低。智商一般有两种表达方式,一种叫作比率智商,一种叫作离差智商。

比率智商多用来表示儿童智力水平，它的计算方法是用智力年龄（MA）和实际年龄（CA）之比乘以 100，即某个人的比率智商（IQ）应是：$IQ = \dfrac{MA}{CA} \times 100$。

由于智力并非永远随年龄而发展，因此成人的智力水平通常采用离差智商表示。离差智商假设人类总体的智力测验分数遵循正态分布，计算离差智商时以平均数为 100，标准差为 15 来计算。某个人的离差智商（IQ）应是：$IQ = 100 + 15Z$。

上式中，Z 表示测试者的原始智商分数转化为标准分数（只用标准差表示的分数）后，其标准分与平均数相差的标准差。

采用离差智商的计算方法，一个人的智商的高低是由他的智力水平在一个特定团体中的相对位置决定的。如果一个人的智商恰好得了平均分 100 分，说明他的智商属中等水平，有50％的人比他的分数高；如果一个人的分数在一个正的标准差位置，即 115 分，那么就说明有84％的人比他的分数低，有 16％的人比他的分数高。

世界上应用最广的智力测验是韦克斯勒智力量表，通常称韦氏量表。表 5-9 是韦氏成人智力量表的内容。

表 5-9　韦氏成人智力量表的内容

分测验名称		欲测的内容
言语量表	常　识	知识的广度、一般学习能力及对日常事物的认识能力
	背　数	注意力和短时记忆能力
	词　汇	言语理解能力
	算　术	数学推理能力、计算和解决问题的能力
	理　解	判断能力和理解能力
	类　同	逻辑思维和抽象概括能力
操作量表	填　图	视觉记忆、辨认能力、视觉理解能力
	图片排列	知觉组织能力和对社会情境的理解能力
	积木图	分析综合能力、知觉组织及视动协调能力
	图形拼凑	概括思维能力与知觉组织能力
	数字符号	知觉辨别速度与灵活性

韦克斯勒认为："智力是个人有目的地行动、理智地思考以及有效地应付环境的整体的或综合的能力。"基于这一定义，他的韦氏成人智力量表中设计了十一个分测验，其中由六个分测验组成言语量表，五个分测验则组成操作量表。在韦氏测验中，每个分测验可单独计分。该量表在提供结果时，不仅可以给出一个可与他人进行比较的总的智商分数，还可以给出每个分测验的分数及分量表的分数即智力的轮廓图，这在人员选拔时是非常有用的。

②性格测试。性格测试主要有自陈式量表法和投射法两种。

A. 自陈式量表法。自陈式量表法是由被测试者自己填写测量问卷，依据其答案得分判断被试者的性格特点。用这种方法进行性格测试时，常遇到的一个问题是，被试者有可能在作答时按照社会评价标准中认为好的特征做出回答，而不是按照自己的真实情况回答，这被称为

"社会称许性"。设计者在设计量表时,要尽量采用一些方法,将社会称许对测试有效性的影响降到最低。

卡特尔16种个性因素测验(sixteen personality factor questionnaire,简称16PF)是较为常用的一种性格测试量表。该量表是由美国伊利诺伊州立大学的卡特尔教授编制的,适用于16岁以上的青年和成年人。该量表共有187道题目,分为16个分量表,分别测试卡特尔提出的16种主要性格特质,如表5-10所示。

表5-10 卡特尔16PF中个性的主要特征

性格特质	低程度特征	高程度特征
乐群性	缄默孤独	乐群外向
聪慧性	迟钝、学识浅薄	聪慧、富有才识
稳定性	情绪激动	情绪稳定
恃强性	谦逊服从	好强固执
兴奋性	严肃审慎	轻松兴奋
有恒性	权宜敷衍	有恒负责
敢为性	畏怯退缩	冒险敢为
敏感性	理智、着重实际	敏感、感情用事
怀疑性	信赖随和	怀疑、刚愎
幻想性	现实、合乎常规	幻想、狂妄不羁
世故性	坦白直率、天真	精明能干、世故
忧虑性	安详沉着、有自信心	忧虑抑郁、烦恼多端
实验性	保守、服从传统	自由、批评、激进
独立性	依赖、附和	自立、当机立断
控制性	矛盾冲突、不明大体	知己知彼、自律谨严
紧张性	心平气和	紧张困扰

B. 投射法。人的一些基本个性特征和行为倾向是深藏在意识底层的。所谓投射,就是让人们在不自觉的情况下,把自己潜意识中的态度、动机、内心冲突、价值观、需要、愿望和情绪等个性特征,在他人或环境中的其他事物上反映出来。诱导被试者表现出真实个性特征的物体称为投射物。

常用的投射测试方法有罗夏墨迹测试、主体统觉测试、句子完成式量表、笔迹测试等。

③职业兴趣测试。职业兴趣测试是心理测试的一种方法,它可以表明一个人最感兴趣的并最可能从中得到满足的工作是什么。该测试是将个人兴趣与那些在某项工作中较成功的员工的兴趣进行比较,以了解一个人兴趣的方向及兴趣排列顺序的一项测试。

实践中最常用的是霍兰德职业兴趣测试。霍兰德提出了现实型、研究型、社会型、传统型、组织型和艺术型六种职业兴趣类型。兴趣测验最典型的用途是用于员工的职业生涯规划,将员工的事业发展与个人兴趣相结合,提高成功的可能性。另外,还可以用它作为选择工具,选择那些与成功雇员兴趣相似的候选人,这些候选人很可能在新的岗位上也能取得成功。

(4)评价中心。评价中心是一种综合性的人员测评方法,包括了前面所介绍的个性测验、能力测验、面试等方法,但评价中心最主要的组成部分也是它最突出的特点,在于它使用了情景性的测验方法对被测评者的特定行为进行观察和评价。这种方法通常是将被测试者置于一个模拟工作情景中,采用多种评价技术,由多个评价者观察被评价者在这种模拟工作情景中的行为表现,用来识别被评价者未来的工作潜能。因此,这种方法有时也被称为情景模拟的方法。

评价中心不但可以用于人员招聘选拔,还可以用于组织培训、考核和职业生涯规划等工作。评价中心所采用的情景性测验包括多种形式,主要有公文处理练习(文件筐测验)、角色扮演、无领导小组讨论、根据所给的材料撰写报告、演讲辩论、模拟面谈、案例分析、团队游戏等。有人粗略地统计了每一种类型的测评方法在评价中心中使用的比例,如表5-11所示。

评价中心是一种动态的测评方法,综合使用了多种测评技术,由多个评价者进行评价,因此它提供了从不同的角度对被评价者的目标行为进行观察和评价的机会,能够得到大量的信息,从而能对被评价者进行较为可靠和有效的观察与评价。评价中心更多地测量了被评价者实际解决问题的能力,而不是他们的观念和知识。

评价中心也存在一定的局限,主要表现在:任务的设计和实施中的控制较为困难;评价的主观性程度较高,制定统一的标准化的评价标准难度较大;对评价者的要求较高;花费成本较多。

表5-11　各种测评方法在评价中心中的使用比例

复杂程度	测评方法的类型		在评价中心中使用的比例/%
比较复杂的 ↓ 比较简单的	角色游戏		25
	文件筐		81
	小组任务		未调查
	小组讨论	分配角色的	44
		未分配角色的	59
	演讲		46
	案例分析		73
	搜寻事实		38
	模拟面谈		47

资料来源:吴志明.员工招聘与选拔实务手册[M].北京:机械工业出版社,2003.

①公文处理。公文处理是评价中心的一种主要的测试形式。公文一般由文件、电话记录、备忘录、调查报告、上级指示、请示报告等组成。在被试者受试前,先向他介绍有关组织的背景资料,然后告诉被试者,假设他现在就是这家组织的负责人,由他全权处理各种文件,要使被试者意识到他既不是在演戏,也不是代理职务,而是一位真正手握实权的负责人。公文可多可少,一般不少于5份,不多于30份。根据公文的数目和难度,看被试者是否会恰当地授权给下属。最后,评判人员还要对被试者进行采访,请被试者说明为什么要这样处理。

②角色扮演。角色扮演方法要求被试者扮演一个特定的管理角色来处理日常的管理事务,以此观察被试者的心理素质和潜在能力。例如,要求被试者扮演一名高级管理人员,由他来向主试者扮演的下级做指示;或者要求被试者扮演一名车间主任,请他在车间里直接指导生产。在测评中要强调了解被试者的心理素质,而不要根据他临时的意见做出评价,因为临时工作的随机因素很多,不足以反映一个人的真才实学。有时可以由主试者主动给被试者施加一些压力,如工作时不合作或故意破坏,以了解该被试者的各种心理活动以及承受压力的能力。

③无领导小组讨论。所谓无领导小组讨论,是指一组被试者开会讨论某个问题,讨论前并不指定谁主持会议,在讨论中观察每一个被试者的发言,以便了解被试者的心理素质和潜在能力的一种测评方法。

在一般情况下,每个小组会有一名被试者以组长的身份出来负责这些问题,出来主持会议,这个人的领导能力相对较强。根据每一个被试者在讨论中的表现,可以从以下几个方面进行评价:领导欲望、口头表达能力、主动性、抵抗压力的能力、说服能力、自信程度、经历、人际交往能力等。也可以要求被试者讨论完以后,写一份讨论记录,从中分析被试者的归纳能力、决策能力、分析能力、综合能力、民主意识等。

下面是一个无领导小组讨论的例子:

让小组成员 6 人或 8 人,从下列题组中,选择一个题目进行讨论,并将讨论结果记录下来。时间:60 分钟。

A. 一个管理者最重要的职能是什么?

B. 怎样才能提高职工的工作积极性?

C. 中关村的开发对公司的发展有何影响?

……

2. 员工雇佣决策

组织根据岗位的要求,综合运用各种测试方法对候选人的任职资格和对工作的成功程度进行测量和评价后,下一步就是要在此基础上做出初步雇佣决策。

系统性的雇佣决策方法包括定性的方法和定量的方法。所谓定性的方法就是对候选人的各方面胜任特征进行描述性的评价,列举出该候选人的主要优点与不足,然后再对各候选人进行比较做出决定。定量的方法就是对候选人的各项胜任特征进行打分评定的方法。在实践运用中,定性的方法和定量的方法是结合使用的。

在雇佣决策中,应当注意:

第一,录用标准不应设置得太高。招聘的指导思想应该是招聘最合适的,而不是最优秀、最全面的员工。

第二,录用标准应根据岗位的要求有所侧重。在给候选人评分时,不同的项目应有不同的侧重,而不是每个方面都同样重要,这样才能突出重点,招聘到最能与岗位相匹配的员工。

第三,初步录用的人选名单要多于实际录用的人数。因为在随后的背景调查、确定薪酬过程中,可能会有一些候选者不能满足组织的要求,或是有些人有了更理想的选择而放弃这次就业机会。组织要为此事先做好准备。

5.3.4　录用

1.对候选人的吸引

在人员招聘过程中,有两个阶段需要对应聘者进行吸引工作。一个阶段是在招聘开始的时候,要吸引尽量多的潜在求职者;另一个阶段就是在录用阶段,应该吸引经筛选合格的、职位匹配度较高的候选人加盟企业。这个阶段的吸引工作常常被忽视。人们一般认为,只要发出录用通知,应聘者就会来工作。但是,人员招聘是双向选择的过程。组织可以在众多的求职者中选择适合空缺职位的人员,求职者也同时在不同的组织中选择最适合自己的组织。组织应该制订有效的策略来让候选人就职,这些策略包括:

(1)在优秀的候选人与组织中间寻找共同点。优秀的应聘者都有他们自己的愿望、目标和抱负。通过发现他们的价值观和他们看重的是什么,寻找其中与组织所追求的共同之处。这种共同之处越多,就越能够吸引优秀的应聘者。

(2)提前拟订组织与应聘者在薪酬、职业生涯发展方面的谈判立场,充分介绍职位特点,将职位能够满足应聘者的地方进行足够的宣传,但是不要承诺不能提供的条件。如果应聘者要求组织提供不能实现的条件,应该如实告知。

(3)如果在录用阶段认为某个应聘者十分优秀,但是又存有一些疑惑(如对其过去的历史有疑问),一定要在聘用之前进行背景调查。对候选人进行尽可能详尽的分析,既可以避免选择错误,又可以更好地了解候选人,有利于为其在组织里的发展进行更好的规划。

(4)要吸引优秀的应聘者必须行动迅速。要让优秀的应聘者了解筛选和录用过程的所有信息,这样才能吸引他们。优秀的应聘者也在挑选组织,如果录用决策花费太多的时间,就会使他们转移视线。迅速及时的决策等于再次告诉候选人,企业对他们的兴趣很大,这样也会加强他们对职位的兴趣。

(5)在录用之后要让候选人感觉组织很看重他们的价值。问一问他们诸如:"您感觉您最适合做什么?"这样的问题,一方面可以让应聘者感觉到他们很受重视,另一方面可以通过他们的回答了解他们的预期如何。

2.通知应聘者

此项工作是录用工作的一个重要部分。通知有两种形式,一种是录用通知,一种是辞谢通知。在通知被录用者方面,最重要的原则是及时。因此录用决策一旦做出,应该尽快通知被录用者。

在录用通知书中,应该讲清楚什么时候开始报到,在什么地方报到,应该附录如何抵达报到地点的详细说明和其他应该说明的信息。

录用通知书

尊敬的_____先生/女士:

在上周五与您的会面是很愉快的。我们现在很高兴地通知您,我们企业向您提供_____职位。

接受该职位的工作意味着您应该完成下列的工作职责_____,并对_____负责。

您的工资将是每月_____元。

我很希望您能够接受该职位的工作。我们会为您提供难得的发展机会、良好的工作环境和优厚的员工福利。我很希望在_____月_____日之前获得您是否接受该职位的消息。如果您有什么问题,请尽快与我联系。我的联系电话是_____。期望尽快得到您的回答。

此致

人力资源部经理
日期:

在通知中,让被录用的人知道他们的到来对于组织发展有很重要的意义。这对于被录用者是一个很好的吸引手段。公开和一致地对待所有的应聘者,能够给人留下好的印象。

同样,应该用同样的方式通知所有未录用的申请者。每一个参加了面谈的人都应该接到一个及时的回答。最好是以信的形式来通知。

辞谢通知书

尊敬的_____先生/女士:

十分感谢您对我们企业的_____职位的兴趣。您对我们企业的支持,我们不胜感激。您在应聘该职位时的良好表现,我们印象很深。但是由于我们名额有限,这次只能割爱。我们已经将您的有关资料备案,并会保留半年,如果有了新的空缺,我们会优先考虑您。

感谢您能够理解我们的决定。祝您早日寻找到理想的职位。

对您热诚应聘我们的企业,再次表示感谢!

此致

人力资源部经理
日期:

一般说来,由人力资源部经理签名的辞谢信,比单纯加盖一个公章的辞谢信更好。

3. 拒聘的处理

无论企业如何努力吸引人才,都仍然会发生接到录用通知的人不来报到的情况。对于那些组织看重的优秀的应聘者,这是不期望发生的事情。人力资源部甚至最高层主管应该主动去电话询问,并表示积极的争取态度。如果是候选人提出需要更多的报酬,应该而且必须与他进一步谈判。因此在打电话之前,对于组织在这方面还能够提供什么条件,最好有所准备。如果在招聘活动中,被许多应聘者拒聘,就应该考虑自己的条件是否太低。问清楚应聘者为什么拒聘,从中也许可以获得一些有用的信息。

思考题

1. 什么是员工招聘? 员工招聘有什么意义?
2. 组织招聘员工的一般程序是什么?
3. 内部招聘与外部招聘各有哪些渠道?
4. 员工甄选的方法有哪些?

5. 如果你是一家组织的人力资源部经理,请你设计一张招聘销售部经理时用的工作申请表。

6. 如何对组织的招聘活动进行评估?

7. 基于"互联网+"的人员招聘与测试有何特点? 主要包括哪些类型?

案例分析

数据分析与人员招聘

随着大数据应用的日益广泛,数据分析在人力资源管理领域中的作用越来越重要。那么数据分析如何帮助企业提高人才招聘的效率和准确性呢? 让我们看看美国 Opower 公司的实践。

1. Opower 公司简介

Opower 公司于 2007 年成立于美国弗吉尼亚州阿灵顿县,创始人是亚历克斯·拉斯基(Alex Laskey)和达恩·耶茨(Dan Yates)。该公司的主要业务是利用自主研发的软件,分析和挖掘公用事业企业的能源数据和其他各类第三方数据,为用户提供适合其生活方式的节能建议。

目前 Opower 公司在美国、英国、新加坡、日本都设有办公室,员工人数大约 600 人左右。2016 年仅次于 Microsoft 的全球第二大软件公司 Oracle(甲骨文软件系统有限公司)斥资 5.32 亿美元收购了 Opower 公司,使其成为了 Oracle 旗下的一家子公司。为什么仅仅不到十年的时间,Opower 市值达到了 5.32 亿美元呢? 让我们从招聘中管中窥豹。

2. Opower 的招聘团队

Opower 的招聘团队由 15 人组成,每年公司招聘的人数约 200 人,虽然公司预算有限,但是 Opower 非常重视数据分析在人力资源招聘活动中的作用,为团队配备了一名专门负责数据分析工作的全职工程师。

3. Opower 的实践之路

(1)初试遇挫。

Opower 公司的强项是数据分析,能源数据分析虽然得心应手,在人力资源数据分析中却初战不利。2014 年,Opower 公司开始使用"数据仪表盘"为人力资源部门提供例行的招聘数据分析。数据分析涵盖了到岗时间、电话沟通时间,以及人才筛选各阶段的转化指标等方方面面。仪表盘设计精美,但招聘人员的使用方法不一致,数据的准确性出现了很大的问题,无助于提高招聘的精准性。此外,数据与实际问题之间有脱节,招聘经理根本不知道如何应用这些数据。

(2)转型求生。

初试遇挫之后,Opower 招聘团队在内部分析专家的指导下,反复实践、修订、完善数据分析软件,希望数据能够服务于招聘实践。Opower 成了上市公司之后,企业发展方向进行了调整,招聘需求变得更加难以预测。原来团队中精通于某个领域特定角色搜寻的招聘人员,开始学习不同领域的业务特点,以满足不断变化的招聘需求。招聘团队更换了团队负责人,采取了以下措施:首先,用了一个月的时间"清洗"历史数据——删除错误数据、编写了一份"清理工作"手册并附以准确的指标。其次,团队强制性地要求招聘人员使用招聘跟踪系统,并且每周进行工作回顾,为期 3 个月;尽管完美的数据是不现实的,但经过 3 个月的运行,数据逐渐准确。最后,以周期性审查取代了每周例行会议,根据招聘的实际情况进行弹性控制。

(3)曙光初现。

完成历史数据的清理工作之后,团队将数据真正用于解决问题。招聘团队中有一个需要直面但难以回答的问题:招聘团队需要多少招聘人员,才能满足企业的招聘需求,完成招聘目标?这涉及招聘难度,企业需要不同岗位的人员,这些岗位招聘的难度是不一样的。关键点在于不同岗位的招聘难度如何分析,其难度差异性到底有多大?

Opower 招聘团队综合考虑招聘周期、人才库质量、市场稀缺度以及针对不同岗位的招聘人员负荷,开发了一个"四象限"的招聘难度判别模型,可以从招聘难度方面来评估招聘人员的工作负荷。招聘难度判别模型的一个维度是企业对于这个岗位的招聘频率,另一个维度是岗位技能的独特性,包括招聘周期、得分、难度及典型岗位(见图 5-3)。难度的设定是建立在历史数据的基础上,每个象限都设置了不同的到岗时间要求。通过赋予每个象限与招聘难度相关的不同分值,可以计算出招聘人员的分值来衡量他们的工作负荷。

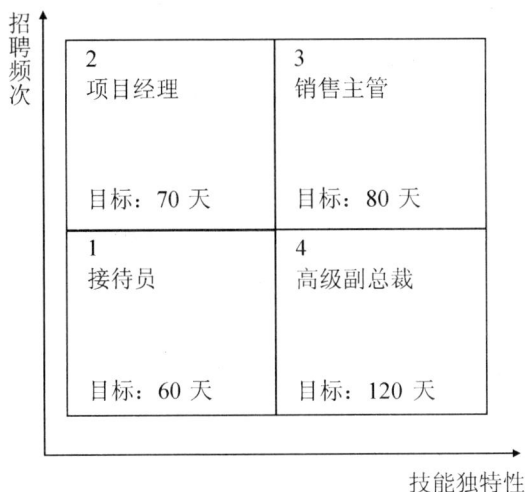

图 5-3 招聘难度判别模型

例如,位于第 2 象限的岗位招聘难度可能相对没有那么大,比如项目经理——这类岗位的技能构成常见,招聘的速度相对较快。位于第 4 象限的是最为困难的岗位,比如工程副总裁——这类岗位的技能构成非常独特,很少招聘,所以通常需要花费好几个月的时间才能够找到合适的候选人。每个象限的分数代表对应岗位类别所需要付出的努力,这也意味着招聘人员在招聘一位第 4 象限候选人所付出的努力应当与招聘两位第 2 象限候选人相当。

四象限模型有助于进一步分类与深挖数据,切实提升了招聘绩效。由于团队会根据岗位的难度进行调整,因而他们的负荷也相对公平,平均招聘周期从 93 天下降到了 67 天。

(4)需求预测与资源获取。

Opower 的招聘预测曾经和多数企业的做法是一致的:询问业务负责人当年的招聘需求,结合企业往年离职率评估异动情况,然后预测。但这种粗略的预测与实际情况大相径庭,团队根本无法评估达成招聘目标所需要的资源。2015 年 Opower 招聘团队进行了新的预测实践,已经能够进行更为精确的离职率和增长预测,主要实践包括:

①创建离职率趋势模型,而不再使用平均历史离职率数据;

②在半年度计划中引入了"计划外岗位"分析;

③引入了人员异动率以及因员工离职而重新出现的招聘需求分析;

④在搜寻过程中取消一定比例的岗位或对岗位描述进行调整;

⑤对招聘人员离开团队的可能性、人员补充及达到标准交付能力周期进行估算(对 Opower 而言,这一周期大约是 4~6 个月);

⑥认识到用人部门经理通常只知道他们当下的招聘需求,而不是半年后的需求。

当招聘团队展示其招聘需求预测时,遭到了普遍怀疑。这些预测被认为是"主观合成"的——因为人头的增长相对有限,因此招聘需求应当也是放缓的,但事实证明:招聘团队的预测比业务部门更准确(见图 5-4)。

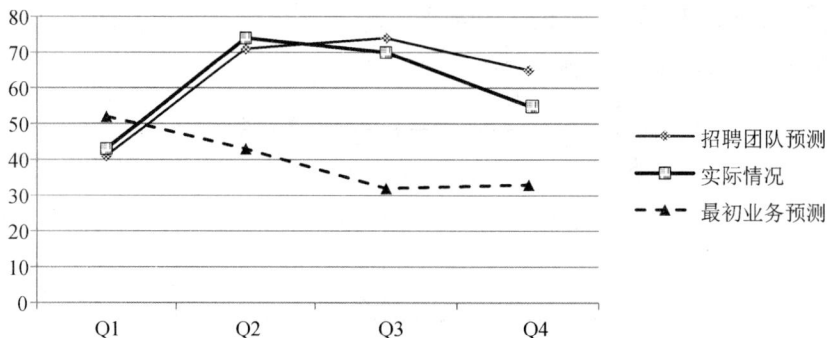

图 5-4　招聘需求预测

对招聘团队而言,这是一次重要的胜利,但接下来的问题就是根据当前的团队情况,实际的交付能力只能满足预计招聘需求的 70%,因此团队不得不申请更多的预算。同时团队向管理层汇报了针对以下 3 种不同情境的规划:

①与当前已有资源所匹配的能力;

②能够立即满足当前招聘需求,但成本相对更高的短期资源需求;

③相对经济一些、能够满足 85% 的招聘目标所需要的长期资源需求。

(5)实际效果。

Opower 招聘团队 100% 达成了 2015 年 237 人的招聘目标,平均每个月通过 Hired.com 招募到 2 个招聘难度非常大的技术类候选人。长期资源的投入(合同工、全职雇员)带来了每季度约 20 人的到岗人员提升。2 季度的临时奖励方案有效提升了招聘产出(月度平均到岗时间缩减了 4 天,每位招聘人员大约额外完成了 2 个岗位的招聘任务)。

(6)未能实现的目标。

团队的重大失误是针对工程技术人员的 10000 美元内部推荐奖励完全没有奏效。公司已经有了非常丰厚的内部推荐奖励项目,因此 10000 美元额外的奖励并没有带来预期的效果,它所增加的只是不合格人选的数量。

(7)整合人力资源与招聘数据。

2015 年团队投入精力所开展的一项重要工作是将招聘数据与其他人力资源数据进行整合,以寻求更为整体与系统的人员战略。来自更多领域的数据能够揭示有关面试有效性、招聘质量、重新需求招聘预测等重要的信息,使得人力资源开发与管理更具有前瞻性。

(8)面试能够预测绩效表现吗?

作为关注招聘质量的开始,Opower 招聘团队检验了面试得分是否能够预测员工的绩效表现。以 261 位新入职员工为样本,将面试得分与绩效回顾的得分进行了比对。Opower 招聘团队发现,当面试官由 5 人或更多人组成时,面试得分能够预测绩效表现;然而,如果某项聘用决策是结果少于 5 人面试而做出的,这一相关性就消失了。尽管团队都了解相关性应当被谨慎看待,但这一发现对企业的招聘策略产生了重大影响——这是对于团队曾经提出的仅仅依靠几个人(而非整个面试小组)是难以做出有效的聘用决策这一观点的首次验证。

(9)招聘质量是否与招聘渠道相关?

绩效评分是衡量招聘质量的一个因素,另一个因素便是员工保留率。招聘团队想了解不同招聘渠道的员工保留率是否存在差异,因此团队就主要的招聘渠道分别分析了 1 年与 2 年的员工保留率。有趣的是,无论是 1 年或是 2 年,管培生与员工内部推荐候选人更倾向于留在 Opower,而网络招聘、猎头渠道或被动招聘的保留率则远低于前两种渠道。

假设 1 是内部推荐与管培生在正式加入 Opower 之前,就能够得到关于实际工作情况最为真实的信息——他们要么已在 Opower 工作,要么已与推荐人进行了充分且坦诚的交流。相反,猎头机构或招聘团队则更倾向于展现企业与团队积极的一面,因而或许未能帮助候选人对企业有客观的了解。假设 2 是内部推荐与管培生更有可能在 Opower 建立更佳的人际网络。无论是什么原因,招聘团队都能够借由这一数据,考虑在员工推荐与管培生项目上加大投入,以建立起良好的员工价值主张,并进行一些促进员工保留的尝试。

(10)基于员工离职的招聘需求预测。

四象限模型让招聘团队能够评估因人员离职而带来招聘难度。首先,历史数据显示有 60% 的重复需求招聘出现在第 3 与第 4 象限,而 40% 的重复招聘出现在第 1 象限和第 2 象限,这意味着在评估需求与资源后进行团队组建时,招聘团队要引入衡量持续增加的重复需求招聘难度的因素;其次,伴随企业规模的扩大,离职人数的规模也会相应增大,这也将直接影响到企业的招聘计划;最后,团队将现有员工按照四个象限进行了分类,从而识别与评估不同类别员工的司龄与离职风险。

人力资源被称为"第一资源",人力资源部门一直在努力提升自己的地位和重要性。但是纯粹的辅助性、行政性、文字性的工作难以彰显其重要性,人力资源开发与管理需要更多专业性、价值性的工作。Opower 招聘团队运用大数据进行招聘分析向更为专业、具有前瞻性的人力资源开发与管理迈出了重要的一步!

(注:案例的英文原文出处:https://hros.co/case-study-upload/2016/2/5/opower-how-we-use-data-to-optimize-our-talent-acquisition-team)

案例讨论

1.运用数据分析的方法进行人员招聘应注意哪些问题?

2.Opower 招聘团队初战受挫的原因是什么?

3.Opower 招聘团队构建的招聘难度判别模型有什么特点?该模型一定要建立在数据分析的基础上吗?

4.Opower 招聘团队是如何将数据分析用于人员招聘的?该方法能够在哪些组织推广?为什么?

第6章 员工培训与开发

本章要点

○ 员工培训与开发的内涵及意义
○ 员工培训与开发的方法
○ 不同类型员工的培训
○ 员工培训与开发运营管理

引导案例

"特殊"的培训

某科技公司研发部新入职了20名从"211""985"高校招聘的应届毕业生。按照公司以往的惯例,新入职的员工需要在所应聘的部门先进行摸底考试后再进行部门培训,培训合格后会分配到各个岗位进行师傅带徒弟式的岗位训练,训练合格后才能正式入职。

出人意料的是,摸底考试的平均分只有39分,远远低于往年80分的平均成绩!公司的人力资源经理小王在调查后发现,问题出现在招聘环节。由于公司招聘政策的变化,公司过于强调应聘者的"出身",要求新进员工必须毕业于"985"、"211"、"双一流"高校,忽视了求职者的专业针对性。为了让这20名新员工顺利入职,小王在一番思考后根据新入职员工的特点,制订了新的培训方案。

首先,小王将原本为期两周的新员工培训课程,缩短成一周,并让新员工提前上岗。其次,安排研发岗位上的老员工对新员工进行一对一的指导,老员工给新员工布置与岗位研发技术相关的实践性任务,在实践中帮助新员工边干边学、提高将知识转化为能力的效率。在新员工对研发需要的技术有了感性认知后,公司从高校聘请专业教师,和研发部门讨论后制订相应的课程大纲,并对新员工进行为期3周的授课,新员工带着老员工的任务听课,并完成老员工布置的任务。1个月后,员工培训顺利完成,学员全部达成了培训目标,并能够在岗位上顺利地进行基础工作。

员工培训与开发是人力资源管理的重要环节。员工培训与开发的流程是什么?有哪些方法?需要注意什么问题?对组织发展和员工成长有何意义?希望您通过本章的学习,能够清晰回答以上问题。

6.1 员工培训与开发概述

在激烈的竞争环境下,员工培训面临着新的挑战,知识更新速度加快,知识的半衰期越来越短,员工50%的知识和技能会在3~5年内过期,福特公司的CTO路易斯·罗斯(Luosi Ross)在一次面向工程学生的演说中打了一个很有意思的比方:"在知识经济时代,知识就像鲜牛奶,纸盒上贴着有效日期。工程技术的有效期一般是2年,有效期到了,你还不更新所有的知识,那么,你的职业生涯将很快就要腐烂。"知识更新迭代加速的时代,如何获得并保持核心竞争力呢?学习化社会的到来迫使我们必须改变观念,"终生学习"已不再是口号,而是切切实实的行动,我们除了通过不断学习以获得新的技能,力求跟上时代的变化,别无选择。对个人而言是如此,组织亦如此。

6.1.1　员工培训与开发的内涵

1.员工培训的内涵

培训是指组织根据目前和未来工作发展的需要,运用现代培训技术和手段,有计划地帮助员工掌握与工作相关的技能,并能够在日常工作活动中加以运用,从而提高员工工作绩效,增强组织竞争力的过程。

现代培训比传统的培训增加了新的内涵,主要体现在以下几个方面:

①现代培训更注重激发员工的学习动机,强调员工的主观能动性和积极性。只有员工自己有培训的欲望和学习的积极性,培训的目的才能真正达到。

②现代培训更注重于把培训目标与公司的长远目标、战略目标联系在一起。培训是人力资源开发与管理各项内容中属于"发展"职能的重要环节,组织的最上层领导应高度重视并把它与组织的发展规划紧密联系起来。

③现代培训更强调以人为本,更关注人的生理和心理。培训不是单纯为了精通技能,培训也是组织对员工的一种承认和激励。

④现代培训已突破了岗位技能的范围,更注重提高人的胜任能力,实质上是一种"影响力训练"。与获得一般的岗位规范规定的技能相比,现代培训更强调培养和发展人的各种能力,包括想象力、创造力、适应力和对外界知识的积累能力。

由于现代培训的内涵从深度和广度上都大大不同于传统的培训,因此培训的内容和对象也有了很大的发展和变动。内容包括基本技能、专业技能、创造技能以及领导与管理的技能,对象也从内部向外部延伸,如很多公司把培训延伸到了相关子公司或关联客户、上下游组织等。

2.员工开发的内涵

随着人力资源开发与管理领域的理论内容不断发展完善,传统的六大模块的内容也在与时俱进。具体到培训与开发方面,现代培训的核心内容在于"开发"两个字。人力资源开发由美国学者纳德勒(Nadler)提出,指的是组织在现有的人力资源基础上,依据组织的战略目标和结构变化,对人力资源进行调查、分析、规划、调整,提高组织现有的人力资源管理水平,使人力资源管理效率更高、为组织创造更大的价值。

员工开发的对象是员工的智力和才能等,因此员工既是开发的主体,又是被开发的客体,同时开发过程又受到主、客观因素的交叉影响,因此员工开发是复杂的、持续的系统工程。

第一,为了减少员工开发中的不确定性因素,员工开发多与组织的长远目标和发展愿景紧密联系。第二,现代员工开发强调员工有自我发展的主观能动性与获取新知识、新技能的极大积极性。员工自身面临的新问题往往是组织管理人员无法及时知晓的,只有员工自己具有学习的欲望和积极的动机,才能使组织整体绩效更快地提高。第三,员工开发突破了职位的边界,拓宽和深化了能力的广度和深度。与传统培训不同的是,员工开发突破了员工现有工作内容的条条框框,注重能力提升,开拓了创造智力资本的途径,通过持续性学习使员工的综合素养得到全面开发,帮助组织向学习型组织转化。

员工开发的具体内涵可以理解为:通过员工开发,培养能够适应知识经济时代条件要求的员工,使得员工的知识技能、工作方法、工作态度以及工作的价值观得到改善和提高,从而发挥出最大的潜力,提高个人和组织的业绩,推动组织和个人的不断进步,实现组织和个人的双重发展。

6.1.2 员工培训与开发的意义

1.员工培训的意义

组织进行人力资源培训,不论是对员工个人还是组织都有着非常重要的意义。

(1)满足员工自身发展的需要。根据马斯洛的需要层次理论,人的需要由低到高可分为生理、安全、社交、尊重和自我实现的需要。尊重和自我实现需要属于高层次的精神需要,是员工自身发展的自然要求,它们在人们的需要结构中占据非常重要的位置,对人行为的激励作用最大,而这些需要的满足必须通过培训来实现。

(2)提高员工满意度。员工一方面通过组织对自身培训的投资而感到组织对自己的关心与重视,另一方面,技能的提高一般会带来自身业绩的提升,这两方面都能够提高员工的满意度。

(3)满足组织发展对高素质人才的需要。现代组织之间的竞争归根到底是人才的竞争,组织的发展需要大量高素质的人才。这些宝贵的人才资源不是随便"捡"来的,而是组织自己培养的。

(4)提高组织绩效。培训可以提高员工的工作技能、增强员工责任心、改善员工的满意感而激发其工作热情,最终提高工作效率,从而创造较好的绩效,并带来整个组织绩效的提升。

(5)有助于组织文化建设。对员工进行的价值观培训和道德准则的培训,能够强化员工对组织的认同,形成共同的价值观念,提高员工的忠诚度,增强组织的凝聚力、向心力和拉动力。

(6)促进组织向学习型组织转变。人力资源培训能够为员工创造合适的学习环境,促进整个组织的学习欲望和信息共享,是创建学习型组织的前提条件和必要手段。

(7)形成组织的竞争优势。有能力比竞争对手学习快是未来唯一持久的优势。人力资源培训能够改变员工的知识、技能、态度、忠诚度、学习能力与创造性等,从广义上说,这些都是人力资本的构成要素,而人力资本与组织资本共同成为组织核心能力的来源。因此,培训能够帮助组织打造核心竞争力,最终形成组织的竞争优势。

2.员工开发的意义

员工开发对组织的持续发展和提升员工的胜任力和职业适应力具有重要的意义。

(1)提升员工的职业适应力。员工开发的直接目的就是提升员工的职业能力,使其更好地胜任现在的日常工作及未来的工作任务。传统培训的重点一般放在基本业务技能的层次上,但是未来的工作需要员工拥有更广博的知识,因此现代化的员工开发是为了让员工学会知识共享,创造性地运用知识来调整产品或服务的能力,为其取得好的工作绩效提供了可能,也为员工提供更多晋升和提高收入的机会。

(2)应对组织未来发展的需求。全球化发展对组织的经营战略、人力资源开发与管理以及员工发展产生了深远的影响。面对激烈的国际竞争,一方面,组织需要越来越多的跨国经营人才,为进军国际市场做好人才储备工作;另一方面,员工能力提升可提高组织新产品研究开发能力,尤其是人类社会步入以知识资源和信息资源为重要依托的新时代,智力资本已成为获取生产力、竞争力和经济效益的关键因素,员工开发是创造智力资本的途径之一。因此,员工开发有利于建立一种新的适合未来发展与竞争的观念,以应对组织未来发展的需求。

(3)有利于构建高效的工作绩效系统。在知识时代,创新驱动发展,人才是组织创新最重要的资源。科学技术的发展导致员工技能和工作角色的变化,组织需要对组织结构进行重新设计。员工不是简单接受工作任务或提供辅助性工作,而是参与提高产品与服务的团队活动。在团队工作系统中,员工扮演许多管理性质的工作角色。他们不仅要具备运用新技术获得提高客户服务与产品质量的信息、与其他员工共享信息的能力,还要具备人际交往技能和解决问题的能力、集体活动能力、沟通协调能力等。员工通过这些能力的协同配合,可使组织的工作绩效系统高速有效地运转。

(4)提高组织和员工的应变能力和灵活性。员工开发可以使员工适应组织结构的变革进程,使员工由掌握单一技能向掌握多重技能发展。知识经济时代背景下,传统组织结构逐渐向扁平化发展,已经不能单纯地通过职能来划分岗位职务,因此员工要通过横向学习来掌握多重技能。随着组织员工横向学习的不断深入,组织也逐渐向学习型组织转变,以适应不断变化的客户需求与市场经济的需要。利用员工开发来培养员工的客户服务意识,提高员工的适应性和灵活性,能够使员工与组织同步成长。

(5)满足员工对工作成就的发展需求。员工开发具有一定的激励作用,能够使员工感受到组织对自己的重视。根据 McClelland 的需求理论,员工有三种重要的需求:权力需求、成就需求和人际关系需求,这些需求是从学习和经验中得来的。通过员工开发这一正向刺激,员工会更加积极地面对他们自己的工作,在工作上会变得努力上进,追求成就感。同时这也能促进组织员工与管理层的双向沟通,增强组织向心力和凝聚力,塑造优秀的组织文化。

6.1.3　员工培训与开发的程序

1.员工培训的程序

员工培训对组织至关重要,需要投入人力、物力、时间等资源。我们并不提倡组织不计成本盲目地进行培训,但只要对培训工作加以精心设计与组织实施,就能有效地、经济地做好这一工作,尽可能以较低的培训成本达到组织既定的培训目标。为了确保培训的投入能最大限度地影响个人的绩效,在实践中应遵循高效、完整的培训程序。

培训主要包括四个步骤:首先是需要评定;其次是方案设

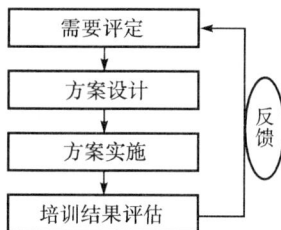

需要评定 → 方案设计 → 方案实施 → 培训结果评估 → 反馈

图 6-1　员工培训程序

計;再次是实施;最后是评估。整个过程如图6-1所示。

(1)需要评定。组织的高层领导及人力资源部培训人员应该对培训工作的"4W"有清醒的认识,即谁需要培训(who),需要哪种类型培训(which),哪里需要培训(where),如何培训能取得预期效果(how)。如果员工们连续地达不到生产目标或组织接到大量的顾客投诉,这也暗示了某些方面的培训不够。为了确保培训是适时且集中在重要问题上,组织高层领导者应进行系统的需要评定,包括组织分析、任务分析及人员分析。

①组织分析。需要评定的第一步是分析影响培训需求的主要因素。组织分析是对组织所处的环境、采用的策略及资源情况进行检查,以确定培训的重点。经济及公共政策问题对许多组织的培训需求有广泛的影响。组织要生存和发展,必须能够适应环境,因此需要对组织所处的环境进行检查;同时,组织所采取的各种策略对培训需求也有直接的影响,如全球化战略,进行全面质量管理,组织重构,裁员等。所有这些问题都影响到工作的方法及执行工作需要的技能,这些都对培训提出了直接的要求,而且员工们日益看重自我发展及个人成长,对再学习也寄予了太多的期望。

对组织的分析一般要应用收集到的各种数据,包括组织所利用的技术、金融及人力资源的分析。如劳动力成本,货物或服务的质量,缺勤、旷工及事故次数的资料等。在应用时,要全面考虑影响这些指标的各种因素。另外,潜在的职位人员准备及培训可利用的时间也是组织分析中较为重要的因素。

②任务分析。任务分析也叫操作分析或工作活动分析,是指对员工从事的工作进行描述,研究员工是如何履行自己所承担的任务与职责的,并分析他们完成这些任务所需要的知识、技能、态度和行为。当员工自身工作现状与任务分析的结果有明显差距时,就需要进行培训。这里的任务主要是指某些员工在某种具体工作中的一些活动,因此任务分析也称操作分析。

一般来说,任务分析通常按照以下程序进行:

A. 选择需要分析的工作岗位;

B. 通过观察、访问、与知情者讨论等方式,罗列出该工作岗位需要履行的各项任务的基本清单;

C. 查证和确认任务基本清单的可靠性与有效性;

D. 通过访问与调查问卷明确胜任一项任务所需要的知识、技能或能力。

某些任务是否要进行培训要看这项任务是否重要,根据有关专家对任务执行频率、重要程度与执行难度的评定来确定,那些重要性不高、难度不大,同时又很少执行的任务,可以不列入培训项目中。

③人员分析。人员分析是指将员工当前的实际工作绩效与员工工作绩效标准或员工工作绩效预期进行比较,确定哪些员工需要进行培训,同样重要的是哪些员工不需要进行培训。人员分析主要包括绩效评估、员工知识或技能测试及员工个人填写的培训需求调查表。绩效评估可以反映哪些人没有达到预期值,但不能反映没有达到预期值的原因。员工知识或技能的测试可以客观地反映没有达到预期值的原因,但是测试与实际工作是两回事。因此,要确定真实的培训需求,只有综合上述各种手段进行人员分析。人员分析非常重要,全面的人员分析可以避免组织派遣那些不需要培训的员工去参加培训,节约成本。另外,人员

分析可以帮助培训部门了解受训者的基本情况,从而进行有针对性的课程设计。

通过培训的需求分析,应得出的结论是:是否需要培训? 谁需要培训? 培训的内容是什么? 是否有足够的资源? 组织设计培训方案时,必须对这些问题进行清晰的回答。

(2)方案设计。组织培训方案的设计是基于对培训需求了解的基础上展开的工作。方案的设计需要做好以下几方面的工作。

①选择培训对象。在明确培训需求后,组织首先要确定哪些员工需要进行培训。培训的目的是让需要培训的员工经过培训后符合岗位与技能的要求。组织的培训资源是有限的,如何合理地分配培训资源是人力资源开发与管理面临的重要问题,员工的培训效果与员工的主观意愿和学习能力有很大的关系。特别是在培训经费紧张的情况下,培训工作就更要保证满足确实需要培训的员工的要求。组织需要培训的对象一般包括:新录用的员工、可以改进当前工作的员工、需要掌握其他技能的员工、有潜力的员工。影响员工培训效果的因素主要有员工的态度、学习动机、学习能力与技能差距。

②设定培训课程。课程培训内容要结合组织现实的生产经营管理需要或长远发展的需要。课程内容一般包括五个方面:知识培训,主要解决"知"的问题;技能培训,主要解决"会"的问题;思维培训,主要解决"创"的问题;观念培训,主要解决"适"的问题;心理培训,主要解决"悟"的问题。根据培训的内容与需求分析的结果,又可将培训课程分为新员工培训课程、固定课程与动态课程三类。

新员工培训课程设置比较简单,属于普及性培训,包括的内容有组织文化、政策、制度和组织发展历史等。固定课程是基础性培训,是从事各类工作需要掌握的知识技能。在岗位调动、职位晋升、绩效考核中反映出知识和技能有差距的员工需要进行固定课程的培训。动态培训课程是根据行业发展动态,结合组织发展战略做出培训分析。这类培训主要是保证员工能力的提升,为组织的发展提供人才支持,是根据新技术、新理念等确定培训课程。

培训课程设置要坚持"缺少什么培训什么、需要什么培训什么"的原则,使员工能够掌握需要的知识与技能;适应多样化的员工背景,选择不同难度的课程内容进行课程水平的多样结合。课程内容的选择是课程设计的核心问题。

③选择培训形式。组织培训对象的多样性决定了培训形式的多样性。培训包括在职培训、岗前培训和脱产培训等,一切要以组织的需要为出发点。脱产培训的内容多、要求高、时间长;在职培训的内容较简单,主要是一些补充性的培训。

④选择培训时机。员工培训的方案设计必须明确需要何时进行培训,选择恰当的培训时机。许多组织在时间充足或培训费用较低的时候提供培训,例如选择生产淡季进行培训,却不知由于没有及时进行培训造成大量的次品、废品或其他事故,成本更高。

(3)方案实施。

①培训方案实施前的准备工作。培训项目的实施工作主要是由人力资源部门来完成的。组织进行培训需求分析和培训项目设计后,培训组织者就要把这些前期工作汇总起来,并付诸实践。为了保证培训项目的顺利实施并取得预期的培训效果,培训组织人员还应该重视与培训相关的各项准备工作,如拟订并及时发布培训通知、制作培训手册、安排登记注册以及完成培训档案等。培训通知是用来告知目标受训者有关培训的各项事宜,包括培训项目目的、培训时间、地点、参与培训需要具备的资格条件等。从发出通知到培训正式开始,

要留出足够的时间以便员工调整自己的工作安排，并提交相关的申请表。应该注意的是在发放通知前应和培训师将时间、地点等商榷并确定下来。组织无论是利用外部培训师还是内部培训师，都应该在培训前将培训手册或培训材料发放到受训者手中。培训组织者应重视学员的报名登记工作，将参加培训以及培训过程中的纪律行为视为员工培训考核指标之一，这也是组织进行员工个人培训档案管理的前期工作。如果组织将员工的受训情况与任职资格或薪酬联系起来，培训组织者还应注意对报名参加培训的员工进行严格的资格审查。

在准备工作中培训场所的选择和布置尤为重要，因为只有在舒适的环境中接受培训才可能集中精力学习。如果在培训现场有很多干扰培训的因素，比如噪音和电话铃声，那么不管是培训者还是受训者都可能受到影响。培训也会因为种种原因被打断。如果培训是在教室进行的，那么布置环境的时候就要考虑很多因素。首先，座位的安排就是一个重要的问题，因为它会在培训者和受训者之间形成一种空间关系。比如，如果教室的座位是纵向固定的，那么培训者在这种环境下行动就会受到很大限制，不过这种座位对讲座来说是很合适的，因为它有利于将受训者的注意力集中到讲座人身上。如果教室的座位是可以随意挪动的，那么培训者就可以根据具体的学习目标来安排座位。按一定的角度将座位排成排，或者排成三角形或半圆，这样在课堂讨论过程中受训者就可以随时看到对方，这种安排可以促进相互的交流和反馈。其次，受训者生理上的舒适程度对学习效果的影响也很大。室温过高或过低都不利于学习。如果受训者待在一个闷热的房间里会让人感到疲惫，而屋子里太冷则会分散注意力。在布置培训环境时需要注意的第三个问题是如何减少干扰因素，如噪音、昏暗的照明和物理障碍。关门或者悬挂"培训进行中，请保持安静"的指示牌通常能够控制那些室外活动引起的噪音。如果室内光线不好，受训者在记笔记、阅读材料或辨认投影时会觉得非常困难。另外，培训者最好事先巡视一下培训场地，检查是否有阻碍受训者视线的物理障碍物。如果无法解决这些问题，最好换一个合适的地点。除此以外，培训者还需要考虑墙壁和地板的颜色。一般来说，铺有地毯的房间会比较安静，另外还要考虑座位的摆放形式、讲台的位置及高度，以及室外周边环境、室内音响效果如何、有没有必需的电源插座等等。培训场所的布置如表6-1所示。

表6-1 培训场所布置

项目	具体内容
噪音	检查空调系统的噪音，临近房间和走廊及建筑物之外的噪音
色彩	清淡柔和的颜色
房间结构	使用近于方形的房间，过长或过窄的房间会影响视线和不利于互动交流
照明	光源主要是日光灯，不宜过强或过弱。如有投影还应考虑灯光和投影的关系
墙与地面	会议室应铺有地毯，使用近似色调
会议室座位	座位摆放应考虑培训要求，座位较为舒适
反光	检查并消除金属表面、电视屏幕和镜子反光
天花板	天花板与地面的高度不宜过高或过低
电源插座	检查电源插座是否能满足培训所需所有设备的稳定供电
音响	检查调试音量，音箱的摆放是否能让所有受训者清楚接受信息

②方案的实施。培训方案实施的前期工作包括准备可行的课程计划、装备视听或电脑设备、布置培训环境。在这一阶段,培训者需要完成的一项重要工作就是让培训有一个良好的开端,并一直保持下去。如果培训是分多阶段进行的,那么初始阶段的培训将会为后面的培训奠定基调。

如果培训者事先不了解受训者的水平和学习动机,那么在培训刚开始的时候,除了要让受训者对培训有一定了解外,还要了解他们当前的专业水平和学习动机。一种办法是进行测验或做预备练习,了解受训者起点如何。与单纯地了解受训者相比,最好是同时能够做一些增强学习动机的工作。比如,可以询问受训者希望达到的目标是什么、实现这些培训目标有什么好处,对受训者关心或担心的问题表示关注,或者让受训者签署一份培训协议。在培训项目开始的时候应该开展一些"打破坚冰"的小练习,让受训者相互熟悉并建立起和谐的人际关系。首先,应该让受训者有机会一起协同工作,结识其他部门的同事。其次,就像团队工作一样,参加人力资源培训项目的受训者也会寻求组织对他们的接纳。对于一些"少数派"应尽可能让他们在培训过程中感觉到团队的吸引力。对培训者来说,善于观察受训者的心理状态并迅速采取措施增强他们的归属感是很重要的一项工作。最后,培训者应该竭尽可能营造一种互相尊重和开放的氛围。这样,受训者能更从容地得到需要和帮助。成功地完成培训任务或更好地促进学员学习,需要多种多样的技能。

(4)培训结果评估。与人力资源开发与管理的其他职能一样,应对培训的效果进行一次评价。培训评估是在培训实施及授课结束后进行的,它包括四个方面的标准:

①评价受训者的反应。

②学习的测试结果。

③受训者行为的改变。

④效果达到标准的程度。

通过这些评估或检查,找出受训者究竟有哪些收获与提高,还可以总结出此次培训的缺陷,为下一次培训提供资料,促进组织培训活动的良性循环。

2.员工开发的程序

(1)确定员工开发的目标。确定组织为什么要对员工进行开发?是提升职位适应力?还是培养员工发现问题、解决问题的能力?抑或是提升心理弹性和耐挫折能力?只有明确了员工开发的目标,才能确定员工开发的具体内容和方式方法。组织的发展规划是确定员工开发目标的重要依据,在组织制定了发展规划后,就需要确定与组织规划相匹配的员工开发目标。

(2)进行员工开发需求分析。需求分析是指在规划与设计每项员工开发活动之前,由人力资源和业务部门人员对开发的目的及其成员的知识、技能等方面进行系统的鉴别与分析,以确定是否需要进行员工开发,以及开发到何种程度。一般而言,对于需求信息的收集多采用问卷调查、个人面谈、团体面谈、重点团队分析、观察法、工作任务调查法。在组织已经构建了完整的人力资源管理信息系统的情况下,也可以采用"员工自服系统"进行分析。

(3)确定员工开发的标准。员工开发应达到的标准需要结合组织战略目标、职位对员工能力的要求和员工的具体情况来确定。确定员工开发的标准需要参考员工以往的绩效表现,尽可能客观评价。员工开发标准确定的原则是挖掘员工潜力,尽可能发挥员工长处、避开其短板。例如,根据历史绩效记录,某位员工擅长技术开发,特别是编写程序,但不擅长人际交往,可以进一步开发其技术领域的潜力,尽量安排其从事可以独立处理的技术工作,该员工的开发标准应主要集中在技术领域。

(4)制订员工开发计划。明确员工开发的方式方法是制订员工开发计划的前提。

一般而言,知识、技能属于员工培训的内容,是解决"知"和"会"的问题。知识培训的目的是扩大员工的认知面,使员工具备本职工作所需要的知识;技能培训,是在"知"的基础上,进行多种技能培训,是把知识深化和应用的过程,以提高员工的实际工作能力。"会"是对知识思考、应用和行动的结果;技术能力提升的同时,综合能力也会提高。

员工开发是从"会"发展到"创新",从"创新"到"适应",再到"悟"。员工开发的方式包括:①思维培训。掌握多种技能后,需要进入思维方式的训练,从"会"发展到"创新",习以为常的行为中,有许多值得改进、提升的地方,"创新"是思维发散、过程预演、批评和组合等思维习惯创造的结果。②观念培训。从"创新"到"适应",观念培训有助于建立规则意识,用正义的方法满足需求。③心理培训。从"适应"到"悟",是心智模式训练,通过心理调整,开发潜能。

方法设计是在确定员工开发方式后,设计具体的开发模块。员工开发模块设计需要确定适合的场所、师资和员工开发材料、费用、时间进度等。确定了员工开发的具体方法后,需要制订切实可行、操作性强的员工开发计划。需要特别注意的是,开发计划的时间一定要结合员工的工作时间安排来制订,在保证开发效果的前提下,避免影响员工的正常工作。

(5)实施员工开发计划。在实施员工开发计划的时候,要做好充分的准备工作,以保障计划的顺利实施。实施的准备工作主要包括开发时间和场所的协调、员工开发技巧的利用以及员工开发阶段性节点的控制等。在实施过程中,尤其要注意争取领导的支持、得到员工认同、关键节点的控制。

(6)进行员工开发效果评估。开发效果的评估包括组织和员工两个层面。组织层面的评估依据是员工开发工作所带来的经济效益和社会效益是否达到了预期目标。员工层面的判断依据是是否提升了员工的工作绩效、工作能力和对组织的忠诚度。

6.2 员工培训与开发的方法

培训形式可分为两大类型:传统型和现代型。传统培训方法包括学徒培训、课堂培训(案例分析法、角色扮演法、研讨法、讲授法)、在职培训和现场模拟培训,现代培训方法包括远程网络培训、多媒体培训(又称视听法)、游戏法和虚拟培训。

6.2.1 传统方法

1.学徒培训

学徒培训,主要是指师傅带徒弟,是一种最为传统的在职培训方法。最早的师徒培训没有一定的方法和程序,新员工只是从观察和体验中获得技能,成效相当迟缓。后来的师徒培训是作为一种在职培训方法,其形式主要由一名经验丰富的员工作为师傅,带一名或几名新员工。一般在需要手工艺的工作上使用该种培训。如木匠、理发师、机械师或印刷工等。在培训中,这些学徒身份的员工收入低于师傅。培训期根据所需技艺的不同而不同(如表6-2所示)。

表 6-2 培训期与所培训技艺的关系

职业	时间/年	职业	时间/年	职业	时间/年
面包师	2	木匠	4	煤气管工	5
理发师	2	锁匠	4	陶工	5
铁匠	2	机械师	4	印刷工人	5~6
摄影师	3	电工	4~5	照相制版师	5~6
室内设计师	3	乐器制造者	4~5	排字工人	6
泥瓦工	3~4	工具制造师	4~5	雕刻师	7
厨师	3~4	水管工	5	打井工人	8

学徒培训的主要程序包括示范、实践和评估。师傅首先要确认徒弟对某一操作过程具备的知识,然后让徒弟演示这一过程的每一步骤,并强调安全事项和关键步骤。当徒弟操作不规范或出现错误时,师傅要口头传授正确的操作方法,必要时要亲自操作,为徒弟提供示范,直到徒弟学会整个操作过程为止。学徒培训过程中,师傅要尽可能地为徒弟提供执行操作过程的一切机会,直到师傅与徒弟对操作均感满意,只有当徒弟能安全且准确完成这一过程才能出徒。

学徒培训的优点:能使徒弟在工作实践中掌握经验和技术,节约培训的时间和费用,并为组织储备训练合格的人才,一旦师傅离开了工作岗位,徒弟能够迅速地补充到空缺的工作岗位。缺点:该培训方法只是对受训者进行某一方面的培训,受训的技术比较单一,不利于个人全面发展。

2. 案例分析法

案例分析法是 20 世纪初哈佛大学首创的一种教学和培训方法。案例分析法又称个案分析法,是指围绕一定的培训目的,把实际工作中的真实情景加以典型化处理,形成供学员思考分析和决断的案例,让学员以独立研究和相互讨论的方式思考,提高其分析问题和解决问题能力的培训方法。

案例分析法的有效性取决于案例的适用性。因此,在培训中采用案例分析法,对案例的编写有很高的要求。在案例的编写和收集时,要注意案例的真实性;要与所培训的内容相互关联;要客观生动,能激发受训者的研究兴趣。这样受训者在案例研究中相互讨论和交流,既可充分利用和共享信息资源,又能形成一个和谐、合作的工作环境,培养良好的人际关系。

案例分析法优点:直观,容易让受训者认同;受训者积极参加讨论,不仅能从讨论中获得知识、经验和思维方式上的益处,还能增强人际关系,培养受训者向他人请教的美德和精神;受训者能够获得分析案例所需的信息和方法,在应用这些方法和知识的过程中,通过对案例的情况进行分析而得到锻炼。缺点:案例分析所提供的情景毕竟不是真实的情景,有的甚至与真实情况相去甚远,限制了案例培训效果;编写一个好而且适用的案例不容易做到;案例分析法费时费力,其成本让许多组织无法承受。

3. 角色扮演法

所谓角色扮演法,就是为受训者提供一种真实的情景,要求一些学员扮演某些特定的角色并出场表演,其他学员观看表演,注意与培训目标相关的行为。表演结束后,其他学员对角色扮演者完成任务的情况进行评价。表演者也可以联系表演时的情感体验来讨论表现出的行为。

运用这种方法,可以帮助学习者处在他人的位置上思考问题,可以体验各类人物的心理感受,训练学习者自我控制能力和随机应变能力,从而提高管理人员处理各类问题的能力。角色扮演法要求受训者更主动、更认真地参与。同时,为受训者提供观察人们真实言行和行为方式的机会,而不仅仅停留在理论分析上。角色扮演法能使受训者了解和体验别人的处境、难处和问题的方式,学会设身处地、从交往对象的角度想问题,并能看出自己或别人为人处世的弱点。

4.研讨法

研讨法是一种先由教师综合介绍一些基本概念与原理,然后围绕某一专题进行讨论的培训方法。通过参与者的讨论、争论,找出问题的答案或解决的办法,或搞清楚某一问题的发展规律,使受训者掌握有关知识和技能。

在实施研讨法培训时要注意以下几点:

(1)要确定研讨的题目和内容。这是研讨法获得成功的关键。选题时要注意题目具有代表性、启发性以及适当的难度。

(2)要确定研讨的主持人。主持人既可以由教师担任,也可以由受训者担任。

(3)要制订研讨计划。准备讨论资料和确定讨论的大体时间长度,以及讨论的适当控制计划。

(4)要确定讨论形式。研讨可以是集体讨论,也可以是分组讨论,或者对立讨论。

研讨形式有利于激发受训者的学习动机、探索精神;受训者积极参与有利于培养学员的综合能力;讨论过程中的教师与学员、学员与学员之间的交流、启发、相互借鉴,有利于增强教师与受训者之间的思想和情感交流;研讨形式的多样性,有利于根据不同的培训目的选择适当的方法,有较强的适应性。当然,研讨法在应用过程中也有一些难处,例如:满足培训目的的课题需要经过长期悉心收集、积累,同时要对它们进行深入研究,精心设计;对指导教师的要求更高,他们不仅是所研讨问题方面的专家,而且要善于引导、组织受训者围绕主题展开讨论,同时还有创造轻松、活跃和自由的讨论氛围。

5.讲授法

讲授法又叫讲解法,它包括课堂讲授、举办讲座等形式,是培训中应用最为普遍的一种。讲授法一般是指培训师通过逻辑的、体系化的言语表达,系统地向受训者进行知识内容的讲解传授,有时还辅以文字、图形、问答等形式的培训方法。这种培训方法最适合以简单的形式获取知识为目的的情况。

实际上,讲授法是一种最典型的代理性的培训方法,也是成本最低、最节省时间又能按一定组织形式可以有效传递大量信息的培训方法之一,有利于大面积培训人才,传授的知识比较系统、全面,对环境要求不高,受训者可以利用教室环境相互之间进行沟通,可以向教师请教,可以在短时间内使受训者系统地吸收有关知识,而且还可以作为其他培训方法的辅助手段,因此在实践中受到了广泛的欢迎。但讲授法是一种被动的学习方法,强调的是单向信息的灌输,使培训者很难了解受训者的学习理解程度,存在着受训者缺少参与、反馈、对材料澄清,以及与工作实际环境密切联系的机会,难以赢得并保持受训者的专心等,这些都阻碍了学习和培训成果的转化。因此,培训中采用讲授法时,材料必须富有内涵并与工作具有相关性,为受训者提供更多的参与机会,结合问答、讨论等形式,调动受训者的积极性,最终增强培训效果。

6.在职培训

在职培训指具有一定教育背景且已在工作岗位从事的员工进行培训再教育,主要包括在岗业余培训和脱产培训。在岗业余培训是在不影响正常工作的空闲时间内员工自主学习、提升自我的方法,通常采用上夜大、参加自学考试、听专业讲座、跨职能部门培训的方式。脱产培训是指在工作时间进行全职进修或培训的方法。脱离直接工作场所的培训可能会给现时工作的安排带来不利的影响,需要做妥善安排、协调处理。职员也可进行半脱产,部分时间参加部门的工作、部分时间进行学习培训。优点:受到国家政策和组织支持,针对性强,专业性强,可以兼顾员工工作。缺点:受训者可能承受较大的工作-家庭压力,如果协调不妥善,会影响工作安排和家庭生活。

7.现场模拟培训

现场模拟培训是侧重对操作技能和敏捷反应的培训方法,它通过把受训者置于模拟现实工作环境中,让受训者反复操作训练,以解决工作中可能出现的各种问题的培训方法。优点:强调务实;培训的效果比较好,能够对培训的过程加以有效的控制;可以避免在实际工作中进行培训而造成的损失;重视业务能力。缺点:费用比较高,存在培训转化的问题;对受训者要求较高;危险系数高。此方式适合那些出错的代价和风险比较高的工作,如飞行员的培训和管理决策的培训等。

6.2.2 现代方法

1.远程培训

现代企业的发展日趋复杂化、国际化,跨行业、跨领域、跨国界的经营模式随处可见,企业间并购日益频繁。一旦企业扩大规模、拓展业务或发生并购行为,那么,接下来就是对原有和现有人员的整合和再培训。对于员工人数众多,而且分布在全球不同国家的大公司而言,将员工集中起来,接受统一的培训课程是难以想象的。现代通信技术的日益发展为 E-Learning 的发展和普及创造了条件。据统计,采用 E-Learning 模式较之传统的教室模式可节约 15%～50% 的费用。而且,人们不必为了参加某一课程离开工作场所,节约时间的同时提高了工作效率。

随着互联网及相关产品的开发、普及和商业化使得我们的学习更加灵活和便利,使我们有能力对那些距离远、分布散的员工进行多点位、大区域的远程培训。IT 的发展使得同一组织分处各地的同事、合作伙伴、业务客户通过文字、语音沟通,召开会议,实时浏览修改同一文档,传输文件,发布通知公告,邮件,搜索网页,使用各种办公工具,就像在办公室里、面对面一样的沟通和办公。

远程培训的优点是可以克服空间上的距离,为分布区域广、难以集中的员工提供高水平的专家培训,还可以节省大笔的差旅费和时间。另外,利用网络开展远程化培训更方便、效率更高,能满足各种专业的需要。因此,远程培训受到越来越多的组织的青睐。

E-Learning 可以提供同步或异步的培训模式,包括 E-mail、BBS、Blog、虚拟教室、视频会议系统和共享数据库等技术能让身处不同地区,甚至是世界各地的学员们分享丰富的学习资源,以及在课程和作业上进行合作,而无须考虑时间、地点的局限。因此,E-Learning 在企业培训中的应用可以有效解决传统培训中一些多年以来无法解决的难题,包括培训的工作与学习时间矛盾的问题、培训的个性化问题、培训对员工职业生涯发展的支持等。但是,E-Learning 并不能完全取代传统的面授培训,它对原有的培训模式是一个有益的补充和提升。在企业的培训中,知识类、基本管理技能类、工具类内容非常适合 E-Learning 这种方式,而作为一些操作技能类、理念类、文化类课程则更适合面授培训。远程培训中受训者之间缺乏有效互动是其一大缺点。

2. 视听法

视听法是将培训的有关内容制成幻灯片、影片、录像等视听材料进行培训。这种方法可以预先录制以展示行为、技术或问题的说明等内容,还可以用来录制和重放受训者在培训中的表现,被广泛用于提高受训者的沟通技能、面谈技能、服务技能等方面。视听法采用的录像形式是行为模式的主要手段,培训者可以根据需要人为地控制播放,受训者能够得到系统的、不受个人兴趣影响的信息内容,还可以形象地说明一些难以用语言或文字表达或描述的特殊情况,从而使受训者加深印象。另外,视听法采用现场摄像设备,培训者和受训者可以共同观察现场情况,并对学习目标进展给予迅速的反馈。在现代培训中,视听法可以单独或与其他方法结合起来使用,提高培训的效果很明显。例如,某些制造企业,将技术水平较高的技能型员工的工作过程拍摄后,再由表达能力强的人反复观看,和技能型员工沟通后,进行配音解说,然后刻录成光盘,分发给需要培训的员工,让员工需要时就可以观看,随时可以学习。由于培训效果明显,视听法日益受到大家重视,但其缺点是课程软件开发成本高,而且课程需要经常更新。

3. 游戏法

游戏法是指由两个或两个以上的受训者在遵守一定规则的前提下,相互竞争以达到培训目的的训练方法。游戏法可以分为普通游戏与商业游戏两种类型。

普通游戏是经过精心设计,包括许多与员工工作有密切关系的培训活动。受训者一般都比较喜欢普通游戏这种培训方法,因为它本身的趣味性不仅可以调节培训气氛,还可以使受训者以娱乐形式,活泼多样地进行互动学习,在放松身心的同时,可以体验和理解其他培训方法难以理解和掌握的培训内容与技巧,是一种比较好的培训方法。其缺点是它的设计与使用要求较高。

商业游戏包括管理游戏,主要用于开发受训者的经营决策能力和管理技能。商业游戏不仅可以按市场设计,也可以按组织设计,还可以按职能部门设计。受训者被分成若干小组,每个小组 2～7 人,受训者根据设计的场景和给定的条件就管理实践中的各方面问题如产品的定价、生产计划、筹集资金、原材料的订购、市场营销、财务管理、劳工关系等进行信息收集并对其进行分析,然后做出决策,每个小组决策的结果与其他小组的决策结果相互进行比较,由此确定最终哪个小组获胜。各小组按照商业竞争规则,运用计算机记录各种决策及变化信息,最后计算出结果,时间跨度可以是半年、一年或几年,实际操作时间则在半小时到两个小时之间。这种方法常常用于管理技能开发,能够将团队成员迅速培训成一个凝聚力很强的群体,对受训者来说,游戏比课堂讲授更有吸引力,也更有意义。

4.虚拟培训

虚拟培训是指利用虚拟现实技术生成实时的、具有三维信息的人工虚拟环境,员工根据感官刺激适应工作环境,熟悉工作流程、操作工作设备,快速提升工作技能。优点:具有仿真性、超时空性、自主性和安全性。在培训中,学员能够自主结合虚拟培训场地和设施,可以在重复中不断增强自己的训练效果;更重要的是这种虚拟环境使他们脱离了现实培训中的风险,并能从培训中获得感性知识和实际经验。缺点:实施培训所需要的条件环境操作困难,要求高,普遍使用性低。

各种员工培训形式如表 6-3 所示。

表 6-3　员工的培训形式

	形式	特点	适用内容
传统型培训方法	学徒培训(师徒型)	获取实践工作经验快;可迅速弥补岗位空缺;培训技术单一;易产生思维定式,不利于员工创新和全面发展	传统性、技术性高、难度大的工作
	案例分析	直观、易接受;案例情景与真实情景有差距,培训效果受限;费时费力,成本高	案例情景分析工作
	角色扮演	临时性强;易于换位思考;利于观察言行	临时性、轮换类型的工作
	研讨法	形式多样;适应性强;互动性强;讨论氛围轻松、活跃;对培训者要求高	研发类、学术性质强的工作
	讲授法	省时;成本低;信息量大,不易吸收消化;受训者难以专心听讲;缺少课堂反馈	理论性强的工作
	在职培训	有政策支持;针对性强;不耽误员工工作时间;受训者较为疲惫;协调不妥会影响工作安排	对学历、知识水平要求较高的工作
	现场模拟	强调务实;重视业务能力;对受训者要求较高;存在培训转化问题;危险系数高	业务能力和操作精确度要求高的工作
现代型培训	远程培训	克服空间距离,节省培训场地;分布区域广;成本低;资源易于共享;缺乏有效互动	工作区域分布较远的工作
	多媒体培训(视听法)	培训内容易更新;进程安排灵活;软件开发成本高;可以代替文字传达更加真实的信息	适用影音、图片、广播等视听较多的工作
	游戏法	课堂趣味性高;互动性强;吸引力高;结果反馈及时;设计和适用要求高	工作环境活跃、反应迅速的工作
	虚拟培训	具有仿真性、超时空性、自主性、安全性;普遍性低	工作环境恶劣、危险系数高的工作

6.3 不同类型员工的培训

培训方法多种多样,如果能够根据培训的对象不同而采取适当的培训方法则可以取得更好的培训效果。我们将对组织中的五大类员工群体——营销人员、管理人员、技术人员、技能人员、新员工——的培训进行分析。

6.3.1 营销人员的培训

营销人员是组织重要的财富,现代组织都非常重视营销工作,因此,对营销人员的培训也是十分必要的。营销人员的培训重在激励。对营销人员培训的目的主要有:增强他们的凝聚力、向心力,激发营销人员内在潜能,使营销人员能更好地展现自己、"释放"自己,给组织带来销量的最大化以及盈利的最大化。

营销人员培训的内容包括营销人员的基本礼仪、介绍新产品、演讲技能、思辨能力、顾客心理、提高销售经理的规划能力和市场调查能力等。

营销人员的培训可以采用案例分析法、角色扮演法、游戏法等。

6.3.2 管理人员的培训

管理人员是组织中的主导力量,在组织的一切活动中处于中心地位,管理人员水平的高低决定着一个组织的成败。因此,管理人员培训的重要性,无论如何强调都不过分,对管理人员的培训是一项关系组织命运与前途的战略性工作。组织所面临的内部环境和外部环境都处于不断变化中,这种变化要求管理人员必须具备新的知识和技能。因此,不论是从组织发展的需要出发,还是从个人价值的实现角度,管理人员的培训工作绝不能忽视。

管理人员培训的目的是让其了解组织的发展目标与战略、经营方针、组织文化信息等;不断补充新的管理知识、掌握先进的管理方法和经验;树立正确的态度与观念,便于更好地领导、管理下级;提高管理人员在决策、用人、沟通、创新等方面的能力。

管理人员培训的主要内容有领导技能、人际关系技能、聆听技能、解决问题的技能、决策与计划技能、授权技能、信息沟通、员工激励、团队建设、时间管理、目标管理、战略管理、组织发展、组织再造等。

管理人员培训的方法种主要有研讨法、案例分析法、角色扮演法、游戏法等。

6.3.3 技术人员的培训

技术人员一般都掌握了必要的知识与技术,而且具备一定的工作经验与学习能力。由于知识更新的速度加快,技术水平也在不断发展,因此,对技术人员的培训是一种日益受到组织重视的培训工作。其培训的目的主要有:符合知识经济时代的要求不断更新专业知识,开发出适合市场需求的新产品,从而使组织战略目标能够顺利地实现;提高技术人员的实际研发能力,努力完成各项科研任务。

技术人员培训的内容除了专业知识外,还应增加提高技术人员综合素质的内容,比如:创造性思维训练、财务培训、营销培训、时间管理、沟通、职业道德、团队建设、员工指导、消费心理等。

技术人员培训的方法主要有研讨法、讲授法、案例分析法、视听法等。

6.3.4 技能人员的培训

技术创新是科学技术向生产力的转化过程,包括三个环节:①基础科学的研究;②应用研究与技术开发;③技术向商品的转化,这个环节是真正使科技成果转化为现实生产力的过程。对应于技术创新的三个环节,需要三种类型的科技人才:①学术型人才;②工程型人才;③技能型人才。对这三类人才的需要的数量结构呈"金字塔"分布,技能型人才的需要量是最大的,是构成技术创新所需要的科技人才的主体。技能型员工的培训也是值得关注的。对技能人员进行培训,需要明晰技能人员的类型,针对不同要求,有的放矢地进行培训(见表6-4)。

表6-4 不同类型技能人员培训的要求

技能人员类型	要求
初级技术工	2年以上生产工作经验;学徒期满;经过了初级技能培训
中级技术工	5年生产工作经验;经过了中级技能培训;职业技术学校毕业
高级技术工	8年生产工作经验;经过了高级技能培训;高级技工学校毕业
技师	具有丰富的生产实践经验,有操作技术专长,能解决本工种关键性的操作技术和生产工艺难题;具有传授技艺和培训中级技术工人的能力
高级技师	具有技师资格3年以上;具有高超精湛技艺和综合操作技能,能解决本岗位(专业工种)高难度生产工艺问题;工艺革新和排除事故隐患等方面成绩显著;具有组织培训高级技工和组织带领技师进行技术革新和技术攻关的能力

6.3.5 新员工入职培训

入职培训又称为新员工进入新组织的破冰培训、职前教育和导向培训,目的是组织帮助新员工从个体或者入职前的团体融入新组织,主要内容是帮助新员工学习组织的文化、精神以及价值观;了解组织结构、发展目标与愿景;适应组织的工作环境和工作规范,缩短员工熟练精通组织各项业务的时间,提高员工的工作效率及归属感。

1.新员工入职培训的意义

新员工有效入职培训的意义体现在形成归属感和明晰职业角色两个方面。

(1)新员工充分认识和认同组织文化和精神,对组织产生信任感和归属感。组织文化和精神不仅是组织的外在形象代表,更是组织的内在灵魂精髓。一旦员工在培训中感受到自己在被聘时了解的组织文化和精神与培训时自己亲身感受到、学习到的组织文化和精神相一致时,会对组织产生好感,消除陌生感,主动地去领略组织的内涵,学习相关技能,逐渐产生"主人翁"意识,燃起工作激情。

(2)新员工充分了解组织全局,明晰自身职业定位。在组织的培训过程中,管理者引导新员工熟悉组织全局,并使其对此充分了解,帮助新员工结合自身特点、专长和兴趣进一步明晰职位角色、定位以及未来的发展路径,并高效规划自己的职业生涯,明确自己该做什么、能做什么,以及怎么做才能迅速掌握组织所需求的核心技能。

2.新员工入职培训的注意事项

(1)注重人文关怀,营造积极、轻松的培训环境。培训者应尽可能掌握新员工渴望关怀的心理需求,将培训内容采用幽默、风趣的语言进行讲授和传递的同时能将组织文化和精神渗透进去,并开展有趣的小活动营造轻松的培训氛围,关注新员工的心理变化,让他们感受到组织的关怀,增加新员工对组织的亲切感和好奇心。

(2)注重员工职业生涯辅导,帮助他们把握职业发展契机。新员工缺乏在组织中的工作经验,处于迷茫期,培训者如果能选取组织内的先进模范或者优秀员工代表,在培训中现身说法,诠释优秀员工的职业发展轨迹,在发挥榜样作用的同时对新员工进行职业生涯辅导,可以使他们明晰职业发展未来趋势,帮助新员工更好地把握职业发展契机。

(3)基于员工需求设计培训内容。比如:在讲述组织文化、愿景和价值观时,简明扼要抓住新员工最关心、最想了解的需求点逐项介绍;在介绍工作流程时,注重员工日常工作中需要被指导的、容易出现问题的工作流程和规范制度,包括但不限于组织概况、组织架构及规章制度。

(4)培训形式与内容相结合,及时沟通反馈。根据新员工的特点和需求,采用互动性、灵活的培训形式,注重培训过程中新员工与新员工之间、新员工与职能部门之间、职能部门与职能部门之间的沟通交流,就培训效果及时反馈、查缺补漏、优化培训效果。

(5)采用适当的激励机制。激励并不只有物质奖励,有时候培训老师的一句夸奖,或是企业领导的一声赞许,都有可能改变一名新员工今后的职业轨迹。激励机制是提高员工学习兴趣和任务执行力的前提,是对优秀员工的认可,亦是对工作态度消极的员工的鼓励。

腾讯公司内部新员工入职培训比较新颖、成功,采用"2+2"模式,分别是两个层级新员工培训和两类新员工培训。两个层级新员工培训指公司级别和业务群级。两类新员工培训指社招和校招新员工培训。对社会招募的新人进行岗前培训。岗前培训是新员工在组织中发展自己职业生涯的起点,组织及时地把新信息、新技术、新技能和新程序介绍给员工,更新员工现有的技能,扫除新员工的陌生感和迷茫感,帮助他们明晰自身定位,更好地把握职业发展契机。对校园招聘的新员工进行10天封闭式培训,主要通过课堂学习、趣味运动比赛和演讲比赛等方式,使新员工了解组织历史文化、学习组织制度和章程以及感受热情洋溢的组织氛围,培养新员工对组织产生亲切感和归属感;此外让新员工身临其境去聆听和感受顾客的心声,强化他们重视、尊重顾客的理念;并设计让新员工与管理者换位思考的游戏体验活动,使他们产生"主人翁"意识,有利于开发员工的创新思维。

6.4　员工开发与组织学习

6.4.1　组织学习与学习型组织

组织学习与学习型组织是在现代经济条件下重视培训、重视人力资源开发与管理的产物,倡导组织学习、构建学习型组织,将使员工培训发展到一个新的阶段。把个人学习和组织学习纳入人力资源开发体系是对员工培训的有益拓展。

1.组织学习的含义

组织学习的思想发端于经验学习。1938 年,美国哲学家约翰·杜威(John Dewey)提出经验学习的概念,认为经验学习是持久的循环活动,开创了反馈学习与在干中学的讨论;1973 年,唐纳德·迈克尔(Donald Michael)引入了组织学习的概念;1976 年,哈佛大学的克里斯·阿吉瑞斯教授和萧恩教授在其《组织学习》一书中进一步对组织学习和学习型组织做出解释。组织学习是从个人学习的概念引申出来的。

组织学习研究方面有四个理论基础,即组织行为学、运作管理理论、战略管理理论和系统动力学理论。组织学习强调三个方面:①组织学习是一个交互的开放学习的过程,组织学习过程中不仅应从过去的经验和教训中学习,还应该不断地吸取外界先进的技术、管理思想和方法,同时组织也对外界产生着影响;②组织成员积极地利用资料学习,组织学习是通过组织中的个性成员进行的,学习结果存在于组织个体与组织团队中;③组织学习有助于组织主动地适应环境。综合以上分析,我们认为,组织学习是一个主动适应环境的过程,在这个过程中,组织与组织内部成员积极学习并充分利用组织内外可以获得的有用的知识指导组织的行为,同时也影响着组织的环境。

2.学习型组织

企业应鼓励员工学习、发展,并为其提供必要的培训,同时,企业也应该成为一个机构学习者,塑造一个学习型组织。这是 20 世纪 90 年代在管理理论与实践中发展起来的一种全新的、被认为是 21 世纪管理模式的理念,是 21 世纪全球企业组织和管理方式的新趋势。联合国把 21 世纪定为"学习的世纪"。现代企业的发展不能再只靠像福特·斯隆那样伟大的领导者一夫当关、运筹帷幄、统领全局。未来真正出色的企业是能够设法使各阶层人员全心投入并有能力不断学习的组织——学习型组织。学习型组织是现代管理理论与实践的创新,是企业培训开发理论与实践的创新。

(1)学习型组织的含义。理论界关于学习型组织的理论进行了广泛而深入的讨论,但对学习型组织仍没有一致的定义。主要有以下几种观点:①学习型组织是为其成员提供良好的学习环境,促进其所有成员学习,并不断改造自己以实现自己的战略目标的组织。②学习型组织是一个具有很强的创造知识、获取知识和传递知识的技能,并能够不断根据新的知识和观念来修正自身行为的组织。③学习型组织是指通过培养弥漫于整个组织的学习气氛,而建立一种符合人性的、有机的、扁平化的组织,这种组织具有持续学习的精神,是可持续发展的组织。综合以上几种观点,学习型组织应是某一组织或某群体的全体成员在共同目标的指引下注重学习、传播、运用和创新知识,因而具有高度的凝聚力和旺盛的生命力的组织。

(2)学习型组织的特征。

①高度重视人力资本教育的投资,将其视为第一位的投资。在学习型组织中,教育培训是居于中心地位的工作,教育培训部门是居于核心位置的部门。其全体成员,上至最高决策层,下至普通操作层员工,均有受教育、学习培训的权利和义务。组织有义务支持其员工明确自己的学习需求,调动培训资源,为所有员工提供学习和进步的机会与条件。

②组织成员拥有一个共同愿景。这个共同愿景来源于员工个人的愿景而又高于个人的愿景,是组织中所有员工共同愿望的景象,是他们的共同理想,能使不同个性的个人凝聚在一起,朝组织共同的目标前进。

③组织由多个创造性个体构成,且创新意识和创新精神极强。在学习型组织中,团队是最基本的学习单位,它本身也是彼此需要他人配合的一群人。组织的所有目标都是直接或间接通过团队努力来达到的。组织及个体因不断进取,故思想意识绝不守旧,且有极强的创新精神和创新意识。

④学习型组织是不断学习、善于学习的组织。其学习是永不间断的,它总是力图学得更多、更好,把先进知识和理念学习作为"基准",进行持续性研究和学习,目标是经过确认、分析,采取和实施同行业最先进、最佳运作方式。这种组织常有以下活动:系统地解决问题;采用新实验方法;自我总结经验;他人经验和实践的总结;迅速有效地在组织内部传达新知识。

⑤有强烈的学习意识,形成学习进步的浓厚气氛,是学习型组织的显著特征。在现代科学技术、知识信息时代,学习是组织生命的源泉。而学习型组织的领导管理者总是带头学习、带头当学生,同时积极鼓励和支持每个成员学习。这样,人人学习并成为习惯,成为组织文化的构成部分,营造出弥漫于组织内部的学习氛围。学习氛围渗透于组织所有的集体活动中去,例如会议、集会等,因为在这些场所,员工对组织发展甚为敏感,并且有愿望面对机遇和挑战,进行新的尝试,产生更强烈的学习动机。

⑥"地方为主"的扁平式结构。传统的组织通常是金字塔式的,学习型组织的组织结构则是扁平的,即从最上面的决策层到最下面的操作层,中间相隔层次极少。它尽最大可能将决策权向组织结构的下层移动,让最下层单位拥有充分的自决权,并对产生的结果负责,从而构成"地方为主"的扁平化组织结构。如美国通用电气公司目前的管理层次已由9层减少为4层。只有这样的体制,才能保证上下级的不断沟通,下层才能直接体会到上层的决策思想和智慧光辉,上层才能亲自体会到下层的动态,吸收一线的营养。组织内部形成相互理解、学习和整体互动思考、协调合作的群体,从而产生巨大持久的创造力。

⑦学习型组织的领导者是设计师、仆人和教师。领导者的设计工作是一个对组织要素进行整合的过程,他不仅设计组织的结构与政策、策略,更重要的是设计组织发展的基本理念;仆人角色表现在他对实现愿景的使命感,他自觉地接受愿景的召唤;教师的角色表现在界定真实情况,协助人们对真实情况进行正确、深刻的把握,提高他们对组织系统的了解能力,促进每个人的学习。

⑧学习型组织是个人与组织学习相匹配的运作系统。在学习型组织中,有个体学习和组织学习。对于组织学习而言,个体学习的重要性不言而喻,因为组织是个体的集合,否则不称其为组织,组织最终是通过它们中的每个成员来进行学习的,并且受个体学习的影响。但是组织学习不仅是个体学习,它强调个体互动基础上的学习。显然,个体学习与组织学习客观存在,二者不可互为替代,它们是相互依存、相互影响、相互作用的辩证统一关系。学习型组织是将个体学习与组织学习有机结合、相匹配的运作系统。

(3)学习型组织的构建。现代的学习型组织是一个学习运作系统,有其基本的法则或标准,大体上说有五项学习的基本原则:一是人人都是学生,即组织中的成员,从总裁、董事长、总经理到普通雇员,人人都要学习,充当学生。二是取人之长,补己之短。一个学习型组织有极强的学习意识和虚心好学的精神,不仅向书本和实践学习,而且向社会学,向一切可以学习的人与组织学,它有自知之明,知道自己的不足,善于发现他人之长,并虚心学习,补己之短。三是学则变,变则通。学习不是装腔作势,而是学以致用,组织与个人必须将所学的知识与技能运用到各项工作中,以提高效率。四是学无止境,即学习型组织必须坚持不断学习,变一次性学习为终身学习,这样才能不断汲取最新知识与技术,才会有所成。五是学习是投资而非开销,即学习是一种人力资本投资,它比物质资本更重要,是一种生产性投资。

在 21 世纪,如何构建学习型组织已成为人们关注的焦点话题,从而也产生了许多学习型组织的构建模型。如鲍尔·活尔纳运用实证研究方法提出五阶段模型,他认为学习型组织的构建应分为无意识学习、消费性学习、学习引入企业、确定企业学习日程、学习与工作融合五个阶段,当企业学习发展到学习与工作融合阶段时,企业就成了真正的学习型组织。彼得·圣吉则提出了要在自我超越、改善心智模式、建立共同愿景、团体学习与系统思考五大方面进行修炼,作为构建学习型组织的技能。这五方面缺一不可,其中系统思考是核心,因为它要求纵观全局、系统思维,将各因素考虑在内,既全面又悟其本质,从而能融合其他各项修炼为一体,创建卓有成效的学习型组织。我国学者陈国权认为组织系统包括多个方面,而且不同的组织具有不同组织系统。任何单个研究都无法穷尽事物的所有方面,但是各种组织为促进学习行为(能力)应该在组织系统方面具有五个共性特征(见表 6 - 5):A. 发展和学习型的领导方式;B. 稳健卓越的愿景目标;C. 全面系统的学习方法和制度;D. 共同和谐的利益关系;E. 以人为本的组织文化。

表 6 - 5　学习型组织组织系统五个维度的定义

维度	定义
发展和学习型的领导方式	组织领导人致力于推动组织持续发展,并在工作中不断学习和创新
稳健卓越的愿景目标	组织建立了既强调稳健又追求卓越的愿景和目标
全面系统的学习方法和制度	组织采用全面系统的方法、结构、制度和资源等来促进员工的学习和创新
共同和谐的利益关系	组织建立了员工间合作和共赢的利益关系
以人为本的组织文化	组织建立了强调员工个人特点,鼓励、帮助和奖励员工追求卓越的文化

资料来源:陈国权.学习型组织整体系统的构成及其组织系统与学习能力系统之间的关系[J].管理学报,2008,(6):833.

总的说来,按学习型组织构建原则,创建学习型组织,我们应做好以下几方面的工作:①企业最高层领导提高认识,转变观念,必须立足于现代化的新高度,重新审视企业培训的重要性、意义、作用和地位。②加大人才资本投资力度,增大企业人才资本存量。现代信息社会的发展主要依靠劳动者知识、技能和创造力,即人力资本,而人力资本非天生的,它是后天人力资本投资的结果。③培养关键性的学习能力。学习能力包括:敏锐洞察力和发现新知识、新技能的能力;善于根据工作需要学习掌握新知识新技能的能力;学以致用的能力。④企业的领导者要既是学习模范又是教育家。领导者必须带头当学生,同时还是教育家,要支持鼓励员工学习培训。⑤通过群体组织积极参与活动,广泛调动组织成员学习积极性,形成组织内良好的学习气氛。

6.4.2 员工培训与开发运营管理

判断员工培训与开发质量的标准可以分为组织整体层面和具体业务层面。组织整体层面指能否支持组织战略目标，是否有助于提升组织的核心竞争力，具体业务层面指是否立足并服务于组织具体业务，是否安排了适合的人，在适合的时间和地点接受了有针对性的培训。

员工培训与开发是无形产品，其针对性和实效性会随环境、时间等多种因素的变化而变化，所以，组织人力资源管理部门需要动态审视员工培训与开发开展的情况，及时调整，以保障员工培训与开发能够紧密围绕组织价值链的各环节。因此，员工培训与开发运营管理非常重要。

运营管理指对运营过程的计划、组织、实施和控制，是与产品生产和服务创造密切相关的各项管理工作的总称。现代运营的范围已从传统的制造业企业扩大到非制造业，研究内容已不局限于生产过程的计划、组织与控制，而是扩大到包括运营战略的制定、运营系统设计以及运营系统运行等多个层次的内容。把运营战略、新产品开发、产品设计、采购供应、生产制造、产品配送直至售后服务看作一个完整的"价值链"，对其进行集成管理。员工培训与开发运营管理指管理者对员工培训与开发的战略、需求、计划、开发、实施、评价、反馈等过程的管理。

1.员工培训与开发的战略

员工培训与开发的战略目的是为了支持组织战略目标的实现，包括员工培训与开发管理运营系统的长远目标、发展方向和重点、基本行动方针、基本步骤等一系列指导思想和决策原则。作为员工培训与开发体系中的一项职能战略，它主要解决在员工培训与开发职能领域内如何支持和配合组织获得竞争优势。它一般分为两大类：一类是结构性战略，包括员工培训与开发的目标、体系、能力架构等内容；另一类是基础性战略，包括员工现有的以及期望达到的数量和技能水平等具体问题。

员工的核心能力是组织独有的、对竞争优势要素的获取能力，因此，组织的核心能力必须要与竞争优势要素协调一致。联想与华为的发展历程很好地解释了员工培训与开发战略对组织竞争优势的重要意义。1956 年 1 月，中共中央给"知识分子"和"科学技术"定了性，周恩来代表中共中央作《关于知识分子问题的报告》，明确指出科学技术对国防、经济和文化各方面具有"决定性的因素"，毛泽东号召全国人民"向现代科学进军"。1956 年 8 月成立的中国科学院计算技术研究所除了主任委员数学家华罗庚，其他委员大多有欧美名校留学背景，平均年龄 30 岁，拥有雄厚的技术实力。1958 该研究所诞生了中国第一台通用电子计算机。1984 年，中科院计算所为了转化科技成果创办了一家计算机公司，公司被命名为"中国科学院计算所新技术发展公司"，放弃了加拿大的高薪工作回国的倪光南被聘请为总工程师。倪光南将自己辛苦研究的全部技术带入公司，经过几个月的奋战，1985 年 5 月，他向市场推出了适用于个人电子计算机的第一型联想式汉卡，在中国人的平均月工资仅 96 元的年代，销售额达到 300 万元。1989 年，该公司更名为"联想"。发展中国人自己的核心技术，是联想最初的企业基因和灵魂。1994 年，倪光南成为了首批中国工程院院士，出于科学家的敏感和情怀,他认为,联想下一步的工作,应该是研发更多自己的核心技术,甚至是中国自己的芯片工程。总工程师倪光南主张走技术路线,选择芯片为主攻方向;而总裁柳传志主张发挥中国制造的成本优势,加大自主品牌产品的打造。在 20 世纪末 21 世纪初,这是很多中国科技公司都发生过的争论,人们将之概括为"技工贸"和"贸工技"之争。"贸"指贸易和销售行为,"工"指加工和生产,"技"指技术和研发。归根结底是销售和技术在企业发展中谁处于优先地位的争论,销售占据领先地位将大力开发和培养销售人才,而技术占据领先地位将大力开发和培养技术人才。1994 年前后,倪光南奔波于上海、香港等地,广揽人才,成立"联海微电子设计中心",对"中国芯"的工程倾注了极大的热情。1995 年,联想董事会免去倪光南同志联想集团公司总工程师职务,开始了"贸工技"发展战略。倪柳之争的结果是柳传志获胜,表明了联想的员工培训与开发的战略重点是"贸",即销售人才。

同样在 1994 年,任正非带着"技工贸"和"贸工技"战略选择的困惑,前往美国考察,深深体会到"不拼命发展技术,最终会丢失全部市场",华为确定了"技工贸"的战略路线,将员工培训与开发的战略重点聚焦于"技",即技术人才。从 1994—2018 年,任正非的 400 余篇讲话稿,从深圳到中国,到东南亚、亚洲、欧洲、美洲;从交换机、通信设备、移动终端到人工智能、物联网,从 2G、3G 到 4G、5G。华为一直把技术作为自己的竞争力,坚持加大科研力量,独立自主,自力更生。正由于持续重视技术人员的培训与开发,不断提升华为的自主创新能力,面对美国的全线封锁,华为海思能在 2019 年 5 月 17 日凌晨宣布"一夜之间'备胎'转正";能在 6 月 2 日对即将搭载鸿蒙系统的百万台手机进行测试,不仅能够在手机、平板和电脑上使用,而且打通了电视、汽车、智能穿戴等产品,将其彻底统一起来。被全面封锁的华为,展现出来的韧劲、力量、速度,显示了其强大技术力量! 于是,华为 Mate 20 Pro 重新出现在了安卓 Q Beta 版本的名单内;一度试图限制华为员工评审论文的 IEEE(电气电子工程师学会)透露,已与美国商务部展开对话,争取学术活动不受干扰;SD 存储卡协会(SDA)、Wi-Fi 联盟、蓝牙技术联盟和 JEDEC 协会(固态技术协会)等行业组织,全部重新恢复了华为的会员资格!

反观以技术起步的联想,从联想开始追求收入和利润的那一天起,曾经中科院计算所深深镌刻在联想中的对于中国核心技术的极致追求的企业基因已经不复存在了。管理最重要的是确定方向,其次是方法。员工培训与开发战略就是确定员工发展的方向,是员工培训与开发运营管理的核心,对其他环节发挥指引方向的作用。

2.员工培训与开发运营管理的实施

员工培训与开发运营管理的实施需求、计划、开发、实施、评价、反馈等过程的管理,实施阶段的核心是计划目标、推动实施、队伍建设。

(1)计划目标。建议在每年的第四季度制订下一年度的人力资源培训与开发计划。年度培训计划制订中要遵循支持战略、围绕经营、贴近业务的原则,需要进行组织、工作(岗位)、个人的三级培训与开发需求分析。在组织需求分析阶段,人力资源管理部门要协助业务部门领会组织发展战略、长短期规划、工作纲要等文件,深刻了解组织对部门的要求与部门年度工作任务与方向,并在此基础上分析制订出人力资源培训与开发的方向、指标与要求等。在工作需求分析阶段,人力资源管理部门与业务部门要共同对照职位任职资格管理体系中的行为标准、知识标准、技能标准与专业经验成果,基于当前绩效改善和能力提升的角度,剖析员工能力与职位胜任力之间的差距。由于年度人力资源培训与开发计划反映的是业务部门下一年度总体能力建设的方向,因此人力资源管理部门与业务部门要更多侧重于组织需求与工作需求分析,个人需求仅仅反映了员工个体的一种学习意愿,只能作为了解员工职业生涯发展意向的一种参考。

当组织需求、工作需求、个人需求都明确后,可以采用 5W2H 的方式将需求形成计划,即

- 人力资源培训与开发的目的(why);
- 人力资源培训与开发的具体项目(what);
- 受训人员、师资、责任人等(who);
- 人力资源培训与开发的时间安排(when);
- 人力资源培训与开发的地点(where);
- 人力资源培训与开发的形式(how);
- 人力资源培训与开发的费用(how much)。

各业务部门年度人力资源培训与开发计划形成后,人力资源管理部门需要分析、审核、整合优化各业务部门的计划,形成统一的组织年度培训计划,并以文件形式下发,将实施时间分解至全年十二个月,按月推动实施。

(2)推动实施。推动实施主要指月度人力资源培训与开发运营分析与落实。全年的人力资源培训与开发计划确定后,经过存档、编码、分解等工序,会落实到每个具体的月去实施,人力资源管理部门可以采用分析人力资源培训与开发运营状况并形成报告的方法定期评价组织整体及各业务部门计划落实的情况。运营分析报告一般由数据、报表、分析、审计四部分组成。

- 数据部分包括:单月/累计培训项目数、单月/累计受训人次、单月/累计受训课时、单月/累计培训费用、年度培训与开发计划完成率、内部讲师课时输出量、培训与开发类别比例分布、培训与开发形式比例分布等。

- 报表部分包括:现阶段组织重点经营工作、重要程度、当月人力资源培训与开发对重点经营工作的支持点、受训人员是否是承担工作的人员、人力资源培训与开发的直接成本与收益等,其核心是要体现出人力资源培训与开发对经营工作的支持。

- 分析部分要体现出业务部门人力资源培训与开发工作的亮点与存在的问题,以便即时掌握组织培训实施状况并做出调整,确保培训的方向性无误。

- 审计部分主要是根据人力资源培训与开发开展状况,每季或每月确定审计主题,如培训审批流程执行情况、人力资源培训与开发供应商分级情况、内部讲师课程输出情况等,做到以审促改。此外,不定期的人力资源培训与开发专项审计也是提升效果的重要手段。

(3)抓队伍建设。抓队伍建设主要指抓人力资源培训与开发组织网络建设。人力资源开发管理的发展趋势是由人力资源部门主导的人力资源管理向业务部门主导的人力资源管理转型,人力资源培训与开发实施的主体应该是业务部门而非人力资源管理部门。人力资源管理部门作为人力资源培训与开发的方向引导者、目标确认者、流程组织者、结果评价者和氛围建设者,要在组织有效开展人力资源培训与开发工作,需要在业务部门建立人力资源培训与开发组织网络。人力资源管理部门可以在每个业务部门选拔一名业务骨干,担任兼

职人力资源培训与开发顾问,负责基于业务的部门需求调研与人力资源培训与开发计划制订,形成"横向到边、纵向到底"的组织网络,保证培训计划落地。

组织人力资源培训与开发运营管理要取得一定的效果,该项工作的管理人员不仅要具有一定的人力资源开发理论与培训管理专业知识,还要熟悉组织战略和经营业务,才能立足于组织整体去思考业务部门的能力建设问题,让人力资源培训与开发紧密围绕发展战略、支持各部门业务,将人力资源培训与开发落到实处!

思考题

1. 如何理解员工培训与开发的内涵?
2. 员工培训与开发有什么意义?
3. 论述员工培训与开发的程序。
4. 员工培训与开发有哪些方法?
5. 不同职位类型员工的开发与培训有何特征?
6. 新员工入职培训应注意什么问题?
7. 员工培训与开发运营管理包括哪些内容?

案例分析

华为的新员工培训

新员工培训可以让新入职的人员快速了解组织环境、业务、产品和文化,帮助员工融入组织。但是很多组织招聘后往往把新入职人员直接安排到工作岗位,要求边工作边学习;有的组织虽然有新员工培训,但是视之为"行政步骤",只做流程不求效果,导致新员工离职率较高。每逢跳槽、招聘旺季,很多组织都面临这个管理难题:如何有效对新入职员工培训?

英国知名品牌价值咨询公司 Brand Finance 发布了 2019 年全球品牌价值 500 强排行榜,华为的品牌价值从 2018 年的第 25 位直接飙升到 2019 年的第 12 位,逼近了前十名。在 5G 的网络建设上以及智能终端的销售上,华为最近两年的表现势如破竹,5G 订单和技术水准都做到全球第一,智能手机的销量也冲到了世界前三。华为作为世界百强中唯一没有上市、不搞金融、不炒房地产的中国民营企业,能够从管理到经营,从战略部署到科技创新……步步成功,与拥有擅长冲锋陷阵的员工分不开。那么华为是如何将一批又一批刚刚走出校门的"学生娃"打造成攻城略地的"铁军"的呢?

一、明确"721"培训法则

路不险,则无以知马之良;任不重,则无以知人之才。在华为看来,最好的培养方式一定是实践,最好的人才也一定是从实践中培养和磨砺出来的。在这个思想的指导下,华为打破了过去以授课式为主的人才培养体系,进行了颠覆性的创新,提出了"721"法则。即人才的培养 70% 来源于实践,20% 来源于导师的帮助,10% 来源于自己的学习。确立了这个法则之后,华为就此调整了人才培养的模式,将培养的重点放到了实践中。强调"实践出真知",强调实践对新员工未来成长的重要性,也给新员工明确了一个信号,就是要想有所作为,就必须务实。

以研发人员为例,这些员工在真正独立开始工作之前,事先已经做过了许多模拟项目。而在具体开始一个项目之前,华为首先会派他们和相应的导师到达指定的地点开展训练营活动。训练内容上同样遵循着"721法则",就是由企业颁发各种规范、材料等,让员工自学3天,再由导师进行案例教学,员工观摩;然后员工用3天实践去进行专门的训练;最后,华为会对参加训练营的员工进行考核,检验训练成果。

二、华为入职培训的"三个阶段"

华为新员工入职培训主要分为三个阶段:从入职前的引导培训,到入职时的集中培训,最终到在岗实践。这三个阶段的训培训流程实实在在走下来,基本上都要持续3~6个月。那么在三个阶段具体要做些什么?

第一个阶段:入职前的引导培训

华为的校园招聘一般安排在每年的11月份,对拟录用并分配到各个业务部门的大学生,在他们还没有入职之前,华为会提前安排每个人的导师。为了能更好地管控大学生还未入职所带来的风险,华为要求员工导师定期必须给他们打一次电话,通过电话进行沟通,了解他们的个人情况、精神状态、毕业论文进展、毕业离校安排等。如果毕业生确实想进华为,在这个过程中导师会给他们安排些任务,提前让他们了解一些岗位知识,看一些书籍和材料,提出岗位知识学习要求等,让他们做好走向工作岗位上的思想准备。

第二个阶段:入职时的集中培训

这个阶段主要是围绕着华为的企业文化来展开,包括规章制度的设立等,时间在5~7天。如数百名新员工要在早上6:30走出宿舍,绕着华为总部慢跑;统一学习华为总裁任正非在华为创业之初写的文章《致新员工书》和看电影《那山、那狗、那人》。

第三个阶段:岗前实践培训

在这个阶段,新员工要在华为导师的带领下在一线真实的工作环境中去锻炼和提高自己。不同岗位新员工的培训内容和方式有很大差别,要派往海外的营销类员工,他们必须首先在国内实习半年到一年,通过这些实践掌握公司的流程、工作的方式方法、熟悉业务。对于技术类员工,公司会先带他们参观生产线,了解生产线上组装的机器,让他们看到实实在在的产品。研发类员工在上岗前,安排做很多模拟项目,以便快速掌握一门工具或工作流程。

三、华为入职培训的"导师制"

培训做完之后就要上岗,最关键的环节是"思想导师"的安排。华为设立"思想导师"非常早并且规范。华为对"思想导师"的选拔有明确要求,第一绩效必须好,第二充分认可华为文化。同时,一个"思想导师"名下不能超过两名学生,以保证传承质量。

在传承期间,华为会额外给每一个思想导师一笔钱,当然,这笔钱不是给思想导师本人的,而是给他们用来定期或者不定期请"学生"吃饭、喝茶、沟通感情用的。如果有需要,思想导师也可以用这笔钱替"学生"解决吃住问题,尽量能够给予员工360度无死角的全方位照顾和辅导,让员工尽快融入企业。

华为内刊《华为人》188期中有一篇文章写道:"华为对员工的培训师是耐心且用心的。文化贯穿于培训中,是培训的灵魂。以员工培训入职为例,员工入职培训一个月,其中文化培训就要用时一周,并要求员工书写学习心得。在华为大学,不经意间发现一面贴满新员工文化培训心得的培训板,字里行间真情流露,足见培训效果了。这期间,华为会安排返聘和科研究院所的老专家们互动交流。华为正是通过这样点滴积累及流程制度的规范引导,将文化基因嵌入每一个人的灵魂,塑造了具有独特魅力的华为团队。"

对"思想导师"有相应的激励措施,主要有:一是晋升限制,担任过导师的人才有晋升机会;二是物质补贴,导师补贴会持续发放半年;三是开展年度"优秀导师"评选活动,以及导师和新员工的"一对红"(导师和员工都出色)评选活动,在公司年会上进行隆重表彰。这些措施,既激发了老员工踊跃担任导师的积极性,也宣传了企业文化。

四、员工照着"镜子"主动学习

华为用机制去牵引督促员工或者引导员工,督促其主动学习。例如,华为的软件工程师可以从1级开始做到9级,9级相当于副总裁级别,享受同一级别待遇。新员工入职之后,如何向更高级别发展,怎么知道差距?华为有明确的制度,比如1级标准是写万行代码,做过什么类型的产品等,有量化、明确的要求。员工根据这个标准自检。比如:C语言能力差,便可以通过学习平台去学,或在工作中有意识地学习和积累。通过一段时间的实践学习,达到了1级的水平。接下来,可以向2级的标准进发。任职资格管理的意义在于:镜子作用,照出自己的问题;尺子作用,量出与标准的差距;梯子作用,知道自己该往什么方向发展和努力;驾照作用,有新的岗位了,便可以应聘相应的职位。

华为的年轻人非常多,而让新员工快速融入组织,无非就是要解决好两个问题。一是推动员工产生高绩效,二是让他认可文化。华为强调物质激励与非物质激励并重,通过激发员工内驱力加速融合。通过公司的教导,让年轻员工尽快成熟起来,能够真正胜任岗位工作。

资料来源:《中外管理》杂志及 http://www.hrsee.com/? id=516。

案例讨论

1.华为新员工入职培训采用了哪些方法?有什么优势或不足?

2.华为的"导师制"有什么特点?有何作用?

3.华为的新员工培训是否可以在其他组织推广?推广时,应注意什么问题?

第7章 职业生涯规划与管理

本章要点

○职业选择理论
○职业发展阶段理论
○职业生涯的时代特点
○职业生涯设计的原则与流程
○职业心理健康

引导案例

人力资源管理专业毕业的小杨,已经参加工作三年。刚毕业的时候他进入一家大公司,从事秘书工作,后来由于该公司经营不善倒闭,小杨也失业了。于是在家人的帮助下他进入了一家报社做编辑,但由于文笔不好,工作业绩始终不好,巨大的压力下,只好辞职。后来他又找了几份工作,基本都是做一些文员工作,打打字,处理一些琐事,根本学不到什么东西。眼看着同一届的同学事业节节高,有的已经当上了公司的经理,而自己隔几个月就会换个公司,根本没有晋升的可能。于是,小杨在仔细思考了之后,决定去一家发展潜力巨大的中型科技公司从事人力资源管理工作,但是毕业已经三年了,虽然大学期间学的是人力资源管理专业,但并没有相关的专业从业经验。那么他要如何与应届毕业生竞争,又要如何做好以后的职业生涯规划呢?

职业生涯规划与管理是人力资源开发与管理的重要内容,关系到组织和员工的发展。那么,职业生涯规划与管理包括哪些环节? 有哪些方法? 有什么需要注意的问题呢? 希望您学习完本章的知识后,可以回答上述问题。

知识经济时代,组织与员工都发生了深刻的变化。组织的可持续发展越来越多地依赖于员工的知识结构和能力,而教育水平的提高使员工实现自我价值的愿望增强,经济利益不再是员工工作的唯一动机,员工希望在工作中获得更多的成长,更向往职业成功。随着社会保障制度和劳动力市场的完善,以及信息沟通的渠道越来越通畅,员工就业的灵活性日益增强。组织期望与员工建立长期的、共赢的契约,员工趋向于在不同的组织中寻找最适合自己的职位。职业生涯发展成为组织和员工都非常关心的内容。

7.1 职业生涯及职业生涯管理

职业生涯管理的目标是搜寻组织目标与个人目标的最佳结合,构建员工职业开发与职业发展的平台,最大限度地开发员工的潜能,形成协调作用,推动组织的持续发展,实现组织目标。研究职业生涯管理必须先明确职业生涯的含义。

7.1.1 职业生涯的含义

1.职业与职业生涯的基本概念

职业是指由于社会分工而形成的具有特定专业和专门职责,并以所得收入作为主要生活来源的社会活动。也可以说职业是对人们的生活方式、经济状况、文化水平、行为模式、思想情操的综合反映;体现一个人的权利、义务、权力、职责,是一个人社会地位的一般表征。职业对其从业人员来说有三层意义:首先,对大多数劳动者而言,职业是获取经济利益的主要途径,人们通过职业为社会奉献劳动并获取一定的报酬,这些报酬成为劳动者及其家庭成员生存和发展的主要经济来源。其次,职业是人们进行社会交往的重要渠道,在一定程度上反映了劳动者的社会角色定位。职业是社会与个人或组织与个体的结合点,通过这个结合点的动态相关形成了人类社会共同生活的基本结构。最后,职业是从业者实现人生价值的主要路径,是实现理想的平台。

职业生涯是指一个人一生工作经历中所包括的一系列活动和行为。职业生涯有两种含义:第一种是一个人在一生中所从事的各种工作职业的总称;第二种是一个人一生中的价值观、为人处事态度与动机变化的过程。职业生涯具有内职业生涯和外职业生涯之分。内职业生涯是指从事一种职业时的知识、观念、经验、能力、心理素质、内心感受等因素的组合及其变化过程。外职业生涯是指从事一种职业时的工作时间、工作地点、工作内容、工作职务、工资待遇等因素的组合及其变化过程。一个人的内职业生涯与外职业生涯是紧密联系的。内职业生涯是外职业生涯的基础,外职业生涯是内职业生涯的表现。

2.影响职业生涯的因素

职业生涯是一种复杂的现象,由行为和态度两方面组成。要充分了解一个人的职业生涯,必须从主观和客观两个方面进行考察。表示一个人职业生涯的主观内在特征是价值观念、态度、需要、动机、气质、能力、性格等,表示一个人职业生涯的客观外在特征是职业活动中的各种工作行为。一个人的职业生涯受各方面的影响,具体体现在以下几个方面:

(1)教育背景。教育是人力资本投资的最主要的方式。教育是赋予个人才能、塑造个人人格,从而促进个人发展的活动。获得不同教育程度的员工,在个人职业选择或被选择时,具有不同能量。一般来说,接受过较高水平教育的人,在就业以后会有较大的发展;在职业如意时,再次进行职业选择的能力和竞争力也较强。因此,职业的进展深受正规教育或专业培训的影响,教育程度是事业成功中不可缺少的因素。

个人教育程度的不同导致职业生涯的不同。不同的教育程度将导致个体具有不同的人力资本存量,从而在进行职业选择时会有所不同。未受过任何教育的个人一般只能从事以体力劳动为主的职业,而不能选择从事知识水平要求较高的职业。受教育程度的不同还影响着一个人以后的发展与晋升,受教育程度越高,人力资本存量越大,则较容易获得发展与晋升的机会。

人们所接受教育的专业不同也将决定人们从事不同的职业。随着社会分工越来越细,为了培养社会所需的专业性人才,学校教育的专业也进行了很强的细分,学生所学知识往往具有很强的专业性,在进行职业选择时会受所学专业决定性的影响。即便是以后在进行职业转换时,也往往与所学专业有一定联系。

(2)家庭环境。家庭环境也是影响职业生涯的重要因素。家庭氛围的浓厚程度将会对人的性格、责任感有很大的影响。浓厚的家庭氛围往往会使人形成开朗的性格,热爱亲人,责任感也较强。家庭的殷实程度对个人的受教育程度以及性格也有重要影响。家境殷实能为个人接受充分的教育提供强有力的经济保障,家境较贫寒的个人往往具有很强的适应力和逆境中生存的坚强意志力。家庭生活的长期潜移默化会使人形成一定的价值观和行为模式。这种价值观、行为模式必然从根本上影响一个人的职业理想与人生目标,影响着其职业选择的方向、选择中的冒险与妥协程度、对职业岗位的态度和工作中的行为等。

(3)个人因素。人的行为模式理论认为,需求产生动机,动机导致人的行为。个人需求偏好的不同使个人产生不同的行为。每个人由于成长环境、教育程度以及经历等的不同,个人需求会有极大的不同,从而对于职业生涯会有不同的选择和设计。个人因素对职业生涯的影响还包括进取心、自信心、自我认知和调节以及情绪稳定性等方面。进取心是个人具有目标指向性和适度活力的内部能源;责任心强的人常能够审时度势选择适度的目标,并能持久地去追求;自信心为个体在逆境中开拓、创新提供了信心和勇气,自信常常使自己的好梦成真;自我认知和调节是指了解自己的优势和短处,以及与组织环境的关系,善于调节自己的生涯规划、学习时间等。稳定的情绪对技术性工作有预测力,冷静、稳定的情绪状态为工作提供了适度的激活水平。焦虑和抑郁会使人无端紧张、烦恼或无力,恐惧和急躁易使人忙中出乱。

(4)社会环境。经济发展、社会文化、政治制度、价值观念等方面均对职业生涯的发展产生影响。经济发展水平高的地区,企业集中,优秀企业相对较多,个人职业选择的机会就比较多,因而就有利于个人职业发展;社会文化环境包括教育条件和水平、社会文化水平等,在良好的社会文化环境中,个人受到良好的教育和熏陶,从而为职业发展奠定更好的基础;政治不仅影响国家的经济体制,而且影响着组织体制,从而影响个人的职业发展;个体生活在社会环境中,必须受社会价值观念的影响,个体思想的发展和成熟过程,其实是认可、接受社会主体价值观念的过程,社会价值观念正是通过影响个人价值观而影响个人职业生涯发展的。

7.1.2 职业生涯规划与管理的含义

1.职业生涯规划

职业生涯规划包括个体的职业生涯规划和组织的职业生涯规划。个体的职业生涯规划是指从业者评估了自身的优势和劣势,根据组织的发展和社会的需求,在对某一职业的主客观条件进行测定、分析、总结研究的基础上,选择和确定职业目标,并为实现这一目标所做的一系列准备工作,即个人根据自身所处的环境和个人情况,确立职业目标,选择职业道路,采取行动和措施,实现职业生涯目标的计划。

职业生涯规划有助于从业者准确评价个人特点和强项,评估个人目标和现状的差距,扬长避短,发现新的职业机遇,准确定位职业发展方向,增强职业竞争力。良好的职业规划还有助于从业者重新认识自身的价值并使其增值,提升个人实力,获得长期职业发展优势,从而更好地适应组织和社会需求,提高工作满意度,将个人特质、事业发展与家庭和谐联系起来,在事业与家庭的平衡发展中实现理想。

组织职业生涯规划是一个组织根据自身的发展目标和任务需求,结合本组织员工的发展需求,制定出本组织的职业需求战略、职业变动规划与职业通道,并采取必要的措施加以实施,以实现企业目标与员工职业目标的共同发展的过程。组织职业生涯规划的目的是帮助员工真正了解自己,在客观衡量内外环境的机会与限制的基础上,指导员工设计出合理可行的职业发展目标,并在促进员工达到个人目标的同时实现组织的目标。海伍德(Haywood,1993)认为"组织的职业生涯规划"指组织帮助个人检视其生涯、评估其教育培训需求,并发展一些特殊的行动计划来维持、增强及再评估他们在工作环境中的专业与管理技能是否合适,以面对快速改变的局面。组织的职业生涯设计必须要与员工的职业生涯设计相互配合,才有可能实现双赢。图7-1对个人与组织职业生涯设计的匹配进行了比较系统的阐述。

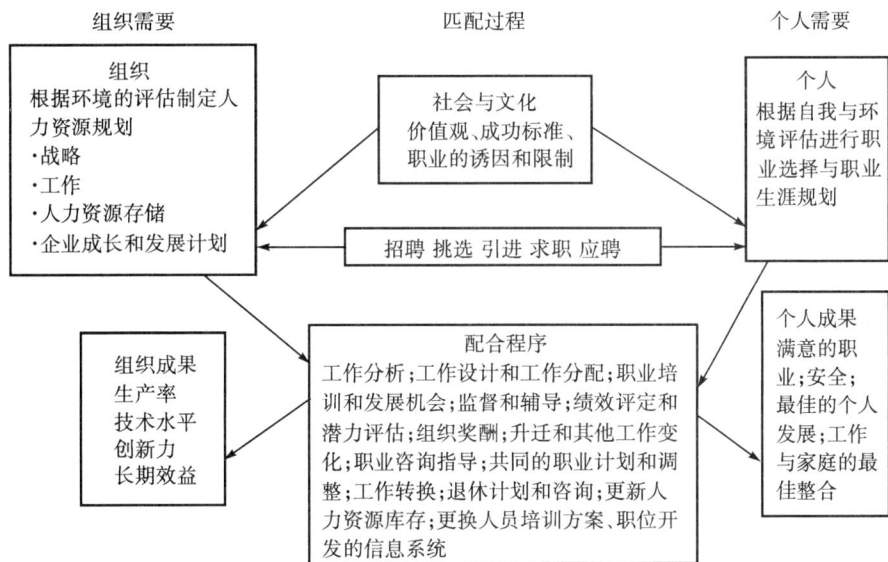

图7-1 组织职业生涯设计与员工职业生涯设计匹配模型

2.职业生涯管理的含义

职业生涯管理是现代组织人力资源开发与管理的重要内容之一,是组织帮助员工制定职业生涯规划和帮助其职业生涯发展的一系列活动。职业生涯管理应看作是竭力满足管理者、员工、组织三者需要的一个动态过程。在现代组织中,个人最终要对自己的职业发展计划负责,这就需要每个人都清楚地了解自己所掌握的知识、技能、能力、兴趣、价值观等。而且,还必须对职业选择有较深了解,以便制定目标、完善职业计划。管理者则必须鼓励员工对自己的职业生涯负责,在进行个人工作反馈时提供帮助,并提供员工感兴趣的有关组织工作、职业发展机会等信息。组织则必须提供自身的发展目标、政策、计划等方面的内容,还必须帮助员工做好自我评价、培训、发展等方面的内容。当个人目标与组织目标有机结合起来时,职业生涯管理就会意义重大。因此,职业生涯管理主要包括两种:一是个人职业生涯管理(individual career management),是指一个人在职业生命周期(从进入劳动力市场到退出劳动力市场)的全程中,由职业发展计划、职业策略、职业进入、职业变动和职业位置的一系列变量构成;二是组织职业生涯管理(organizational career management),是指由组织实施的、旨在开发员工的潜力、留住员工、使员工能自我实现的一系列管理方法。

(1)个人职业生涯管理的意义。从个人的角度讲,职业生涯管理就是一个人对自己所要从事的职业、要去的工作组织、在职业发展上要达到的高度等做出规划和设计,并为实现自己的职业目标而积累知识、开发技能的过程。它一般通过选择职业,选择组织(工作组织),选择工作岗位,在工作中技能得到提高、职位得到晋升、才干得到发挥等来实现。

个人可以自由地选择职业,但任何一个具体的职业岗位,都要求从事这一职业的个人具备特定的条件,如教育程度、专业知识与技能水平、体质状况、个人气质及思想品质等。并不是任何一个人都能适应任何一项职业,这就产生了职业对人的选择。一个人在择业上的自由度很大程度上取决于个人所拥有的职业能力和职业品质,而个人的时间、精力、能量毕竟是有限的,要使自己拥有不可替代的职业能力和职业品质,就应该根据自身的潜能、兴趣、价值观和需要来选择适合自身优点的职业,将自己的潜能转化为现实的价值。因此,人们越来越重视职业生涯的管理,越来越看重自己的职业发展的机会。

职业生涯管理对员工的意义在于:

第一,对于增强员工对工作环境的把握能力和对工作困难的控制能力十分重要。职业计划和职业管理既能使员工了解自身长处和短处,养成对环境和工作目标进行分析的习惯,又可以使员工合理计划、分配时间和精力以完成任务、提高技能。这都有利于强化环境把握和困难控制能力。

第二,有利于处理好职业生活和生活其他部分的关系。良好的职业计划和职业管理可以帮助个人从更高的角度看待工作中的各种问题和选择,将各分离的事件综合分析,服务于职业目标,使职业生活更加充实和富有成效。它更能考虑职业生活同个人追求、家庭目标等其他生活目标的平衡,避免顾此失彼、两面为难的困境。

第三,可以实现自我价值的不断提升和超越。工作的最初目的可能仅仅是找一份养家糊口的差事,进而追求的可能是财富、地位和名望。职业计划和职业管理对职业目标的多次提炼可以使工作目的超越财富和地位之上,追求更高层次自我价值实现的成功。

(2)组织职业生涯管理的意义。职业生涯是员工职业的发展,它和员工所在的组织密切相关。一个人的职业生涯设计得再好,如果不进入特定的组织,就没有职业位置,职业生涯就无从谈起。组织是个人职业生涯得以存在和发展的载体。同样,组织的存在和发展依赖于个人的职业工作,依赖于个人的职业开发与发展。在人才激烈竞争的今天,如何吸引和留住优秀的职业人才是人力资源管理所面临的难题。如果一个人的职业生涯规划在组织内不能实现,那么他就很有可能离开,去寻找新的发展空间。所以,员工的职业发展就不仅是其个人的行为,也是组织的职责。

组织职业生涯管理的意义在于:

第一,职业生涯管理是组织资源合理配置的首要问题。人力资源是一种可以不断开发并不断增值的增量资源,通过人力资源的开发能不断更新人的知识、技能,提高人的创造力,使其充分发挥效用,特别是随着知识经济时代的到来,知识已成为社会的主体,组织更应注重人的智慧、技艺、能力的提高与全面发展。加强职业生涯管理,可帮助组织了解员工的现状、需求、能力及目标,调和他们同组织在现实和未来可提供的职业机会与挑战间的矛盾,使人尽其才、才尽其用,动态提高人力资源配置的合理性。

第二,职业生涯管理能充分调动人的内在的积极性,更好地实现组织目标。职业生涯管理关注、支持并帮助员工的职业发展,能深层次地激励员工,持久、内在地调动员工的积极性和潜能。职业生涯管理的目的是帮助员工提高在各个需要层次的满足度,使人的需要满足度从金字塔形向梯形过渡最终接近矩形,既使员工的低层次物质需要逐步提高,又使他们的自我实现等精神方面的高级需要的满足度逐步提高。因此,职业生涯管理不仅符合人生发展的需要,而且也立足人的高级需要,即立足于友爱、尊重、自我实现的需要,真正了解员工在个人发展上想要什么,协调其制定规划,帮助其实现职业生涯目标,并培养起对组织的忠诚感、归属感,激发员工的精神力量,进而形成组织发展的巨大推动力,更好地实现组织目标。

第三,职业生涯管理是组织长盛不衰的组织保证。职业生涯管理使组织与员工的长期发展结合在一起,有助于组织与员工间建立长期的"心理契约",营造了良好的成长氛围和开放的发展氛围,有助于塑造优秀的"组织文化",这都是组织"长寿"的有力保障。通过职业生涯管理努力提供员工施展才能舞台,充分体现员工的自我价值,是留住人才、凝聚人才的根本保证,也是组织长盛不衰的组织保证。

第四,职业生涯管理有助于组织履行社会责任。职业生涯管理优化了劳动力技能,提升了组织人力资源的竞争力,也就提升了组织的竞争力,使组织获得持续发展的同时有利于组织吸纳更多的人力资源,促进就业的同时满足组织员工的全面发展和成长,有利于员工身心健康,生活美满,更好地服务社会。在组织履行社会责任的同时树立组织良好的社会形象。

7.2 职业生涯管理的相关理论

职业生涯管理理论源于 20 世纪初美国职业指导运动的兴起。从学科历史发展角度看,职业生涯管理理论的演进经历了从静态到动态研究的历程。

7.2.1 职业选择理论

1.特质因素理论

1908 年,美国波士顿大学教授帕森斯发现青年人离校后失业,并不是他们没有能力,而是没有机遇,于是帕森斯创办了波士顿职业指导局,跨出了使职业规划活动系统化的重要一步。

帕森斯不仅亲自参与了大量针对青年的职业规划实践活动,还设计了许多帮助青少年了解自己、了解工作环境和性质的方法,其中之一就是问卷调查。1909 年,帕森斯的《选择职业》一书出版,第一次系统阐述了科学的职业选择理论,即特质因素理论,这个理论对今天的职业规划仍具有现实的指导意义。正是由于帕森斯极富创意的工作及其所产生的深远影响,他被后人尊称为"职业规划之父"。

帕森斯的特质因素理论又称帕森斯的人职匹配理论。所谓"特质",就是指个人的人格特征,包括能力倾向、兴趣、价值观和人格等,这些都可以通过心理测量工具来加以评量。所谓"因素",则是指在工作上要取得成功所必须具备的条件或资格,这可以通过工作分析了解。帕森斯认为,在选择职业的过程中,涉及三个主要因素,对工作性质和环境的了解,对自我爱好和能力的认识,以及它们二者之间的协调与匹配,主要包括三个方面:①了解自己,包括了解个人的智力、能力倾向、兴趣、资源、限制及其他特质;②了解各种职业成功的必备条件、优缺点、酬劳、机会及发展前途;③合理推论上述两类资料的关系。他强调,职业辅导首先是要在做出选择之前先评估个人的能力,因为个人选择职业的关键在于个人的特质与行业要求是否相配;其次是要进行职业调查,即对工作进行分析,包括工作情形、场所、人员等;最后要以个人和职业的互相配合作为职业辅导的最终目标。他认为只有这样人们才能适应工作,并且使个人和社会同时得益。

特质因素理论强调个人所具有的特性与职业所需要的素质与技能(因素)之间的协调和匹配。为了对个体的特性进行深入详细的了解与掌握,特质因素理论十分重视人才测评的作用,可以说,特质因素理论进行职业指导是以对人的特性的测评为基本前提的。它首先提出了在职业决策中进行人-职匹配的思想。该理论奠定了人才测评理论的理论基础,推动了人才测评在职业选拔与指导中的运用和发展。

从总体上看,该理论提供了职业规划的基本原则,并且具有较强的可操作性。但是,该理论试图找到个体特征与职业要求间的对应关系,没有充分考虑个体特征中的可变因素,而且工作要求也会随时间变化而改变。因而,这种过于静态的观点可能适应于 20 世纪早期的社会环境,但无法适应现代社会的职业变动规律。此外,它也忽视了社会因素对职业规划的影响和制约作用。

2.择业动机理论

美国心理学家佛隆通过对个体择业行为的研究认为,个体行为动机的强度取决于效价的大小和期望值的高低,动机强度及效价与期望值成正比,即

$$F = V \cdot E$$

式中:F——动机强度,指积极性的激发程度;

V——效价,指个体对一定目标重要性的主观评价;

E——期望值,指个体估计的目标实现概率。

择业动机的强弱表明了择业者对目标职业的追求程度,或者对某项职业选择意向的大小。按照上述观点,择业动机取决于职业效价和职业概率,即

$$择业动机 = f(职业效价,职业概率)$$

(1)职业效价——择业者对某项职业价值的主观评价。它取决于以下两个因素:①择业者的职业价值观;②择业者对某项具体职业要素,如兴趣、劳动条件、报酬、职业声望等的评估。

(2)职业概率——择业者认为获得某项职业的可能性大小。它通常取决于以下四个因素:①某项职业的社会需求量。职业概率与社会需求量呈正相关关系。②择业者的竞争能力,即择业者自身的工作能力和求职就业能力。职业概率与择业者的竞争能力呈正相关关系。③竞争系数,即谋求同一种职业的竞争者人数的多少。职业概率与竞争系数呈负相关关系。④其他随机因素。

一般而言,择业者对其视野内的几种目标职业进行职业价值评估和职业成功概率评价之后,将进行横向择业动机比较。择业动机是对职业和自身的全面评估,是对多种择业影响因素的全面考虑和得失权衡。因此,择业者多以择业动机分值高的职业作为自己的最终目标。这种择业动机理论为个人主观因素怎样影响职业选择提供了一些依据,但是个体行为动机的强度不易判断与测量,在一定程度上影响了其操作性。

3. 心理动力理论

早在 20 世纪初期,西格蒙德·弗洛伊德就曾讨论过关于人类动机和本能驱动的问题。爱德华·鲍亭(Edward Bordin)等人以弗洛伊德的个性心理分析为基础,吸取了特质因素理论和心理咨询理论的一些概念和技术,对职业团体进行了大量的研究,于 20 世纪 60 年代后期提出:个人内在动机和需要等动机因素在个人职业选择过程中具有重要作用,他们将其称之为"心理动力理论"。鲍亭等人依据精神分析学派的观点,探讨职业发展的过程,将工作视为一种升华,而影响个体职业选择的动力则来源于个人早期经验所形成的适应体系、需要等人格结构。

心理动力理论的代表人物是鲍亭、纳切曼(Nachmann)和西格尔(Segal)。他们用心理分析的方法来研究职业选择过程,认为职业选择的目的在于满足需要和促进个人发展。他们在对职业团体进行研究的基础上,提出了心理动力理论的结构,主要包括以下六方面内容:

①成人的生理和智力活动与其个人早期的生理和心理发展过程有关;

②复杂的成人活动中包含着与婴儿简单活动相同的本能满足;

③职业选择取决于人生最初六年中所形成的需要;

④家庭压力对个体需要的发展影响极大;

⑤成人在工作中会显示出一种婴儿期冲动的升华;

⑥如果缺乏职业信息,职业期望可能遭到挫败。

这种理论认为,个人产生职业问题可能有三方面原因:一是依赖性强,缺乏对自己的责任感和自信心,缺乏职业决策能力;二是缺乏信息,即缺少职业决策所必需的根据;三是选择职业过程中由于自身的犹豫或环境的干扰而引起的心理冲突或焦虑。指导者的任务首先在于查明个体职业问题的范围,然后同被指导者共同做出新的尝试性的决策,或改变被指导者的某些行为。这个理论过于偏向个体内在因素的作用,而忽视当事人所处的现实社会环境方面的因素,需要和其他的理论结合使用,以利于对职业选择进行全面的分析。

4. 职业性向理论

美国心理学教授约翰·霍兰德(John Holland)认为,职业性向,包括价值观、动机和需要等,是决定一个人职业选择的重要因素。约翰·霍兰德基于自己对职业性向的测试(vocational preference test,VPT)研究,发现了六种基本的人格类型或性向。

(1)实际性向。具有这种性向的人会被吸引去从事那些包含着体力活动并且需要一定的技巧、力量和协调性才能承担的职业。这些职业的例子有森林工人、耕作工人以及农场主等。

(2)研究性向。具有这种性向的人会被吸引去从事那些包含着较多认知活动(思考、组织、理解等)的职业,而不是那些以感知活动(感觉、反应或人际沟通以及情感等)为主要内容的职业。这类职业的例子有生物学家、化学家以及大学教授等。

(3)社会性向。具有这种性向的人会被吸引去从事那些包含着大量人际交往内容的职业而不是那些包含着大量智力活动或体力活动的职业。这种职业的例子有诊所的心理医生、外交工作者以及社会工作者等。

(4)常规性向。具有这种性向的人会被吸引去从事那些包含着大量结构性的且规则较为固定的活动的职业,在这些职业中,雇员个人的需要往往要服从于组织的需要。这类职业的例子有会计以及银行职员等。

(5)组织性向。具有这种性向的人会被吸引去从事那些包含着大量以影响他人为目的的语言活动的职业。这类职业的例子有管理人员、律师以及公共关系管理者等。

(6)艺术性向。具有这种性向的人会被吸引去从事那些包含着大量自我表现、艺术创造、情感表达以及个性化活动的职业。这类职业的例子有艺术家、广告制作者以及音乐家等。

霍兰德的六种人格类型及相应的职业详见表7-1。

表7-1　霍兰德的六种人格类型及相应的职业

人格类型	人格特点	职业兴趣	代表性职业
实际型	真诚坦率、重视现实,讲求实际、有坚持性,实践性、稳定性	手工技巧	体力员工、机器操作者、飞行员、农民、卡车司机、木工及工程技术人员等
研究型	分析性、批判性,好奇的、理想的,内向的、有推理能力的	科学、数学	物理学家、人类学家、化学家、数学家、生物学家及各类研究人员
艺术型	感情丰富的、理想主义的、富有想象力的、易冲动的、有主见的、直觉的、情绪性的	语言、艺术、音乐	诗人、艺术家、小说家、音乐家、雕刻家、剧作家、作曲家、导演及画家
社会型	富有合作精神的、友好的、肯帮助人的、和善的、爱社交和易了解的	与人有关的事、人际关系的技巧、教育工作	临床心理学家、咨询者、传教士、教师、社交联络员
组织型	喜欢冒险的、有雄心壮志的、精神饱满的、乐观的、自信的、健谈的	领导、人际关系的技巧	经理、汽车推销员、政治家、律师、采购员和各级行政领导者
常规型	谨慎的、有效的、无灵活性的、服从的、守秩序的、能自我控制的	办公室工作、营业系统的工作等	出纳员、统计员、图书管理员、行政管理助理和邮局职员等

然而,大多数人实际上都并非只有一种性向(比如,一个人的性向中很可能是同时包含着社会性向、实际性向和研究性向这三种性向)。霍兰德认为,这些性向越相似,相容性越强,则一个人在选择职业时所面临的内在冲突和犹豫就会越少。为了帮助描述这种情况,霍兰德建议将这六种性向分别放在一个如图7-2所示的正六角形的每一个角。

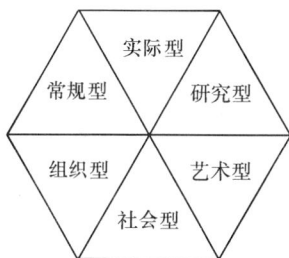

图7-2　职业性向分类

　　此图形一共有六个角,每一个角代表一个职业性向。根据霍兰德的研究,图7-2中的两种性向越接近,则它们的相容性就越高。霍兰德相信,如果某人的两种性向是紧挨着的话,那么他或她将会很容易选定一种职业。然而,如果此人的性向是相互对立的(比如同时具有实际性向和社会性向的话),那么他或她在进行职业选择时将会面临较多的犹豫不决的情况,这是因为多种兴趣将驱使他或她在多种十分不同的职业之间进行选择。

5.社会学习理论

　　20世纪50年代后期,受塞尔斯关于儿童社会化过程研究的启发,班杜拉注意到了普遍发生于人类社会生活各领域之中的一种基本学习方式,即以师徒关系、正规教育等为手段而实现的知识或行为技能在不同个体之间的相互传递过程,并将这种学习现象称为观察学习。对观察学习现象的承认和研究,在理论上要求班杜拉突破传统行为主义的人性观,而将主体因素引入对人类行为的获得与表现过程的分析之中,从而建立其一般学习论观点。

　　班杜拉认为:①行为绝不仅仅是环境变化的函数,相反,环境的性质一方面决定于行为的激活和主体特征的诱发,另一方面也决定于主体对它的把握。②心理学所要研究的绝不仅仅是单项的行为,而是环境、行为以及人的主体因素之间的交互决定关系,其中每二者之间都存在着双向的相互决定关系,由环境(environment)、行为(behavior)、心理(psychology)三者共同构成的交互系统的整体,即人的机能活动(human functioning)。③个体的人格与命运绝不是被动地由环境决定的牺牲品,相反,人可以主动决定环境的性质并发展行为技能,从而获得对主体命运的自我主宰。三元交互决定论中的主体因素,包括人的生物的、社会的及心理的诸属性或能力,特别是表现为思维、认知、表象等意识因素或过程。当班杜拉的一般学习论观点确立后,他在20世纪60—70年代对观察学习现象进行了全面研究。80年代中期以来,班杜拉的学术兴趣转向了对自我现象的全面考察,特别典型地表现为对自我效能理论的关注超越其他一切论题的研究热情,他认为,在一定的限度内,个体必须对自己的存在负责,他必然构成自己未来命运的设计者。

　　在班杜拉一般学习理论的基础之上,克鲁姆波兹创建了社会学习理论,该理论探讨了个体是如何做出职业生涯选择的,强调了人们的行为和认知在职业生涯选择中所起的重要作用。克鲁姆波兹考虑到了基因遗传、环境条件、学习经历和各种任务处理技巧,在理论上对做出职业生涯选择时需要注意的一些认知和行为表现都给予了详细的解释。该理论突破了前人主要以心理学为研究基础的职业生涯选择理论,加入了社会的因素,强调了学习经历和任务完成技能对于职业生涯选择的重要性。

6.能岗匹配理论

在职业选择方面,我国人力资源管理专业教授廖泉文提出了能岗匹配理论。她认为:人有能级和专长的差别。能级是指一个人能力的大小,就广义而言,能级包含了一个人的知识、能力、经验、事业心、意志力、品德等多方面的要素;而专长是指员工所擅长的领域,如果不考虑专长的区别去考虑能级的区别,"能级"就是永远无法准确判断的概念。不同的专业和专长,不能有准确的能级比较,例如:一个优秀的电脑专家和一个优秀的建筑设计师之间不能比较他们的优秀等级和差别。我们国家有许多不同的职系,同时也有许多不同的职称系列和不同的学位系列,这就是承认人有专长的区别。当我们研究能岗匹配原理时,首先要分清职位序列,其次应承认人有能力的区别,不同能级的人应承担不同的责任,不同的能级应相应表达出在责任、权力、荣誉等方面的不同要求。

与组织赋予员工的职权相比,能级具有不可赋性;同时,当员工掌握一定的知识、技能,并转化为能力后,就具有相对稳定性,能级的增长也有相对的规律性。如果在工作中,某一能力总是没有实践的机会,能级有可能减退。

同一系列不同层次的岗位对能力的结构和大小有不同的需求,由于层次不同,其岗位的责任和权力也不同,所要求的能力结构和能力大小也有显著的区别。不同系列相同层次的岗位对能力的要求也不同。由于工作系列不同,虽然处于同一层次,其能力的结构和专业要求也有显著的不同。

能岗匹配的关系:

①能级>岗位的要求,优秀人才流失快,组织与个人两败俱伤。

②能级<岗位的要求,企业业绩下降,会形成恶性循环。

③能级=岗位的要求,组织成熟、稳定,业绩上升,团队战斗力强。

因而,员工根据自己的专长和能力大小来选择职业,才能达到员工与组织双赢。

7.2.2 职业发展阶段理论

职业发展阶段理论的基本思路是:假设生命的发展阶段和职业的发展阶段是高度相关的,以年龄作为划分职业生涯发展阶段的一个重要的依据。这些理论的共同点是:个人的职业心理在童年时代就开始逐步产生,随着年龄的增长,受教育程度的提高、经验的积累和社会环境的变化,人们的职业心理也会发生变化。职业生涯的发展常常伴随着年龄的增长而变化,尽管每个人从事的具体职业各不相同,但在相同的年龄阶段往往表现出大致相同的职业特征、职业需求和职业发展任务,据此,可以将一个人的职业生涯划分为不同的阶段。认识职业生涯发展的不同阶段有哪些任务和发展趋势,可以帮助个人更有效地管理自己的职业生涯,也可以帮助组织管理和开发其人力资源。

各类职业发展理论的区别在于职业生涯阶段划分的区间不同,每一区间的目标有差异。

1.萨柏的职业生涯阶段理论

萨柏(Donald E. Super)是美国一位有代表性的职业管理学家,他以美国白人作为自己的研究对象,把人的职业生涯划分为五个主要阶段:成长阶段、探索阶段、确立阶段、维持阶段和衰退阶段。

(1)成长阶段(growth stage)。成长阶段大体上可以界定在出生到 14 岁这一阶段上。在这一阶段中,个人通过对家庭成员、朋友和老师的认同以及他们之间的相互作用,逐渐建立起自我的概念。到这一阶段结束后,进入青春期的青少年已经形成了对于兴趣和能力的某些基本看法,开始对各种可选择的职业进行某些现实性的思考。

(2)探索阶段(exploration stage)。一般来说,探索阶段属于 24 岁以前的高中、大学或技校中的学习阶段。处于这一阶段的人们尝试去寻找自己的职业选择,并通过他们对职业的了解,以及对学校教育、休闲活动和业余工作中所获得的个人兴趣和能力匹配起来,同时从伙伴、朋友和家庭成员那儿收集关于职务、职业生涯及职业的信息。在这一阶段开始的时期,他们往往做出一些带有试验性质的较为广泛的职业选择,一旦找到了自己感兴趣的工作或职业类型,他们就开始接受必需的教育和培训。然而,随着个人对所选择职业以及对自我的进一步了解,这种最初的选择往往要被重新界定。当员工开始一份新工作时,会继续进行探索。在大多数情况下,处于探索阶段的员工,如果没有他人的指导和帮助,往往难以完成工作任务并承担工作角色。

从组织管理的角度分析,必须对探索阶段的员工进行岗位培训和社会化指导,以帮助新雇员尽可能快地适应新的工作和工作伙伴,从而实现公司的目标。这一阶段也是公司管理员工职业生涯阶段的真正开始。

(3)确立阶段(establishment stage)。确立阶段约处于员工的 25 岁到 44 岁之间的这一年龄阶段上。它是大多数工作生命周期的核心部分。个人在这一阶段会找到合适的职位,并为之全力以赴地奋斗。然而,这一阶段人们仍然会不断地尝试与自己最初的职业选择所不同的各种能力和理想。

这一阶段的员工会在组织中找到自己的位置,独立做出贡献,承担更多的责任,获得更多的收益,并建立一种理想的生活方式。对于这一阶段的员工,公司需要制定政策,来协调其工作角色和非工作角色。同时,该阶段的员工需要更积极地参与职业生涯规划活动。

对于这一阶段可以分成不同的三个子阶段:尝试子阶段、发展子阶段和职业中期危机阶段。处于尝试阶段的人们将会确定现在的这份工作是否适合自己,如果是否定的话,人们就会进行不同的尝试。发展子阶段中,人们往往已经定下了较为坚定的职业目标,并制订了较为明确的职业计划来确定自己晋升的潜力、工作调换的必要性以及实现这些目标需要开展哪些教育活动等。职业中期危机阶段,人们开始对自己半生的职业生涯产生怀疑,可能发现自己偏离职业目标或发现了新的目标,认为自己前半生的梦想并不是自己真正想要的。人们开始面临一个艰难的选择,是否放弃自己半生的事业,开始涉足另一片领域。这个年龄阶段重新开始一段新的职业生涯的例子并不少见。表 7-2 为以上三个阶段的子阶段。

表 7-2 萨柏职业生涯五阶段理论中的前三个阶段的子阶段

主阶段名称	子阶段名称		
成长阶段	幻想期(10 岁之前)	兴趣期(11~12 岁)	能力期(13~14 岁)
	在幻想中扮演自己喜欢的角色	以兴趣为中心,理解、评价职业,开始做职业选择	更多地考虑自己的能力和工作需要
探索阶段	试验期(15~17 岁)	转变期(18~21 岁)	尝试期(22~24 岁)
	综合认识和考虑自己的兴趣、能力,对未来职业进行尝试性选择	正式进入职业,或者进行专门的职业培训,明确某种职业倾向	选定工作领域,开始从事某种职业,对职业发展目标的可行性进行试验
确立阶段	稳定期(25~30 岁)	发展期(31~44 岁)	中期危机阶段(44~退休前)
	个人在所选的职业中安顿下来,重点是寻求职业及生活上的稳定	致力于实现职业目标,是富有创造性的时期	职业中期可能会发现自己偏离职业目标或发现了新的目标,此时需重新评价自己的需求,处于转折期

(4)维持阶段(maintenance stage)。维持阶段一般发生在 45~64 岁左右的时期。这一阶段的人们关注技能的更新,人们希望仍将其看成是有贡献的人。他们有多年的工作经验,拥有丰富的工作知识,对于组织目标、文化的理解将会更加透彻。他们往往能够充当新员工的培训导师。在这一职业的后期,人们将大多数精力都放在了保有工作的方面。

从组织管理的角度来讲,对于这一阶段的员工,主要是防止他们的技能老化,提供学习更新的机会,帮助该阶段的员工达到职业顶峰。

(5)衰退阶段(disengagement stage)。当退休临近的时候,员工需要准备调整其工作活动和非工作活动时间比例,将不得不面临这样的一种前景:接受权力和责任减少的现实。退休是每个人都必须面对的。

从组织管理的角度而言,对于衰退阶段的员工,主要的职业生涯管理活动是制订并实施员工退休计划和分流计划。在我国的一些国有组织中,出于组织经营的需要、安排新员工的需要,往往使得这一阶段提前发生,称之为"内部退休"。

员工在职业生涯的不同时期都会遇到不同的问题,合格的管理人员应该制定政策和计划,以帮助员工处理这些问题。另一方面,组织还需要提供一个职业生涯规划体系,以了解员工的职业生涯发展需求,帮助员工进行有效的自我策划。

2.金斯伯格的职业生涯阶段理论

美国著名的职业指导专家、职业生涯发展理论的先驱和典型代表人物金斯伯格(Eli Ginzberg)研究的重点是从童年到青少年阶段的职业心理发展过程,通过比较美国富裕家庭的人从童年期到成年早期和成熟过程中的有关职业选择的想法和行动,并将职业生涯发展分为幻想期、尝试期和现实期三个阶段,参见表 7-3。金斯伯格的职业生涯阶段理论,实际上解释了初次就业前人们职业意识和职业追求的发展变化过程。金斯伯格的职业生涯理论对实践活动曾产生过广泛的影响。

表 7-3 金斯伯格职业生涯三阶段理论

主阶段	主要心理和活动			
幻想期 (11岁前)	对外面的信息充满好奇和幻想,在游戏中扮演自己喜爱的角色。此时的职业需求特点是:单纯由自己的兴趣爱好决定,并不考虑自己的条件、能力和水平,也不考虑社会需求和机遇			
尝试期 (11~17岁)	由少年向青年过渡,人的心理和生理均在迅速成长变化,独立的意识、价值观形成,知识和能力显著提升,初步懂得社会生产与生活经验。开始注意自己的职业兴趣、自身能力和条件,以及职业的社会地位			
	子阶段			
	兴趣阶段 (11~12岁)	能力阶段 (13~14岁)	价值观阶段 (15~16岁)	综合阶段 (17岁)
	开始注意并培养其对某些职业的兴趣	开始以个人的能力为核心,衡量自己的能力,同时将其表现在各种相关的职业活动上	逐渐了解自己的职业价值观,并能兼顾个人与社会的需要,以职业的价值选择职业	综合考虑以往的职业选择,以判断未来职业生涯的发展方向
现实期 (17岁以后)	能够客观地把自己的职业愿望或要求,同自己的主观条件、能力,以及社会需求密切联系和协调起来,已有具体的、现实的职业目标			
	子阶段			
	试探阶段	具体化阶段	专业阶段	
	根据尝试期的结果,进行各种试探活动,试探各种职业机会和可能的选择	根据试探阶段的经历做进一步选择	根据选择的目标,进行就业准备	

3.格林豪斯的职业生涯发展阶段理论

格林豪斯研究人生不同年龄段职业发展的主要任务,并以此将职业生涯划分为五个阶段。

(1)职业准备。典型年龄段为0~18岁。主要任务是发展职业想象力,对职业进行评估和选择,接受必需的职业教育。这个阶段可以理解为找工作前的所有准备,主要任务是了解社会上的各种职业,并且在理论和实践上对职业进行体验、评估,结合个人偏好或目标进行大概的职业选择,同时为了达到职业入门的要求,接受培训、学校等方面的教育,以取得相应的从业证书和基本的职业能力。

(2)查看组织。18~25岁为查看组织阶段。主要任务是在一个理想的组织中获得一份工作,在获取足量信息的基础上,尽量选择一种合适的、较为满意的职业。在这一阶段,任职者已经进入组织中工作,需要适应和学习,了解组织文化,明确组织目标,和组织之间形成心理契约。如果经过查看、磨合,还是难以适应就会离职换工作,通过做更多的工作来了解自己的职业兴趣,寻找适合的组织。

(3)职业生涯初期。处于此期的典型年龄段为25~40岁。学习职业技术,提高工作能力;了解和学习组织纪律和规范,逐步适应职业工作,适应和融入组织;为未来的职业成功做好准备,是该期的主要任务。在这一时期,任职者已经确定了努力的方向,并开始职业发展。

（4）职业生涯中期。40～55岁是职业生涯中期阶段,该阶段的主要任务:需要对早期职业生涯重新评估,强化或改变自己的职业理想;选定职业,努力工作,有所成就。在这一阶段,多数任职者有了一定的经济基础,职业发展处于平稳上升的趋势。但是也有部分任职者希望获得新的职业体验,产生重新评估和选择的想法,但是转化成本较大,不容易轻易转换职业与组织。

（5）职业生涯后期。从55岁直至退休是职业生涯的后期。员工倾向于继续保持已有职业成就,准备引退,同时规划退休后的生活;也有一些任职者发掘了新的兴趣,开始转移对以往工作的关注,发展新的职业兴趣。

4.职业生涯发展"三三三"理论

我国学者廖泉文的"三三三"理论是将人的职业生涯分为三大阶段:输入阶段、输出阶段和淡出阶段,参见表7-4。每一个阶段又分为三个子阶段:适应阶段、创新阶段和再适应阶段,而每一个子阶段又可分为三种状况:顺利晋升、原地踏步、降到低谷。

表7-4(a)　职业生涯发展"三三三"理论各阶段

阶段	输入阶段 （从出生到就业前）	输出阶段 （从就业到退休）	淡出阶段 （退休前后）
主要任务	输入信息、知识、经验、技能,为从业做重要准备;认识环境和社会,锻造自己的各种能力	输出自己的智慧、知识、服务、人才;进行知识的再输入、经验的再积累、能力的再锻造	精力渐衰,但阅历渐丰;经验渐多,逐步退出职业,适应角色的转换

表7-4(b)　输出阶段的三个子阶段

	子阶段	个人的工作状态	职业环境状态
输出阶段	适应阶段	订三个契约:对领导服从;对同事协同;对自己表现出色	适应工作环境,与坏境、同事之间相互接受
	创新阶段	独立承担工作任务;努力做出创造性贡献;向领导提出合理化建议	受到认可,进入职业辉煌阶段
	再适应阶段	获得晋升;由于发展空间有限而原地踏步;由于自身骄傲或工作差错而被批评	要调整心态,适应变化的环境,职业发展进入分化阶段

表7-4(c)　再适应阶段的三种状态

	状态	职业表现
再适应阶段	顺利晋升	面临新的工作环境和技能挑战,领导的新要求,同事的嫉妒……表面的风光隐藏着一定的职业风波
	原地踏步	出现倚老卖老和不求上进的状态,适合进行职位平移或变化
	下降到波谷	受到上级批评或被处分,工作状态进入波谷,如果能重新振奋精神,有可能再次进入第二次"三三三"发展状态

资料来源:马力.职业发展研究[D].厦门:厦门大学,2004:22.

7.2.3 职业锚理论

职业锚理论是美国管理学家施恩(E. H. Schein)提出的,是职业生涯发展理论中一个很重要的内容。它反映人们在有了相当丰富的工作阅历以后,真正乐于从事某种职业,并把它作为自己终身的职业归宿的原因。施恩等人对美国麻省理工学院的一批管理系毕业生进行长达十几年的追踪研究,进行了大量采访、面谈和态度测量,并根据这些资料进行研究分析,结论是这批人在毕业时所持有的就业动机与职业价值观,与十多年后的实际状况——就业动机、职业价值观和与之相关的实际岗位——都有一定的出入。前者与后者的差异原因在于大学毕业生对自己的认识和对外界的认识有盲目之处、不准确之处,经过相当长的时间后受到客观实践的矫正。施恩将这一"人们终身所认定的、在(假定的或实际的)再一次职业选择中最不肯舍弃的东西"称之为"职业生涯系留点"。

职业锚(career anchor)就是指当一个人不得不做出选择的时候,他或她无论如何都不会放弃的职业中的那种至关重要的东西或价值观。正如"职业锚"这一名词中"锚"的含义一样,职业锚实际上就是人们选择和发展自己的职业时所围绕的中心。一个人对自己的天资和能力、动机、需要以及态度和价值观有了清楚的了解之后,就会意识到自己的职业锚到底是什么。施恩根据自己在麻省理工学院的研究指出,要想对职业锚提前进行预测是很困难的,这是因为一个人的职业锚是在不断发生着变化的,它实际上是一个不断探索过程所产生的动态结果。有些人也许一直都不知道自己的职业锚是什么,直到他们不得不做出某种重大选择的时候,比如到底是接受公司将自己晋升到总部的决定,还是辞去现职,转而开办和经营自己的公司。正是在这一关口,一个人过去的所有工作经历、兴趣、资质、性向等才综合成一个有意义的模式(或职业锚),这个模式或职业去告诉此人,对他或她个人来说,到底什么东西是最重要的。施恩根据自己对麻省理工学院毕业生的研究,提出了以下五种职业锚:

(1)技术/功能型职业锚。具有较强的技术或功能型职业锚的人,往往不愿意选择那些带有一般管理性质的职业。相反,他们总是倾向于选择那些能够保证自己在既定的技术或功能领域中不断发展的职业。

(2)管理型职业锚。管理型职业锚的人会表现出成为管理人员的强烈动机。职业经历使得他们相信自己具备提升到那些一般管理性职位上去所需的各种必要能力以及相关的价值倾向。承担较高责任的管理职位是这些人的最终目标。当追问他们为什么相信自己具备获得这些职位所必需的技能的时候,许多人回答说,他们之所以认为自己有资格获得管理职位,是由于他们认为自己具备以下三个方面的能力:①分析能力(在信息不完全以及不确定的情况下发现问题、分析问题和解决问题的能力);②人际沟通能力(在各种层次上影响、监督、领导、操纵以及控制他人的能力);③情感能力(在情感和人际危机面前只会受到激励而不会受其困扰和削弱的能力,以及在较高的责任压力下不会变得无所作为的能力)。

(3)创造型职业锚。麻省理工学院的有些学生在毕业之后逐渐成为成功的组织家。在施恩看来,这些人都有这样一种需要:"建立或创设某种完全属于自己的东西——一件以他们自己的名字命名的产品或工艺、一家他们自己的公司或一批反映他们成就的个人财富,等等。"比如,麻省理工学院的一位毕业生已经成为某大城市中的一个成功的城市住房购买商、维修商和承租商,另外一位麻省理工学院的毕业生则创办了一家成功的咨询公司。

（4）自主与独立型职业锚。麻省理工学院的有些毕业生在选择职业时似乎被一种自己决定自己命运的需要所驱使着,他们希望摆脱那种因在大组织中工作而依赖别人的境况,因为,当一个人在某家大组织中工作的时候,他或她的提升、工作调动、薪金等诸多方面都难免受别人的摆布。这些毕业生中有许多人还有着强烈的技术或功能导向。然而,他们却不是到某一个组织中去追求这种职业导向,而是决定成为一位咨询专家,要么是自己独立工作,要么是作为一个相对较小的组织中的合伙人来工作。具有这种职业锚的其他一些人则成了工商管理方面的教授、自由撰稿人或小型零售公司的所有者等。

（5）安全型职业锚。麻省理工学院还有一少部分毕业生极为重视长期的职业稳定和工作的保障,他们似乎比较愿意去从事这样一类职业:这些职业应当能够提供有保障的工作、体面的收入以及可靠的未来生活。这种可靠的未来生活通常是由良好的退休计划和较高的退休金来保证的。

对于那些对地理安全性更感兴趣的人来说,如果追求更为优越的职业,意味着将要在他们的生活中注入一种不稳定或保障较差的地域因素的话——迫使他们举家搬迁到其他城市,那么他们会觉得在一个熟悉的环境中维持一种稳定的、有保障的职业,对他们来说是更为重要的。对于另外一些追求安全型职业锚的人来说,安全则是意味着所依托的组织的安全性。他们可能优先选择到政府机关工作,因为政府公务员看来还是一种保障性强的职业。

7.2.4 工作-家庭边界理论

2000年美国学者克拉克提出了工作-家庭边界理论。克拉克认为人们每天忙碌在工作和家庭两个范围之内,工作主要是因为提供了收入和成就感而使个体满足,而家庭主要是因为亲密关系和个人快乐而使个体满足。成就的需要在工作中得到满足,而爱的需要在家庭中得到满足。工作-家庭边界理论塑造两个范围和它们的边界,指出当边界范围相似时,弱边界将会促进工作 家庭间的平衡;而当范围不同时,强边界将会促进工作-家庭间的平衡。克拉克解释了频繁在工作和家庭中转移的边界跨越者和他们的工作与家庭之间的复杂作用,指出边界跨越者所在的范围内成员对其有较高的义务的,比那些范围内对其义务较低的成员具有更高的工作家庭平衡。

在边界跨越者与其工作-家庭平衡的关系上,克拉克指出影响和论证是两个最主要的因素。影响主要指范围文化和价值内化,而其中范围内主导者对员工的影响与员工的工作家庭平衡有很大的相关。有研究表明在可以自治和有选择能力的工作上,工作的人表现出更多的满意和对家庭的调节能力。即个体在工作和家庭的范围内有更多选择自由时,其工作和家庭之间的平衡更容易达到。认证是指个体能否在其工作和家庭的范围中找到其责任的意义,找到与其责任相联系的自我概念。当边界跨越者被一个范围认证之后,他们就会把范围责任内化为自我责任并努力工作,以求做出自己的贡献。工作-家庭边界理论构建了工作家庭平衡的理论框架,它既描述了工作家庭冲突的原因,又基于原因提出维持工作家庭平衡的措施。

7.3 职业生涯设计

个人职业生涯设计是员工个人设计自己职业生涯,策划如何度过工作、职业生命周期的过程。通过职业生涯设计,评价自身的能力和兴趣,考虑可选择的职业机会,确立职业目标,筹划实际的职业活动。个人职业生涯设计是个人职业生涯发展的战略指南,它有助于个人弄清自己的人生目标,平衡个人爱好与工作、家庭、亲友之间的需求,有助于个人更好地选择职业,恰当地调整工作需求、环境变化与个人需求的关系,更加有计划有目的地发展个人职业生涯。

7.3.1 职业生涯的时代特征

随着经济社会发展速度越来越快,职业生涯发展的责任从组织转移到个人,从稳定趋向于灵活,逐渐形成了以学习能力和社会适应能力为核心的职业生涯模式。总体而言,包括三个阶段,分别是传统职业生涯、易变职业生涯和多重职业生涯。

1.传统职业生涯

传统职业生涯是个人与组织之间形成一种牢固的、长期的劳动关系,分为广义职业生涯和狭义职业生涯。广义的职业生涯,是指一个人一生中的所有与工作相关联的行为和活动、态度、价值观、愿望等连续性经历的过程。这种过程的上限是从出生开始,其下限是到丧失劳动能力为止。狭义的职业生涯,是指直接从事职业工作的这段时间,也就是就职的这段时间。个体可能终身受雇于同一个或少数几个组织,社会结构和组织结构都相对稳定,组织通过固定的结构实现相对稳定、高效和有序的命令及控制体系,不仅可以在雇员和雇主之间建立"雇佣保障"关系,而且在组织内根据职能部门和层级结构建立起传统职业生涯管理模式。在这种职业生涯模式中,组织通过承诺提供福利保险、改善工作环境、提供晋升机会等方式留住雇员,以建立起长期稳定的雇佣关系。

传统的职业生涯有以下特点:

(1)薪酬、职级和权力是职业生涯成功的标准。传统职业生涯采用定岗定薪的薪酬管理体制,员工的薪酬是根据职位等级来确定,职位等级与权力大小呈正相关,权力大小与薪酬多少呈正相关,职级越高,权力越大,薪酬越高。员工以追求更高的职位等级为工作的动力和目标。

(2)心理契约的主要内容是员工以忠诚交换工作稳定性。在雇佣关系中,个人在组织中努力工作并对保持对组织忠诚,组织为个人提供工作稳定性和长久性的保证。个人从心理上对组织产生认同感和归属感。

(3)组织肩负员工职业生涯管理的责任。组织在培训员工时,为实现组织的整体目标,会根据组织发展需求对员工制订培训计划,根据职位系列和职位关系为员工规划好职业生涯,保持稳定、有序发展。

(4)工作经验和工龄是职业生涯发展的测量标准。在传统职业生涯中,工作经验一直被看作是创造高绩效和个人职业生涯发展的重要驱动力量,组织在给员工加薪和晋升时都把工作经验放在核心地位来考虑,拥有经验丰富的员工被认为是组织的宝贵资源和财富,而工作经验的测量标准主要取决于年龄或工龄。

(5)职业技能具有专业性和弱迁移性。在传统职业生涯中,员工的职业技能是在特定的组织需求和文化中锻炼出来的,职业技能注重专业化,与员工成长的组织环境相关性大,专属性较强,迁移性差,员工转换职业时阻力较大。

(6)职业生涯纵向晋升,路径明确。在工业经济时代,市场的竞争激烈程度还比较低,导致组织工作环境和结构长期保持相对稳定,员工选择工作的途径单一,职业生涯发展路径明确具体,且稳定不易改变,多为纵向晋升。

2. 易变职业生涯

中国经济从计划经济向市场经济转型过程中,由组织肩负职业生涯管理责任的传统职业生涯已经被易变性职业生涯代替,员工不再单纯依靠组织进行职业生涯管理,而更多地倾向于进行自我职业生涯管理,主动地规划个人职业生涯、制定职业目标并且建立组织内外部关系网络,甚至追求个人-组织职业生涯管理契合。人-组织职业生涯是当组织或工作情境满足个体需要、价值、要求或偏好时,个体才会选择该职业。

1976年波士顿大学教授 Hall 在其著作《组织中的职业》中首次提出易变性职业生涯的概念,将其定义为“一种由个人而不是组织主导的职业生涯”。Briscoe 和 Hall(2006)把易变性职业生涯概念更新为“由个人而不是组织驱动,基于个人目标并包括全部生活空间,追求心理成功而不是薪水、职位和权力的主观成功”。导致职业生涯易变性的原因有以下几点:

①社会劳动环境的变化。我国社会保障制度的建立、人才市场的完善为人才的流动和职业的变换提供了宽松的劳动用工和人才流动环境。

②组织层次结构的变化。在市场经济的快速变化下,组织结构趋向“扁平化”,纵向管理层次简化,中层管理者削减,基层的员工与顾客直接接触。组织的“扁平化”有可能导致员工的矛盾心理,一方面要求员工有多方面的技能,赋予员工更多的决策职能,提高了员工工作的成就感,另一方面,员工晋升的机会减少了。

③国内外竞争日益加剧。企业的兼并、收购、重组时时发生,使组织难以为员工提供工作保障。

④科技快速发展,新技术不断涌现,员工的工作能力时刻面对着新的挑战。员工年龄愈大,新技术难以快速掌握的可能性愈大,被雇佣的概率愈小。

在传统职业生涯中的个人可能会在一个或几个组织中工作一生,注重职业稳定性和职业晋升。易变性职业生涯强调自我规划的职业管理方式,职业生涯由自我价值观驱动。易变性职业生涯包含几个特征:

①主观成功(心理成功)是职业生涯成功的标准。职业选择由个人价值驱动,追求心理满足感和主观职业成功。

②心理契约的核心内容是遵从意愿和个人价值观。在雇佣关系中,个人在遵从自己意愿和符合个人价值观的组织中工作,由注重职级和薪酬发展到重视工作带来的愉悦感和尊严。

③员工个人肩负职业生涯管理的责任。员工自己主导自己的职业发展,主动进行自我职业生涯管理,主动地规划个人职业生涯、制定职业目标,组织的功能由管理和监督转变为支持和辅助。

④自主选择是职业生涯发展的转折点。了解自己的职业生涯倾向,从事何种职业,要达到那个理想的职级水平,都是通过员工自己选择和自行规划来实现的。对自己的职业生涯规划负责,从而获更高的职业竞争力,增强终身可雇佣性。

⑤职业技能具有强迁移性和弱专属性。在易变性职业生涯中,员工面对变化的工作环

境,需要具备一定的适应能力,在自我认知基础上基于对未来趋势的预判来调节自身的行为,学习和积累新知识和技能。工作环境的不稳定,导致职业技能的专属性弱、迁移性强。

3.多重职业生涯

伴随"互联网＋"和大数据的热潮,高新技术的广泛应用,当今社会呈现出学科交叉、知识融合、技术集成的特征,组织需要大量的"复合型人才",学习具有了终身性的特征,学习各种知识、掌握多项技能,选择多重职业,具有多重身份,形成了多重职业生涯,又被称为"斜杠",很多中老年工作者也加入了"斜杠"大军,如:毕淑敏,既是医生,又是作家和心理咨询师。多重职业生涯追求在科技先进、网络便捷的大环境中根据自我的能力特质、兴趣特点,将自身潜能发挥到极致。

多重职业生涯主要具有以下几个方面的特征:

(1)幸福感是职业生涯成功的标准。在多重职业生涯中,职业生涯成功的衡量标准由薪酬、晋升、地位转向员工工作幸福感,员工更加关注精神、心理上的幸福、满足和享受。如心理幸福、精神满足等主观指标被用来衡量职业生涯的成功。

(2)员工忠诚对象是个人事业而非组织,雇佣关系具有灵活性。在多重职业生涯中,"斜杠"把个人事业与组织脱钩,选择忠诚于自己感兴趣、乐于研究的事业,而不是某一特定的组织。同时,组织和个人为了适应飞速发展的网络社会,保障自己的生存,都不得不采取更加灵活、更能随机应变的职业生涯,通过不断增强自身的适应能力和灵活应变能力来提升职业价值,努力成为值得被雇佣的人。

(3)职业边界具有多元性、可跨越性。多重职业生涯突破纵向发展模式,不再局限于在某一特定的组织中发展,而是具有更大的选择空间和多元化的职业发展模式,热衷横向且广泛的发展模式,善于跨越组织边界,运用多项技能,从事多重职业,职业边界是多元的、可跨越的。

(4)职业技能具有可迁移性和持续性。多重职业生涯更加注重工作技能在不同职业间的可迁移性,可以在多种职位发挥作用,满足不同组织对职位技能的需要,具有强适应性和高度弹性,并随时通过培训、学习、实操等方式,持续挖掘自身潜力,开发新的工作技能并积累丰富的经验,以适应工作环境的变化、推进职业发展。

(5)职业生涯发展的驱动力为学习能力。多重职业生涯突破了年龄和工作经验束缚,学习能力直接决定其在组织中的优势和竞争力,综合能力型的复合人才更易获得职业发展的机会。

(6)个体肩负职业生涯管理的责任。多重职业生涯不依赖于特定组织的福利、保险等承诺,倾向于采用自我雇佣的职业模式,个人肩负起自我管理、自我规划和自我发展的责任。

7.3.2 职业生涯设计的原则与流程

1.职业生涯设计的原则

职业生涯设计对员工和管理者的要求较高,员工和管理者不仅需要熟悉组织内、外部环境,还需要深入剖析员工的个性特点和工作的内涵,同时需要遵循以下原则:

(1)具体性原则。职业生涯设计必须是针对某个特定个体所进行的具体的职业指导。

由于每个个体所处的具体的职业发展阶段不同,能力、性格、职业发展愿望等特点因人而异,每个人所处的组织环境也有所差异,因此在进行职业生涯规划时不能搬用其他人的职业发展模式,职业生涯规划也必须是因人而异、具体的。

(2)清晰性原则。为个体所设计的职业发展目标以及接近与达到目标的措施必须是清晰而明确的,实现目标的步骤也应直截了当地提出。

(3)现实性原则。个体可能设定的职业生涯目标以及实现职业生涯目标的途径都很多。在进行职业生涯规划时,必须考虑到个体自身的特征、社会环境、组织环境以及其他相关因素,选择切实可行的目标和途径。

(4)连续性原则。个体的职业发展历程是一个连贯衔接的统一体。在进行职业生涯规划时不能割断个体的完整的职业发展历程,而应该通过职业生涯规划实现个体在职业生涯中的持续发展。

(5)可度量性原则。职业生涯设计不但应规划出总的职业发展目标,还应制定具体的阶段性步骤,要有明确的时间限制和标准,以便在达到职业生涯目标的过程中随时进行阶段性的度量和检查,随时掌握执行的情况,以便为职业生涯目标的调整提供信息。

2.职业生涯设计的流程

职业生涯设计是在了解自我的基础上确定适合自己的职业方向、目标,并制订相应的计划,避免就业的盲目性,降低就业失败的可能性,为个人的职业成功提供最有效率的途径。

职业生涯设计一般包括自我评估、职业认知、实际检验、目标设定、行动规划和职业生涯评估及评估反馈六个方面,如图7-3所示。

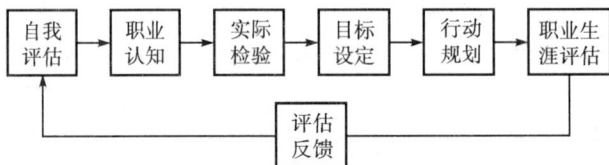

图7-3 职业生涯设计流程

(1)自我评估。自我评估(self-assessment)指员工通过各种信息来确定自己的职业兴趣、价值观、性格倾向和行为倾向。从事适合的工作,才能发挥自己所长,因此,在进行职业生涯设计时候,首先必须了解自己的各种特点。

对自己进行评估,主要方法有自我反思法和测试法。自我反思法可以通过对如自己喜欢的工作有哪几种、自己的专长是什么、现有工作对自己的意义是什么等问题来不断反思。测试法一般采用一些心理测试或调查问卷来进行。

①个性特征问卷。个性特征问卷是根据英国心理学家艾森克的人格三维学说编制的,有成人问卷和少年问卷两种,分别测查16岁以上的成人和7~15岁的儿童,各包含100个左右的题目。该问卷包括4个分量表:精神质量表(P)、内外向量表(E)、情绪稳定性量表(N)和效度量表(L)。精神质量、内外向、情绪稳定性三个维度彼此独立。量表采用是非题的形式,即要求被试者在"是""否"之间做出选择,被试者的回答与规定的答案相符则记1

分,否则记 0 分。个性特征问卷如表7-5所示。

表 7-5　个性特征问卷题目列举

1	你是否有广泛的爱好？	是	否
2	在做任何事情之前,你是否都要考虑一番？	是	否
3	你的情绪时常波动吗？	是	否
4	当别人做了好事,而周围人却认为是你做的时,你是否感到洋洋得意？	是	否
5	你曾经无缘无故觉得自己可怜吗？	是	否
6	当你看到小孩或动物受折磨时是否感到难受？	是	否
7	你是否时常担心你会说出(或做出)不应该说(或做)的事情？	是	否
8	你是一位易激怒的人吗？	是	否
9	你是否有过自己做错了事反而责怪别人的时候？	是	否
10	在结识新朋友时,你通常是主动的吗？	是	否
11	你觉得自己是个非常敏感的人吗？	是	否
12	在一个沉闷的场合,你能给大家添点生气吗？	是	否

②多项人格特质测验。多项人格特质测验是根据美国著名人格心理学家卡特尔的人格特质理论编制的,该测验在学业预测、职业预测和心理健康预测方面得到了广泛的应用。该测验共有 187 道题目,题目的形式为"折中是非型",即题目的选项除了"是"和"否"之外,还有一个折中选项,例如"不一定""不确定"等。该测验共有 16 个分量表,分别测量受试者的 16 种根源特质,如表 7-6 所示。

表 7-6　多项人格特质测验题目列举

1	我很明了本测验的说明		
	A. 是的	B. 不一定	C. 不是的
2	我对本测验的每一个问题,都能做到诚实的回答		
	A. 是的	B. 不一定	C. 不是的
3	如果我有机会的话,我愿意		
	A. 到一个繁华的城市旅行	B. 介于 A、C 之间	C. 游览清静的山区
4	我不擅长说笑话、讲趣事		
	A. 是的	B. 介于 A、C 之间	C. 不是的
5	对于性情急躁、爱发脾气的人,我仍能以礼相待		
	A. 是的	B. 介于 A、C 之间	C. 不是的
6	受人侍奉时我常常局促不安		
	A. 是的	B. 介于 A、C 之间	C. 不是的
7	有时我怀疑别人是否对我的言行真正有兴趣		
	A. 是的	B. 介于 A、C 之间	C. 不是的

（2）职业认知。职业生涯设计的前提不仅限于对自身内在素质的了解,还必须对客观环境进行考察,了解职业分类、职业性质、组织情况等。职业分类包括职系、职级和职等。职业性质需要人们深入了解,因为人们认识一个职业往往只看到表层的东西,却未能体会深层的

压力与要求。

（3）实际检验。实际检验是指员工从组织获得信息，了解组织如何评价其技能和知识，以及应该怎样适应公司的计划，如潜在的晋升机会或平级调动。这一步也可以称为职业环境与职业发展机会评估阶段，主要是分析内外环境因素对个人职业生涯发展的影响。每个人都处在一定的社会环境与组织环境之中，因此，在进行个人职业生涯设计时也必须考虑社会环境与组织环境的不同特点、环境的发展变化情况、个体在环境中的地位、环境对个体提出的要求、环境对个体的有利条件与不利条件，等等。只有对这些环境因素进行充分的了解与分析，才能设计合理的职业发展路线。

①社会环境分析。对社会环境的分析主要包括：一是社会各行业对人才的需求状况；二是社会中各种人才的供给状况；三是社会有关政策；四是社会价值观的变化。

②组织环境分析。许多个人在一定的组织中进行职业发展的设计，所要考虑的因素主要有：第一是组织的特色，包括组织文化、组织规模、组织结构和组织中的人员状况等；第二是组织发展战略，主要包括组织未来发展的目标是什么，有什么阶段性的发展目标，目前组织所处的发展阶段等；第三是组织中的人力资源状况，包括组织中员工的年龄、专业、学历结构，人力资源发展政策，组织会采取哪些员工发展的行动等。

通过对组织环境的分析，个体可以确认该组织是否是自己所偏好的职业环境，自己在组织中的发展空间和发展机会，从而决定是否在该组织中寻求发展。通常，这些信息要由该员工的上层管理人员来提供，并将其作为绩效评估的一部分。在重视职业规划的组织中，通常会由专门的人力资源管理人员和员工进行面谈。

（4）目标设定（goal setting）。目标设定指的是员工形成长短期职业生涯目标的过程。员工通过对个人特征的分析和内外环境的分析，一方面认识了自己，另一方面了解了内外环境中的职业发展机会，从而根据自身和环境条件为自己选择职业目标。职业目标的选择，应该是实际可行的，也就是通过自己的努力可以达到的。职业目标应该是具有挑战性和激励性的，也就是说职业目标应该是立足于现状，同时又高于个体现状，是付出努力才能够达到的，激励个体不断发展和提高自己。这些目标通常与理想的职位、技能的运用水平、工作安排等相联系。

职业生涯目标的设定是职业生涯设计的核心。一个人职业上的成败，很大程度上取决于是否确立了适当的职业生涯目标。职业生涯目标通常可以分为短期目标、中期目标和长期目标。短期目标通常为一年以内的目标，中期目标通常为 3～5 年的目标，长期目标通常为 5～10 年的目标。在一些公司里，一般由管理人员和员工就职业生涯目标进行讨论，并最后形成一份书面的开发计划书。下面就是一份开发计划书的例子，如表 7－7 所示。

表 7－7　职业生涯开发计划书

开发的需求——目前的职位
为提高或维持令人满意的工作绩效而必备的专业知识和技能
开发的需求——未来的职位
今后的职位所应具备的专业知识和技能
理想的工作

开发活动

管理人员和员工需要一起完成的一系列活动内容

开发目标

描述已达到了开发需求的行为或结果

结果

日期

员工签名：

主管签名：

（5）行动规划（action planning）。行动规划指员工为达到长短期职业生涯目标，而采取相应的措施。它包括参加培训课程和研讨会，开展信息交流或申请公司内的空缺职位等。

联合包裹服务公司（UPS）的职业生涯发展体系所描述的职业生涯规划过程，显示了该系统在确保满足人员需求方面的战略性角色。UPS 有 285000 名雇员负责按时收递邮包，他们来自 185 个不同的国家和地区。到 1991 年时，业务的发展要求 UPS 形成管理梯队，管理梯队包括全世界范围内的 49000 人。这项任务的目的在于制定一个管理发展系统，以确保经理的技能时常得到更新，并使该系统与选拔和培训活动相联系。为此，UPS 设计了一个职业生涯管理流程。首先，由经理了解团队所需要的技能、知识和经验，以便更好地达到目前和将来的业务需求。同时，还要了解需求和团队现状之间的差距，然后由经理确定每个团队成员的开发需求。其次，由团队成员完成一系列练习，以帮助其进行自我评价、目标设置和开发规划（自我评价）。最后，经理和雇员还要共同制订一份员工个人发展计划。在面谈过程中，经理与雇员要一起讨论绩效评估结果和对团队需求的分析（实际检验）。该计划包括雇员在下一年所要达到的职业生涯目标和发展行动（目标设置和行动规划）。为了保证职业生涯管理过程能有助于将来的人事决策，通常会举行分组会议。在这些会议上，由经理汇报其工作团队的开发需求、开发规划及实施能力。培训和开发部经理要列席会议，以确保培训计划的切实可行。这个过程如果在高层管理会议中通过，那么最后则是制订一份附有培训和开发计划的行动规划。

（6）职业生涯评估。环境是多变的，人也是善变的。影响职业生涯的因素很多，有的因素变化是可预测的，有的因素变化是难以预测的。要使职业生涯计划有效，就必须根据个人需要和现实的变化，不断对职业生涯目标与计划进行评估和调整。其调整内容包括：职业的重新选择；职业生涯路径的重新选择；人生目标的修正；实施措施与计划的变更。在 21 世纪，工作方式不断推陈出新，工作要求不断提高，人们要不断审视个人的人力资本，找出不足，适时修正目标，及时采取措施。

7.4　职业生涯管理的主要内容

组织通过对员工进行职业生涯管理，达到自身人力资源需求与员工职业生涯需求之间的平衡,创造一个高效率的工作环境和引人、育人、留人的企业氛围。全球 500 强中的大部分企业无不在员工职业生涯管理方面独树一帜,美国微软公司人力资源部制定有"职业阶梯"文件,其中详细列出了不同职务须具备的能力和经验。日本公司倡导"事业在于人"的经营理念,形成了独特的"丰田式"职业生涯管理模式。职业生涯管理的主要内容包括职业心理健康管理、职业适应性管理、职业生涯的三维管理、心理契约的管理。

7.4.1 职业心理健康管理

健康是人力资源发展的基础,员工的健康是组织人力资源开发与管理的前提。2015 年 10 月,党的十八届五中全会明确提出了推进健康中国建设任务。2016 年在全国卫生与健康大会上,习近平总书记指出"没有全民健康,就没有全面小康",这一论断深刻阐释了推进健康中国建设的重大意义。2016 年 10 月,由中共中央政治局审议通过的《"健康中国 2030"规划纲要》发布;2019 年 7 月,《国务院关于实施健康中国行动的意见》《健康中国行动组织实施和考核方案》《健康中国行动(2019—2030 年)》等三个国家层面文件发布,体现了国家对人力资源健康的重视。1978 年,世界卫生组织(World Health Organization,WHO)发表了《阿拉木图宣言》,强调人的健康不仅是疾病与身体虚弱的消失,更应该是人身心健康、社会幸福的总体状态,如果缺乏心理健康就无健康可言。个体的心理健康变化可能会给个体的身体状况、人际关系、工作表现,以及家庭系统、社会乃至国家系统带来影响。1989 年 WHO 重新定义了健康,即"健康不仅是没有疾病,而且包括躯体健康、心理健康、社会适应良好和道德健康"。2001 年,WHO 将抑郁症、癌症和艾滋病列为 21 世纪的三大重大疾病,预计到 2020 年,抑郁症将仅次于心脑血管疾病,在全球疾病负担中排名第二。

心理健康与否不仅影响个体的工作、学习和生活,也会极大地影响家庭和社会系统。2010 年,WHO 报告中指出,全球约有四分之一的人会在一生中经历不同程度的心理疾病症状。《中国国民心理健康发展报告(2017—2018)》分析了科技工作者、公务员、银行业、IT 业等不同职业群体的心理健康,发现近 20～30 年的心理健康研究显示,中国不同人群的心理健康问题均呈现增长趋势。11%～15%的人心理健康状况较差,有轻度到中度的心理问题;2%～3%的人心理健康状况差,可能有中度到重度的心理问题。在科技发展加速、政治经济体制改革日益深入、社会转型加快、社会结构变化的情况下,不同职业群体都面临着巨大压力。《"健康中国 2030"规划纲要》第五章第三节特别指出"加强心理健康服务体系建设和规范化管理",明确指出不仅要加大全民心理健康科普,提升心理健康素养,还必须识别常见的精神障碍和心理行为问题,加大对重点人群心理问题早期发现和及时干预力度。二十二部委联合出台的《关于加强心理健康服务的指导意见》中强调:"心理健康是影响经济社会发展的重大公共卫生问题和社会问题。"在加强重点人群心理健康服务的工作中,居于首位的是职业人群心理健康服务,那么什么是职业心理健康呢? 要理解职业心理健康,需要从"心理健康"和"职业"的内涵进行分析。

1.职业心理健康的内涵

从古至今,无论中外,都认为心理健康极为重要。《黄帝内经》的《素问·上古天真论篇》中认为一个真正健康的人应该符合三个条件:①顺应自然。"处天地之和,从八风之理,法于阴阳,和于术数。"②融入社会。"适嗜欲于世俗之间,无恚嗔之心,行不欲离于世,被服章,举不欲观于俗,外不劳形于事,内无思想之患,以恬愉为务,以自得为功。"③心安体宁。"志闲而少欲,心安而不惧,形劳而不倦,恬淡虚无,真气从之,精神内守,病安从来。"即一个健康的人必须顺应大自然的规律;心态平和,接受并融入世间众生或事物,没有愤恨、恼怒的心理和情绪,行为上有自己的原则,不会把自己弄得很疲惫;思想之患是很多病的根源,思虑起初是无形的,但时间长了,就开始有气("患"指在心中形成了一个又一个的结),逐渐气郁,成为有形的疾病;"精神内守"是方法,"恬淡虚无"是境界,"真气从之"是结果。只有个体的精气神都特别足的情况下,才可以淡定,达到恬淡虚无的境界,使元气可以按照自己的本性去运化和收藏,而不需要外在的东西来控制。由此可见,中国传统文化认为心理健康具有重要的意义,是健康的内因。

WHO 对健康的定义有十条细则:①充沛的精力,能从容不迫地担负日常生活和繁重的工作而不感到过分紧张和疲劳;②处世乐观,态度积极,乐于承担责任,事无大小,不挑剔;③善于休息,睡眠良好;④应变能力强,适应外界环境中的各种变化;⑤能够抵御一般感冒和传染病;⑥体重适当,身体匀称,站立时头、肩臂位置协调;⑦眼睛明亮,反应敏捷,眼睑不发炎;⑧牙齿清洁,无龋齿,不疼痛,牙颜色正常,无出血现象;⑨头发有光泽,无头屑;⑩肌肉丰满,皮肤有弹性。前 4 条是心理健康的内容,包括认知、自我意识、社会适应等不同方面系统,在每一个方面上都是消极与积极的连续统一,受到社会环境、职业特征、个体经济、社会地位等社会因素的影响。

心理健康可分为三个层次:心理症状、心理正常、人格健全。有心理症状属于不健康的层次;心理机能正常属于低层次的心理健康,也称为"消极的心理健康",表现对周围环境顺从,内心无冲突,但是也没有发掘自身潜能的动机;"积极的心理健康"是健全层次,表现为目标远大,渴望为社会创造价值,主动发展积极的社会关系,无惧生活的挑战,持久地探寻人生意义。心理健康的健全层面强调个体积极进取,努力实现与社会发展需求相互契合的目标,体验到成功的快乐,享受到生活的乐趣。

职业是社会分工的结果,同一职业的工作条件、工作对象、工作内容和人际关系具有相似性,容易形成相近的职业心理和行为模式。职业心理健康由职业导向系统、职业动力系统和职业能力系统三大系统构成。职业导向系统包括职业价值观、世界观和职业伦理;职业动力系统包括需要、动机、兴趣、信念和理想;职业能力系统包括气质、性格和能力。职业心理研究是为了适应现代工业发展带来的劳动分工精细化对人-职业匹配要求发展起来的。由于工作性质、环境、条件、方式的差异,职业对工作者的能力、知识、技能、性格、气质等心理素质有特定的要求。工作者的心理与工作特征的匹配程度,直接影响工作成效。

成年人的大部分时间用于工作,职业心理健康对个体发展、组织绩效和社会和谐都非常重要。

职业心理(occupational psychology,OP)是劳动者在职业活动中体现出来的、影响其工作绩效、职业发展和生存质量的内在的、稳定的心理品质。与职业特征相契合的职业心理有助于提高劳动者的工作绩效和生存状态,积极职业心理健康表现为强烈的职业动机和兴趣,高效能、创造性地完成工作,并在职业中获得成就感,实现价值。职业心理健康(occupational psychological health,OPH)指从业者有明确的职业目标并积极进取,在职业发展过程中能够体验到实现职业社会价值的快乐;人际关系融洽,社会适应能力强,能够感受到生命的意义;能采取有效的心理和行为策略,积极应对职业变化,促进职业发展,生存状态良好。职业心理健康认为每种职业会对工作者心理素质有一定的要求,同时,个体的心理健康水平会受到职业特征的影响,影响其工作行为、效率、效果。与目前职业健康心理学主要研究与工作相关的各种消极体验(例如性骚扰、工作不安全感、耗竭、倦怠、角色冲突等)不同,OPH 的研究焦点是与职业相关联的个体心理健康,包括职业道德、职业认知、职业意识、职业心理弹性及职业适应性等,关注职业对工作者心理的特定要求和工作者心理对职业目标、工作行为、工作效率和效果的作用。

职业心理健康关注职业对工作者心理素质的特定要求,分析劳动者心理素质对职业目标的影响及其对工作行为、效率、效果的作用,与一般心理学存在显著差异(见表 7 - 8)。从心理健康的整体观来看,职业心理也可以分为不健康、一般水平的职业心理健康和积极职业心理健康等三个层次。

表 7 - 8　一般心理健康与职业心理健康的比较

		一般心理健康	职业心理健康
定义		在躯体、智能和情感上与其他人不冲动的情况下,个体处于心境最佳的状态(WFMH)	职业心理是劳动者在职业活动中体现出来的、影响其职业绩效、职业发展和生存质量的内在的、稳定的心理品质
层次	不健康	有心理症状	职业适应性差,不能胜任职业要求,绩效较差,出现身心疾病、心理疾病或障碍,甚至出现违反社会道德规范、违反法律的行为
	一般水平	心理机能正常,对周围环境顺从,内心无冲突,但没有发掘自身潜能的动机	职业适应性一般,能够达到从事某职业的基本要求,但没有更高追求
	健康	人格健全,目标远大,渴望为社会创造价值,主动发展积极的社会关系,无惧生活的挑战,持久地探寻人生意义	强烈的职业动机和兴趣,高效能、创造性地完成工作,并在职业中获得成就感,实现价值

资料来源:杨睿娟.中国高校教师职业心理健康理论构建与实证研究[D].西安:陕西师范大学,2018.

2.职业心理健康促进

传统的心理健康理论体系主要是建立在精神医学体系上的,通过量表筛选出有心理症状的人,采用干预、调节甚至药物的手段,帮助有心理问题的人恢复健康。目的是使有一定症状的人恢复到正常水平,实际上是从"不健康"的角度研究"健康",一般采用健康教育、心理干预等方式帮助不健康的人恢复到健康水平。在社会发展中,职业人群出现心理波动是正常现象,心理波动并不意味着心理不健康,多数人是处于正常心理健康水平,心理健康的职业人群才是社会发展的推动力量。职业心理健康研究和实践不仅要为少数不健康的人服务,更要服务于多数心理健康的人群,因此,职业心理健康的重点不是"干预",而是"促进"。

积极心理学的健康促进的观点期望帮助健康的人更健康,促进心理健康水平的提升。

1986 年 WHO 在加拿大渥太华召开的第一届健康促进国际会议上，发表的《渥太华健康促进宪章》中探讨了发达国家的健康促进，提出健康促进的政策由多样而互补的各方面综合而成，包括政策、法规、财政、税收和组织改变等，健康促进涵盖了健康教育和生态学因素（环境因素和行政手段），包括一切能促使行为和生活条件向有益于健康改变的教育与生态学支持的综合体，体现了一种整体的健康决定因素的社会-环境观，确认并提出全系列决定健康的个人、社会、组织和经济因素。鉴于 20 世纪 80 年代发展中国家经济水平比较低，政府的主要精力还是在物质方面，对国民精神和心理层面关注度较低，因此《渥太华健康促进宪章》主要针对发达国家，所提出的健康促进的政策受到了发达国家的重视。随着发展中国家的经济社会发展，很多理念已为全球大多数国家接受。社会群体的心理失衡不仅有损于躯体健康，还会引发社会的不和谐，影响整个社会的健康发展。心理健康促进成为健康促进的核心。健康促进是建立在人类与自然、社会和谐的基础上的，需要融合社会学、医学、心理学、管理学、经济学等不同学科的知识；需要不同组织之间协调行动，社会、政府、组织和个人共同努力，致力于提高个体、群体、整体健康水平的系列举措；需要全世界人民的共同努力，需要构建全球共同体！生活和工作模式对健康有重要影响，健康促进在于创造一种安全、舒适、满意、愉悦的生活和工作条件。在健康促进中，系统及生态是极为重要的理念，该理念与"创新、协调、绿色、开放、共享"的思想不谋而合。

　　劳动者的职业健康状态与经济社会发展息息相关。大量廉价劳动力促进了中国经济飞速发展，人口红利对中国经济腾飞起到了重要作用，但是随着生育率的下降和人口老龄化的加速，人口红利在逐渐减小，研究表明我国劳动力数量的增长将于 2020—2025 年停止或逐渐减少，有可能进入一个长期的、无法轻易逆转的劳动力供给量下降、老龄人口增多的时期。在人力资源供给形势严峻、产业发展和结构升级需求迫切的情形下，关注职业健康对保障劳动力数量有直接作用，处于健康状态的职业工作者能够以更良好的状态投入工作，间接弥补人力资源数量的减少。健康不仅可以提高劳动生产率，而且可以延长劳动时间，等于变相增加了劳动力，而且这种增加比实际增加新的人力资源更为经济。采用 2002—2011 年统计数据分析的结果表明：医疗保健是人口红利的格兰杰原因，有显著的单向因果关系，劳动者的健康和劳动参与显著影响经济社会发展，职业和收入显著影响劳动者的自评健康状况。

　　工作是广大劳动者为社会创造财富和获得生活资料的重要途径，直接影响人的心理和生理健康。目前工作场所健康促进关注的重心是工作场所的物理环境对劳动者身体健康的影响，例如灯光、设备、人机关系等，期望通过提供理想的环境和基础设施来提高工作者健康水平。随着社会加速发展，很多体力劳动已经被机器取代，程序化的脑力劳动也逐渐被取代，工作对劳动者创新能力的要求越来越高，巨大的职业压力凸显了职业心理健康的重要性。心理环境，即软环境的影响，以及物理环境和心理环境的交互作用日益凸显。越来越多的城市高楼林立，漂亮的写字楼中，属于白领员工或称为脑力劳动者的仅仅是 2～3 平方米的狭小的空间，每天 8 小时甚至更长时间在相对隔绝的狭小空间工作，使很多脑力劳动者形成了自我封闭的倾向，降低了其社会交往能力，催生了都市宅男宅女的出现。随着越来越多的脑力劳动者成为宅男宅女，沉溺于网络或自己的密闭空间，游离于社会群体交往的边缘，引发了很多社会问题。随着社会、科技、经济的不断发展，工作、生活节奏的加快，大数据和海量信息的冲击，职场竞争的激烈，未来发展的不确定性都使得职业工作者的心理压力不断加大,越来越多的公共机构和私营机构认识到健康、高素质、能够被激发潜能的员工是在全球化市场上未来成功的保证,工作场所健康促进(the health promoting workplace,HPW)日益受到重视,职业心理健康在近十多年以来,迅速发展起来。

职场心理健康促进(workplace mental health promotion,WMHP)起源于美国和欧洲发达国家,经过十多年的发展,已经从最初的矫正问题员工的行为发展到对员工心理健康进行系统性、全面性、动态性和前瞻性服务,但是主要局限于组织内部,是员工援助计划(employee assistance programs,EAP)的延伸。WMHP在促进员工心理健康,提高员工生活质量,提升工作绩效,增强企业核心竞争力方面卓有成效。

职业是参与社会分工,利用专门的知识和技能,为社会创造物质财富和精神财富,获取合理报酬,作为物质生活来源,并满足精神需求的工作。社会分工是职业分类的依据,每个职业都有着与其他职业不同的劳动对象、劳动资料和劳动成果。职业是跨组织、跨部门的,不同的职业之间具有一定的区分度,同一职业之间具有相通性。职业的研究和实践层面是社会,比组织的范围更广泛。不同组织之间的职业在社会分工、知识和能力要求、报酬及社会地位方面有共性特征。职业心理健康促进比职场心理健康促进的范围更广,研究层面是社会,而不局限于组织,更注重同一职业在不同组织中的共性问题,目的是创造健康的职业工作氛围,使工作者可以运用其能力创造精神或物质财富,获得合理报酬、职业尊严和可持续发展。职业心理健康促进是职场心理健康促进发展到一定阶段的必然产物,期望能够有效解决多数组织中面临的同一职业工作者心理健康水平较低的共性问题。只有政府、组织、个体共同行动,优化体制机制,才能取得良好的效果。

7.4.2 职业适应性管理

个人对职业的适应是进入职业生涯的第一步。职业适应性可以从两个角度来看:对个人而言,是指个人的个性特征对其所从事职业的适合程度;对职业工作而言,是指某一类型的职业工作对个人的个性特征及其发展水平的要求。也就是说,职业适应性就是个人与职业在经济和社会活动过程中的相互协调和有机统一。

实践证明,不是任何人都能胜任所有职业,也不是任何人通过职业培训后,就一定能够适应职业的要求。职业的适应程度如何,主要取决于个人的素质,包括思想素质、业务素质、道德素质和心理素质。人在与职业相适应的过程中,居于主导地位,具有主观能动作用。但是职业工作对人的要求却不是永恒的,它以其不断变化着的工种、技术水平、素质水平等要求人要与之相适应、相符合。

个人要主动适应职业,至少应做到以下几点:

(1)尽量选择自己所热爱的职业。"热爱是最好的老师",由于对所热爱的工作充满热情和具有良好的心态准备,走上岗位后,即使现实与理想有差距或者遇到困难,也愿意自我调整,积极克服所遇到的困难。

(2)培养自己对所从事职业的职业兴趣。当因为能力、性别、年龄、文化程度及机遇等内外因素而导致一时难以选择到理想的职业时,应积极主动地培养自己的职业兴趣。兴趣是可以培养和转化的。

(3)尽快融入组织文化中。对职业的适应性,在很大程度上取决于能否融入组织文化。

尽快了解组织背景、组织制度、业务流程和人们的价值观,用积极、坦诚、虚心、好学的态度处理好人际关系。

(4)提高综合素质。综合素质高,就能够适应更多的职业要求,职业的适应性就强,因而必须重视多种能力的培养和锻炼,扩展知识面,提高综合素质。

7.4.3 职业生涯的三维管理

在职业生涯开发过程中,工作系统、自我事务系统和家庭系统三个方面是相互影响、相互作用的,共同影响着一个人的职业发展。职业生涯的开发应该同时进行三个维度的管理:职业管理、自我事务管理和家庭生活管理,即在职业管理的同时,不可对自我事务管理和家庭生活管理掉以轻心。

自我事务的管理包括自身的生理状况、心理发展、生活知识和技能、社会交际、休闲娱乐等方面的管理。自我事务管理状况对职业生涯的发展及家庭生活的质量都产生深刻而全面的影响。

(1)健康水平。人的健康影响人的工作和生活态度、情绪、效率。一般而言,身体健康者精力充沛、乐观开放、积极高效;而健康状况较差者力不从心,易悲观自恋、消极低效,容易陷入"疲劳—工作—更疲劳"的恶性循环,甚至产生对外界事物的厌倦情绪。

(2)心理发展水平。心理状态是一个学习、生活、工作的态度和行为的基础。一般而言,成功、健康、快乐的人通常具备自信、宽容、积极乐观、自我独立等心理素质。积极心态创造人生,消极心态消耗人生。无数正反两方面的事例都证实了心理品质的优劣直接影响事业和家庭的成败。

(3)生活知识和技能。丰富的生活知识和高水平的生活技能能提高员工的工作适应性,有助于员工取得事业上的成功,使人事半功倍地处理日常事务,获得幸福美满的家庭生活。

(4)社交休闲方式。社会交际能力直接影响人们在工作和生活中的沟通效率和组织协调水平,社会交际范围影响着人们在工作和生活中所能得到的帮助和支持程度。休闲方式的选择对人们的思想形成、知识积累、生活品位也都会产生深刻的影响。

正因为自我事务管理状况对个人全面发展的深刻而全面的影响,自我事务管理是个人全面发展中很重要的一个方面,它为职业生涯发展奠定了基础。

家庭生活质量对职业生涯也有较大的影响。家庭成员的态度和意见会影响人们的工作选择和工作态度。当工作遇到麻烦时,人们本能的反应是:家是最好的避风港,那里有来自家人的最宝贵的支持和安慰,特别是许多女性都认为,化解压力最好的办法来自快乐幸福的家庭。

7.4.4 心理契约的管理

员工与组织不仅有书面劳动合同,而且还存在心理契约。基于传统职业生涯视角,员工与组织的心理契约往往是员工好好工作,组织负责员工不被解雇、升迁与福利。但是随着市场经济的发展,随着视工作任务定人员的虚拟组织的出现,组织为员工提供工作保障的基础开始动摇,组织是员工的"屋顶"的契约难以为继。员工与组织建立了新的心理契约,即员工努力工作,组织提供培训机会,提升员工的就业能力,组织是提高员工综合能力和就业能力的"土壤"。

在新的心理契约下,员工的职业生涯往往具有易变性。易变性职业生涯与传统职业生涯的不同,如表 7 - 9 所示。

表 7 - 9 易变性职业生涯与传统职业生涯的比较

维度	传统职业生涯	易变性职业生涯
目标	晋升	心理成就感
心理契约	工作安全感	灵活的受聘能力
运动	垂直运动	水平运动
管理责任	公司承担	员工承担
方式	直线性、专家型	短暂性、螺旋型
专业知识	知道怎么做	学习怎么做
发展	很大程度上依赖于正式培训	更依赖于人际互助和在职培训

易变性职业生涯的目标往往是心理成就感。心理成就感是一种自我感受,它不仅仅是组织对员工的认可(如加薪、晋升),还包括个人价值、幸福感、身体健康等人生目标实现所带来的一种自豪感和满足感,这种追求在新一代的人力资源中表现得更为突出。例如,对地位和工作稳定性拿得起、放得下,更在意工作灵活性、挑战性,渴望从工作中获得乐趣和良好的个人感受。可见,职业生涯的管理与开发方法要与时俱进。

组织要为员工提供职业生涯发展规划指南,指导员工进行评估、目标设置、开发规划和行动计划的设计。组织管理人员要与员工开展有关职业生涯的面谈。在员工的职业生涯发展过程中,随着员工职业生涯发展阶段和生活年龄的变化,其职业需求会有所调整。管理人员要在员工职业生涯设计中充当教练、评估者、顾问、推荐人,要了解员工职业生涯的发展进程,以及每个阶段员工的需求和兴趣的差异,与员工就未来开发行动达成一致意见,提供资源,帮助员工达到职业生涯目标。组织要开发职业生涯管理支持系统,培育能支持职业生涯管理的组织文化,加大培训的力度和培训内容的覆盖范围。

在发达国家很多组织都有职业生涯成长计划(personal performance development file,PPDF)。职业生涯成长计划把个人发展与组织发展紧密联系在一起,组织通过它让员工形成合力,形成团队,为组织的目标去努力并实现自我价值。个人 PPDF 基本上有三个方向:

(1)纵向发展。即沿着组织的层级系列由低级向高级提升。

(2)横向发展。即跨职能部门的调动、在同一层次不同职务之间的调动,如由工程技术部门转到采购供应部门或市场营销部门等。横向发展可以发现员工的最佳"亮点",同时又可以使员工积累各个方面的经验,为以后的发展创造更加有利的条件。

(3)向核心方向发展。虽然职务没有晋升,但是却担负了更多的责任,有了更多的机会参加组织的各种决策活动。

7.4.5 组织发展与职业生涯管理

随着信息技术的发展与知识经济的来临,组织形式开始出现了激剧的变化,组织结构的变化发展将对员工的职业生涯规划产生重要影响。

1.组织结构的变化对雇员职业生涯规划的启示

（1）组织的分散化和虚拟化。以前组织是集中工作，每个员工都需签到，而现在组织的概念则是分散的甚至是虚拟的，员工可以在家里或远离总部的办公室工作，并只需偶尔向总部汇报。

职业规划启示：现实中大多数制造商不但不能为每个销售员提供一间办公室，而且这样做也会导致其没有充分的时间与客户交流，就现在的技术水平而言，销售办公室也毫无存在的必要。一台计算机和一个调制解调器就能让销售员在家开展工作。因此，组织在制定职业生涯规划时必须考虑这种趋势并重视这一领域，这种工作需要雇员自发向上和自律的能力，能在独立的环境中成功地工作显得更加重要，而提供在家工作技巧的培训则更会受到欢迎。

（2）组织的扁平化。组织正从等级制度转向网络结构，金字塔结构正逐渐被更广、更平坦的组织形式所取代。

职业规划启示：中级水平的组织结构将趋于减少，组织的中层管理职位将减少。在市场经济条件下，许多中间职位必须取消，如销售经理这样的职位。销售人员将被归为销售技术支持或业务员一类。而这些业务员（以前叫销售代理）将要承担更多的责任，并分摊原属于销售经理的部分责任并将完全取代这一职务。因此，在制定职业生涯规划的时候，如只考虑到组织中职位的高低，将会遭遇挫折和失望。因此，必须考虑工作的改进和扩展。

（3）组织的多元化。社会正朝着多元化发展，评价标准更为复杂，绝对的对错成败已不复存在。

职业规划启示：新兴社会反映出了瞬息万变的事实和变幻莫测的伦理道德，在这样的社会中工作则需要考虑每个决策的方方面面。因此，雇员都期望得到更多的技能培训。虽然一些组织在考虑长期战略，但将来的平均就业率会下降。在美国，一个大学生将来只能在一个公司待几年，这其中的原因包括：①由于没有升迁的机会，雇员当然决定跳槽；②公司也重视人员的流动，以提高其效率。当一个人找到新的工作和接受新的任命时，他就必须更新职业规划并开展一系列新的职业活动来确保工作成功。

（4）组织的全球化。国内经济将和世界经济接轨，经济全球化发展迅猛。

职业规划启示：欧盟的发展，美、加、墨自由贸易区的形成，东盟的发展及其与中、日、韩关系的发展，亚太经合组织的发展，以及中国加入世界贸易组织等，这一切都表明经济的全球化在不断加剧。在国内知名组织谋求一个长期职位是一个不错的选择，但随着各国间障碍的消除，去国外工作将变得越来越普及。因而在选择此类职业时，也要适当考虑外语培训和不同的文化价值观的沟通。

（5）组织的信息。工业社会正在逐渐转变，信息成为最有价值的商品。

职业规划启示：在那些已发展成熟的产业寻找工作远不如在新兴产业有利。发达国家整个经济中制造业所占份额在急剧下降，信息产业提供的就业机会在不断增加。目前许多政府机构正遭遇缩减规模的危险，而专门从事提供信息、解释信息的组织却正大规模出现，并在世界范围内呈现出相同的趋势。由于产业和组织变动向着提供信息方向发展，如果不考虑这种趋势，职业规划将是海市蜃楼。

2.学习型组织在职业生涯管理中的优势

(1)学习型组织有利于基层人员的职业发展。学习型组织的人力资源开发与管理要求高层管理者不再进行简单的控制,而是主要起着协调、激励、支持作用。提倡通过学习,放权于基层,通过权力下放,自主决策、自主行动,让员工每个人不但能学会承担责任,还能学会争取责任,通过个人思考与行动的统一,从而促进基层雇员的快速成长。

(2)以自主管理为导向,决策民主化程度高,增强了雇员对个人职业生涯发展的责任。决策民主化一直是 20 世纪后 50 年的一种管理潮流,因其具有考虑周到、方案全面、集思广益、提高质量等优点而备受推崇。学习型组织是在以"目标融合""Y 理论"为基础的民主与参与管理体制上建立起来的一种新的自主管理模式。它更加重视员工潜能的发挥,并通过不断学习和创新以达到和谐与统一。

(3)上下级信息传递快,管理费用低。学习型组织是个扁平化、管理层次少的结构,因而效率更高,便于及时进行信息交流,可以明显节省管理费用。传统的组织重复与浪费资金现象十分严重,而学习型组织通过管理者对员工实行多元化管理,实现员工真正意义上的工作愿望,充分发挥其主观能动性,可以大量节约时间与费用,效率得到更大发挥。

(4)上下级行政感情距离缩短,自我超越意识增强。在传统的金字塔组织结构中,上下级别心理距离大,管理者尤其是高层领导不易和员工建立联系,缺少感情基础。学习型组织要求管理者鼓励部属建立可在其中锻炼自我超越的气氛,其核心的策略是以身作则,也就是要先做到自我超越。同时还要重视系统的力量和集体学习,管理者与员工实行"团队学习",其精神表现出"带着问题学习,抱成团打天下"。

学习型组织理论建立了一种适合于新时代的崭新的人力资源与职业生涯管理模式。这对于正处于巨大管理变革期的中国来说,无疑具有重要的启示作用。

思考题

1.什么是职业生涯?什么是职业生涯管理?其意义是什么?

2.影响职业生涯的因素有哪些?

3.你认为一个人的职业成功与哪些因素关系密切?有人说,性格是决定职业成功的关键,你同意这一说法吗?请提出你的观点并分析。

4.什么是职业锚?它与职业性向有什么区别?

5.有人观察许多大学毕业生和研究生的职业道路,发现他们的职业成功与否和在校学习成绩没有必然的联系,你同意这样的看法吗?如果同意,你认为主要原因是什么?

6.什么是传统职业生涯?有何特点?

7.是什么导致了易变性职业生涯的形成?

8.多重职业生涯有什么特征?

9.请分析职业心理健康的内涵及其对组织和员工发展的意义。

10.职业心理健康促进有哪些内容?请结合某组织实践,剖析如何开展职业心理健康促进。

宝洁公司的职业生涯规划

宝洁公司的官网上清晰表达了其资源观:人才是我们最宝贵的财富,其理念是致力于为员工提供有趣又有挑战性的工作、轻松又健康的工作氛围、全球顶尖的培训和具有竞争力的薪酬福利,吸引和发展优秀人才成为未来的商业领袖。此外,宝洁公司考虑到员工职业生涯多种发展的可能性,从培训、晋升、职位管理等方面制定了科学严谨的职业发展通道,引导员工的职业能力发展。

一、"三全"培训体系

"三全"培训体系是指全程、全员和全方位。全程指从新员工入职到退休,宝洁推行全职业生涯规划,在每个阶段都有对应的培训与之配合;全员指公司内所有员工,从生产制造、市场营销到IT服务,所有员工都是宝洁培训体系的覆盖对象;全方位指宝洁将提高员工素养(基础素养、专业素养和管理素养)作为培训的主要任务。

宝洁公司认为,员工职业生涯发展的关键在于能够应用好自己的能力,提升工作的业绩。每年的"四位一体"的绩效评估表中,既有对能力的评估,也有对职业发展兴趣的描述。每个员工的上级会与员工探讨他们能力的优势和需要改进的能力项目。

二、内部提升制

内部提升制是宝洁用人制度的核心。宝洁提出:"我们实行从内部发展的组织制度,选拔、提升和奖励表现突出的员工而不受任何与工作表现无关的因素影响。提升取决于员工的工作表现和对公司的贡献。个人的发展快慢归根结底取决于能力和业绩。"内部选拔是宝洁企业文化的重要特色,反映了其价值观。除了律师、医生等职位,宝洁95%以上的管理层都是由应届大学毕业生培养起来的。历任CEO都是从初进公司时的一级经理开始做起,他们不仅熟悉宝洁的产品,也熟悉宝洁的经营机制,是伴随着宝洁公司一起成长起来的,对宝洁的企业文化非常忠诚。强烈的自豪感和主人翁意识提高了员工工作的满意度和激情,增强了公司的凝聚力。

无论技术型人才,还是管理型人才,在宝洁都有足够的职业生涯发展空间。例如,如果你要想成为一名人力资源经理,职业生涯发展通道将会始于人力资源管理培训生;然后是负责培训、招聘或者工资福利制度的助理经理;继而成为人力资源部的某一专业领域经理,负责公司政策制度的实施、招聘等工作;更进一步,会成为分公司的人力资源部经理,全面负责所属合资公司的人力资源系统的整体管理工作,或者负责人力资源某个专业领域系统的发展和完善,如工资福利制度等;最后,成为人力资源部的经理。当然,要顺利晋升,需要在实践中切实提高能力,并用绩效证明自己的胜任力。在市场部、财务部、研究开发部都有类似的清晰的职业生涯发展通道。内部晋升制度有助于每位员工明确自己的职业发展之路。

三、MAT:三类职业生涯规划

在宝洁公司内部,员工职位被划分为三类,合称为MAT(management,administration,technology,即管理、行政和技术)。管理类的职位是通过影响他人完成工作的;行政支持类的职位则是为其他部门提供行政支持和资料分析工作职位,如行政助理、文秘等;技术类职位则是专业的技术岗。三个序列如图7-4所示。

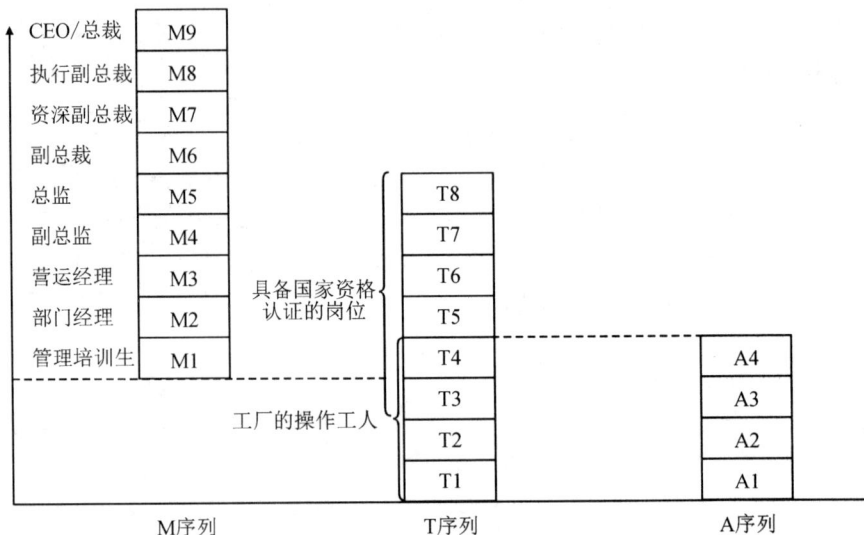

图7-4 员工职位分类及等级序列

宝洁公司充分考虑了员工职业发展的多样性,因此除了各自序列的自然晋升外,不同类序列也可以向其他序列发展,有相应的转换程序:T向M转换,必须经过M类的考试和M类相关部门组织的面试;A向T转换,必须经过M类的考试和M类相关部门组织的面试;A向T转换,必须经过T类的考试和T类相关部门组织的面试。

这种以等级序列为基础的职业生涯发展通道,构成了宝洁公司独特的人才培养方式,为公司员工的职业生涯发展提供了多种多样的选择。

四、"四位一体"制度

宝洁公司的"业绩评价""能力评估""个人发展""未来一年工作计划"是紧密结合在一起的,被称为"四位一体"制度。在每个财政年度末,宝洁都会开展绩效评估工作,评估要对照年度工作计划进行,其突出特色为:

(1)员工业绩会被分为"业务成绩"和"组织发展贡献"两部分,"组织发展贡献"中包括了培养下属、招聘培训、效率提升和知识分享等方面。

(2)由员工个人提出自己长期(五年后)的职业兴趣和短期(三至五年)的职业兴趣,由经理根据员工个人的意见、同事的反馈和经理自己的观察,提出员工个人的发展计划。个人发展计划中包括要参加的培训内容。

(3)在业绩评价的同时,对员工进行能力分析和评估,明确员工优势的能力和需改进的能力方面。

宝洁"四位一体"的机制是其得以成功的微观基础,如果没有对员工个人业绩和能力的恰当评价,没有每个员工的个人发展规划,任何企业的培训项目的针对性和有效性都将大大降低。

宝洁深信:只有照顾好员工,员工才能照顾好客户,正是因为如此全面周到的员工职业生涯规划,宝洁才保持了强大的竞争力。

案例讨论

1. 宝洁公司内部晋升制度的优缺点有哪些?

2. 当 T 序列员工向 M 序列晋升时,需要提升哪些方面的能力?

3. 宝洁公司的员工职业生涯规划还有哪些可以改进的方面?

第8章 绩效管理

引导案例

A 是一家冲泡奶茶企业,该企业生产的冲泡奶茶是非常典型的季节性产品。在每年天气寒冷的第一、第四季度,冲泡奶茶由于其热饮属性往往供不应求;而在炎热的夏季,冲泡奶茶则供大于求,难以销售。由于淡季和旺季的销量相差 10 倍之多,销售人员在"底薪＋项目提成"的薪酬结构下,收入呈现季节性变化。在业务淡季,销售人员往往持续几个月只能拿到较低的底薪,不少销售人员因此离开公司另谋出路。为了改善企业员工的留职率,企业经理人小王向在人力资源管理领域有着丰富经验的小明寻求帮助。

小明在详细地了解企业人力资源管理现状后,发现企业员工的收入在不同月份的差异极大,员工跳槽大多发生在收入较低的月份,而在收入较高的月份,销售部门经常出现人手不够用的尴尬境地。因此,小明认为可以从绩效考核入手,平衡员工淡季和旺季的收入,以改善留职率。例如,在现有"底薪＋项目提成"的薪酬结构下,将销售旺季项目提成的部分收入作为员工的"奖金池",当销售进入淡季或公司效益不佳时,"奖金池"中的款项便根据员工的业绩实际情况进行发放。这样就能避免淡旺季收入差距过大的问题,同时,也能有效降低员工在旺季"赚一笔"就离职的风险。不久,小王就将企业的绩效考核办法进行了调整,平衡了销售人员淡旺季过大的收入差距,员工的离职率得到了有效的控制。

绩效管理是人力资源开发与管理的核心内容。绩效管理的流程包括哪些环节? 有哪些方法? 有什么需要注意的问题呢? 希望您学习完本章的知识后,可以回答上述问题。

8.1 绩效管理概述

绩效管理是组织人力资源开发与管理的重要职能。有效的绩效管理有助于整合组织内部不同群体之间的工作目标和利益冲突,实现目标一致性,产生协同作用,推动组织持续、健康发展。

8.1.1 绩效与绩效管理

1.绩效

（1）绩效的界定。从管理实践来看，人们对于绩效的认识是不断发展的：从单纯地强调结果绩效到强调行为绩效，从强调绩效是过去历史的反映发展到强调绩效在未来的潜力。因此，应该综合考虑素质、过程、方式、结果以及时间因素来理解绩效的概念。绩效指的是员工或团队在工作过程中所表现出来的与组织发展相关的并且能够被评价的工作业绩、工作能力和工作态度。其中工作业绩就是指工作结果达成组织目标的程度，强调结果；工作能力指员工或团队在工作完成的过程中所表现出来的素质，强调过程；工作态度则是员工或团队价值观的反映。通过对员工或团队在工作过程中所表现出的素质和价值观的科学评价，能够预期其未来的绩效。

（2）绩效的性质。根据绩效的定义，绩效可以理解为员工自身各项素质在具体条件下的综合反映，是员工素质与工作对象、工作条件等相关因素相互作用、有效互动的结果。因此，绩效会因时间、空间、工作任务和工作条件（环境）等相关因素的变化而不同，从而呈现出明显的多因性、多维性与动态性。

①多因性。绩效的多因性是指绩效的优劣不是取决于单一因素，而是受制于主、客观等多种因素的影响，其中四种主要因素是技能、激励、环境与机会。

②多维性。绩效的多维性是需要从多个角度或方面去分析与评价绩效。例如考察生产线上工人的绩效，不仅要求产量，而且要综合考虑产品质量、原材料消耗、出勤情况、团队意识、服从意识、纪律意识等，通过综合评价得出最终结论。但是，并不是所有的情况都需要全面考虑所有可能的评价维度，根据不同的评价目的，可以选择不同的维度和不同的评价指标，而且各个维度的权重也可能不同。因此在设计绩效评价体系时，往往要根据组织战略、文化以及岗位特征等方面的情况设计出一个由多维度评价指标、不同权重组成的评价指标体系。

③动态性。员工的绩效只是一段时间内工作情况的反映，绩效会随着时间的推移而发生变化。这就要求在评价员工的绩效表现时应充分注意绩效的动态性，不能用一成不变的思维来对待绩效问题。

绩效的多因性、多维性对绩效管理提出了多角度、全面系统的要求。绩效的动态性解释了为什么绩效管理存在一个周期的问题。在确定绩效考核周期时，应该考虑到绩效的动态性特征，如能力指标和态度指标更适合长期考核，结果指标更适合短期考核，应根据各种绩效指标的动态性强度进行分类设置，确定恰当的绩效考核周期，从而保证组织能够根据评价的目的及时充分地掌握员工的绩效状况。

（3）组织绩效与个人绩效。组织的绩效指组织经营管理活动的效率和效果。其从广义的角度包括两个方面，一是组织绩效（见表8-1），二是个人绩效。组织绩效反映组织在某一阶段的经营管理成果，个人绩效反映员工个人行为、态度及工作业绩。组织绩效和个人绩效关系密切并相互融合，个人绩效的集合构成了组织绩效，本章所涉及的绩效主要是指个人绩效。

表 8-1　组织绩效指标

财务指标	客户指标	流程指标	员工指标
·收入增长 ·成本下降 ·投资回报率 ·资产回报率 ·创利能力	·市场占有率 ·客户保有率 ·客户创利能力 ·客户满意度	·质量提高能力 ·流程改善能力 ·对市场需求的反应时间 ·生产率	·员工满意度 ·技术创新能力

2.绩效管理

绩效管理是对组织各种资源的整合,是组织用来确保员工的工作活动和工作产出与组织目标一致的手段和过程。绩效管理是一个完整的管理过程,它侧重于信息沟通与绩效提高,注重能力的培养,强调沟通与承诺,贯穿管理活动的全过程。从实践的角度分析,绩效管理指制定绩效目标并收集与绩效有关的信息,定期对绩效目标完成情况进行评价和反馈,以确保工作活动和工作产出与组织目标保持一致,进而保证组织目标完成,促进组织有序发展的管理手段和过程。

绩效管理是组织在人力资源开发与管理工作中,对员工工作成果检查的有效手段。但是绩效管理的重要意义,不仅仅在于对员工已有成绩的测量和认可,更重要的是激励和帮助员工未来更好地工作。因此,肯定成绩、提出不足、分析原因、改进工作是绩效管理中相互联系的不同环节。绩效管理的目的在于战略管理与开发,良好的绩效管理系统能够最大限度地整合资源,调动员工积极性,提高工作效率,从而达到最好的资源配置。因此,组织绩效管理系统的结构是否完善化、系统化,关系到组织能否长久地生存。

8.1.2　绩效管理系统

绩效管理作为人力资源开发与管理的核心职能,受到管理者的重视。不同组织依据其特有的文化背景与价值观构建了各具特色的、充分重视个体优势的绩效管理系统,但其基本构成元素具有相似性。

1.绩效管理系统的组成

绩效管理是由六个相互联系、相互依存的部分组成的循环系统。这六个部门是绩效管理反复经历的六个阶段,它们分别是绩效计划、绩效实施与管理、绩效考核、绩效反馈与面谈、绩效改进、绩效结果应用。

(1)绩效计划。绩效计划是绩效管理的起点,也是绩效管理的关键。制订绩效计划的主要依据是组织的战略目标和工作的岗位职责。在绩效计划阶段,管理者和被管理者之间需要在对被管理者绩效期望问题上达成共识,在共识的基础上使各层次的人员明白自己努力的目标,并要求员工对自己的工作目标做出承诺。

(2)绩效实施与管理。制订绩效计划后,被考核者开始按照计划开展工作。在工作过程中,管理者要对被考核者的工作进行指导和监督,对发现的问题及时予以解决,并对绩效计划随时进行调整。在整个绩效实施期间,都需要管理者不断地对员工进行指导和反馈,进行持续的绩效沟通。

（3）绩效考核。按照绩效计划事先制定的考核标准及工作目标，考察员工实际完成绩效的情况。在定义绩效的基础上制订出一个合理的考核方案，主要包括考核内容、考核方法、考核程序、考核主题等。在绩效实施与管理过程中所收集到的能够说明员工绩效表现的数据和事实，是判断员工是否达到绩效标准更客观、更准确的依据。

（4）绩效反馈与面谈。绩效考核结束后，主管人员与下属进行面对面的交谈。通过绩效反馈面谈，使员工了解自己的工作情况，了解主管对自己的期望，认识自己有待改进的方面，员工也可以将其在工作中遇到的问题和困难请求主管的指导，达到提高绩效的目的。

（5）绩效改进。绩效改进是绩效管理过程中的一个重要环节，绩效管理的目的不仅限于将绩效考核结果用作确定员工薪酬、晋升、奖惩的依据，员工能力的不断提高、绩效的持续改进才是根本目的。因此，该过程的成功与否是绩效管理过程是否发挥效用的关键。应根据绩效考核结果对员工进行有针对性的培训，对技能缺乏的员工安排特定的培训项目，及时弥补员工工作能力的不足。

（6）绩效结果应用。当绩效考核完成后，考核结果并不是被束之高阁或置之不理，而是要与相应的其他管理环节相衔接。如：通过沟通改进工作、薪酬奖金、职务调整、是否继续聘用、培训与教育等。

2.绩效管理系统主体的职责

绩效考核系统的主体包括高层管理者、人力资源部门工作人员、部门主管和员工。

（1）高层管理者的职责。在绩效管理体系建立与实施的过程中，高层管理者往往是绩效管理系统重要的倡导者和推动者，从组织层面决定绩效管理的政策，引领绩效管理的方向。其在绩效管理中的主要职责为：

①传达并解释组织的战略目标、经营重点和绩效衡量的标准；

②确定组织的中长期发展战略与绩效管理结合的方式；

③确定绩效管理的总体原则；

④推进绩效管理系统的实施以提升组织核心竞争力；

⑤协调各方面在绩效管理过程中的努力程度。

（2）人力资源部的职责。人力资源部是绩效管理体系的设计者和实施者，其扮演的是政策制定者和参谋的角色，主要负责在设计过程中选择绩效管理工具，决定由谁来进行考核，使用怎样的表格、采用何种方式进行绩效管理，整个绩效管理系统有哪些方面来保证和提高员工的满意度，绩效管理体系是否需要与组织中的其他信息管理系统匹配，员工的历史绩效信息如何记录，绩效考核结果与晋升、培训、报酬等联系的形式。人力资源部在绩效管理中被授权以协助和建议的方式来支持部门主管去实现组织的基本目标，履行的是协助的职能，负责确保既定的绩效管理政策以及绩效管理程序确实被部门主管认真、连续地加以执行。其在绩效管理中的主要职责为：

①组织和统筹安排绩效管理系统的开发；

②提供系统实施的技术培训；

③帮助主管解决绩效管理中的操作问题；

④监督和评估绩效管理系统的实施情况并不断改进系统；

⑤将绩效管理系统与其他人力资源开发与管理实践联系起来。

（3）部门主管的职责。部门主管在绩效管理中的职责举足轻重,是高层主管意图和组织战略目标实现、绩效管理方案制订与实施的关键,起着承上启下、沟通与衔接的作用。战略目标制定得是否恰当,目标是否能够完成,离不开处于基层管理一线的主管。他们在绩效计划制订的过程中协助和参与方案制订是必要的,他们熟悉工作,熟悉岗位要求,熟悉员工的工作能力和特长,在目标分解、职责划分方面是高层管理者和人力资源部所不能代替的。与此同时,部门主管对员工在绩效管理整个过程中的沟通、指导以及任务的完成负主要责任。

①向员工说明组织目标,并与员工共同制定具体的、可衡量、可实现的目标;

②引导员工主动提高个人能力,以适应组织的发展,为组织创造更大的价值;

③经常与员工沟通,了解员工工作的困难和想法,并及时提出对员工的要求;

④给予适当的指导,激励员工在工作中不断学习;

⑤评价员工绩效并给予反馈,提出改善绩效的建议。

（4）员工的职责。员工在绩效管理中并不是被动的执行者,让员工参与绩效标准与目标的讨论和制定、了解不同时期组织的发展需要是必要的。在绩效实施过程中,员工的绩效是团队绩效和组织绩效创造的源泉,及时了解自己的绩效状况并主动调整绩效行为,有助于组织目标的实现和个人职业生涯的发展。员工在绩效管理中的主要职责为:

①理解当期的组织战略,清楚自己的绩效目标;

②了解直接主管对自己的期望与对自己的工作绩效的评价;

③主动发展和提高自己的能力以满足组织的期望并适应未来的发展要求;

④制定与组织目标一致的工作目标和工作计划;

⑤客观地对待绩效管理的评价结果。

8.1.3　绩效管理的意义

企业进行绩效管理,不论从组织的角度还是从管理者的角度,都可以解决我们所需要解决的一些问题,并给组织运营和人力资源开发与管理带来益处。

1. 绩效管理对组织的意义

①将组织战略转化成实际的定量目标与定性目标,更完整、更清楚地反映重要经营活动。

②组织战略能够根据外部的环境变化,迅速调整并反映到员工的任务绩效中,得以实施。

③有效的绩效管理程序具有预警功能,一旦发现潜在问题即发出信号,避免方向性错误。

④员工注意不断进步、不断发展、不断提高绩效,因此充实知识、提高技能的学习意识加强,有利于学习型组织的建立。

⑤绩效管理系统要求组织提倡的价值和它实际衡量的价值保持一致,有利于组织文化建设。

⑥通过对高绩效员工贡献的认可,形成良好的组织氛围,留住高绩效人才。

2. 绩效管理对管理者的意义

①清晰可操作的绩效目标告知了员工努力的方向,上级主管不必介入所有的具体事

务中。

②通过赋予员工必要的权力来帮助他们进行合理的自我决策:员工知道上级希望他们做什么,自己可以做什么样的决策,必须把工作做到什么程度,何时上级必须介入,从而为管理者节省时间。

③减少员工之间因职责不明而产生的误解。

④及时得到来自下级的信息。

⑤通过帮助员工找到错误和低效率的原因,减少错误和偏差(包括重复出错的问题)。

8.2　绩效考核的方法

绩效考核(performance appraisal)是绩效管理的关键环节,指应用科学的方法、程序和指标体系,定期对员工的行为过程和行为结果进行考核和评价,目的是测定员工有效工作程度。在许多组织中,往往存在着正式的和非正式的绩效考核。非正式的绩效考核是由个人(管理者或员工)思考评定的,这有助于了解员工的价值贡献,为员工的工作改进指明方向。正式的绩效考核是由组织制定一整套规范、系统的评价体系,并由组织定期进行考核。正式的绩效考核是人力资源开发与管理最重要的任务之一,能够帮助管理者寻找工作结果与组织目标之间的差距,有针对性地制定改进绩效的措施,提高组织的经营管理水平。

绩效考核方法是实施绩效考核的手段与技术保障。绩效考核的方法多种多样,不同的方法有各自的特点与适用性。科学选择适当的绩效考核方法,可以保证绩效考核过程的可操作性与经济性,也可促进绩效考核结果的合理性和公平性。

8.2.1　传统绩效考核方法

传统的绩效考核方法比较着重对具体工作、任务、活动的考核。

1.控制导向型绩效考核方法

控制导向型绩效考核方法着眼于"干出了什么",而不是"干了什么",在考核过程中先为员工设立一个工作结果的标准,然后再将员工的实际工作结果与工作标准对照。工作标准是衡量工作结果的关键,一般应包括工作内容和工作质量两个方面。其考核的重点在于产出和贡献,而不是行为和过程。常见的控制导向型绩效考核方法有比较法、强制分布法、量表评定法。该类方法共有的特点与适用性如表8-2所示。

表 8-2　控制导向型绩效考核方法特点

优点	缺点	适用范围
1.简单、易操作 2.成本低 3.便于员工之间进行对比与排队	1.只注重结果,过分强调量化指标,会导致短期行为或引发不利于组织长期发展的事件 2.对于行为、特质等难以量化的指标无法进行考核	1.适用于考核量化的、具体的业绩指标 2.适合于操作工人、销售人员等工作业绩易于比较的人员的考核 3.被考核者的人数较少时适用

(1)比较法。比较法是指通过比较,按考核员工绩效的相对优劣程度确定每位考核者的

相对等级或名次。比较法也被称为排序法,即排出全体被考核者的优劣顺序。按照实施绩效比较过程的不同,比较法又有多种具体的形式。常用的比较法有简单排序法、间接排序法与配对比较法。

①简单排序法。简单排序法是指将员工按工作绩效由好到坏依次排列,这种绩效既可以是整体绩效,也可以是某项特定工作绩效。其优点是比较简单,便于操作。但这种方法是概括性的、不精确的,所评出的等级或名次只有相对意义,无法确定等级差。例如,某公司只有 5 位员工,其排序结果举例如表 8-3 所示。这种绩效考核方法适用于被考核对象比较少、组织较小、任务单一的情况,当员工的数量比较多、职位工作差别性较大时,以这种方法区分员工绩效就比较困难,尤其是对那些绩效表现一般的员工。

表 8-3　简单排序法应用举例

顺序	等级	员工姓名
1	最好	王明然
2	较好	刘玉林
3	一般	张明东
4	较差	李　良
5	最差	赵小凡

②间接排序法。间接排序法也称为交替排序法。该方法基于个体所具有的知觉选择性的特征——人们比较容易发现群体中最具差异化的个体。绩效考核中人们往往最容易辨别出绩效最好或不好的被考核者。应用交替排序法进行绩效考核,第一步是把绩效最好的员工列在名单开头,把绩效最差的员工列在名单末尾;然后再从剩余的被考核者中挑出绩效最好的列在名单开头第二位,相应的绩效最不好的列在名单倒数第二位……这样依次进行,不断选出剩余被考核群体中绩效最好的和最不好的员工,直到排序完成。排序名单上中间的位置是最后被填入的。

③配对比较法。配对比较法是将考核者用配对比较的方法决定其优劣次序。比较时用排序组合法决定对数,对应于每一对两个职工的姓名,比较其工作,判断谁优谁劣,两两分别一一比较之后,以得优次数进行排序。配对比较法也被称为对偶比较法或两两比较法。

例如,某企业被考核的员工有 A,B,C,D 四名,应用配对比较法进行考核,先将这四名员工进行逐一比较,其中较好的一方记"+"号,较差的一方记"-"号,最后按照"+"号的数量多少来排序,比较结果如表 8-4 所示。

表 8-4　应用配对比较法举例

姓名	A	B	C	D	"+"号合计
A		+	-	+	2
B	-		-	+	1
C	+	+		+	3
D	-	-	-		0

从该表中,可以看出,绩效考核的结果是:C 所得"+"号最多,为 3 个,C 的绩效最好;A

次之;B居第三;D居末尾,绩效最差。从避免趋中现象及降低比较过程难度的角度衡量,配对比较法相对具有优势。其优点是考虑了每一个员工与其他员工绩效的比较,准确度比较高。缺点是操作烦琐,经过简单的数学思考,我们就能知道在需要同时考核的员工很多的情况下,这样的方法需要进行相当多次数的比较;配对比较法的另一个缺点是难以得出绝对评价,只能给出相对位置,有时还会造成循环:三个人的绩效 A 优于 B,B 优于 C,C 又优于 A,这样就无法进行比较了,而这又是由主观评价可能得出的结果。

(2)强制分布法。强制分布法是指按照"两头小,中间大"的正态分布规律,先确定好各绩效等级人数在被考核总人数中所占的比例,然后按照每个被考核者绩效的相对优势程度,将其强制分配到其中的相应等级。

应用强制分布法,要求考核者将工作小组中的成员分配到一种类似于一个正态分布的有限数量的类型中去。例如,把最好的 15% 的员工放在最高等级的小群体中,把最不好的 15% 放在最低等级的小群体中。这种方法是基于这样一个有争议的假设,即组织中的所有小组成员绩效表现按优秀、一般、较差几种状态分布的比例都是相同或相近的。在符合假设情景的情况下,可以按照正态频率制定被考核者的分布比例。使用这种方法,重点在于要提前确定应该按照一种什么样的比例将被考核者分布到每一个工作绩效等级上去。应用强制分布法的实际操作过程为:首先,将准备考核的每一位员工的姓名分别写在一张小卡片上,根据每一种考核要素来对员工进行逐一考核;其次,根据考核结果将这些代表员工的卡片放在事先设定的相应工作绩效等级中去。

(3)量表评定法。量表评定法是指将绩效考核的指标和标准制作成量表(即尺度),并依此对员工的绩效进行考核的方法。量表评定法也叫量表法,是应用最为广泛的绩效考核方法之一。

应用量表评定法进行绩效考核,通常要先进行维度分解,再沿各维度划分出等级,并通过设置量表来实现量表考核。实际使用量表评定法时,要设计出一套可操作的考核表格。设计过程具体包括下面三个步骤:

第一步,选定考核维度并赋予权重。

工作绩效的表现是多维的,设计量表时首先要确定从哪几个维度来考核工作绩效,即明确绩效的构成。选择维度的根据来源于工作分析的具体内容。维度选择时应力求全面、准确,而且可以明确定义。很多时候,要将选定的主维度进行分解,确定多个亚维度。这样可以保证量表考核更具体,每个维度的内容更易于理解。由于各个维度对绩效的作用并不相同,所以选定考核维度之后,需按各维度的重要性分别赋予不同的权重。确定权重有专门的程序和方法,影响各维度权重大小的因素也很多,设计时要严谨、细致、周密,才能获得预期的效果。

第二步,确定考核量表的尺度。

确定考核量表的尺度就是指沿着选定的维度划分等级。等级的划分视考核者测度粗细的意图而定,可以少到好、中、差 3 级,也可以多到 15 级,甚至 25 级。其具体形式可以把文字和数字结合起来使用。当多个考核者同时评分时,容易得到接近正态分布的结果。而且在打分中,当考核者犹豫不决时,还可以取偶数值中间的奇数值。这样,考核者心理上会感到自由度较大。

第三步,界定量表等级。

量表等级也叫刻度。界定量表等级是量表设计中的核心环节,决定着考核的精度和效度。界定量表等级最简易的办法是只给出标尺两级的定义,中间过渡各级让考核者去意会,中间刻度可以用递增或递减的数字来标示,通常数字愈大代表绩效愈高。为了明确各刻度的意义而不致造成误解,更妥善的方法是以一定的说明词或短句来说明。有了说明词,刻度可以不注数字,使用时考核者只在相应的刻度处画出符号即可,但若同时用数字标示,则各刻度就能量化评分了。至于说明词,可以是标准分类式,例如"一贯""总是""从来""有时""偶尔"等表示频度的副词;也可以是行为或时间描述式的。表8-5是工作绩效考核量表的举例。

表8-5　工作绩效考核量表举例

姓　　名: 职　　位: 考核时间: 考核者姓名: 考核者职位: 部　　门:	评价尺度定义: 1——未能达到工作要求 2——基本达到工作要求 3——全部达到工作要求 4——很好地达到工作要求 5——超过了工作要求	
被考核职位:行政秘书		
<p style="text-align:center">工作内容与责任</p>		
A.打字速度　　　　　权重:30%	评价等级:1,2,3,4,5	
以每分钟60个单词的速度按照适当的格式准确地将各方面的指令打印成文件;打印通知、会议议程、工作日程和其他要求打印的文件	评语:	
B.接待　　　　　权重:25%	评价等级:1,2,3,4,5	
热心帮助来电者和来访者;回答打进来的电话,转达消息、提供信息或将电话例行转给某人;接待来访者,提供信息或直接将客人引到相应的办公室	评语:	
C.计划安排　　　　　权重:20%	评价等级:1,2,3,4,5	
对工作日程进行安排,进行有效管理;为上级约见会面人员;协助进行年度会议的安排;对组织各项设施的使用进行计划安排	评语:	
D.文件与资料管理　　　　　权重:15%	评价等级:1,2,3,4,5	
创建并维护一个合适的文件管理系统,能够按照要求迅速地放进和取出文件;将资料放进文件夹中的适当位置;从文件夹中查找并取出需要的资料	评语:	
E.办公室一般服务　　　　　权重:10%	评价等级:1,2,3,4,5	
以一种受欢迎的方式和既定的程序来履行相关的办公室职责;通过邮递中心处理邮件、寄送文件;负责公告栏的书写;完成其他预定工作	评语:	

2.行为导向型绩效考核方法

　　行为导向型绩效考核方法重点在于甄别与评价员工在工作中的行为表现,即工作是如何完成的。这类方法关注完成任务的行为方式是否与预定要求相一致,适用于职位工作输出成果难以量化或者强调以某种规范行为来完成工作任务的情景,诸如组织中的事务管理人员和行政管理人员。行为导向型绩效考核方法面临的主要问题是:实施考核时难以开发出所有与工作行为相关的标准;而且在实际工作中,两个工作行为方式不同的员工都可能取得良好的工作绩效。常见的行为导向型绩效考核方法有关键事件法、行为观察量表法、行为锚法,具体特点如表 8 - 6 所示。

表 8 - 6　行为导向型绩效考核方法特点

优点	缺点	适用范围
1. 提供确切的事实证据 2. 利于绩效面谈 3. 利于引导并规范被考评者行为	1. 对基础管理水平要求较高 2. 评价标准制定难度较大、操作成本较高	1. 适用于考核难以量化的、主观性的行为 2. 适合于事务管理、行政管理等行为态度直接影响绩效结果的人员的考核

(1)关键事件法。关键事件法是由美国学者福莱诺格(Flanagan)和伯恩斯(Baras)在 1954 年共同创立的。它是由上级主管者记录员工平时工作中的关键事件:一种是做得特别好的,一种是做得不好的。在预定的时间,通常是半年或一年之后,利用积累的记录,由主管者与被测评者讨论相关事件,为测评提供依据。关键事件法包含了三个重点:①观察;②书面记录员工所做的事情;③有关工作成败的关键性的事实。

关键事件法的主要原则是认定员工与职务有关的行为,并选择其中最重要、最关键的部分来评定其结果。它首先从领导、员工或其他熟悉职务的人那里收集一系列工作行为的事件,然后描述"特别好"或"特别坏"的职务绩效。这种方法考虑了职务的动态特点和静态特点。

对每一事件的描述内容,包括:①导致事件发生的原因和背景;②员工的特别有效或多余的行为;③关键行为的后果;④员工自己能否支配或控制上述后果。

在大量收集了员工的关键事件以后,可以对它们做出分类,并总结出职务的关键特征和行为要求。关键事件法既能获得有关职务的静态信息,也可以了解职务的动态特点。

(2)行为观察量表法。行为观察量表法是指描述各个具体考核项目相对应的一系列有效行为,由考核者判断、指出被考核者出现各相应行为的频率,来评价被考核者的工作绩效。

行为观察量表法的关键在于界定特定工作的成功绩效所要求的一系列合乎期望的行为。行为观察量表法的开发需要收集关键事件,并按照维度分类。使用行为观察量考核时,考核者需要指出员工在所列举行为项上的实际行为频率状况,进而评定工作绩效。一个 5 分的量表分为由"极少"或"从不是"到"总是"五个等级,相应分值为"1"到"5"。通过员工在每一行为项上的得分相加得到总评分,高的绩效分值意味着一个人经常表现出合乎期望的行为。

(3)行为锚定法。行为锚定法是量表评定法和关键事件法的结合。使用这种方法,可以对源于关键事件的有效和非有效的工作行为进行更客观的描述。在使用过程中,会通过一张登记表反映出不同的业绩水平,并且对员工的特定工作行为进行描述。考虑到熟悉某种特定工作的人能够识别这种工作的主要内容,由他们对每项工作的特定行为进行排列和证实。因为行为锚定法需要有大量员工参与,所以它可能更容易被主管和下属所接收。

行为锚定法的特点在于:将关于特别优秀或特别劣等绩效的叙述加以等级性量化,从而综合了前述关键事件法和量表评定法的优点,因此具有较强的客观性与公平性。

3.特质导向型绩效考核方法

特质导向型绩效考核方法主要适用于考核员工的个性特征。所选的内容主要是那些抽象的、概念化的个人基本品质,诸如决策能力、对公司的忠诚度、主动性、创造性、交流技巧以及是否愿意与他人合作等。但这种类型的考核方法对员工工作的最终结果关注不够。常见的特质导向型绩效考核方法有混合标准尺度法和评语法。其特点具体如表8-7所示。

表8-7 特质导向型绩效考核方法特点

优点	缺点	适用范围
有利于引导员工注重潜能的开发,有利于对员工进行有计划的长期培养	很难提供确切、具体的事实依据	适用于能力等个性特征指标的考核,适用于以员工开发为目标的绩效考核和对高级管理人员的绩效考核

(1)混合标准尺度法。混合标准尺度法是指描述与各个绩效考核项目相对应的不同绩效等级的绩效表现,把各个描述混合起来并在考核表中进行随机排列,由考核者判断并选择出其中与被考核者行为特征相符合的选项,从而对被考核者进行绩效考核。

混合标准尺度法属于特质与行为相结合导向型的绩效考核方法,适用于对员工工作行为所反映出的个体特质的考核。设计混合标准尺度的基本步骤为:①要分解出若干考核维度;②需要准确表述与每一维度的好、中、差三个行为等级相对应的典型工作表现,形成不同的描述语句;③把前述所有描述语句打乱,呈混杂无序排列,使考核操作者不易察觉各描述语句是考核哪一维度或表示哪一等级,因而使其主管的主观成分难以掺入。

应用混合标准尺度法实施绩效考核时,考核者只需把被考核者的实际表现与所定义绩效标准的描述语句逐条对照评判。凡达到描述语句所述则画"+";不及所述则画"-"。最后便可根据所给符号,按照评分规则,较准确地判定被考核者在各维度上应获分数。现以某一公司职员为例说明。假设考核维度只有三个,即7,6,2针对工作效率,8,1,4针对工作自信心,3,9,5针对工作汇报质量,就此三维度各拟出好、中、差三种表现的描述句,如表8-8所示。

表8-8 混合标准尺度法举例

序号	典型绩效表现	评价符号
1	有正常自信,通常对工作有把握,只偶尔踌躇一下	
2	工作效率欠佳,完成任务时间长,有时不能按期完成	
3	口头及书面汇报都有条理,考虑周到,很少需要另做补充	
4	工作中有些畏缩,往往不能果断,偶尔甚至对事情采取回避态度	
5	有时汇报得无条理、不完整,因而价值不大,或需返工做补充修改	
6	效率符合要求,一般能在适当时间内完成所给任务	
7	敏捷、利索,总能完成计划进度,并能很快适应新给的任务	
8	言行举止都表现得颇有自信,对各种情况能迅速做出果断反应	
9	汇报的内容多是有意义而有用的,结构也较有条理,但往往需要做补充报告	

混合标准尺度法的优点在于使考核者的注意力不会过度集中在分值上,而同时也会注重被考核者的行为模式。因为,对某一项特定工作来说,并非整体分值越高的员工越胜任,而应该是在某一特定方面有专长或符合某特定行为模式的员工最胜任。此外,它还克服了关键事件法的缺点,即收集和分析员工行为表现时的随时性和不确定性,在评估表格设计时就体现了高度的系统性。但是,在对考核因素各等级进行描述时存在文字的局限性,很难全面反映复杂的实际表现行为。

(2)评语法。评语法是指由考核者用描述性的文字表述员工在工作业绩、工作能力和工作态度方面的优缺点,以及需要加以指导的事项和关键性事件,由此得到对员工的综合考核。评语法也叫作描述法。

评语法主要适用于以员工开发为目的的绩效考核。评语法迫使考核者关注与被考核者绩效相关的特别事例,因此能够减少考核者的偏见和晕轮效应。而且,由于考核者需要列举员工表现的特别事例,而不是使用量表评定法,因此也能减少趋中和过宽性误差。

评语法明显的局限性表现为:考核者必须对每一员工写出一篇独立的考核评语,需要花费较多的时间;另外,评语法所描述的不同员工的表现无法与提升相联系。这种方法最适用于小企业或小的工作单位,而且主要目的是开发员工的技能,激发员工的潜能。

8.2.2 现代绩效考核方法

现代绩效考核方法更多地体现了战略人力资源管理的思想,又称为战略导向型绩效考核方法。战略导向型绩效考核方法着眼于企业发展战略,贯穿于绩效指标构建、执行、考核与评价的绩效管理全过程,是绩效管理的重要方法。使用这类方法可以帮助组织更有效地确定各层级绩效目标,保证目标体系的战略导向性、衔接性和一致性。常见的战略导向型绩效考核方法有平衡记分卡法、关键业绩指标法、目标管理法。其特点具体如表8-9所示。

表8-9 战略导向型绩效考核方法的特点

优点	缺点	适用范围
1.支持组织战略目标的实现 2.利于保证各层级绩效目标的一致性 3.提升整体管理水平	1.难度大,耗时耗力,成本高 2.涉及面广,要求全员参与	1.注重战略发展的组织 2.领导重视、员工素质高的组织 3.管理基础好的组织

1.平衡计分卡法

平衡计分卡法的核心思想是通过财务、客户、内部经营过程、学习与成长四个方面指标之间相互驱动的因果关系,实现从绩效评估到绩效改进以及从战略实施到战略修正的目标。一方面,通过财务指标保持对组织短期绩效的关注,另一方面,通过员工学习、信息技术的运用、产品与服务创新来提高客户的满意度,共同驱动组织未来的财务绩效,展示组织的战略轨迹。其具体如图8-1所示。

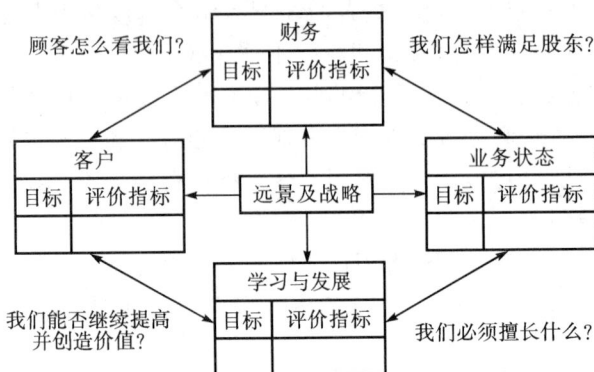

图 8-1　平衡计分卡

平衡计分卡实施的目的和特点之一就是避免短期行为,强调未来投资的重要性,同时并不局限于传统的设备改造升级,更注重员工系统和业务流程的投资。注重分析满足需求的能力和现有能力的差距,将注意力集中在内部技能和能力上,这些差距将通过员工培训、技术改造、产品服务加以弥补。相关指标包括新产品开发循环期、新产品销售比率、流程改进效率等。表8-10列出了平衡计分卡四个角度常用的一些指标。

表 8-10　平衡计分卡四个角度常用绩效指标

财务角度	客户角度	内部流程角度	学习与发展角度
利润率	市场份额	产品(服务)质量	提供新服务收入的比例
现金流量	用户排名调查	产品开发/创新	员工满意度
收入增长	新客户的增加	事故回应速度	改善提高效率指数
项目收益	客户的保有率	安全与环境影响	关键技能的发展
毛利率	客户满意度	劳动生产率	继任计划
回款率	品牌形象识别	设计开发周期	领导能力的发展
税后净利润	服务差错率	生产周期	人均创收
净现值		生产计划	员工建议数
		预测准确率	新产品上市的时间
		项目完成指标	新产品收入所占比例
		关键员工流失率	

应用平衡计分卡设计绩效考核指标的基本步骤具体介绍如下:

第一步,准备阶段。首先要把客户、销售渠道、生产设备和财务绩效等调查清楚,将每个部分的内容明确定义;其次,把平衡计分卡的背景资料以及描述组织远景、使命和战略的文字性材料分发给员工,特别是高层管理者。图8-2是某公司的战略目标构成图例。

第二步,首轮单独面谈。首轮单独面谈的对象是公司高层管理人员及大股东代表,以单独会面的形式,面谈的时间约为每位90分钟。面谈主要目的包括:把握高层管理人员对企业战略目标的理解,了解高层管理人员对企业战略目标和业务评价方面的意见和建议,了解股东对财务以及重要客户、供货商的具体期望。

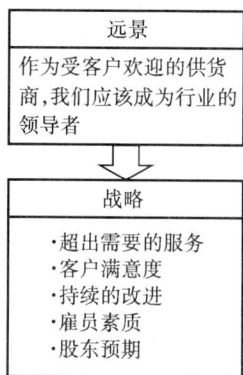

图 8-2　某公司战略目标

第三步,首轮讨论会。首轮讨论会以公司高层管理人员组成研讨小组的形式进行,研讨小组主要就如何建立适合公司的平衡计分卡展开讨论。具体过程为:首先,研讨小组成员针对各方提出的有关组织战略的各种意见进行辩论和探讨,最终达成一致意见;其次,由研讨小组成员和平衡计分卡的制定者共同制定出初步的多层面平衡计分卡,包括组织层平衡计分卡、部门层平衡计分卡和个人层平衡计分卡。多层面平衡计分卡的设计主要是按照嵌套的方法从上至下分级进行的,具体过程如下:

首先,根据组织的战略目标,确立组织取得成功的关键因素,形成组织战略经营计分卡,并依据平衡计分卡制定出如图 8-3 所示的组织层的平衡计分卡。

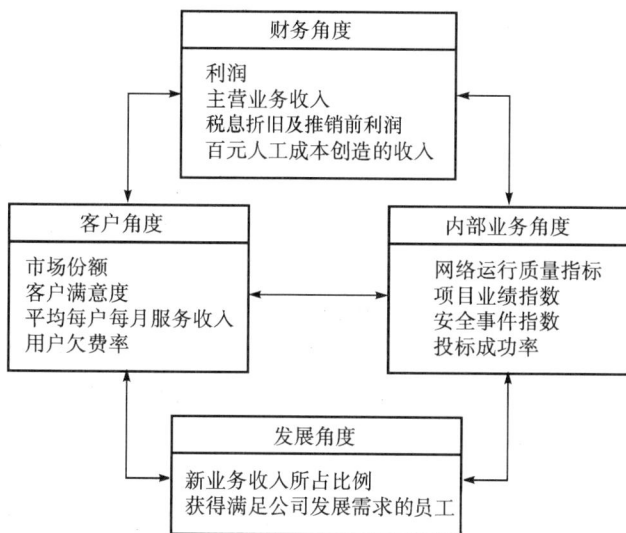

图 8-3　某公司组织层平衡计分卡

其次,依据组织的战略目标、绩效指标和目标值,采用嵌套方式,由组织层平衡计分卡直接推断出部门层平衡计分卡。例如,公司层平衡计分卡中"销售收入增长率"就可以直接或间接分解到销售部门。充分考虑各职能部门内部客户及其需求与愿望,结合各部门的职能和作用,完善部门层平衡计分卡的内容。平衡计分卡示例如表 8-11 所示。

表 8-11 L公司平衡计分卡示例

层面	公司平衡计分卡指标	销售部平衡计分卡指标	销售员 S 的平衡计分卡指标
财务(F)	销售额	销售额	销售额
	纯利润	销售利润率	销售利润率
	成本控制	销售费用率	单项销售费用率
客户(C)	客户保留率	老客户保留率	老客户保留率
	客户获取率	新客户获取率	新客户获取率
	出口产品比	出口产品销售额占比	出口销售额占比
学习(L)	员工培训次数	员工培训次数	参加培训次数
	员工开发规划	专业提升规划	个人学习计划
	专业人才占比	获职业资格员工占比	获得的专业职业资格证
流程(P)	产品一次合格率	质量投诉处理时间	质量投诉处理时间
	日销量	老客户访问次数	重点客户访问次数
	新产品销售比	新客户拜访次数	目标客户开发个数

最后,按照设计部门层平衡计分卡的原则和程序,以组织和部门的平衡计分卡为基础,根据个人职位工作的关键职能,设计出个人层面的平衡计分卡。个人平衡计分卡包含三个不同层级的衡量信息,所有员工在日常工作中都能轻易看到这些战略目标、测评指标和行动计划。

第四步,第二轮单独面谈。在高层管理人员对初步平衡计分卡讨论之后,制定者要对讨论得出的结果进行考察、巩固和证明,形成修正后的平衡计分卡。之后,组织高层管理人员进行第二轮单独面谈,就修正后的计分卡的内容和实施征求高层管理者和股东的意见。

第五步,第二轮讨论会。参与这一轮讨论的不仅有高层管理人员,还包括其他重要职位的员工。如果人数较多,则可以采用分组的形式进行,由高层管理人员分别带领自己的直接下属进行讨论。其重点在于增强对企业的远景、目标和战略的共识;着重讨论平衡计分卡中与组内人员工作有关的指标,并提出对实施的构想;在讨论的最后,要把战略目标和平衡计分卡的多层面结合起来,形成一个比较完整的计划。

第六步,第三轮讨论会。本轮讨论会的主要对象是公司高层管理人员,主要目的是在前两轮讨论会的基础上,就公司的战略、目标和任务最终达成共识,最后确定出每个层面平衡计分卡中具体的指标。

第七步,完成平衡计分卡设计。最终完成平衡计分卡的设计,并建立指标库。按照组织平衡计分卡、部门平衡计分卡和个人平衡计分卡不同级别的要求,完成组织从高到低不同层次的评价标准。

第八步,审核。由平衡计分卡制定者按照有效的绩效考核指标体系的要求,对已经制定出的平衡计分卡的绩效考核指标进行检验,完善整个指标体系,形成最终的平衡记分卡指标体系。

平衡计分卡作为一种简洁、科学、适用的评价体系,需要组织内部专家及外部专家学者的协同配合、深入研究,探索适合本组织特色的绩效评价指标体系。

2.关键绩效指标

关键绩效指标(key performance index,KPI)是通过对企业内部流程的输入端和输出端的关键参数进行设置、取样、计算和分析,在工作分析的基础上,将工作岗位职责的关键环节以定量化或行为化的方式来设计的考核指标。这种指标设计方法的关键是建立合理的KPI,必须要研究企业内部各种工作流程情况,找出其中的关键参数,通过对这些参数的衡量,制定绩效考核最重要的业绩指标。

实施KPI方法的思路是基于"抓主要矛盾"的"二八原理",即在一个企业的价值创造中,20%的骨干员工创造80%的价值,或是在每一个员工身上,80%的工作任务是由20%的关键行为完成的。因此,应当抓住20%的关键行为,对之进行分析和衡量,从而抓住绩效考核的重点。从表8-12可以看出基于关键绩效指标体系的绩效考核体系与传统的绩效考核体系的区别。

表8-12 关键绩效指标体系与传统绩效考核的区别

项目	基于KPI的绩效考核体系	传统的绩效考核体系
假设前提	假定人们会采取一切必要的行动,以达到事先确定的目标	假定人们不会主动采取行为来实现目标;假定人们不清楚应采取什么行动来实现目标;假定制定及实施战略与一般员工无关
评估的目的	以战略为中心,指标体系的设计与运用都是围绕战略来服务的	以控制为中心,指标体系的设计与运用来源于控制的意图,也是为更有效地控制个人行为
指标的产生	在组织内部的战略目标与竞争的需要	来源于特定的程序,即对过去行为与绩效的修正
指标的来源	来源于组织的战略目标与竞争的需求	来源于特定的程序,即对过去行为与绩效的修正
指标的构成及作用	通过财务与非财务指标的结合,体现关注短期效益、兼顾长期发展的原则;指标本身不仅传达了效果,也传递了产生结果的过程	以财务指标为主、非财务指标为辅,注重对过去绩效的评价,并且知道绩效改进的出发点是过去绩效存在的问题,绩效改进行动与战略需要挂钩
收入分配体系与战略的关系	与KPI的值、权重相搭配,有助于推进组织战略的实施	与组织战略的相关程度不高,但与个人绩效的好坏密切相关

建立KPI的要点在于流程性、计划性和系统性。无论对于团队绩效或是个人绩效,最终完成一个绩效考核的指标体系都要经过以下几个过程:

①确定所需考核的工作产出；

②确定每一项工作产出的绩效指标和标准；

③给各项绩效指标赋予一定的权重；

④对绩效指标体系的评价。

(1)确定工作产出。首先，由于关键绩效指标体现了绩效对企业目标增值的部分，是针对企业目标中起增值作用的工作产出设定的，因此要想设定关键业绩指标，首先需要确定增值产品。在确定增值产品的过程中要注意遵循增值产出原则、客户导向原则和结果优先原则，整个过程应从确定企业的增值产品开始，然后从上至下逐级分解，最后得出企业中每个部门到每个岗位的增值产品。

其次，我们通常将某个个体或企业工作产出服务的对象当作这个个体或企业的客户，在进行绩效考核时，可以通过内外部客户对工作产出的满意标准来衡量个体或企业的绩效，所以在确定工作产出时，必须明确该个体或企业的客户关系。客户关系图就是通过图示的方式表现一个个体或企业工作产出所面对的内外客户，它可以使所有的客户关系和工作内容一目了然，是确定工作产出的重要方法。客户关系图的具体例子如图8-4所示。

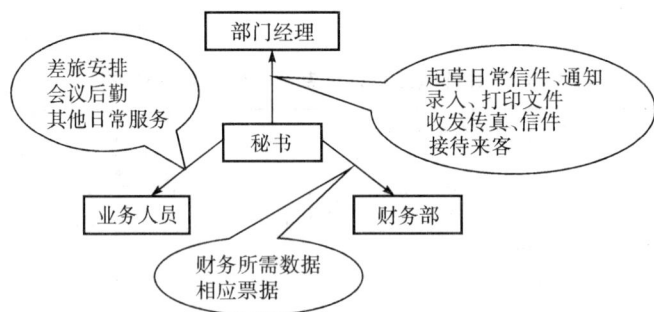

图8-4　秘书岗位的客户关系图

该秘书所面对的客户主要有三类：一是部门经理；二是部门内的业务人员；三是财务部门的相关人员。秘书向经理提供的工作产出有：起草日常信件、通知；录入、打印文件；收发传真、信件；接待来客。因此，我们在衡量秘书对经理的工作完成情况时，就应该考虑上面四项工作产生的经理的满意度，秘书的绩效标准也就是在这些工作产出上的质量、数量、时效性等。例如，文件的录入、打印标准性如何，起草的文件是否达到了经理对质量的要求，等等。只要能够把企业的内外部客户分析完全，并把客户、工作产出与客户满意度相联系，客户关系图的方法同样适用于对企业的工作产出进行分析。

最后，在了解各个层级的增值产品和客户关系后，必须通过进一步的工作分析，分析所有岗位工作内容哪些是重要的，哪些是不重要的，甚至有些是可以从工作中忽略的，然后按照重要程度为工作产出设计权重。

(2)建立关键绩效考核指标。建立关键绩效考核指标要遵循SMART原则，表8-13是正确运用SMART原则建立绩效考核指标的具体做法。

表 8−13　运用 SMART 原则的要点及举例

原则		正确做法	错误做法
specific 明确具体的	要点	· 切中目标 · 适度细化 · 随情况变化	· 抽象的 · 未经细化 · 复制其他情境中的指标
	举例	安全报告完成:安全报告在安全会议举行前 10 天完成,并上交主管领导	安全报告完成:及时完成安全报告
measurable 可度量的	要点	· 数量化 · 行为化 · 数据或信息可得	· 主观判断 · 非行为化描述 · 数据或信息无从获得
	举例	出勤状况:年无故缺勤次数不超过 5 次	出勤状况:本年度出勤状况良好
attainable 可实现的	要点	· 付出努力,可以实现 · 在适当的时限内可实现	· 过高或过低的目标 · 期间过长
	举例	销售额:2019 年的销售额比 2018 年提高 20%	销售额:以后 10 年每年的销售额比 2018 年翻五番
realistic 切实可行的	要点	· 可证明的 · 可观察的	· 假设的 · 不可观察或证明的
	举例	工作态度:产品的次品率低于 5%	工作态度:工作认真负责
time-bound 有时限的	要点	· 使用时间单位 · 关注效率	· 不考虑时效性 · 模糊的时间概念
	举例	自用户投诉起 24 小时内拿出令用户满意的解决方案	及时处理所有用户投诉

常用的关键绩效指标有:

①数量指标:产量、工作量、销售量等,主要来自业绩记录与财务数据;

②质量指标:合格产品的数量、错误的百分比、准确性、独特性等,主要来自生产记录、内外部客户的评价;

③成本指标:单位产品的成本、投资回报率等;

④时限指标:及时性、供货周期等;

⑤行为指标:胜任特征、关键行为。

(3)设定考核标准。绩效考核标准是指对绩效考核指标进行考量、评定、分级、分等的尺度。考核标准应该在管理者和员工双方沟通协调取得认同之后再制定出来,这样不仅有利于双方在评价中不产生分歧,而且可以通过员工参与来激励员工达到甚至超过标准。下面是一种可行的操作步骤:

①管理者和员工分别或由一方先单独拟定出一个绩效指标考核标准；

②组织员工进行沟通、讨论，如果涉及内容是组织或团队的绩效指标评价标准，则工作团队中起码要有相当人数的代表参与制定考核标准的工作；

③对存在的分歧进行研究，管理者尽力使标准得到下属的认同，同时符合组织发展的需要；

④在讨论和分析的基础上制定出最终的绩效指标考核标准。

考核标准应该是不以人的能力等因素为转移的客观标准，体现出绩效考核的公正性。具体来说，考核标准应该具备以下的特征：

A.考核标准是基于工作制定的，不因任职者的变化而改变；

B.考核标准是一般员工可以达到的；

C.考核标准必须是公开的，并且应该十分明确；

D.考核标准必须尽可能具体，必须是可以衡量的；

E.考核标准要有时间的限制；

F.考核标准必须可以随着需要而改变；

G.考核标准必须是以文字形式表达出来的。

(4)审核关键绩效指标。审核关键绩效指标主要可以从以下几个方面进行：

①在指标的制定中是否主要关注的是最终的工作产出；

②在指标的制定中是否真正运用了客户关系图；

③关键绩效指标是否可以证明和观察；

④指标考核是否易于跟踪和监视；

⑤某个被考核者的考核指标是否可以解释其80%以上的工作目标；

⑥考核标准的设定是否为被考核者留下了可超越的空间；

⑦指标体系整体运用统计方法分析后的信度和效度。

3.目标管理法

管理大师德鲁克说："目标管理改变了经理人过去监督部署工作的传统方式，取而代之的是主管与下属共同协商具体的工作目标，事先设立绩效衡量标准，并且放手让部署努力去达成既定目标。此种双方协商一个彼此认可的绩效衡量标准的模式，自然会形成目标管理与自我控制。"

目标管理法主要有以下五个实施步骤：

第一步，初步制定目标。一个组织的目标分解为组织、部门、员工三个层次。目标的制定有两种形式，一种是从上到下，一种是从下到上。顾名思义，第一种开始于组织的最高层，他们提出组织使命和战略目标，然后通过部门逐层往下传递直至具体的员工。在不同的层级要有相应的人员对制定目标负责，最后要达到为每个员工都设立目标。第二种开始于基层员工，由他们提出个人的目标，然后层层上报，最终合并为企业的目标，在实际运用过程中第二种方式运用较少。制定目标过程通常是一个员工及其上级、部门及其上级通力合作的过程，在确定目标的同时也要初步确定每项目标如何测量。

第二步，确定目标。组织中的高层管理者组织中层管理者对制定好的目标进行讨论，中层管理者再和部门内的员工讨论，把讨论结果记录并上报到人力资源部门。考核指标的制定者在研究讨论结果后对目标体系和目标测量标准进行修正,务必使各个层级的目标和测量标准都得到相关人员的认同。在确定目标的同时要设定完成这一目标的时间要求,也就是说当员工为这一目标努力时,可以合理安排时间,了解自己目前在做什么,已经做了什么和下一步还要做什么。确定后的目标要具有以下特点:

①目标是上下级一致认同的;

②目标必须符合 SMART 原则;

③目标最好有个人努力的成分;

④目标最好存在于一项完整的工作任务中;

⑤目标不宜太多,遵从简单化原则。

第三步,确定目标的重要程度。对于任何一个层级和层级中不同的职位,不同绩效目标的重要程度也不一样,绩效目标越重要,在总的绩效考核中分量就越重。所以管理人员必须对不同层级的目标和工作内容进行分析,分别对组织绩效目标、部门绩效目标和员工个人绩效目标三个层级中的每个目标确定重要程度。

第四步,将绩效目标转化为绩效指标。按照对应性将制定好的目标转化为绩效考核指标,在这个过程中并不要求一一对应,但整个指标体系和目标体系必须是等价关系,即指标体系必须把所有的绩效目标都体现出来,同时又不能有和目标毫不相干的多余指标。目标转化为指标的同时,也要把目标的评价标准转化为绩效考核指标的评价标准,而目标的重要程度经过计算也要转化为指标权重。

第五步,对指标进行审查。运用绩效考核的基础理论和指标设计的要求对所确定的指标进行检查和修改,并完善指标体系。

8.3　绩效考核指标体系的设计

绩效考核是绩效管理的重要环节,也是最主要的管理内容,做好绩效管理工作,设计科学、合理、有效的考核指标体系是关键,也是一项复杂的工作。

8.3.1　绩效考核指标的种类与设计要点

绩效考核指标是对被考核对象绩效的表征形式,只有设定了考核指标,绩效考核工作才具有可操作性。

1.绩效考核指标的种类

绩效考核指标有很多种,对绩效考核指标进行分类,便于人们有效地把握各种绩效考核指标的本质特征,指导人们有效地制定绩效考核指标。

(1)根据绩效考核内容的设计。绩效考核的内容是进行绩效考核的基础,也是设计绩效考核指标的依据,只有确定了绩效考核的内容才能在此基础上进行员工绩效考核。尽管不同的工作岗位的工作性质、方式、任务、责任等不同,但从一般意义上来讲,绩效考核的内容包括员工工作业绩、工作能力和工作态度的考核。

①工作业绩指标。工作业绩是工作行为所产生的结果,可以表现为某职位的关键工作职责或一个阶段性的项目,也可以是年度的综合业绩。工作业绩指标可具体表现为所完成

职位工作的数量指标、质量指标、工作效率指标以及成本费用指标。

②工作能力指标。工作能力是指员工担当工作应具备的知识、技能、经验、个性特征等,这是完成工作任务、履行工作职责必备的素质,与工作业绩有着密切的关系。组织中的不同职位对于员工工作能力的要求是不同的,工作能力指标是针对被考核职位对任职者所必须具备能力的要求而制定的;受环境因素、工作难易程度及工作成果形成周期差异化的影响,员工的工作业绩往往不能如实反映员工对于组织的实际贡献。因此对工作能力的考核主要是考核能力发挥的状态,是否能达到标准和要求,对能力强弱做出判断。

③工作态度指标。工作态度是在整个工作过程环节中表现出来的心理倾向性。工作态度的好坏影响工作能力的发挥,进而影响工作任务的完成,工作态度是工作能力转化为工作结果的"转换器"。

在工作中,我们常常可以看到一个能力很强的员工由于出工不出力,而业绩平平;另一个能力一般的员工,却由于兢兢业业而做出了引人注目的好业绩。不同的工作态度可能产生截然不同的工作结果。工作态度不仅对工作态度主体的工作业绩有较大的影响,还会影响到组织其他成员工作能力的发挥与工作业绩的实现,也会通过影响组织的效率、风气而最终影响到组织的整体绩效。为了对员工的行为进行引导从而达到绩效管理的目的,在绩效考核中必须包括对工作态度进行考核的指标。

在确定了绩效考核的内容后,就必须将内容具体化,设计出反映考核内容的指标项目,使考核工作具有更强的操作性。任何一项工作都是由一系列活动环节或任务组成的,其中某些活动环节或任务对于员工完成工作业绩是非常重要的。一个有效的绩效考核指标体系应是多层面和多角度的,也就是说,绩效考核的指标体系应能体现出对员工业绩评价的主要维度。而且,绩效考核指标体系设计得越具体,绩效考核体系就越有效。

有关研究发现对各类工作的绩效考核均包括六个主要维度,见表8-14。

表 8-14 绩效考核中的六个主要维度

质　量	完成某项活动的过程或结果的水平,是否采用了理想的方式进行工作,是否达到了该项活动的目的
数　量	即生产数量,可以用货币价值、生产产品的数量或完成生产活动周期的次数来表示
及时性	对合作双方而言,一项活动是否在可能的最早时间内完成或产出结果,以便为其他人继续下一阶段活动提供充足的时间
成本节约	对组织内部资源(如人力资源、资本、技术和原料)的有效运用,从而达到收益最大化或损失最小化的目的
监督的需要	被考核者在其工作的过程中,是否需要上级主管的帮助和指导,是否需要上级主管介入来减少负面结果的发生
人际影响	被考核者在其工作过程中,是否在其同事间、下属间激发出自尊、友善、合作的气氛

(2)根据指标量化程度的设计。按照指标量化程度的不同,可以将指标分为硬指标和软指标。

①硬指标。硬指标是指以统计数据为基础,把统计数据作为主要考核信息,以数学手段求得考核结果,并以数量表示考核结果的考核指标。硬指标示例如表8-15所示。

表 8 - 15　某公司绩效硬指标

指标	得分				
	4	3	2	1	0
销售收入增长率	比去年同期增长 15%以上	比去年同期增长 10%～15%	比去年同期增长 5%～10%	比去年同期增长 5%至持平	达不到去年同期水平
毛利	100 万元以上	80 万元～100 万元	60 万元～80 万元	40 万元～60 万元	40 万元以下

②软指标。软指标是指需要通过人的主观判断而得出考核结果的考核指标。由考核的专家直接给被考核对象的绩效状况进行打分或做出模糊评判,得出诸如"很好""好""一般""不太好""不好"的判断。

③软、硬指标结合。在实际考核工作中,往往不会是单纯使用硬指标或软指标进行考核,而是将两种方法的长处加以综合应用,以弥补各自的不足,以硬指标为主,辅以软指标进行考核。在数据比较缺乏的情况下则以软指标为主,辅以硬指标进行考核。具体示例如表 8 - 16 所示。

表 8 - 16　某公司部门满意度绩效考核指标

指标	得分				
	4	3	2	1	0
相关部门满意度	90%以上的部门非常满意	70%～90%的部门非常满意	70%的部门非常满意	50%～70%的部门基本满意	不足 50%的部门基本满意

(3)根据模块化的指标构建进行设计。人们在构建绩效考核指标时往往沿用这样一种思路:首先,会从"特质""行为""结果"三个模块着手,进行绩效考核指标体系的框架设计;其次,再确定各模块的具体指标。特质指标、行为指标和结果指标是较为常见的绩效考核指标方式。三类考核指标的实例如表 8 - 17 所示。

表 8 - 17　某公司绩效考核指标举例

类别	指标	考核要点
特质类	计划能力	制定和提出切实可行的计划与方案;所负责的工作紧张、有序、有条理;有计划地调整和使用资源
	学习能力	在工作中不断地学习与更新知识,学习他人先进经验;在工作中不断提高工作技能,改进工作方法
	合作能力	能够以大局为重,不计较个人利益,正确对待他人的批评;能够与同事密切合作,共同做好工作;有参与意识,主动地提出合理化建议
行为类	纪律性	严格遵守公司的各项规章制度和工作纪律
	敬业精神	热爱本职工作,始终保持饱满的工作热情;主动承担工作责任,主动解决工作中的问题,脚踏实地地做好每一项工作
	服务意识	主动地为他人和其他部门提供服务;不断改进工作方法,提高服务质量
结果类	计划完成	按照工作计划,圆满完成本考核期内的工作任务与目标
	工作效率	工作效率较上个考核期有显著提高
	工作质量	工作质量较上个考核期有显著提高,工作失误明显减少

2. 绩效考核指标设计

(1)设计方法。构建绩效评价体系的前提就是选择绩效评价指标。常见的选择绩效评价指标的方法主要有以下五种：

①工作分析法。科学管理必须建立在详尽的分析基础之上,工作分析是人力资源开发与管理的一个非常重要的基本工具,是对工作本身和工作任职者最基本的分析过程(具体请参见工作分析章节)。在制定绩效评价指标的过程中进行的工作分析,最重要的就是分析从事某一职位工作的员工需要具备哪些能力和条件,职责和完成工作任务应以什么指标来评价,指出这些能力和条件对于评价指标中哪些更加重要、哪些相对不那么重要,并对不同的指标完成情况进行定义。这种定义就构成了绩效评价指标的评价尺度。

②个案研究法。个案研究法是指对某一个体、群体或某一组织在较长时间里连续进行调查研究,并从典型个案中推导出普遍规律的研究方法。例如,根据测评的目的、对象,选择若干个具有典型代表性的人物或事件为调研对象,通过对他们的系统观察、访谈来分析确定评定要素。

常见的个案研究法有典型人物(事件)研究与资料研究两大类。典型人物研究是以典型人物的工作情境、行为表现、工作绩效为直接对象,通过对他们的系统观察、分析研究来归纳总结出他们所代表群体的评定要素。资料研究是以表现典型人物或事件的文字材料为研究对象,通过对这些资料的对比、分析和总结,归纳出评定要素。

③问卷调查法。这种方法就是设计者根据需要,把要调查的内容设计在一张调查表上,写好填表说明和要求,分发给有关人员填写,收集和征求不同人员意见的一种方法。让被调查者根据个人的知识和经验,自行选择答案。问卷调查法按答案的形式可以分为开放式问卷和封闭式问卷两大类。开放式问卷没有标准答案,被调查者可以按照自己的意愿自由回答;封闭式问卷分为是非法、选择法、排列法、计分法四种。

④专题访谈法。研究者通过面对面的谈话,用口头沟通的途径直接获取有关信息和研究方法。研究者通过专题访谈可以获取许多极其宝贵的材料。专题访谈有个别访谈和群体访谈两种。个别访谈轻松、随意、活跃,可快速获取信息;群体访谈以座谈会的形式进行,具有集思广益等优点。

⑤经验总结法。经验总结法是由众多专家总结经验,提炼出规律性的研究方法,可分为个人总结法和集体总结法两种。个人总结法是请人力资源专家或人力资源部门人员回顾自己过去的工作,并自在此基础上设计出评价员工绩效的指标目录。集体总结法是请若干人力资源专家或企业有关部门主管(6~10人)集体回顾过去的工作,分析杰出人才和庸碌之辈的差异,列出长期以来用于评价某类人员的常用指标,在此基础上提出绩效评价指标。

(2)设计步骤。绩效考核指标的设计应该遵循如图8-5所示的步骤。

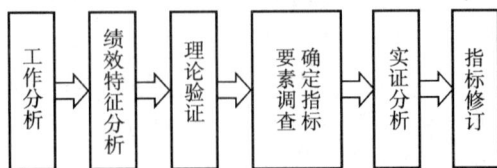

图8-5 绩效考核指标设计步骤图

第一步,进行工作分析。工作分析是对该职务工作内容及相关因素全面地、系统地、有组织地分析。具体过程为:根据绩效考核的目的,确定被考核对象的工作内容、固有性质;了解被考核对象在组织工作流程中所扮演的角色,所承担的责任,以及同上游、下游之间的关系;确定完成该工作应具备的技术、知识、能力和责任。在工作分析的基础上,可以初步确定出绩效考核要素。

第二步,绩效特征分析。将各考核要素分解为适当的绩效特征,并按照需要考核的重要程度进行分档。例如,可以分为"非考核不可""非常需要考核""需要考核""需要考核程度低""几乎不需要考核"五个档次。对经过工作分析初步确定的考核要素进行评价,再按照少而精的原则进行选择。

第三步,理论验证。依据绩效考核的基本原理和原则,对所设计的绩效考核要素进行验证,保证其能有效可靠地反映被考核对象的绩效特征,达到最终考核目的要求。

第四步,要素调查,确定指标。针对以上步骤所确定的绩效要求,灵活运用多种方法进行要素调查,确定出最终的绩效考核指标。调查的方法主要有访谈法、观察法、问卷调查法等,在进行要素调查和指标确定时,往往要将几种方法结合起来使用,使指标更加准确、完善与可靠。

第五步,实证分析。选择组织的某些部门作为试点单位,采用第四步所确定的指标进行考核,并将考核结果进行反馈,与员工的工作结果和工作过程进行比对,修订指标,使其尽可能符合组织工作的情况。

第六步,指标修订。为了使所选择确定的绩效指标更加合理,还应对其进行必要的修改和调整。修改和调整分为两种:一是考核前的修改调整。通过进一步调查分析,将所确定的指标提交专家会议讨论,征求相关主管人员和专家的意见,修改、补充、完善绩效考核指标。二是考核后的修改调整。根据考核的过程及考核结果应用之后出现的问题,经过认真对照比较分析,对指标进行必要的修改,使考核指标更加完善。

(3)绩效考核标准。为了保证绩效考核过程的可操作性及考核结果的客观公正性,绩效考核应满足如下标准:

①词义清晰。不论是考核指标的名称或定义,在用词上都要清楚、明确,使任何人都能理解它的意思,不能有模棱两可的感觉。

②内涵明确。每个指标都规定明确的含义,使得不同的考核者对考核指标的内容都有一致的理解。

③独立性。每个考核指标尽管有相互作用或相互影响,但一定要有独立的内容,有独立的含义和界定。

④针对性。考核指标是针对工作内容而言的,必须与工作内容、工作目标相关,只有这样才能真正起到引导作用,避免工作重点偏离目标的方向。

⑤可操作性。对于各项指标,都要有较强的可操作性,也就是说易于衡量,具体设计时可以通过细节化或应用具体的数据来达到可操作性的要求。

⑥其他。考核指标还应该具有现实性、关键性、可控制性等其他一些要求。

8.3.2　绩效考核指标权重的确定

指标权重确定的方法很多,总体上可以分为主观判断法和定量分析法两类。主观判断法是由专家根据专业知识和经验对指标重要性做出主观判断;定量分析法是指将指标的重要性量化为具体的权重值。在确定绩效考核指标权重时,要考虑指标的数量、处理的便利性和方法的实用性,选择采用相应的方法。通常情况下要综合使用几种方法,特别是注意将主观判断和定量处理相结合。下面我们将分别介绍权重确定的方法。

1.主观判断法

(1)主观经验法。主观经验法是一种依靠历史数据和专家直观判断确定权重的简单方法,决策者需要根据自己的经验对各项考核指标的权重进行分配,或者组织专家集体讨论得出结果。这种方法需要组织有比较完整的考核记录和相应的评价结果。此方法的主要优点在于决策效率高、成本低,容易被人们接受,适合于专家治理型企业;主要缺点是由此方法获得的数据信度和效度相对较低,且对决策者能力要求较高。

(2)德尔菲法。德尔菲法是美国兰德公司的专家们提出的一种定性预测的方法,其目的在于避免集体讨论可能存在的屈从于权威或盲目服从多数的缺陷。德尔菲法作为一种主观、定性的方法,不仅可以用于预测领域,而且可以广泛用于各种评价指标体系的建立和具体指标的决策过程。因此在确定绩效考核指标权重时,德尔菲法也是一种行之有效的主观判断法。

运用德尔菲法的具体步骤如下:

第一步,组成专家小组。要求按照所需确定权重的相关范围确定专家,专家人数的多少,可以根据相关范围的大小和涉及面的宽窄而定,一般不超过 20 人。

第二步,向所有专家提出所要征询的问题及有关要求,并附上有关这些问题的所有背景资料,同时请专家提出还需要什么材料,然后由专家做出书面答复。

第三步,各个专家根据他们所收到的材料,提出自己的意见,并说明自己是怎样利用这些材料提出意见的。

第四步,将各位专家第一次判断意见汇总,列成图表,进行对比,再分发给各位专家,让专家比较自己同他人的不同意见,修改自己的意见和判断。也可以把各位专家的意见加以整理,或请身份更高的其他专家加以评论,然后把这些意见再分送给各位专家,以便他们参考后修改自己的意见。

第五步,将所有专家的修改意见收集起来进行汇总,再次分发给各位专家,以便做第二次修改。逐轮收集意见并为专家反馈信息是德尔菲法的主要环节。收集意见和信息反馈一般要经过三四轮,在向专家进行反馈的时候,只给出各种意见,但并不说明发表各种意见的专家具体姓名。这一过程重复进行,直到每位专家不再改变自己的意见为止。各位专家的意见趋向于一致有助于保持征询结果的正确性。

德尔菲法的优点在于能充分发挥各位专家的作用,集思广益、准确性高,能在运用方法的过程中把各位专家间意见的分歧表达出来,取各家之长、避各家之短。在运用德尔菲法时要注意根据考核指标的性质选择好专家,决定适当的专家人数,并在开始之前拟订好意见征询表,这些都影响着最终结果的有效性。

2.定量分析法

(1)对偶加权法。对偶加权法是将各考核要素两两进行比较,然后将比较结果进行汇总比较,从而得出权重的加权方法。具体计算时将各考核指标进行比较,比较标准为:行中指标的重要性大于列中指标的重要性得1分,行中指标的重要性小于列中指标的重要性得0分。最后将各考核指标的得分进行加总得到各指标得分,将各指标得分除以总分求出各指标的权重。对偶加权法只能进行等额加权,无法区分两个考核要素之间重要性的具体差异,更适合于考核项目的数目繁多的情况下使用。我们结合表8-18所示的实例来说明对偶加权法确定指标权重。

从表8-18可以得到:所考核因素的重要性程度按降序排列,数值越大,意味着该项指标越重要,因而其排序依次为:E、D、B、A、C、F。为了避免出现权重为0的情况,可以假设F的重要性为1,其余指标的重要性程度依次+1,得到:E(6)、D(5)、B(4)、A(3)、C(2)、F(1)。那么权重分别为:E(28.57%)、D(23.81%)、B(19.05%)、A(14.29%)、C(9.52%)、F(4.76%)。当评价者为多人时,可以对每位评价者的意见进行综合后求权重。这种方法的优点是简单、明了;缺点是由于所比较的因素并非是等距,因而权重有所偏差。

表8-18　对偶加权法

指标	A	B	C	D	E	F
A	—	1	0	1	1	0
B	0	—	0	1	1	0
C	1	1	—	1	1	0
D	0	0	0	—	1	0
E	0	0	0	0	—	0
F	1	1	1	1	1	—
重要程度	2	3	1	4	5	0

(2)倍数加权法。倍数加权法首先要选择出最为次要的考核指标,以此为比较基准,赋值为1。倍数加权法的应用实例如表8-19所示。

在表8-19所列的6个指标中,假设C为最次要指标,拿其他要素的重要性与其相比,重要性倍数关系分别在表中列出。6项合计倍数为1.5+2+1+3+5+2=14.5,故各项考核指标权重分别为1.5/14.5,2/14.5,1/14.5,3/14.5,5/14.5和2/14.5。

表8-19　倍数加权法示例

与C相比的倍数关系	A	B	C	D	E	F
考核要素	1.5	2	1	3	5	2

倍数加权法的优点在于它可以有效地区分各考核指标的重要程度。在实际运用过程中,我们也可以不选用最次要考核指标,而选用更具有代表性的考核指标为基本倍数。

(3)权值因子判断表法。权值因子判断表法的基本操作步骤是:

第一步,组成专家小组,包括人力资源专家、评价专家和相关的其他人员。根据对象和目的的不同,可以确定不同的人员构成。

第二步,制定评价权值因子判断表,如表8-20所示。

第三步，由各专家分别填写评价权值因子判断表。填写方法是：将行因子与列因子进行比较。如果采取的是 4 分值，赋值标准为：非常重要的指标为 4 分，比较重要的指标为 3 分，同样重要的为 2 分，不太重要的为 1 分，很不重要的为 0 分。

第四步，对各位专家所填因子判断表进行统计，权重＝各因子评分总计/所有因子评分总计的加总，或者权重＝平均评分/平均评分合计。具体如表 8 - 20 所示。

（4）层次分析法（AHP）。应用层次分析法计算指标权重系数，实际上是按被考核指标体系的内在逻辑关系，以评估指标（因素）为代表构成一个有序的层次结构，然后针对每一层的指标，运用专家的知识、经验、信息和价值观，对同一层次的指标进行两两比较对比，确定层次中诸因素的相对重要性，并按规定的标度值构造比较判断矩阵，由组织者计算比较判断矩阵的最大特征根，解特征方程，从而确定决策方案相对重要性的总排序。

表 8 - 20(a)　权值因子判断表示例

序号	指标	A	B	C	D	E	F	评分值
1	A	—	4	4	3	3	2	16
2	B	0	—	3	2	4	3	12
3	C	0	1	—	1	2	2	6
4	D	1	2	3	—	3	3	12
5	E	1	0	2	2	—	2	6
6	F	2	1	2	1	2	—	8

表 8 - 20(b)　权值因子判断统计

指标	考核者								评分总计	平均记分	权值	调整后权值
	1	2	3	4	5	6	7	8				
A	15	14	15	16	16	16	15	15	122	15.25	0.25417	0.25
B	16	8	10	12	12	12	11	8	89	11.125	0.18542	0.19
C	8	6	5	6	6	7	9	9	56	7.00	0.11667	0.12
D	8	10	10	12	12	11	12	8	83	10.375	0.17292	0.17
E	5	6	7	6	6	5	5	7	47	5.875	0.09792	0.10
F	8	16	13	8	9	8	8	13	83	10.375	0.17292	0.17
合计	60	60	60	60	60	60	60	60	480	60	1.00002	1.00

下面用实例来说明 AHP 的应用步骤：

第一步，确立思维判断定量化的标度。AHP 在指标的相对重要程度进行测量时，一般按照心理学的要求引入九分位的相对重要的比例标度，构成一个判断矩阵 A，矩阵 A 中各元素 B_{ij} 表示横行指标对各列行指标 B_i 的相对重要程度两两比值（B 为 A 的下一级指标）。九分位标度如表 8 - 21 所示。

表 8 - 21　九分位标度示例

B_i 指标与 B_j 指标比	极重要	很重要	重要	略重要	相等	略不重要	不重要	很不重要	极不重要
B_i 指标评价值	9	7	5	3	1	1/3	1/5	1/7	1/9
注备	取 8,6,4,2,1/2,1/4,1/6,1/8 为上述评价值的中间值								

第二步,构造判断矩阵。运用两两相比较的方法,对各相关元素进行两两比较评分,根据中间层的若干指标,可得到若干两两比较判断矩阵。

设共有 k 个专家参与指标权重系数确定,第 x 个专家认为第 i 个指标相对于第 j 个指标的相对重要性为 $B_{ij}^x(x=1,2,3,\cdots,k)$,给出如下的 k 个判断矩阵。

$$\boldsymbol{A}^x = \begin{bmatrix} B_{11} & \cdots & B_{1j} & \cdots & B_{1n} \\ \vdots & & \vdots & & \vdots \\ B_{i1} & \cdots & B_{ij} & \cdots & B_{in} \\ \vdots & & \vdots & & \vdots \\ B_{n1} & \cdots & B_{nj} & \cdots & B_{nn} \end{bmatrix} \quad （n \text{ 为指标个数}）$$

当各位专家给出的判断矩阵一致性较差,即对某两个指标相对重要性的判断差距较大时,就需要由专家对其进行协商和判断。当所有的 B_i 和 B_j 的相对重要性系数都按要求给定后,就将 k 个专家的意见按下述方法进行综合:

①当 $i<j$ 时,取各专家判断值的算术平均值,即

$$B_{ij} = \frac{1}{k} \sum_{x=1}^{k} B_{ij}^x$$

②当 $i>j$ 时,取各专家判断值的调和平均数,即

$$B_{ij} = \frac{k}{\sum\limits_{x=1}^{k} B_{ij}^x} = \frac{k}{\sum\limits_{x=1}^{k} \frac{1}{B_{ij}}}$$

③当 $i=j$ 时,取 $B_{ij}=1$,这样就得到综合了 k 个专家意见的判断矩阵。

根据判断矩阵 $\boldsymbol{A}$ 中指标两两比较的特点,明显的有 $B_{ij}>0,B_{ij}=1,B_{ij}=1/B_{ji}$,$i=1,2,3,\cdots,n$。因此,判断矩阵 $\boldsymbol{A}$ 是一个正交矩阵,每次判断时,只需作 $n(n-1)/2$ 次比较即可。

第三步,计算各判断矩阵的特征向量。关于判断矩阵权重计算的方法有两种,它们是几何平均法(根法)和规范列平均法(和法),计算结果经归一化处理后即为下级各要素对上级某要素的权重。

第一种方法,几何平均法计算步骤如下:

①计算判断矩阵 $\boldsymbol{A}$ 各行中各元素的乘积:$m_i = \prod\limits_{j=1}^{n} a_{ij}$　$i=1,2,\cdots,n$

②计算 m_i 的 n 次方根。

③对向量 $\overline{\boldsymbol{W}}=(\overline{\omega}_1,\overline{\omega}_2,\cdots,\overline{\omega}_n)^T$,进行归一化处理,向量 $\overline{\boldsymbol{W}}=(\overline{\omega}_1,\overline{\omega}_2,\cdots,\overline{\omega}_n)^T$ 即为所求权

重向量。

④计算矩阵 A 的最大特征值 $\lambda_{\max}$：$\lambda_{\max} = \dfrac{1}{n} \sum\limits_{i=1}^{n} \dfrac{(AW)_i}{\omega_i}$

对于任意的 $i=1,2,\cdots,n$，式中 $(AW)_i$ 为向量 AW 的第 i 个元素。

第二种方法，规范列平均法计算步骤如下：

①将 A 的元素按列归一化，即：$\bar{a}_{ij} = \dfrac{a_{ij}}{\sum\limits_{i=1}^{n} a_{ij}}$，得知矩阵 $A = |\bar{a}_{ij}|$

②求各行和的平均值：$\omega_i = \dfrac{1}{n} \sum\limits_{j=1}^{n} \bar{a}_{ij}$

③计算矩阵 A 的最大特征值 $\lambda_{\max}$：$\lambda_{\max} = \dfrac{1}{n} \sum\limits_{i=1}^{n} \dfrac{(AW)_i}{\omega_i}$

第四步，检验矩阵的一致性，以证明如此计算的权重是可以被接受的。

虽然在构造判断矩阵 A 时并不要求判断具有一致性，但判断偏离一致性过大也是不允许的。因此需要对半段矩阵 A 进行一致性检验。步骤如下：

①计算一致性指标：$CI = \dfrac{\lambda_{\max} - n}{n-1}$，$n$ 为判断矩阵的阶数。

②计算相对一致性指标：$CR = \dfrac{CI}{RI}$，式中 RI 为平均随机一致性指标，是足够多个根据随机发生的判断矩阵计算的一致性指标的平均值。$1 \sim 10$ 阶矩阵的 $CR < 0.1$ 时，判断矩阵具有满意的一致性（见表 8-22）。

表 8-22 平均随机一致性指标

矩阵阶数 n	1	2	3	4	5	6	7	8	9	10
RI	0	0	0.58	0.90	1.12	1.24	1.32	1.41	1.45	1.49

8.3.3 绩效考核的实施

1.绩效考核的准备工作

为了保证绩效考核的顺利进行，在考核实施前应做好以下准备工作：
①确定考核的目的和对象；
②确定考核的时间；
③选择考核内容与方法；
④确定绩效考核的标准；
⑤制定考核制度。

2.绩效考核的沟通

考核沟通是绩效考核非常重要的环节，能够让被考核者认可考核结果，客观地认识自己并改进工作。考核沟通使绩效考核公开化、民主化、科学化。

3.选拔考核人员

选拔考核人员就是解决由谁来考核的问题，员工在组织中的关系是上有上司，下有下属,周围有同事,组织外有客户,考核的候选人就可以从这些人中产生。

(1)直接主管。员工的直接主管能够对员工每天的工作情况全面了解,但也可能因为个人偏见、与员工的私人感情等因素,影响评价的客观性。

(2)相关部门管理者。组织中的员工有时会接受几个部门的管理,由几个与员工联系密切的部门管理者组成考核小组,对员工进行考核,也会取得良好的效果。

(3)同事。同事与被考核者朝夕相处,对被考核者的工作比较了解,但同事之间的友情、敌意等也常常影响到他们的评价,在员工中造成利益冲突。

(4)下级人员。对管理者进行考核时,其下属的意见也可以占一定的比重,有助于全面了解被考核者。

(5)自我考核。自我考核可以使员工对自己的工作行为及时进行控制,有助于将个人计划与组织目标结合起来。

(6)客户。组织内部、外部的客户对被考核者的评价也具有一定的参考价值。

4.收集绩效资料信息

绩效资料信息是考核的基础,可以采用问卷调查和访谈法收集一手资料,也可以采用文献分析法收集二手资料,但是所收集的资料必须真实、可靠、有效。

5.实施考核

由被考核者根据所收集的绩效资料,按照绩效考核指标的要求,对被考核者进行考核。

6.考核结果的分析

及时分析考核结果与预期绩效的关系,有助于及时改进管理,提高绩效。分析的内容包括:能胜任工作岗位的员工比率占多少,未达预期绩效的因素有哪些等。

8.4 绩效反馈与绩效改进

在对考核结果进行细致分析之后,应将考核结果反馈给被考核者,帮助被考核者制订绩效改进计划,提高绩效水平。考核结果可以为组织提供各种有用的信息,如用于向员工提供反馈信息,帮助其改进工作绩效;作为任用、晋级、提薪、奖励等的依据;用于检查组织的人员配置、培训等各项管理政策是否正确等。

8.4.1 绩效反馈

绩效反馈有助于员工了解自己在本绩效周期内的业绩是否达到所定目标,行为态度是否合格;同时可以探讨绩效不合格的原因并制订绩效改进计划。管理者可以通过绩效反馈传达组织的期望,和员工共同对下一个绩效周期的目标进行协商,进而形成个人绩效合约。

1.绩效反馈应遵循的原则

在管理实践中,反馈是主管人员普遍使用的一种管理手段,正确的绩效反馈要遵循以下原则:

①反馈应当是经常性的,不应该是一年一次,甚至没有反馈环节。

②强调具体行为,明确指出员工"错"在哪里,"对"在哪里。

③反馈只针对工作本身而不针对个人,永远不要因为一个不恰当的活动而指责某人"笨""没能力"等。

④把握反馈的良机。如果能针对被考核者的近期行为提出一些及时的、有意义的信息反馈,将会对他的工作绩效的改进具有较大裨益。

⑤确保理解。主管人员要用最简单的语言、易懂的言辞来传达讯息,而且对于说话的对象、时机要有所掌握,有时过分的修饰反而达不到想要完成的目的。

⑥使消极反馈指向接受者可控制的行为。比如,责备员工因为忘记给钟表上闹钟而上班迟到是有价值的,但要责备他因为每天上班必乘的地铁出了电力故障,使他在地铁里整整待了一个小时,却是毫无意义的。因为这种情况他自己也无法改变,相反,还会让员工产生反感情绪,觉得主管吹毛求疵。

⑦有效的信息反馈应具有能动性。首先,反馈信息时要因人而异;其次,提高员工参与的自觉性;再次,有效的信息反馈应集中于重要的关键的事项;最后,有效的信息反馈应考虑下属心理承受能力。

2.对错误行为的反馈

针对错误的行为进行反馈就是通常所说的批评。批评既可能是消极的,也可以是积极的和具有建设性的。具有消极意义的批评属于负面反馈,比如:

- "你是怎么搞的,这么简单的问题都不能解决!"
- "你是怎么了,难道你不能更努力些,准时上交报告吗?"

可以看出,以上这些反馈都很无理,也不够具体。很显然,这样的反馈除了让员工对主管人员更加抵触外,不能发挥任何作用。

例如,员工小陈又一次迟到了。多数主管的批评方式往往是:"你怎么又迟到了,难道你不能做到准时一点吗?"这样的批评对减少员工的迟到行为也许有一定作用,但往往会伤害员工的自尊,从而造成主管与员工之间的紧张关系。如果主管这样说:"小陈,我注意到这是你这一周的第三次迟到,你是不是有特殊情况啊?如果没有,请你以后要注意一点啊,你这种行为是不能被接受的。"在员工表示接受这样的批评后,主管还应该表示认同,例如"这样就好了""谢谢"等,以加强反馈效果。后一种反馈方式就是中性反馈,既不会产生主管与员工之间的紧张关系,又可以达到纠正错误行为的目的。

3.对正确行为的反馈

一般而言,主管人员比较重视对员工的错误行为进行反馈,往往会忽视对员工的正确行为进行反馈,对犯错行为减少的情况的反馈更少见。实际上,对员工正确行为以及错误行为不断减少做出相应反馈,会让员工意识到主管人员对他们的关注,就大大激发了他们的自信和热情,并会自觉地把这些正确行为继续保持下去,甚至可能带动周围人群形成好的行为方式。

最好的反馈方式,就是对员工行为直接的认同和赞扬。积极的反馈如下所示:

- 这件事,你做得棒极了!
- 谢谢你,这段时间以来你很努力!
- 连我都没法将它做得那么好!

• 你进步的速度超出了我的预期!

8.4.2 绩效改进

绩效改进是绩效管理过程中的一个重要环节。传统绩效考核的目的是通过对员工的工作业绩进行考核,将考核结果作为确定员工薪酬、奖惩、晋升或降级的标准。而现代绩效管理的目的不限于此,员工能力的不断提高以及绩效的持续改进才是其根本目的。改善员工绩效通常采用的几个步骤是:

第一步,主管人员与员工达成关于绩效问题的共识。许多时候,主管人员认为员工存在绩效问题,但是员工并不认为这是个问题。让员工认识到绩效问题的存在,以及这些问题对组织的影响,如果不改正错误对其个人将要产生的后果。例如,制约了下一生产环节上员工的工作质量,无法满足客户的需求而使客户产生抱怨,给组织的产品质量造成损失,增加其他人的工作负担等。员工的不良表现给个人带来的影响主要包括影响其升迁、奖金分配,将其重要的工作交给其他员工去做,无法参加一些愉快的奖励性的活动,如旅游、培训等。

第二步,分析绩效问题的原因。员工问题的原因是多方面的,可能是能力的问题,也可能是主管人员在行为强化方面做得不适当,还可能是其他方面的原因。

第三步,确定改善的目标。你必须准确地说出,你想要员工做出怎样的改善,而且员工也应该认同这一目标,并在可能的情况下将目标明确地表示为员工在某个绩效考核指标上的考核得分。

第四步,共同探讨可能的解决途径。商定如何实现和监督绩效改进的过程,要让员工了解,他们必须对自己的行为负责。

第五步,鼓励员工已经取得的进步。任何行为改善都是逐步的过程,当员工行为开始有所改善时,应该及时进行认可和称赞。

思考题

1. 什么是绩效管理?其流程包括哪些阶段?
2. 设计一个针对绩效较差的雇员的绩效面谈计划。
3. 简述利用关键绩效指标设计考核指标的具体过程。
4. 绩效考核有哪些方法?试分析各种方法适用的情景。
5. 以某企业的绩效考核为例,简述绩效考核的流程。
6. 试分析绩效反馈的意义。

案例分析

谷歌公司的绩效管理

谷歌联合创始人拉里·佩奇形容谷歌的企业文化是家文化。"公司要像家一样,员工觉得自己是公司的一部分,公司对他们来说就是一个大家庭。如果能这样对待员工,员工的生产效率就会得到提高。"如何让员工既感受到家的温暖,又致力于提高业绩呢? 这得益于谷歌所采用的OKR 制度。

OKR 全称是"目标和关键成果"(objective & key results),即目标与关键成果法。它是一套定义、跟踪目标及其完成情况的管理工具和方法、工作模式,目的是测量员工是否称职,时刻提醒每一个员工当前的任务是什么,有没有做好。以产出为导向,不是仅仅关注事情做了没有,而是事情做得怎么样,成果是什么,效果如何。其一般按照季度和年度进行,精密严谨、完全数值化。

一、谷歌公司 OKR 的实施流程

谷歌公司的 OKR 按流程划分,基本经历了图 8-6 所示的步骤。

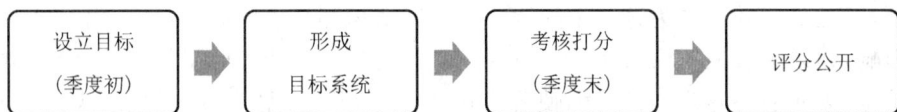

```
设立目标        形成           考核打分         评分公开
(季度初)   ➡   目标系统  ➡   (季度末)   ➡
```

图 8-6   OKR 的实施流程

1. 设立目标

在设立目标阶段,为支持战略目标的实现,所有员工都要设立自己的目标,而且目标必须是可衡量的,必须由几个重要的可测量的指标体现。比如在网站建设上,不能说"计划让网站更漂亮",而是明确量化指标,陈述为"速度提高 30%",或是"用户交互程度提升 15%";在发布 Gmail时,不能只说帮助 Gmail 大获成功,而是要说 Gmail 在 9 月发布,11 月份用户数量突破百万。目标要清晰且有意义,与数字关联。

同时,目标必须是极具野心甚至是激进的,这要求企业内部每个员工都要根据目标持续沟通。在公司内部,所有员工的 OKR 都是可以查阅的,你可以看到谷歌系统中每个员工的手机号码、邮件地址、头衔,这些都会链接到他们的 OKR 上,而且不仅能看到他当季的工作,还可以浏览其过往的工作。在谷歌创投的合伙人瑞可·克罗负责运营 YouTube 的主页服务期间,其他部门希望能够通过 YouTube 推广自己的产品,比如放置一个视频。他们可以首先查看克罗的季度OKR,看看这个季度都要完成什么工作,然后提前"打招呼",实现协作。虽然季度的 OKR 考核目标不会变化,但是年度考核目标,却会结合实际进行调整。

2. 形成目标系统

在谷歌内部,个人、团队以及公司的目标是互相连接的,这些目标会形成一个庞大的目标系统。在草拟 OKR 的过程中,员工能够以个人的身份与直线经理、团队管理者乃至公司高管进行沟通以达成共识。在沟通过程中,每个人了解自己最基本的工作以及最重要的工作,理解如何衡量这些工作是否达成目标以及完成的程度,清楚如何设定自己的 OKR。具体而言,每个员工每季度一般接受 4 到 6 个 OKR 考核,如果考核数量太多,则表明被解雇的可能性加大。

不同的目标和关键成果需要反映公司最重要的优先事项,但是并非每个人的目标都是公司的优先事项,管理者需要将这些目标与公司的战略目标结合起来,形成一个完整的目标系统,即便某些基本的 OKR 也许最终不能在公司整体的 OKR 中显示出来。

3. 考核打分

每个季度末期谷歌将会对员工的 OKR 情况实施考核打分,分值从 0 到 1,0 分最低,1 分最高。一般分值多为 0.6 或 0.7。如果获得 1,则表明目标太简单;如果分值低于 0.4,则员工需要反省错误。另外,季度OKR评分只需要花费几分钟的时间,因此员工不需要在这方面花费太多精力,可以把时间投入在完成项目目标上。

4.评分公开

在员工资料库中,所有人的OKR评分全部公开,任何人都可以查看同事的分数,包括CEO桑达尔·皮查伊。这种考核评分公开的形式,会让一些员工感觉到压力,但可以帮助各部门进行工作协作。通过评分公开的方式,每一位员工都能够清晰了解公司的发展目标,并在这个过程中明确自己的位置,贡献自己力所能及的一份力量,即"专注",每一支团队以及每一位员工都将努力达成自己的期望表现,即"使命感"。

OKR评分不是谷歌进行职务晋升的依据,但发挥了"参考资料"的作用。如果管理层希望提拔某位员工,人事部门可以快捷查询此人业绩。每个员工也能通过评分,了解到自己过去所完成的工作和项目,以及未来的工作方向。

二、OKR对于谷歌公司的意义

在谷歌,员工的行动决定着谷歌的未来,OKR可以用来帮助员工沟通、衡量并达成那些远大的宏伟目标。谷歌的搜索团队、Chrome浏览器团队、安卓团队,通过OKR紧密协同,只用了少量的人力,就取得了辉煌的业绩。因此,对谷歌的员工和经理而言,很重要的一点是要有意识地、谨慎而明智地选择如何分配时间和精力。OKR的意义在于能够很好地帮助员工达成较高的绩效水平。

谷歌用OKR来规划员工要做哪些工作,跟踪这些工作的进度开展情况,在员工之间以及团队之间协调工作的优先级和节点,帮助员工聚焦工作目标,避免员工被那些重要但不紧急的目标分散精力。

OKR一定要具有挑战性,不能过于简单。如果员工轻易达成了所有目标,那只能说明员工的目标还不够具有挑战性。OKR是很好的动机激励工具,它能让团队明白什么是真正重要的,哪些地方需要优化,在日常工作中应当如何去进行利弊权衡。OKR是一种有利于跨团队协同的理想工具。例如,如果广告开发部、广告服务部和网络开发部三个部门需协同交付一个新的广告服务,那么这三个团队就应该有一个共同的团队OKR,来描述他们的这项交付工作,指明各个部门在这个项目中所应做出的贡献。

三、谷歌公司OKR的实际运用案例

2012年谷歌收购了摩托罗拉。在完成对摩托罗拉的收购以后,为了重新进入中国市场,谷歌方面制定了如下OKR目标,如表8-23所示。

表8-23　收购摩托罗拉后的目标

O:我们想要实现什么	KR:如何实现目标
重新进入中国市场获利	1.优秀的研发团队,设计的手机功能、性能符合大众需求
	2.完成 $X\%$ 的市场占有率
	3.提升摩托罗拉的品牌美誉度

针对OKR目标,摩托罗拉做了如表8-24所示的改变。

表 8-24　摩托罗拉的改变

KR1:优秀的研发团队,设计的手机功能、性能符合大众需求	
现状	改变
1.原来的设计团队比较"孤立",只专注于设计,同市场部缺乏有效的沟通,不能很好地迎合市场需求	1.以 OKR 为沟通工具,市场部门定出自己的 OKR 目标,设计部能充分了解到市场部的 OKR,这样设计部 OKR 的制定会结合市场分析,设计出响应市场需求的产品
2.混乱的产品采购、生产、规划战略	2.产品生产、采购的再规划。完善设计缺陷,制定统一的产品规划战略
3.浓厚的技术主导文化,唯技术论	3.重新激励员工,改变公司技术主导的文化,改为以市场为主导的文化
KR2:完成 X% 的市场占有率	
目标	分析
1.制定合理的营销推广战略	1.市场环境发生了巨大变化,营销思路必须顺应当下的市场氛围
2.更好的价格定位	2.在按键手机时代,摩托罗拉是一线品牌,其价格处于市场引领地位,现在需要一个合理的市场定位
3.具有差异化的卖点	3.摩托罗拉具备悠久的企业文化,且其标示度非常明显,因此具有摩托罗拉特色的差异化的卖点,对提高产品的市场占有率 有巨大的意义
KR3:提升摩托罗拉的美誉度	
现状	改变
由于摩托罗拉以前在中国市场的失败,让很多摩托罗拉的用户对摩托罗拉失去信任。挽回这些信任是非常重要的,只有提升了自身的美誉度,许多换机用户才会将摩托罗拉视作一个选择	1.稳定的价格体系,避免短时期内大幅跌价。之前摩托罗拉的失败很大程度上在于价格上的多变。以 V3 为例,从进入市场 6000 多元,短时间内跌到 1200 多,让不少用户无法接受,对摩托罗拉失去信任
	2.多样化的手机市场细分,为用户提供多样的选择,在用户心中重新树立信心与好感
	3.社会公益责任

　　以研发团队为例,在绩效管理方面,每月都会定期对部门以及部门员工 OKR 指标进行考核打分,如表 8-25 所示。

表 8 - 25 研发部门的 OKR

目标	关键结果	中期	得分
提升 Quorum 用户基数	1.增加平均每日访问量 2000 2.月度独立访问量 45000	0.4	0.60
从用户那里得到 Quorum 有用的佐证	1.提升升级转化率到 10% 2.提升月活用户率到 30% 3.70% 的新用户至少回答 10 个问题	0.5	0.75
改进基础设施	使用 Hubot 自动发布工具降低请求延迟 50%	0.5	0.65
改进提问命中技术	1.尝试 5 种重要的算法改进 2.开发一个算法准确度衡量工具,实现 80% 的正确命中率	0.3	0.30
更新 Quorum App 的交互设计	1.至少 90% 的当前月活用户同意这是针对现有版本的明显改进 2.发布新的 Logo 的应用图标,同时使用到网站、社交媒体和博客上 3.做一个全新的版本,100% 的团队一致认可 4.更新应用商店的截屏和文案	0.4	0.90
均值		0.42	0.65

数百名工程师在 OKR 的引领下高效完成了系统升级的工作,大多数用户在第一时间都用上了最新的 Android 系统。摩托罗拉甚至了击败了 Nexus 团队(Nexus 系列是 Google 自有的一个原生品牌,运营由 Google 团队负责)。这说明,虽然还是原班人马,但改变绩效管理方式后,激发了员工工作积极性,提高了团队协作水平,提升了整体绩效。

案例讨论

1.谷歌公司在运用 OKR 时,要注意什么问题?你从摩托罗拉的重新崛起中学到了什么?

2.从绩效管理的角度分析,OKR 与 KPI 相比有什么异同?

3.结合材料分析,企业应该怎样学习运用 OKR 这一绩效管理方法?

第9章 薪酬管理

本章要点

- ○ 薪酬管理的概念、作用和意义
- ○ 薪酬管理的主要内容
- ○ 薪酬体系的构成
- ○ 薪酬系统的设计
- ○ 薪酬的预算、控制与沟通
- ○ 与薪酬管理相关的法律法规

引导案例

成立于1998年的Google(谷歌)公司,是全球最大的搜索引擎公司。从2015年至今,一直位居"世界品牌500强""BrandZ全球最具价值品牌100强"的榜首。2018年,Google与复旦大学签署两年期合作协议,宣布成立复旦大学-谷歌科技创新实验室。同年,Google以5.5亿美元入股京东。2019年,Google与普林斯顿大学在人工智能技术方面开展合作。Google的持续发展得益于其极具特色的薪酬。

Google的员工福利极具吸引力:在公司,员工可以享受一日三餐的免费美食;24小时开放的健身中心和游泳池,私人教练、咨询营养师等专业人士提供的瑜伽、医疗和按摩、温泉水疗;甚至还有免费洗衣、干衣服务。公司为员工提供配有无线上网服务、以生物柴油为燃料、方便快捷的班车。Google连续数年蝉联全美最佳雇主,公司传递的信号是:来我们公司,努力工作,我们会尽力处理好你的日常事务。但即使如此豪华的福利,仍旧有相当一部分员工不满意,他们提出:如果日常事务都交给了公司,除了工作,我们能做什么? 公司到底为我们提供了什么? 我们又得到了什么?

对于许多人而言,工作与家庭之间的界线已经随着电子邮件、手机、个人数字设备等新兴通信技术的崛起而变得模糊。每个人的价值取向都是千差万别的,如何看待这些福利取决于员工各自的价值取向。薪酬管理是人力资源开发与管理的重要环节,颇受员工关注,也令很多组织的管理者"心愁"。为什么薪酬管理被称为"心愁管理"呢? 组织如何兼顾合法、公平、有效的薪酬管理目标呢? 薪酬管理的流程是什么? 如何通过薪酬管理,实现组织与员工的双赢呢? 希望您通过本章的学习,能够清晰回答以上问题。

在知识经济条件下,人力资源是组织价值创造最重要的驱动者。组织间的竞争,归根到底是人才的竞争。在吸引优秀人才方面,薪酬往往起到重要的作用,因而薪酬管理在组织的人力资源开发与管理中占有重要的地位,在决定工作满意度、激励员工、增强组织凝聚力等方面举足轻重。合理的薪酬设计能够激发员工的积极性、主动性,吸引和保留高素质的员工队伍。

9.1 薪酬管理概述

在我国经济体制改革以前,工资是由中央政府直接确定的,任何单位的领导都无权增减下属的工资,工资是计划经济体制实现其高度集中统一的重要手段,组织没有自由管理的权利。经过 40 多年的经济体制改革,劳动收入有了迅速的增长。工资单和工资单外的现金和福利来源名目繁多、渠道复杂,对劳动的定价被很多组织视为最有技术含量的人力资源开发与管理工作。

从员工的角度看,薪酬是员工由于付出劳动而获得的经济性报酬,对员工的态度和行为有着重要的影响;从组织的角度审视,薪酬是用于购买劳动力而支付的人工成本,因此,组织在经营决策中需要对其给予特别仔细的关注。

9.1.1 与薪酬管理相关的概念

1.工作报酬

工作报酬可称为劳动报酬、雇员报酬或简称为报酬,它是指受到雇用而为一定组织工作的正式或非正式员工(雇员),从该组织中所获得的各种对他有价值的东西。换言之,报酬就是作为个人劳动回报而得到的各种类型的酬劳。工作报酬活动实质上是一种劳动力使用(为雇主工作)与经济利益和非经济利益的价值交换活动,即员工为组织(或雇主)付出时间、学识、体力、智力、经验、技能,做出绩效与奉献,组织付给相应的经济利益和非经济利益回报和酬劳。

工作报酬体系所包括的各种工作报酬形式,如图 9－1 所示。

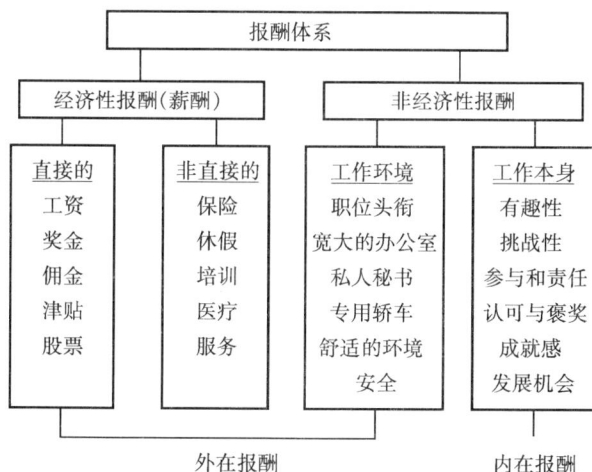

图 9－1　整体工作报酬体系的构成

工作报酬主要分为经济性报酬和非经济性报酬两大类。经济性报酬是指能够直接或间接地以金钱形式来衡量和表现的与经济有关的各类报酬。其中,前者称为直接经济报酬,主要包括工资、奖金、津贴、股票等;后者称为间接经济报酬,主要包括各种保险、休假、培训、医疗和服务等。非经济性报酬难以用金钱形式来衡量和表现,员工个人对工作或工作环境在心理上或物质上满足感的形式是多种多样的。工作报酬还可以根据不同报酬对员工所产生的激励是一种外部强化还是内部的心理强化而划分为内在报酬和外在报酬两个大类。内在报酬主要指与工作本身有关的非经济性报酬,外在报酬则主要指包括经济性报酬及与工作环境和条件有关的非经济性报酬。

2. 薪酬

薪指现金等直接货币形式或福利、服务等转化为货币形式的物质回报,酬是精神或情感层面的回报,薪酬是指员工因对组织提供劳动或劳务而得到的奖金、福利和工作体验等内在和外在的报酬。广义的薪酬即报酬,狭义的薪酬是各种具体的工资、福利(与服务)之和。这里所讲的工资是指用人单位以工资、薪水、奖金、佣金、红利、股票等名义或形式支付给员工的报酬部分;福利则是指用人单位以保险、休假、医疗、培训、服务等形式或名义支付给员工的间接货币报酬部分。本章主要分析狭义的薪酬,其构成部分参见图9-2。

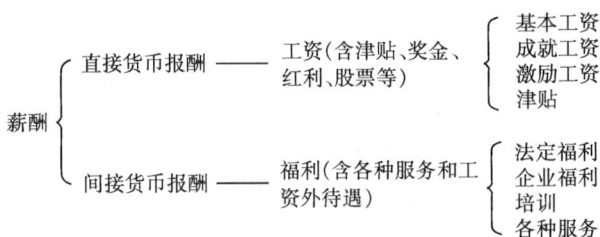

图 9-2　薪酬的构成

9.1.2　薪酬的基本形式

薪酬包括以货币形式直接支付的工资和间接支付的福利,基本形式如下:

1. 基本工资

基本工资是用人单位或雇主为员工所承担或完成的工作,而定期支付的固定数额的基本现金薪酬。基本工资是劳动者在一定组织中就业而能定期拿到的固定数额的劳动报酬,它的常见形式有小时工资、周薪、月薪和年薪等。基本工资一般根据员工所从事的工作或所拥有的技能的价值而确定(如职位薪资制、技能薪资制),往往忽略对同岗同学历、同技能员工之间的个体差异和绩效差异的区别计酬。基本工资是员工从雇主方获得的较为稳定的现金性经济报酬,它既为员工提供了基本生活保障,又往往是其他可变薪酬计划的主要依据之一。基本工资一般会随着外部环境及自身条件的变化而定期调整。

2. 成就工资

成就工资是指企业对员工已经取得的成就和过去工作行为的认可,在基本工资之外另行增加的定期支付的固定数额的现金薪酬。其实质上是员工的基本工资随着其业绩的变化而调整或增加的部分,所以也有人把它归入基本工资范畴。成就工资与员工在组织中的长期表现和努力的成果相挂钩,是一种增加员工稳定收入部分,不会带来收入风险的薪酬形式,它有利于培养员工的忠诚度和调动员工长期工作的积极性。

3. 激励工资

激励工资又称可变薪酬、浮动薪酬或奖金,是薪酬体系中与绩效直接挂钩的部分,即工资中随着员工工作努力程度和工作绩效的变化而变化的部分,对员工有很强的激励性。实行激励工资时,员工从经过自己努力而使组织新增加的价值和效益中拿到相应的报酬,从而激励员工的劳动积极性。

与激励工资挂钩的绩效可以是员工个人绩效,也可以是员工所在团队或整个组织的绩效,还可以是个体、群体与组织绩效的某种组合。衡量绩效、计发激励工资的标准多种多样,需要根据不同的行业、职业、岗位、工作等因素的具体情况加以确定。

激励工资有短期和长期之分。短期激励工资通常建立在非常具体、短期就能比较衡量的绩效目标的基础上,如月奖金、季奖金。长期激励工资则把重点放在员工多年努力的成果上,旨在将员工利益与企业的长期利益统一起来,鼓励员工努力实现跨年度或多年度的长期绩效目标,促使"雇员们将像主人那样去工作"。微软、华为、沃尔玛等公司的员工所拥有的股票期权,许多企业的高管和高级专家所获得的股份或红利都属于长期激励工资范畴。

激励工资与成就工资的相同之处在于:两者都依据员工的努力和对企业的绩效(贡献)来计发。

激励工资与成就工资的不同之处在于:①两者的着眼点不同。成就工资侧重于对员工过去较长时间所取得的成就的"追认",着眼于过去;激励工资与员工现时的表现和成果挂钩,影响员工将来的行为,着眼于未来。②两者的预知性不同。成就工资的确定常常根据员工已完成某一阶段工作的考量来确定,属于事后标准;而激励工资则在事前让员工清楚"分成比例"等计发规则,会对员工产生更大的激励。③两者的变动性不同。成就工资一般是对基本工资的永久性增加,对劳动成本具有永久性影响;激励工资则是一次性付出,随着绩效的变动可升可降、可有可无,一般不会对劳动成本构成持续性的影响。

4. 津贴

津贴又称为附加薪酬,它实际上是对特殊工作条件的补偿,例如由于工作环境恶劣或存在危险性因素而给员工发放的津贴等,通常与基本工资一起计发。

5. 福利

福利又称福利与服务、间接薪酬等。福利是指企业等用人单位为员工提供的除金钱之外的各种物质待遇,它多以保险、服务、休假、实物等灵活多样的形式支付,而不是按工作时间以直接货币形式给付的补充性薪酬部分。福利主要包括员工保险(医疗保险、人寿保险、养老金、失业保险等)、休假(带薪节假日等)、服务(员工个人及家庭享受的餐饮、托儿、培训、咨询等服务)等,福利的主要费用由雇主或用人单位支付,有时也需要员工个人承担一些项目的部分费用。福利对员工未来生活和可能发生的不测事件提供了一定程度的保障;另外又可减少企业的现金支出,享受一定的税收优惠,还可以使员工享受到较低价格的服务或产品。

9.1.3　薪酬管理的作用与意义

薪酬管理的作用与意义是由薪酬本身的重要性和职能决定的。薪酬的重要作用可从宏观和微观两个层面来进行分析。

1.宏观层面上薪酬管理的作用与意义

决定一个国家、一个地区乃至一个企业高新技术发展状况的最主要的因素，不是物质资本的数量和质量，而是与人力资本潜力发挥相关的经济组织结构和文化传统等社会因素。要建设创新型国家，构建国家技术创新体系，首要的就是要在全社会建立起鼓励各类人力资本所有者创新的制度环境，包括法律、产权、分配等正式制度和文化、观念等非正式制度，而这里的分配即宏观层面的薪酬管理。

(1)薪酬管理引导人力资源的配置。资源的合理配置问题，被认为是一切经济制度的一个基本问题。在资源有限和稀缺的条件下，通过一定的手段使资源在不同的生产领域进行组合，使之得到最充分的利用，发挥出它的最大效能，这便是资源合理配置问题。

(2)薪酬管理关系到社会的稳定。薪酬是劳动者个人消费资料的主要来源，从经济学角度看，薪酬一经向劳动者付出即退出生产领域，进入消费领域。作为消费性的薪酬，保障了劳动者的生活需要，实现了劳动者劳动力的再生产。

2.微观层面上薪酬管理的作用与意义

薪酬管理是对人的管理，对人的管理实质上是让别人去做管理者想做的事，而要被管理者去做管理者想做的事，除非建立一种机制，使被管理者的行为符合管理者的要求，这样管理才能成功。

(1)科学的薪酬管理有助于提高工作效率。传统的薪酬管理，仅具有物质报酬分配性质，很少考虑被管理者的行为特征。现代薪酬管理将薪酬视为激励劳动效率的主要杠杆，不仅注重利用工资、奖金、福利等物质报酬从外部激励劳动者，而且注重利用岗位的多样性、工作的挑战性、取得成就、得到认可、承担责任、获取新技巧和事业发展机会等精神报酬从内部激励劳动者，从而使薪酬管理过程成为劳动者的激励过程。劳动者在这种薪酬管理体系下，通过个人努力，不仅可以提高薪酬水平，而且可以提高个人在组织中的地位、声誉和价值。

(2)向员工提供经济保障。从经济学的角度来说，薪酬实际上就是劳动力这种生产要素的价格，其作用就在于通过市场将劳动力尤其是具有一定知识、技能和经验的稀缺人力资源配置到各种不同的用途上去。因此，薪酬最终表现为企业和员工之间达成的一种供求契约，企业通过员工的工作来创造市场价值，同时企业对员工的贡献提供经济上的回报。在市场经济条件下，薪酬收入是绝大多数劳动者的主要收入来源，它对于劳动者及其家庭的生活所起到的保障作用是其他任何收入保障手段都无法替代的。

(3)通过心理激励进行价值引导。从心理学的角度来说，薪酬是个人和组织之间的一种心理契约，这种契约通过员工对薪酬状况的感知而影响员工的工作行为、工作态度以及工作绩效，产生激励作用。

(4)合理控制经营成本。由于企业所支付的薪酬水平的高低会直接影响到企业在劳动力市场上的竞争能力，因此，企业保持一种相对较高的薪酬水平对于企业吸引和保留员工来说无疑是有力的。但是,较高的薪酬水平又会对企业产生成本上的压力,从而对企业在产品市场上的竞争产生不利影响。因此,一方面,企业为了获得和保留企业经营过程中不可或缺的人力资源不得不付出一定的代价;另一方面,企业出于产品或服务市场上的竞争压力又不能不注意控制薪酬成本。事实上,尽管劳动力成本在不同行业和不同企业的经营成本中所占的比重不同,但是对于任何企业来说,薪酬成本都是一块不容忽视的成本支出。

(5)改善绩效。薪酬对于员工的工作行为、工作态度以及工作业绩具有直接的影响。薪酬不仅决定着组织可以招募到的员工的数量和质量,还决定了组织中的人力资源存量。同时,它还决定了现有员工受到激励的状况,影响到他们的工作效率、缺勤率、对组织的归属感以及组织承诺感,从而直接影响到组织的生产能力和生产效率。

(6)塑造组织文化。薪酬管理会对员工的工作行为和态度发生很强的引导作用。因此,合理的和富有激励性的薪酬制度会有助于塑造良好的组织文化,或者对已经存在的文化起到积极的强化作用。但是,如果薪酬政策与组织文化或价值观之间存在冲突,那么它则对组织文化和价值观产生严重的消极影响,甚至导致原有的文化土崩瓦解。

(7)支持企业变革。随着经济全球化的趋势越演越烈,企业一方面要根据环境的变化进行合理定位;另一方面,要变革企业文化、组织团队建设、更好地满足客户的需求,使企业变得更加灵活,对市场和客户的反应更为迅速。这一切都离不开薪酬,因为薪酬可以通过作用于员工个人、工作团队和企业整体来创出与变革相适应的内部与外部氛围,从而有效推动企业变革。

9.1.4 薪酬管理的主要内容

因为我国机关事业单位的薪酬主要由政府确定,对具体组织而言,其管理的自由度比较小,因而本章后面的内容指企业薪酬管理。企业薪酬管理的主要内容包括薪酬体系、薪酬水平、薪酬结构、薪酬形式、特殊群体薪酬以及薪酬分配实施系统的构建与操作管理。其中,前三项属于薪酬管理的核心内容,后三项属于薪酬管理的支持性内容。

1. 薪酬体系

薪酬体系是指决定本企业的基本工资或基本薪酬到底以什么为基础设立,或是选择何种薪酬体系。目前,企业广泛使用的是职位薪酬体系、技能薪酬体系和能力薪酬体系,它们分别依据员工所从事工作的相对价值、员工所掌握的知识技能、员工所具备的能力(或任职资格)来确定不同员工的基本薪酬。

2. 薪酬水平

薪酬水平是指组织之间的薪酬关系,组织相对于其竞争对手的薪酬高低。薪酬水平的高低受企业所在产品市场、企业所在劳动力市场、企业特征等因素的影响,必须通过薪酬调查,根据薪酬调查来明确企业内外的薪酬管理环境及要求,以便有的放矢地进行薪酬水平决策。薪酬水平是在内部公平性和外部竞争性之间权衡的结果,会对吸引和留住人才产生重大影响。由于现代企业基本是在全球一体化经济的动态环境中生存,市场竞争、产品竞争、资源竞争愈演愈烈,经营上的灵活性要求越来越高。因此,薪酬的外部竞争力地位日益重要,甚至超过了对企业薪酬内部一致性的关注。

3.薪酬结构

薪酬结构是对同一组织内部的不同职位或者技能之间的工资率所做的安排,反映了组织内部员工间的各种薪酬的比例及其构成,是在内部公平性与外部竞争性这两种薪酬设计标准间权衡的结果。薪酬结构的设计在一定程度上表明了某一组织的价值观及其对组织内部工作相对价值的比较。

薪酬结构是确定企业内部不同系列、不同层次、不同岗位和职务薪酬之间的相互关系,确保内部薪酬结构比例的合理性与公平性的薪酬制度。在企业总体薪酬水平一定时,薪酬结构就反映了企业对不同职位相对价值和重要性的实际评判,薪酬结构是否公平合理将极大地影响员工的公平感、积极性和流动率。

4.薪酬形式

薪酬形式是确定分配给每位员工总体薪酬的各个组成部分及其比例关系和发放方式。比如,我们确定某位员工在一定时期内应当享受的总体薪酬水平是 8000 元,接下来则要进行薪酬形式决策,也就是要具体确定这 8000 元中以货币直接支付的基本工资占多少比例,与绩效挂钩的激励工资占多少比例以及是用现金还是股票等其他方式支付,福利和服务有哪些项目,各占多少比例,以什么形式支付等。

5.特殊群体的薪酬

特殊群体的薪酬是对于销售人员、专业技术人员、管理人员和企业高层管理人员等在工作内容、目标、方式、考核等方面具有特殊性的员工群体,根据他们的工作特点和职位要求而区别对待,有的放矢地进行相应的薪酬体系、薪酬水平、薪酬形式等内容的设计、决策与实施管理,从而解决为多数人设计的标准薪酬系统对少数人不适用的问题。

6.薪酬分配的实施操作

薪酬分配的实施操作是对企业的薪酬分配进行系统性管理,具体的工作有:制定企业薪酬分配的规章制度和具体政策;组建相应职能机构、确定工作岗位并配置合适人员以满足工作职责的需要;制订薪酬工作计划,编制薪酬预算,控制劳动力成本,监督薪酬分配过程,收集和管理组织内外的薪酬信息;及时与员工进行沟通和交流,处理实际分配的纠纷和申诉,不断评估薪酬系统的有效性并加以改善以及协助有关方面进行员工薪酬的集体谈判等。

9.2 薪酬系统的构成

薪酬系统主要由基本薪酬、可变薪酬、员工的福利与服务构成。

9.2.1 基本薪酬及其设计

在我国企业,基本薪酬主要指固定的工资,设计可分为工资结构线的确定、划分工资等级(或薪等)和确定工资幅度(或薪幅)三个主要环节。

1.工资结构线的确定

工资结构线又称工资政策线、工资比率线或工资曲线,它是一个组织工资结构的直观表现形式,可以清晰地描绘出组织内各职位相对价值(以职位评价点数或分数表示)与其相对应的实际计发工资金额之间的关系,如图9-3所示。工资结构线用图形表示了每个职位评价点数(用计点法评价时)与其当前应得工资率(或工资水平)之间的关系。图中横坐标表示根据职位评价点值所确定的工资等级,纵坐标则表示与一定点数工资等级所对应的平均工资率。

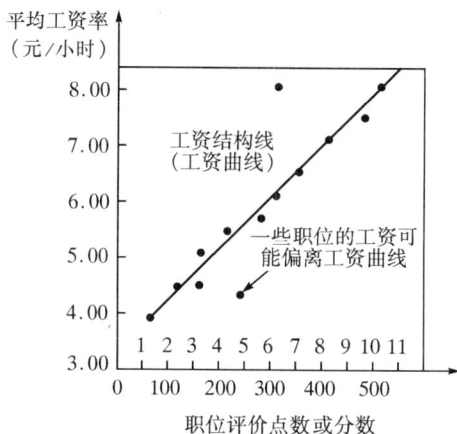

图9-3　工资结构线示例

　　理想的工资结构线多呈斜直线分布。这是因为组织内工资分配应贯彻内部一致性原则,各职位的工资率应按某种一致分配规律进行,从而使组织内各职位的工资结构线保持线性关系。工资结构线既可以用来开发组织的工资系统,使每一职位获得的工资率与它对组织的价值相称,贯彻组织的薪酬政策和管理价值观;又可以用来检查现有工资制度和职位工资率的合理性,为完善现有工资结构提供参考依据。在检查一定职位的工资等级的工资率或工资率与相对价值的匹配性时,通常利用工资结构线进行。工资结构线能够表明:①根据某种职位评价方法所确定的职位相对价值;②目前工资等级应得的平均工资率。我们利用图9-3说明这样的步骤:

　　①选用一种职位评价法,对组织各职位进行评价获得其相对价值分数(评价点数)。

　　②做出现有职位工资散布点图(评价点数为横轴,现有工资率为纵轴)。

　　③根据散布点状况,绘出反映其散布规律的工资特征结构线。

　　④调整工资特征结构线。

　　A.若此线基本符合单位政策和原则,只调整偏离此线的工资点,否则要调整该结构线;

　　B.常常先把位于结构线以下,所获工资少于按其价值应获工资额的各点职位提升到与结构线上点相当的水准;

　　C.对于位于结构线以上,所获工资少于按其价值应获工资的各点职位一般不立刻调低,而是暂时冻结或延期提升工资,也可以用增加这些职位的工作负荷与责任加以解决。

　　必须注意的是图9-3中的工资率和工资结构线不能仅是考虑内部一致性,简单按照职位评价点数和对应工资额标准来确定,还要考虑外部竞争性和市场工作率来进行比较和调整。如果按照工资结构线确定职位工资率不一致时,就可进行薪酬调整辅助设计或调整工资结构线和职位工资率。

2.划分工资等级

由图9-3所示的工资结构线可知,相对价值不同(点数不同)的所有职位都有一个对应的工资值,这在理论上合理,在实践中操作性不强,过多的工资等级会给薪酬管理带来很大的困难,所以需给工资划分等级。

工资等级的划分既可用图9-3表示,也可如图9-4所示,实践中总是把众多水平的工资归并组合成若干等级,形成一个工资等级系列,这一步骤其实已成为整个工资制度建立过程中不可少的环节。即把经职位评价而获得相对价值相近的一组职位编入同一等级。例如,在图9-4中经职位评价所评出的点数,每隔50点的一个区间便成为一个职位等级,尽管它们的相对价值并不完全相等,但因差别不大,大大简化了管理,所以是切实可行的。工资等级划分的区间宽窄及多少的确定并无硬性规定,将取决于诸如结构线的斜率、职位总数的多少及组织的工资管理政策和晋升政策等因素。但工资等级或职位等级的数目不能少到相对价值相差甚大的职位都处于同一等级而无区别,也不能多到价值稍有不同便处于不同等级而需做区分的程度。此外,级数太少,难以晋升,不利于提升士气;级数太多或晋升过频则会使刺激不强,增加管理成本。在实践中,企业工资等级应根据企业的员工规模、工作的繁杂难易程度等具体情况确定。

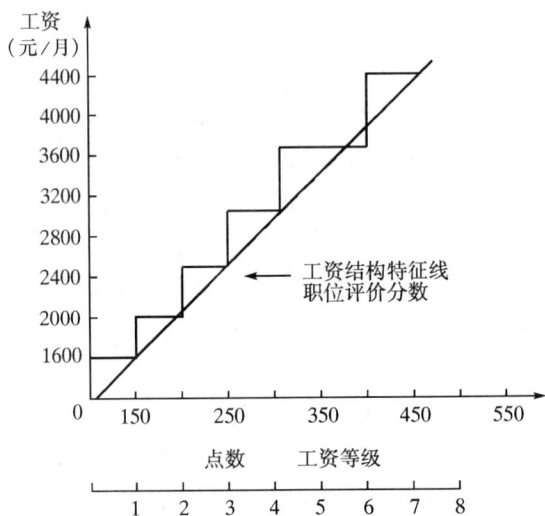

图9-4　工资等级划分

3.确定工资薪幅

薪幅即每一个工资等级的变化范围。在图9-4中,每一工资等级仅有单一的工资值,实践中的做法不是这样。企业在实践中往往是为每一工资等级规定一个工资变化的幅度——薪幅。薪幅的下限为工资等级的起薪点,上限为该工资等级的最高薪点。例如,图9-5就是对图9-4的情况做了改进,为每一个工资等级确定一个相应的薪幅(工资变化范围)。划定的薪幅既可以同样大又可以有差别,企业工资制度中更常见的是工资范围随等级上升而呈累进式的扩大,如图9-5所示,此系列最低的第一级的薪幅是400元(1600~2000

元),而最高的等级则是 800 元(3600~4400 元)。工资范围随等级上升而呈累进式扩大的原因是由于随着职位等级的升高,职位对能力素质的要求越来越高,员工期望继续提升需要更好地完成工作所付出的努力随之加大。作为对付出更多努力的回报,薪幅也随着加大。

此外,还应注意确定薪幅的重叠程度(又叫叠幅)。薪幅的重叠程度即相邻工资等级(上下限范围)的重叠程度。在工资结构中,适当的叠幅是必要而有益的。适当的工资等级薪幅可以使一些没有升职机会的员工,能有较多的提薪机会,但是职级或工资等级的薪幅过大时,会带来相邻等级的叠幅扩大,可能导致一种消极后果。因此,工资等级或职务等级数目与薪酬、工资结构线斜率等因素必须统筹兼顾,适当平衡。

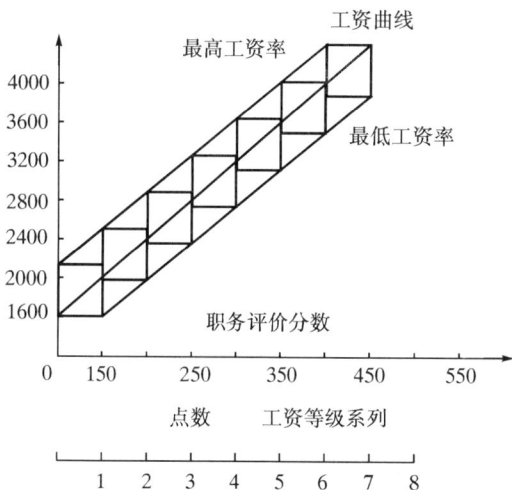

图 9-5 工资等级范围(薪幅)的划分

9.2.2 可变薪酬及其重要内容

可变薪酬是薪酬体系中灵活性最大、激励效果最明显的部分,可变薪酬及其设计越来越受到企业的重视。

1.常见激励工资的分类

(1)奖励工资计划。奖励工资计划类同于成就工资。这种工资的增长是基于对雇员绩效的评价。这部分增长在次年将变为基本工资的一部分,具有稳定性和成本刚性。这种工资会使员工面临两种风险:信息不对称和绩效风险。奖励工资增加的规模取决于管理人员的判断力(风险因素、信息不对称影响),员工个人奖励工资的增加部分取决于员工的绩效,而个人绩效也是不能完全预测的。

(2)一次性奖励计划。一次性奖励计划类同于奖励工资。它不加入基本工资,但会作为奖金一次性付给员工。员工在接受一次性奖励时面临三种风险,其中两种已经在奖励工资风险中提到,第三种风险则是一次性奖励不能加入基本工资,每次都需要员工努力工作才能获得,但是对企业而言却可以避免增加企业的累积成本,而且由于是一次性支付,没有后续的成本压力,一次性支付的奖励数额往往对员工的短期激励效果更明显。

实践中,有的企业把奖励工资计划和一次性奖励计划结合起来进行,例如,评选若干技术创新成果突出的员工为"技术创新明星",给每位技术明星进行为期两年、每月加薪1000元的奖励。同时员工可以年年参与评比,每次评出的明星员工的奖励周期均为两年。这样,既可以避免长期的成本压力,又可以增强薪酬的激励效果。

(3)个人激励计划。个人激励计划是一种可变工资支付形式,有时它也会是基本工资的一部分。个人激励计划把薪酬中可增加的部分直接同员工个人的额外产出相联系(如佣金制、计件工资)。上述奖励工资和一次性奖励对员工的绩效评价具有主观性,但是个人激励计划对工资机动的可变性支付形式则较少有主观性,因为它对员工的绩效评价是客观的(比如销售额)。

个人激励计划对员工风险最大的情形是工资仅仅由单独的个人奖励计划所构成,对雇员来说,具有很大的风险性的激励工资形式并不能持久地激励他们。员工的工资构成中如果没有或者只有很少的基本工资,就意味着员工每年只有依靠绩效评价的结果来决定自己的工资报酬,这样做会降低他们的安全感和激励的有效性,所以个人激励计划一般与其他薪酬形式配合使用。

(4)成功分享计划。成功分享计划是总体工资增长的一种类型(可变的工资支付),它与团队的整体绩效相联系,而不是与个人绩效相联系。成功分享计划与风险分享计划不同,只要团队的绩效高于规定的标准,就让员工分享成功,增加收入,而当团队的绩效低于规定的标准时,员工却不会受到惩罚。

除了具有与团队绩效评价相关的风险以外,所有的成功分享计划都具有以上所提及的风险。它使员工个人承受的最大分配风险是,个人的工资增长必须依赖于团队中全体员工的工作绩效。

(5)收益分享计划。收益分享计划是一种团体奖励计划,与利润分享计划不同的是,收益分享所要超越的目标并不是财务绩效,而是成本指标(比如最普遍使用的劳动力成本,或许也包括材料成本、设备成本)。它不是根据组织整体的业绩而是根据团队的业绩作为支付报酬的依据,由于员工个人业绩更容易且更直接地对团队业绩产生影响,所以员工会感到团队的业绩是他们所能控制的,这会增加他们对收益分享计划得到报酬的期望;参与收益分享计划的员工,个人风险低于利润分享。此外收益分享计划比利润分享计划的报酬支出更为频繁,而且也不是延期支付的,这样收益分享计划就比利润分享计划具有更强的激励效果。

(6)利润分享计划。利润分享计划是指员工根据工作绩效而获得一部分公司利润的组织整体激励计划,着眼于预期利润的增加,员工工资的增加基于团队绩效(小组、部门、整个公司)对某些财务目标的超越。报酬的支付是建立在对利润这一组织绩效指标的评价的基础上的。利润分享计划是一次性支付的奖励,它不会进入雇员的基本工资中去,因而不会增加组织的固定工资成本。在实际运用中,利润分享计划在成熟型企业中显得更为有效。利润分享计划的基本思想是按照一定比例将公司利润分配给雇员。

(7)风险分享计划。风险分享计划是一种不同于成功分享计划的、具有可变性的工资增长计划,因为员工不仅仅只分享成功,在绩效比较差的时候也要受到损失和惩罚。惩罚的方式是在绩效差的年份里降低整体薪酬水平。但是在绩效高的年份里,奖励远远高于成功分享计划。员工参与风险分享计划时比成功分享计划具有更大的风险。风险分享计划的通常做法是在员工的基本工资中存在着一个"临时性"缺口,即划出一部分工资参加风险分享计划。如果绩效目标达到了,这个临时性缺口就会被某种工资支付计划所补偿,即使这样,对于雇员来说风险还是增加了,因为甚至是基本工资也需承担一定的风险,不能固定支付,不再具备稳定性和可预测性。

2.不同工作群体的激励计划

(1)生产人员的激励工资计划。直接从事生产一线工作,生产物质产品的员工激励计划常见的是计件工资制和计时工资制两种形式。

①计件工资制。计件工资制是通过确定每件产品的计件工资率,将员工的收入与产量直接挂钩的激励工资形式。它是一种最古老、使用最广泛的激励工资形式。计件工资制取决于对具体职位的小时工资率和产量标准这两个关键量的准确制定。通常,通过职位评价来确定具体职位的小时工作率,通过工业工程设计来制定具体职位的产量标准。

②标准工时工资。标准工时制度,也称为标准工作制度,是由立法确定一昼夜中工作时间长度,一周中工作日天数,并要求各用人单位和一般职工普遍实行的基本工时制度。标准工时制是标准和基础,是其他特殊工时制度的计算依据和参照标准。因此标准工时制具有至关重要的意义,也是各国劳动立法中的重要内容。

标准工时工资很大程度上与计件工资相似。他们鼓励员工尽快完成工作而并不一定看中工作质量。标准时间的计算方法:

$$标准时间=正常时间+(正常时间×宽放百分数)=正常时间×(1+宽放率)$$

(2)营销人员的激励工资计划。销售人员的工作特点是:工作时间和地点、方式较灵活,工作过程难以监控;业绩往往可以用明确的指标衡量;业绩受环境影响大,波动性强。根据其特点,销售人员的薪酬设计方案主要有以下六种:

①纯佣金模式。销售人员的薪酬完全由佣金构成,佣金以销售额的一定百分比提取,实践中又称为销售提成。该方案的优点是激励性很强,容易操作,管理成本较低。但是,纯佣金制没有保底收入,使销售人员缺乏安全感,而且受经济和市场因素影响,薪酬非常不稳定,员工受经济利益驱使,往往只看到眼前利益,而忽略对组织发展有益的信息。同时,该方案还容易形成员工之间的恶性竞争,不利于团队精神的培养。该方案一般用于兼职销售人员和购买者分散、产品同质化程度高、市场广阔、推销难度较低的行业,如日化行业。

②基本薪酬+佣金模式。个人总收入=基本薪酬+(当期销售额-销售定额)×提成率。与纯佣金模式相比,该方案为销售人员提供了基本薪酬,使员工生活有了保障,同时,也具有一定的激励性,是目前许多企业广泛采用的一种销售人员的薪酬设计方案。但是,该方案同样会使员工关注眼前利益,加剧员工之间的竞争,削弱企业的凝聚力。对于商品的季节性较强的企业,如空调、羽绒服等生产企业,采用此方案时,会使不同时期的员工薪酬波动较大,给薪酬管理造成一定的困难。合理地确定提成率是该方案是否能够取得良好效果的关键。

③基本薪酬+奖金模式。在本方案中,奖金不直接与销售额挂钩,而是与一系列和销售工作相关的指标相联系,如销售额、利润额、客户信息的收集、客户满意度、新客户的开发、老客户的保留、销售目标的达成等。奖金的总额结合企业当期经营情况和发展规划,有利于企业更好地利用薪酬管理这一有效工具为企业服务。同时,由于一系列与企业发展相关的指

标与个人收入相联系,将有利于员工关注企业的长远利益。但由于当期销售额与薪酬的关系不那么直接,会使员工感到方案难以理解。该方案取得良好效果的关键是指标的确定和权重的分配,需要对企业及其所在的行业市场熟悉的专业薪酬管理人员来制定并实施,对管理人员的要求较高。此外,在方案的设计和实施过程中,应及时做好薪酬沟通工作,使员工明确努力的方向及其工作与薪酬的关系,充分发挥薪酬的价值导向作用。

④基本薪酬＋佣金＋奖金模式。本方案先确定部门奖总额,再确定个人收入。

部门奖总额＝(销售部门当期整体销售额－整体销售定额)×提成率

个人收入＝基本薪酬＋(个人当期销售额－销售定额)×提成率＋部门奖总额×

个人当期销售额÷销售部门当期整体销售额

该方案使员工的利益与部门利益联系在一起,有利于培养员工的团队精神,而且,方案便于理解和执行;不足之处是容易使销售部门只关注当期利益,而忽视与企业的长远发展相关的营销工作。

⑤总额分解模式。先确定销售部门薪酬总额,再分解至每个员工。

个人收入＝销售部门薪酬总额×个人当期销售额÷销售部门当期整体销售额

企业人力资源管理部门只确定销售部门薪酬总额,而个人收入的分配由销售部门来核定。当销售人员队伍达到一定规模时,采用该方案便于核算销售人员薪酬成本,简化管理流程。同时营销部门经理参与到薪酬管理中,有助于提高营销部门经理工作的积极性。而且,部门主管一般比人力资源管理人员更熟悉该部门员工的工作,有助于提高薪酬满意度。但该方案激化了部门内部员工的相互竞争,不利于团队合作精神的培养。

⑥纯薪金模式。纯薪金模式的特点是个人收入＝固定薪酬。互联网和电子商务的发展,使得管理的环境和基础发生了变化,有时难以准确确定某商品由谁售出。因而,在产品较复杂,知识型销售人员比重较大,业绩取决于集体努力的企业中,倾向于采用纯薪金方案。该方案使员工收入获得保障,增强其安全感,有利于增强企业的凝聚力。但是,该方案容易形成平均主义,不利于吸引和保留优秀人才,有可能形成"搭便车"的情况,因而,适用于员工整体素质较高的高科技企业。

(3)专业技术型员工激励计划。专业技术型人员主要从事研究开发活动。研究开发活动的实质是知识创新,由于高度的不确定性而具有很大的风险。人力资本与其载体的不可分离性,使人力资本的价值只能在动态即人力资本的使用过程中才能体现,无法在事前准确预测。同时,由于信息不对称、研发人员机会主义倾向、研究开发投入的脑力属性和难以观察性等原因,使得巨额投资的阶段产出体现为难以界定的知识,公司无法精确量化知识的交付并据以事先确定其待遇。而且,人力资本在不同的环境中可以有不同的价值判断,人力资本集聚的整体效应依赖于不同人力资本所有者之间的相互匹配和组织管理的有效性,因而决定了监督和激励的困难。为了鼓励研发人员从事创新工作,可以对研发人员实行享有剩余索取权的制度安排,以便使其收益与贡献相一致。另外,从生产要素理论出发,研发型人力资本也应享有剩余。根据生产要素理论,企业的利润是由劳动、资本、自然资源、企业家才能、技术、人力资本等要素共同创造的,每种要素可以按照边际收益等于边际成本的原则参与企业所得分配。当技术是由人力资本生产出来时,人力资本所有者除了要获得人力资本要素贡献所应获得的份额外,还应获得部分技术贡献所占份额。不论是从企业理论、人力资本产权理论、委托—代理理论,还是从生产要素理论出发,研发型人力资本所有者都应享有企业的剩余索取权。在实践当中,专业技术型员工激励计划的重点是,如何为技术型员工所进行的人力资本投资提供回报,如何评估他们创造性劳动的价值,如何让其技术、知识、发明等智力因素参与剩余价值的分配。

金钱对于许多专业技术型员工的激励并不那么明显,因为他们有条件满足各种基本生活需要,他们往往更渴望有所成就、自我实现和受人赞扬与尊敬。技术型员工的薪酬激励需要与其职业阶梯、良好的环境与工作条件等非货币激励因素结合起来使用,激励效果将会更佳。对专业技术人员应以长期激励为主,可采用技术持股、技术入股或技术成果分成等方式,或培训奖励、科技奖励制度等。

(4)经理人员激励工资计划。企业的经理人员或中高层管理人员对企业的经营管理状况负有重要的责任,经理人员比一般员工的薪酬将更加注重激励,各种激励工资占的比重更大,回报和风险也大,强调和注重使用激励工资,把经理人员的主要收入与企业的经营绩效挂钩,基本工资所占比例相对较小,这是经理人员薪酬的共同特点。

企业对经理普遍实行的短期激励工资计划有"分配红利"。分红的总额随企业绩效的改变而波动,个人分红的数额通常与职位价值、基本工资等级等成正比,决定分红总额的具体指标各有不同。

企业对经理人员的长期薪酬激励计划意义更为重大。着眼于长期激励的激励工资计划,通过为经理人员提供(长期)积累财富的机会,促使他们决策时更偏重于长期观念,鼓励他们与企业同呼吸共命运,为企业的经营发展长期奋斗。企业对经理人员实行的长期激励工资计划很多,影响广泛的有以下几种:

①股票奖励。股票奖励方式不要求经理人员支付股票款项,是公司无偿奖励给经理人员的,具体分为期初奖励股票和业绩股票两种。期初奖励股票,是指在合约期初奖励给经理人员一定数量的公司股票,期末按预定公司业绩标准,经营者不归还或部分归还、全部归还所奖励的公司股票。但不论是否归还股票,经营者都享有期内股利并不予归还。业绩股票,实际是指期末奖励股票,即在合约规定的期限结束时,若公司业绩达到规定的业绩标准,经理人员将获得一定数量的股票奖励,业绩越好,奖励的股票越多。有些企业改期末一次性奖励为每年年末奖励,此种奖励形式可视为年度业绩股票奖励。

②虚拟股票。虚拟股票是经理人员在名义上享有股票,而实际上享有(或相当于)持有这些股票的部分收益,具体可分为以下三类。a.股利收入型虚拟股票:相当于有些地方所称的干股,即公司期初在名义上授予经理人员一定数量的股票,在规定期限内,经营者仅享有股利收入权。b.溢价收入型虚拟股票:公司期初在名义上授予经理人员一定数量的公司股票,价值按期初市场公平价计算,期末时若股票价值高于期初价值,经营者享有这部分股票的期末期初价值差额,否则经营者将一无所得。c.市场价值型虚拟股票:即公司在期初名义上授予经理人员一定数量的公司股票,期末则按这部分股票的市场价值奖励给经营者现金。

③业绩单位。业绩单位激励方式的特点是:公司期初奖励经理们一定数量的名义股票,但不同于虚拟股票,经理们并不享有股利或溢价收入。经理们在期末实际得到的奖励根据是期末业绩是否达到规定标准。如果达到标准,将按期末每股收益和期初市盈率倍数计算所得到的现金获得奖励。若企业业绩未达到规定标准,视业绩完成情况将按规定比例扣减

现金奖励额直到为零。此种奖励方式消除了人为操纵股价而对经理们这部分收益的影响。

④股票期权。股票期权就是给予经理人员在未来一段时间内按预定的价格（行权价）购买一定数量本公司股票的权利。股票期权并不是股票。股票期权有下列特点：股票期权是一种权利而非义务。股票期权的受益人在规定时间内，可以买也可以不买公司股票。若受益人决定购买股票，则公司必须卖给他们；若他们决定不购买股票，则公司或其他人不能强迫他们购买。股票期权只有在行权价低于行权时本公司股票的市场价时才有价值。股票期权是公司无偿赠予经营者的。经营者获得股票期权是免费的，但实施股票期权时，必须按行权价出资购买股票。

⑤长期股权。将股权期限延长到 10 年以上，使授予期限比传统授予期限长 3～4 年。这种方案目的是将公司高层管理人员长期留在公司，特别适用于公司难以留住高层人员的情况。

⑥外部标准的长期激励。风险收益基于外部标准而不是内部的预算或目标。推动本公司与其他大公司进行业绩比较，尤其是同行业的大型公司，只有绩效高于这些公司，才能获得风险收益。

⑦职业津贴。在雇员退休以前，股票不得全额兑现。这种方法适用于对公司核心员工的激励和约束。

在西方发达国家中，职业经理人如果成功地实现了公司利润最大化，那么股东就会为经理人设置一个包括年薪、奖金、股票期权、退休金的最优报酬计划；如果经营失败，那么通过经理市场显示的经理人的人力资本价值就会严重贬值，甚至被驱逐出经理市场。我国国有企业的经营者如果干得不好，使企业亏损甚至破产，也没有相应的惩罚措施；经营者如果把企业搞好了，也不能获得足够的激励性报酬。此外，政治资本成为企业家成长依托的资本形式，抑制了企业家的主体地位。行为选择的主体是政府而不是企业家个人，用政府计划代替了为利润而工作的企业家的行为动机，把政府的主观思维偷换成企业家的主观思维。为了改变这种状况，必须要深化国有企业的产权制度的改革，建立一个适应市场要求的企业家队伍的选拔、评价和淘汰机制以及对职业经理人的最优激励和约束机制至关重要。而引入以上的机制，需要为之而做的准备工作包括：深化国有企业所有制的改革，减少委托—代理链条，并能使企业主管部门切实负起所有者的责任，并采用市场制度选择企业家，并把企业家创新能力作为评价和选拔企业家的一项重要指标。有学者已经用数理方法证明，通过市场竞争的方法可以提高所选企业家能力的期望值。也就是说，采用市场选择机制能够较好地保证选出来的企业家能力期望值较高，而且市场选择机制越完善，这种企业家能力的期望值越高，也即其创新能力越强，并由于竞争的存在，越能致力于创新性生产活动。此外，改变对企业家的评价和考核机制，对创新型企业家进行评价时，绝不可以仅采用公司的短期财务业绩，必须将公司的技术创新效果考虑进来。同时由于技术创新活动的高风险性，对于失败的创新活动也应有一个合理的评价，否则将会影响到企业家进行创新活动的积极性。另外，为了培育企业家，在建立市场选择机制的同时，还应建立新的企业主管部门的考核制度，把企业家的经营业绩作为考核企业主管部门和相关人员的指标之一，使相关人员的福利待遇和职位晋升与之挂钩，这样主管部门和人员就有动力选择真正的企业家充当经营者，减少企业家和主管部门的寻租行为。

9.2.3 员工福利设计

员工福利是员工薪酬构成的重要内容,良好的福利设计有助于培养员工的归属感和忠诚度,增强企业的凝聚力。

1.员工福利的概念与分类、决策与管理

(1)员工福利的概念。福利是指用来满足社会成员或一定组织成员共同需要的一部分物质文化待遇,这部分物质文化待遇一般由社会或组织的全体成员或部分成员共同享受。前者称为社会福利,后者称为组织福利。社会福利主要包括国家、社会建立的文化、教育、卫生事业,以及各种救济、扶贫、生活补贴、福利设施等内容。

员工福利是员工在企业或其他组织中工作所应获得的总报酬的一部分,是员工薪酬的重要组成部分。员工福利不是按工作时间(或劳动成果数量、产量等)给付,它是支付给组织内全体或部分员工的一种报酬。企业的员工福利主要包括企业在政府政策法规要求下,为本企业员工提供的工伤补偿、社会保险、失业保险、休假等法定福利以及企业在有关法规指导下,为本组织成员提供的退休金、医疗费用、带薪休假、员工服务、生活困难补助和各种集体福利事业等内容。

员工福利能够弥补工资满足人们需要比较单一的不足,满足员工许多方面和层次的需要,有助于吸引和留住人才、降低运营成本和提高生产率。良好的员工待遇,显示了企业的实力、管理水平以及对人的关心程度,可以增强企业对人才的吸引力,从而增强人才竞争优势。由于福利中的很多项目开支是免税或税收递延的,所以科学合理地设计和管理员工福利计划,也有利于企业节约成本开支。此外,企业还可以通过良好的员工福利给付,获得社会声望和政府的信任和支持,提高企业的形象。

政府对于员工福利比员工工资有着更多的干预,员工福利受到了更多的法律法规制约。福利在维护经济保障方面起着核心作用。员工福利已经成为一种制度化的东西,提供法定的福利是企业的一种强制性义务。员工福利与工资相比,更具有复杂性和延时性。员工福利与前述的工资(基本工资、成就工资和激励工资)相比,具有以下特性,见表9-1。

表9-1　福利与基本工资的比较

比较项目	福利	基本工资
发放对象	适用于所有成员或部分成员	因岗位、级别、技能、贡献不同而别
发放形式	金钱(延期支付)、实物支付、服务机会、特殊权利等	直接或间接货币支付
发放基础	不以员工对企业相对价值和当前贡献为基础,以需要率和平均率为主,贡献率为辅,是一种背景性报酬	以员工对企业相对价值和当前贡献为基础,以贡献率为主、平均率为辅
发放功能	保障功能为主,激励功能为辅,主要给员工以安全感和归属感,更具有根本性和内在性	激励功能为主,保障功能、稳定功能为辅
特点	涵盖面很广,形式多样,价值不明显,影响较难觉察,影响长久	涵盖面不广,形式简单,价值明显,影响直接,是员工关注的中心

员工通常不知道福利的市场价值以及具体的成本支出情况,福利一旦设置,将持续发生

成本,很难取消或削减。

(2)员工福利分类,主要包括我国企业和经济发达国家企业的员工福利分类。

①我国企业的主要员工福利分类,包括:

A.福利。

· 法定五大保险(养老、疾病、工伤、失业、生育);

· 年假、病假;

· 住房、交通;

· 子女教育;

· 旅游及职务相关服务;

· 免费膳食。

B.保障。

· 终止合同的条件;

· 长期服务金;

· 破产欠薪、保障基金等。

②经济发达国家企业员工福利的分类(见图9-6)。

图9-6中的法定福利是指国家法律规定企业员工必须享有的福利项目和内容,主要涉及工伤保险、失业保险、疾病保险、养老保险等这些基本内容。

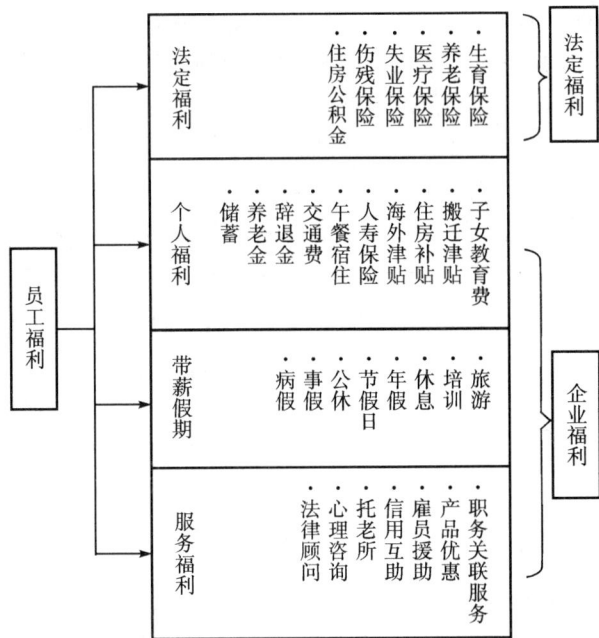

图 9-6　经济发达国家企业员工福利的分类

我国一些企业为了吸引和留住人才,在政府规定的法定福利之外,还推出了许多有特色的福利与保障计划,例如:

A.综合基金。全体员工都覆盖于此基金下,即企业内部每位员工都可享受到购房贷款、购车贷款、子女就学奖励及赞助等,视人才级别而定。

B. 单项购房贷款。不少企业已出台或即将出台这方面的政策,希望借此配合政府的货币化分房政策。

C. 单项培训贷款。不少优秀人才对获得诸如 MBA 及其他的深造机会津津乐道,但高昂的学费令人退避三舍。此举可使不少人才免去降低生活标准之苦。

D. 赠送人寿险。部分高级人才会得到企业为其购买的高额寿险,满一定年限可获利不菲,保障又增加了许多,中途退保,还可作为一笔"外快"。

(3)员工福利的决策与管理。公平、高效、经济、合法的员工福利制度对于一个组织吸引人才、留住人才和用好人才至关重要。高效、经济的福利制度一靠决策,二靠管理,力争达到既发挥福利应有的保障力、凝聚力,又降低福利成本的双重目的。员工福利设计与管理的主要决策内容包括:

①福利在报酬体系中起什么作用,在薪酬中占多大比例;

②提供哪些福利,为什么提供;

③向谁提供,提供多少福利;

④谁来选择福利,选择的余地多大;

⑤福利成本谁来承担,承担多大比例。

这五个方面的决策问题是决定一个企业员工福利制度性质、功能、走向的最核心问题,企业员工福利的计划方案设计和实施管理主要围绕这些问题。

另外员工福利需要与其他薪酬形式或项目通盘考虑,综合设计。企业员工福利计划设计和管理涉及的基本内容包括:确定员工福利的定位、确定福利享受的主体和资格、确定员工福利的灵活性、确定员工福利方案的资金筹集。

2.影响福利方案选择的主要因素

雇主与员工自身的一些因素影响着企业在决策、设计员工福利方案内容时的偏好,一方面涉及雇主或管理方因素,一方面是员工因素。管理方的因素有:福利与总体薪酬成本的关系、成本与福利、竞争对手的员工福利水平、福利在人力资源开发与管理上的作用、法律的限制等。员工因素有:一是公平感。员工对不同福利项目的偏好取决于个人的需要,感受到的公平或不公平状况也会影响其产生一部分对不同福利的需要。二是个人的需要。不同员工对福利项目和内容的偏好较大,个人对福利的偏好差异来自员工个人不同存在状况和需要。

3.员工福利计划的管理

企业员工福利的管理工作主要是福利计划方案的沟通、员工福利的索赔审核以及福利的成本控制三个方面的内容。

(1)员工福利计划的沟通。为了发挥员工福利方案的效用、达到福利分配的目标。福利管理者的重要职责之一就是确定与员工进行福利计划沟通的恰当方式,宣传福利政策和内容,实施有效的福利沟通。有效的福利方案沟通工作应当宣传企业的福利目标,应当通过合适的媒体传递沟通内容信息,沟通内容应当完整、清楚、用语适当。

(2)员工福利的索赔审核。员工福利的索赔审核是指员工声称某一约定事件(如伤残、住院等)发生时,企业有关管理部门和管理人员对其索赔要求进行审核,并帮助符合条件者获得相应福利待遇的工作。在这一方面的审核工作要注意:一是需搞清楚索赔事件是否真的发生;二是审查当事人是否有享受该项福利的资格;三是计算出应当支付的金额,确保福利供给协调和按规定支付。

(3)员工福利的成本控制。福利成本的控制是企业福利管理工作的最重要内容。企业降低或控制员工福利成本的常见做法有:

①共同支付。要求员工按比例支付一定的福利费用。

②规定福利项目的费用上限。

③用等待期等区别限制不同员工的福利享受资格和权利。

④对于双职工家庭,努力与另一方的雇主协调分担福利费用。

⑤审查员工申请享受福利的条件。

⑥控制管理成本,对福利计划的实施方案进行竞争性招投标,或者与福利的提供者进行认真的谈判和协调,降低购买福利的成本,审查医院或其他服务单位收费的合理性。

9.3 薪酬体系的设计

薪酬体系设计的主要内容包括薪酬水平决策和薪酬结构设计。

9.3.1 薪酬水平决策及设计

1.薪酬水平与薪酬的外部竞争力

(1)薪酬水平与外部竞争力的概念。薪酬水平是指某一组织主体支付给其内部不同职位的平均薪酬或内部各种薪酬的平均数。它实际上是该组织主体的整体薪酬水平,如果把讨论限制在组织内部某一类职位的平均薪酬或某一类人员的薪酬平均数的范围之内时,就应称之为该组织某类职位或人员的薪酬水平。当组织主体为企业时,就称之为企业薪酬水平。市场薪酬水平一般是指劳动力市场上各家企业薪酬水平的平均水平。

薪酬的外部竞争力是指不同组织间的薪酬关系,即某一组织相对于其竞争对手薪酬水平的高低。薪酬的外部竞争力具有相对性,是与竞争对手相比较而言的,它除了要与竞争对手的薪酬水平进行比较决策外,还包括与竞争对手多种薪酬形式(奖金、股票、福利)、职业机会、具有挑战性工作等方面进行比较和竞争,但影响最大的是前者。一个组织所定位和支付的薪酬水平的高低必然会直接影响其在劳动力市场上的竞争力大小,影响其吸纳和保留人才、控制人力成本能力的强弱。在市场竞争条件下,企业薪酬外部竞争力的比较基础不再局限于企业整体薪酬之间的比较竞争,更多地体现在不同企业的类似职位或类似职位系列薪酬水平之间的比较竞争。

薪酬水平决策就是为本组织选择具有外部竞争力的薪酬(水平)策略,通过比竞争对手(或市场平均水平)薪酬水平较高、较低、相同或混合性的本组织(或组织的某类职位)的薪酬水平定位,来构建薪酬的外部竞争力。企业薪酬水平的决策会影响企业的薪酬策略和薪酬竞争力的建构,薪酬竞争力直接影响企业实现薪酬目标的能力,这种能力最终会影响企业的绩效。

薪酬的外部竞争力与外部劳动力市场密切相连，它是由"市场驱动"的。但是薪酬的外部竞争要求有时会与内部一致性要求发生矛盾，人力资源流动率高的组织注重外部竞争力，人力资源稳定性高的组织注重内部一致性。

（2）薪酬水平决策的目标和影响。薪酬水平决策的目标或者它对组织薪酬外部竞争力的作用主要体现在以下四个方面：

①确定最合理的薪酬水平，由于不存在"通行的工资率"或普遍适用的薪酬水平，所以通过薪酬决策可以使企业在众多因素的干扰影响下，明智地抉择最合理的薪酬水平，提高薪酬的外部竞争力。

②吸引、留住和激励员工。

③控制劳动成本。在其他条件不变时，薪酬水平与劳动力成本成正比，所以薪酬水平决策会对企业的总费用产生重大影响，是控制劳动力成本的一个有力杠杆。

④塑造组织形象。组织的薪酬水平不仅体现了它在劳动力市场上的相应定位，而且反映了其财务支付能力和对人的重视程度。因此，合理的薪酬水平决策既有助于提高组织在劳动力市场和产品市场上的竞争力，又有利于树立组织的良好形象。

薪酬水平及其竞争力是影响企业等组织业绩的关键因素之一。薪酬水平决策会对组织的运作成本，员工的态度和行为，薪酬分配与目标的有效性、公平性以及合法性等产生直接影响。

（3）薪酬水平决策的主要影响因素。资本市场、劳动力市场和产品市场是企业必须参与运行的三大市场。企业的薪酬水平决策主要是受到其所在的劳动力市场和产品市场两大方面因素以及企业自身组织特征因素的影响，这些因素影响企业薪酬水平的决策，进而影响企业薪酬外部竞争力的因素，如图9-7所示。

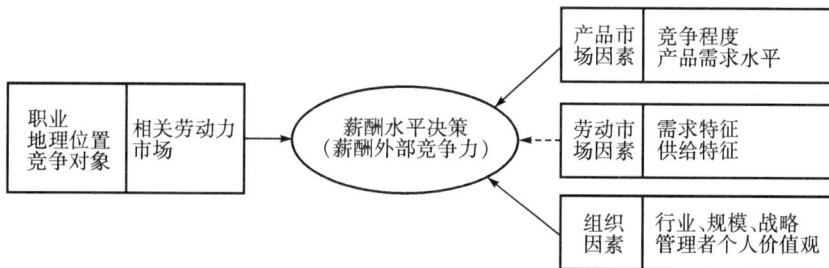

图9-7 薪酬水平决策的重要因素

产品市场的竞争程度和企业产品的市场需求状况影响着企业的财务状况和支付能力。劳动力市场的供给特征和需求特征影响着企业获得所需人力资源的成本和难度，企业所从事的行业、规模、战略、价值观、劳动生产率等组织因素影响着它对劳动力的特殊需要以及支付能力和支付意愿，所有这些因素都对企业的薪酬水平形成压力或动力，共同影响企业薪酬决策，从而影响薪酬外部竞争力。一般情况下，劳动力市场因素决定着企业薪酬水平的下限，产品市场因素决定着企业薪酬水平的上限，这两类因素共同确定了企业薪酬水平的浮动范围，而组织因素则对企业薪酬水平的支付能力、支付意愿和支付结构等产生影响。需要注意的是，劳动力市场因素中除了统一的劳动力市场供求特征外（图9-7中虚线箭头部分），企业还具体运作其中的相关劳动力市场因素,这对于企业做出决策、确定薪酬水平和竞争力定位具有直接而现实的重要影响。企业相关劳动力市场通常由职业(资格要求)、地理位置(迁居意愿或通勤距离)以及在同一劳务或产品市场上竞争的其他企业等因素所构成。

2. 薪酬水平策略

企业薪酬水平决策的最主要任务是给本企业的薪酬水平进行市场定位,简称为薪酬(水平)定位。薪酬水平定位实际上是给企业薪酬的外部竞争性定位,因此薪酬水平决策的关键是要选择有助于增强组织竞争力的正确薪酬水平定位策略。薪酬水平定位策略通常简称为薪酬策略或薪酬水平策略,一个企业应当根据其经营发展战略、人力资源战略、薪酬战略、内外部环境、市场竞争需要、财务实力等要素,合理而慎重地对其做出抉择、重新构建和运用。常见的薪酬水平定位策略有以下四种:

(1)薪酬领先策略。薪酬领先策略是将本企业(或本企业某些职位、某类人员)的薪酬水平定位在高于市场平均薪酬水平之上,以领先于市场和许多竞争对手的薪酬水平来构建和管理本企业薪酬制度的政策和做法。这种策略既适用于整个企业,又适用于企业中的一部分职位或员工(以下各策略相同)。这一策略的主要长处是,能够吸引和留住高素质、高技能的人才,提高招聘到的员工质量,提高员工离职的机会成本,降低离职率,保持高效率员工队伍,节省监督管理成本,减少劳动纠纷,提高企业的形象和知名度。这一策略的主要缺点是带来了企业劳动力成本增加和巨大的管理压力。如果不能将薪酬上的高投入转化为生产经营的高效率和高利润,则高薪酬和高素质员工可能成为企业的一种负担。

采用薪酬领先策略的多数企业往往具有如下特征:投资回报率较高、规模较大、行业的规范化程度较高、薪酬占总成本比率较低、产品市场上竞争者较少。领先型策略的使用需要考虑和细化到基本工资、激励工资、福利等薪酬具体形式的水平和结构比例关系,而不能过分强调基本工资或奖金,才能获得更好的激励效用。此外,对企业同一部分人使用薪酬领先策略时,还必须注意与内部公平性有关的各种问题。

(2)薪酬跟随策略。薪酬跟随策略是指企业始终跟随市场平均薪酬水平来进行薪酬定位,将本企业薪酬水平定位在等于或接近市场平均薪酬水平,从而构建和管理本企业薪酬制度的政策和做法。这是一种使用最为广泛的薪酬策略,这种策略致力于使本企业的薪酬成本接近于产品竞争对手的薪酬成本,同时保持与竞争对手基本一致的吸引和保留人才的能力。其支撑理由是:薪酬水平低于竞争对手会限制企业的招聘能力,引起员工不满;薪酬水平高于竞争对手则会使人力成本过高,影响产品成本和定价;薪酬水平与竞争对手或市场水平一致时,则可以使企业避免在保留高素质员工队伍和产品定价两方面处于劣势。采用薪酬追随策略的企业可能遇到的风险最小,但是对于一流优秀人才的吸引力不够,它并不能使企业在竞争性劳动力市场上处于优势地位,而且自身薪酬水平的确定比较被动,受到竞争对手的影响很大,可能会破坏本企业薪酬制度的内部一致性。

使用此种薪酬策略时,必须连续不断地做好市场和竞争对手的薪酬调查工作,注意及时根据外部市场的薪酬变化而调整自身的薪酬水平,确保本企业的薪酬动态平衡,始终追随市场薪酬水平的起伏变化而基本保持与之一致。

(3)薪酬滞后策略。薪酬滞后策略是指企业按照低于市场薪酬水平或竞争对手薪酬水平的标准进行本企业的薪酬定位,以滞后于市场和竞争对手的薪酬水准来构建和管理本企业薪酬制度的政策和做法。这种策略可以使企业减少薪酬开支、维持比较低廉的劳动成本、降低成本费用，有助于提高产品定价的灵活性，并增强企业在产品市场上的竞争力。但是，实行这种策略往往会使企业难以吸引高素质人才，员工不满意度上升，流失率提高，工作的积极性和对企业承诺度或忠诚感都会降低。

如果企业能把薪酬滞后策略与员工未来可以获得更高收入的保证结合起来运用，而能够以未来的可观预期收益来补偿现期的较低薪酬时，则不仅可以弥补上述缺陷，而且有助于提高员工的责任感和对组织的承诺度，增强团队精神和工作积极性，提高劳动生产率并改善组织绩效。

（4）薪酬混合策略。薪酬混合策略是指企业根据不同的职位类别或员工类别分别制定不同的薪酬策略，或者根据不同的薪酬形式（基本工资、激励工资、福利等）而制定不同的薪酬策略，把上述三种薪酬水平策略有效结合，混合使用，从而进行企业薪酬水平的定位，构建和管理本企业薪酬制度的政策和做法。这是一种灵活性和针对性很强的可变薪酬策略。例如：对软件工程师和高级管理人员提供高于市场水平的薪酬；给予中层干部和初级技术人员与市场水平基本持平的薪酬；对于供应充足、替代性强的营业员和后勤行政人员则采用薪酬滞后策略，付给低于市场水平的薪酬。在对软件工程师和高管人员实施的薪酬领先策略中，可以把基本工资定位在市场水平，加大激励工资（主要是股票和绩效分红）比重，既较好地控制了薪酬成本开支，又保持了核心员工的稳定性。

上述四种薪酬水平策略对薪酬目标可能产生的影响，或者说它们两者之间可能出现的相互关系见表 9 - 2。

表 9 - 2　薪酬策略与薪酬目标的关系

薪酬水平定位	薪酬（政策）目标				
	人才吸引力	人才保持力	劳动力成本控制	降低对收入的不满	提高劳动生产率
领先策略	好	好	不确定	好	不确定
跟随策略	中	中	中	中	不确定
滞后策略	差	不确定	好	差	不确定
混合策略	不确定	不确定	好	不确定	好

表 9 - 2 中的不确定关系是指某一薪酬策略并不能直接决定该决策目标的实现状况，还要受到其他一些因素的影响和作用才可能得到明确的结果。例如，高薪酬雇佣的高素质员工如果能为企业带来高生产率，就可抵消一部分高报酬引起的成本上升。如果高薪招聘的人才，没有合适的生产工具、资源、制度和环境时，也很难提高劳动生产率。所以表中的劳动力成本控制和提高劳动生产率两项为不确定。又如，低薪招聘到的员工可能本来就不具备进入高薪企业的竞争力，而且低薪企业由于难以吸引高素质人才，内部的晋升机会可能较多，因此实行薪酬滞后策略的企业对现有人才或员工的维持力并不一定很差。

3.企业发展阶段与薪酬策略

上述四种薪酬策略的共同特点是参照竞争对手或外部市场的薪酬水平和做法来进行本组织的薪酬水平定位和薪酬制度设计。然而，企业的实际薪酬水平定位并不能完全依赖市场价格,还必须与企业的总体战略目标、人力资源战略、经营处境等因素相互结合进行。一般企业应当综合考虑是否有利于实现组织目标,是否符合本企业的支付能力、是否能够吸引和保留所需人才这样三个方面的问题来选择和制定薪酬策略,进行薪酬水平定位。企业在不同发展阶段需要不同的薪酬水平定位,一般企业发展阶段及其适用的薪酬策略如表9-3所示。

表 9 - 3　企业发展阶段与薪酬策略

管理特征与薪酬策略	企业发展阶段			
	初始	成长	成熟	衰退
人力资源管理重点	创新、吸引关键人才、刺激创业	招聘、培训	保持一致性、奖励技术、管理技巧	减员管理、强调成本控制
经营战略	以投资求发展	以投资促发展	保持利润与市场	收获利润,开展新领域投资
风险水平	高	中	低	中-高
薪酬侧重	个人奖励	个人-集体激励	个人-集体激励	奖励成本控制
短期激励	股票奖励	现金奖励	利润分享、现金奖励	不可能
长期激励	股票(全员参与)	股票期权(有限参与)	股票购买	不可能
基本工资	低于市场水平	等于市场水平	大于或等于市场水平	低于或等于市场水平
福利	低于市场水平	低于市场水平	大于或等于市场水平	低于或等市场水平

表9-3中的薪酬侧重、短期激励、长期激励、基本工资和福利栏目是与企业发展各阶段相对应的薪酬策略内容。表中所反映的既是一种更为广义的薪酬策略,又是一种更为细分的薪酬水平定位。

以上各种薪酬决策的基本工具是薪酬调查,只有通过组织内外的薪酬调查,才能够全面了解市场竞争对手和自身的准确情况,才能获得组织进行薪酬决策制定薪酬策略所需的数据,并且把薪酬策略转变成实实在在可以操作的薪酬水平标准和薪酬体系结构。

9.3.2　薪酬结构决策及设计

薪酬结构是指构成薪酬体系的基本工资、激励工资、津贴、福利等各种薪酬形式之间的相互关系和组合比例。在经费不变的情况下,不同机构的薪酬体系在可变性、差异性、时效性和现金流强度上各不相同,薪酬的结构决策就是要选择和确定切合组织策略、环境、资源、目标、业务和人员特点等方面的薪酬结构或组合关系,从而使有限的薪酬支出发挥更有效的功用。薪酬结构又可称为薪酬体系的整体模式或整体薪酬体系模式,常用的有高弹性模式、高稳定模式和折中模式三种。

　　基本工资(包括成就工资)、激励工资、津贴、福利等薪酬形式在分配计发时,各自具有不同的刚性(不可变性)和差异性(在不同员工之间的差异程度),当它们之间以不同比例组合在一起时,由于各自不同性质的整合作用,就构成了不同的薪酬体系模式。构成整体薪酬体系的各种具体薪酬形式的性质以及它们的组合关系如图9-8所示。

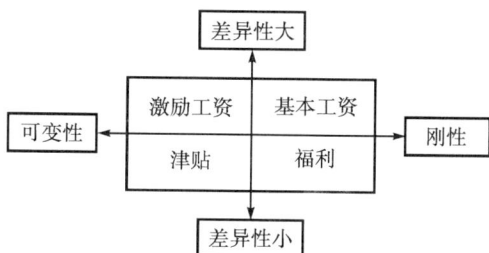

图9-8　薪酬基本形式的性质与组合模式

　　由图9-8可见,构成整体薪酬的各个基本形式或成分的特性如下:
　　①基本工资具有高刚性和高差异性。这说明不同岗位或职位上的员工基本工资差距明显,并且员工的基本工资既不能随便扣减,又不容易随时增加。
　　②激励工资具有高差异性和低刚性(或高可变性)。这说明激励工资的计发具有很强的灵活性和弹性,往往随着员工不同的行为、效率、工作业绩和组织绩效等因素的变化而拉开差距,上下浮动。
　　③津贴具有低差异性和低刚性。津贴是一种补偿性工资,它与工作绩效无关,从事同一种工作的人享受相同水平的补偿,因此它具有低差异性。津贴会随着工作条件、物价水平、企业效益等因素的变化而进行调整或取消,所以又具有低刚性。
　　④福利具有高刚性和低差异性。由于设置福利的目的就是为了保障员工生活、稳定员工队伍,不同的人和不同阶段的福利都应保持平稳,只有较小的变化。
　　上述四种性质各异的薪酬成分可以组成下面三种薪酬形式的组合模式。

1.高弹性模式

　　如果图9-8坐标系中的薪酬组合模式为"左大右小",即激励工资和津贴部分所占比重大,而福利和基本工资部分所占比重较小时,就称为整体薪酬的高弹性模式或薪酬形式组合的高弹性模式。高弹性模式是一种以短期绩效为主的高浮动的薪酬计发模式,当某人近期工作绩效很高时,就可以获得相应的高报酬;如果他的工作绩效降低时,则只能得到较低的薪酬支付。
　　高弹性薪酬模式的主要优点是:对员工的激励功能较强,薪酬计发与工作绩效紧密挂钩,有利于控制人工成本,不容易超支。
　　高弹性薪酬模式的主要缺点是:薪酬水平波动较大,不易核算成本,员工缺乏安全感。
　　高弹性薪酬模式的应用条件为:本组织人员流动率高,工作变动性大,员工工作积极性低,以及产品研发、营销等业绩伸缩性较大的岗位或职务,人们还可通过加强绩效考核的及

第9章　薪酬管理

293

时性、准确性,对工资实行计件制、提成制等办法来提高这种模式的公平性、合理性与有效性。

2.高稳定模式

如果图 9-8 的薪酬模式为"左小右大",即福利和基本工资所占比重大,而津贴和激励工资部分所占比重小时,就称为整体薪酬或薪酬形式组合的高稳定模式。高稳定模式薪酬以基本工资为主,员工的薪酬收入与其工作绩效关系不大,主要取决于企业的经营状况以及员工的工龄和资历等,因此它是一种员工收入相对稳定的薪酬计发模式。

高稳定薪酬模式的主要优点是,薪酬水平波动不大,稳定性高,便于核算人工成本,员工安全感较强。主要缺点是,由于加大基本工资的比重,减少了激励工资的比重,致使激励功能削弱,企业人均薪酬成本的刚性增大,可调节的灵活性大大降低,容易给企业造成较重的经济压力。

该模式的主要使用条件为:本组织人员流动率低,工作稳定性高,员工工作绩效的伸缩性较小,以及工作积极性、自觉性较高等情况。如果能把该模式中的奖金和部分基本工资的计发与企业的经济效益挂起钩来,而不是偏重于个人资历和工龄计发,还会改进其有效性。

3.折中模式

整体薪酬或薪酬形式组合的折中模式是指上述两种模式的折中,既要激励员工的劳动热情和工作绩效,又要给他们一定的安全感,兼具稳定和弹性的薪酬模式。折中模式在实践中的要点是:适当加大奖金、福利和津贴的比重和差异性,基本工资的刚性也不宜太小,以保证员工的基本安全感为度。

折中模式薪酬分配的主要优点是,它兼具激励性和安全性,便于灵活掌握和成本控制,是一种"稳中有进"、适用面广泛的薪酬制度。折中模式的最主要缺点是,它的设计和实施需要较高的理论水平和经验技术,各种形式薪酬组合平衡的"度"往往很难把握。当然,及时、准确的绩效考评,公平合理的操作实行,亦是提高其有效性的基本基石。

薪酬形式组合模式的选择还同企业(或其他组织)的发展阶段有关,由于企业在初始、发展、成熟、衰退等不同发展阶段的经营战略、人力资源开发与管理重点、财务实力、风险水平等要素有明显差异,因此,企业薪酬的形式组合模式也要随之调整变化。就一般情况而言,企业初始时期适宜采用高稳定模式和基本工资策略;企业在发展阶段适宜采用高弹性模式和高奖金策略;当企业进入成熟阶段时,应选用折中模式并采用有弹性的奖金、津贴和福利策略;当企业进入衰退期或重新创业阶段,应当再次采用高稳定模式和高基本工资策略。

9.4　薪酬预算、控制与沟通

薪酬对于员工而言是付出了劳动,为组织创造价值后所获得的经济性报酬,对企业而言是为购买活劳动而支付的成本,即人工成本。在激烈竞争的市场中,企业需要核算各方面的成本,人工成本是重要的内容。

9.4.1 薪酬预算

企业等用人组织在薪酬管理过程中所进行的一系列成本开支方面的权衡和取舍被称为薪酬预算。薪酬预算对组织的财务状况有着重要影响,它可以清晰地反映出组织的人力资源战略,直接关系到组织的经营状况和员工的心理感受,所以具有相当的敏感性。企业通过薪酬管理,可以有效地降低劳动力成本,合理控制员工流动率,并影响员工的绩效表现。企业的薪酬预算一般会受到外部环境和市场薪酬水平、内部的薪酬决策、技术进步和员工队伍变化、企业财务状况或支付能力、员工生活成本的变动以及企业现有的薪酬状况等环境因素的影响。

薪酬预算方法主要有自上而下预算法和自下而上预算法两种。

1.自上而下预算法

自上而下预算法是指先由企业的高层管理者决定企业的薪酬预算和提薪幅度及政策,再将整个预算额度分配给企业内各个部门,最后由各部门管理者把上级分配的薪酬额度根据企业分配政策和员工的实际情况分配给每一位员工的方法。用这种方法进行薪酬预算时,员工个体的薪酬水平预算必然与整个企业薪酬和本部门方面的预算相关联,受到群体薪酬预算水平的制约。

自上而下薪酬预算法的最大优点是可以较好地控制企业的整体薪酬成本和部门薪酬成本,便于调控人力成本开支与企业支付能力及绩效产出的对称性。但是这种预算方法缺乏灵活性,受主观因素影响较大,降低了薪酬预算的准确性,不利于调动人的积极性和主动性。

2.自下而上预算法

自下而上预算法是指通过基层单位各部门经理提前预报本单位在下一年拟获得薪酬预算的估计数,计算出各个部门或单位所需的薪酬开支,然后将各个部门或单位的薪酬预算数汇总,最后编制出企业整体薪酬预算的方式方法。自下而上薪酬预算的基本过程是:

①对基层单位经理进行薪酬政策和技术方面的培训,分发文件、表格和说明书,并提供薪酬资料和市场信息;

②经理预报薪酬额,并为其提供咨询服务;

③审核预报的薪酬额,分析检查经理的预测,并建议其修正误差;

④与管理层一道回顾并修改预测和预算,并获得领导层的许可;

⑤统计分析部门预测数据,并提供反馈;

⑥形成薪酬预算体系;

⑦监控和调整薪酬预算的实际增加。

自下而上预算法在形成企业来年薪酬预算的同时,就基本形成了部门和员工的薪酬水平和支付额度。它实际上是把设计员工工资待遇等相当一部分的薪酬管理责任放到了经理们的身上,薪酬职能部门和人员则主要起着顾问作用。自下而上预算法的优点是简单易行,灵活性高又接近实际,员工容易从中得到满足感,但它同时存在着难以控制企业总体薪酬成本这样一个主要问题。

上述两种方法也可以结合起来编制薪酬预算。基本步骤是:首先定出各部门的薪酬预算额,其次预测员工个体的提薪幅度并列表,最后比较两者的差异并对这些部门的薪酬预算进行调整。

9.4.2 薪酬成本控制

薪酬管理的主要任务之一是控制薪酬成本,控制好劳动力成本才能实现薪酬管理的效率战略目标。实际上薪酬管理中的各项内容都直接或间接地与薪酬成本的控制有关。在此只重点介绍带动力成本控制、薪酬控制途径和主要指标。

1.劳动力成本控制要素

劳动力成本或人工成本主要构成部分即薪酬成本,所以劳动力成本的控制要素就是薪酬成本控制要素。在一般情况下劳动力成本的构成关系可用下面公式表示:

$$劳动力成本 = 雇佣人数 \times (人均现金薪酬 + 人均福利成本)$$

式中:雇佣人数包括核心员工和临时用工;人均现金薪酬包括基本工资和浮动工资。

由上述公式可见,管理劳动力成本或控制员工薪酬成本的关键是控制三个要素:①雇佣量(用工数量和用工时间);②人均现金薪酬(如工资、津贴、奖金等);③人均福利成本(如医疗保险、养老金、带薪休假等)。

工资与福利问题前面已做过较多论述,下面主要论述雇佣量和人均现金收入问题。

2.薪酬成本控制的基本路径

(1)控制雇佣量。企业的雇佣量是其雇佣人数与他们工作时数这样两个量的一定乘积的叠加。所以,控制雇佣量一是控制用工人数,二是控制用工时数。控制雇员数量和工作时间一直是企业控制薪酬成本的最普遍做法。

①控制员工人数。当员工薪酬水平相同时,员工人数越少,企业所需支付的薪酬额越低。许多企业十分强调用工数量的管理。但是核心员工的减少或裁员又会给企业带来人才流失、士气低落等副作用。因此,企业在实践中多是通过精简或扩展临时工和替代性较强的员工来实施员工人数的调控,而使骨干员工队伍保持相对的稳定。

②控制工作时数。与人数控制相比,工时控制更具有灵活性。由于企业许多工作岗位是按工时进行计酬的,所以企业通过控制总工时,特别是需付高薪的节假日加班工作时间,也可以有效控制薪酬成本。这样做还能避免裁员、减员时带来的震动和麻烦,具有方便、快捷、降低成本的作用。

需要注意的是这两种方法各有限制和适用条件,应根据实际情况调整选用。另外,雇佣人数、用工时数与现金报酬和福利成本是互为影响的。

(2)控制基本工资。基本工资的增加对薪酬成本的上升和固定增加有重要影响。为了控制人力成本而控制基本工资,主要是要控制基本工资加薪的规模(或幅度)、加薪的时间和员工的覆盖面。由于基本工资增加的主要动因是内部公平性要求、市场状况变动和升级晋级等因素的推动,所以还需要对这些源头因素实行管理或调控。

(3)控制浮动薪酬。企业付给员工的浮动薪酬包括津贴、分红、利润分享、团队奖金等多种多样的名目。虽然不同企业薪酬结构中的浮动部分比重不同,但浮动薪酬已普遍占到了企业支付给员工全部薪酬中的相当大的部分,浮动薪酬带来的薪酬成本增长问题也绝不能小看。浮动薪酬的成本控制除了要控制它的支付规模、时间和覆盖面外,还应重点利用它的一次性支付性质来改善劳动力成本的可调节幅度。也就是说,可适当加大它相对于固定薪酬的比例。

(4)控制福利支出。企业福利方面的支付可分为三类:第一类是与基本工资相联系的福利,第二类是与基本工资无联系的福利,第三类是福利管理的费用。第一类福利随基本工资的变化而变化,份额较大,对薪酬预算和成本影响较大,基本工资一定时,刚性较大;第二类多为短期福利项目,数额较小,弹性较小;第三类费用也有较高的弹性可以利用。控制福利支出来降低薪酬成本时,需要针对这三类福利支出的特性分别管理和调控,落实在不同控制环节和因素上,才能取得实效。

(5)利用适当的薪酬技术手段促进成本控制。企业还可以利用工作评价、薪酬调查、工资结构线、薪酬宽带、计算机辅助管理、最高与最低薪酬水平控制、成本分析、薪酬比较比率等薪酬技术手段,来促进或改善薪酬成本控制,节省人力成本支出。

3.薪酬控制的主要指标

薪酬控制的主要指标包括人均薪酬成本、人工费比率和人工成本比较,它们的含义对比见表9-4。

表9-4　薪酬控制主要指标

指标名称	公式	指标属性
人均薪酬成本	年度薪酬总额÷年度平均人数	人均指标
人工费比率	薪酬总额÷税前收入	综合指标
人工成本比例	薪酬总额÷营运成本	结构指标

如果一个企业的人力资源情况符合高投入、高产出、高效益状态时,上述指标应当"一高二低"——人均薪酬成本高,人工费比率和人工成本比例低。若上述三个指标是"一低二高",即人均薪酬成本低,人工费比率和人工成本比例高时,说明企业人力资源使用状况不佳。上述三个指标可以作为一个指标体系同时使用,应当遵循上述"一高二低"的原则。

9.4.3　薪酬沟通

所谓薪酬沟通是指管理者与员工在互动过程中通过某种途径或方式将薪酬信息、思想情感相互传达交流,并获取理解的过程,即管理者就企业在薪酬战略体系的设计、决策中的各种薪酬信息(主要指企业薪酬战略、薪酬制度、薪酬水平、薪酬结构、薪酬价值取向等内容以及员工满意度调查和员工合理化建议)与员工全面沟通,让员工充分参与,并对薪酬体系执行情况予以反馈,再进一步完善体系。同时,员工的情感、思想与企业对员工的期望形成交流互动,相互理解,达成共识,共同努力推动企业战略目标的实现。薪酬沟通是薪酬管理的重要职能和技术,贯穿于薪酬方案的制订、实施、控制、调整的全过程。企业薪酬沟通的过程步骤演示见图9-9。

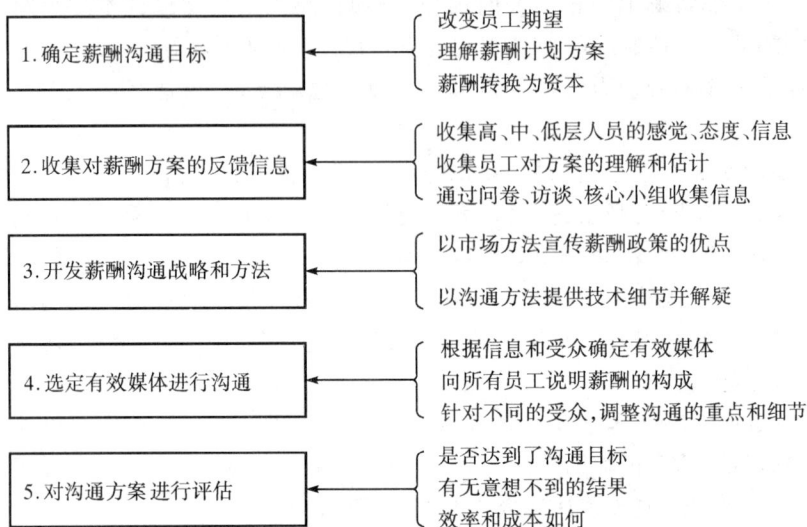

图 9-9　薪酬沟通的步骤和要点（美国薪酬协会所推荐的薪酬沟通要点）

薪酬管理是人力资源开发与管理领域内最为复杂和技巧性颇强的内容，书面薪酬和心理薪酬的一致是薪酬管理的较高境界，为了达到此目标，需要不同层面的管理人员和员工的共同努力。

9.5　与薪酬管理相关的法律法规

9.5.1　与薪酬发放相关的法律法规

1.计薪天数

法定节假日是指根据各国、各民族的风俗习惯或纪念要求，由国家法律统一规定的用以进行庆祝及度假的休息时间。法定节假日制度是国家政治、经济、文化制度的重要反映，2014年1月1日，《国务院关于修改〈全国年节及纪念日放假办法〉的决定》规定，全年法定节假日为11天（元旦1天、春节3天、劳动节1天、清明节1天、端午节1天、国庆节3天、中秋节1天）。

按照《中华人民共和国劳动法》第51条的规定，法定节假日用人单位应当依法支付工资，即11个节假日都应计薪，因此月计薪天数＝（365－104）÷12＝21.75（天）。

法定节假日是带薪休假，尽管计薪，但不是工作日，所以月工作日＝（365－104－11）÷12＝20.83（天），即月工作日与月计薪天数存在差异，造成差异的原因是法定节假日为带薪休假，而双休日为无薪休假。

日工资、小时工资的计量依据计薪天数，具体方法为：

日工资：月工资收入÷月计薪天数，即月工资收入除以21.75。

小时工资：月工资收入÷（月计薪天数×8小时）

采用"月计薪天数"（21.75天），而不是"月工作日"（20.83天）来计算加班费基数，只需要考虑不计薪的104个双休日，与法定节假日无关，无论法定节假日如何变化，都不影响日工资、小时工资和加班费的计算。

2.特殊情况下的薪酬支付

特殊情况下的薪酬支付是指依照法律、法规或按照协议在非正常计薪天数之外的特殊情况下，用人单位支付给劳动者的薪酬。特殊情况下的薪酬支付是我国工资支付制度不可分割的一部分，也是劳动者合法权益受到保护的重要体现。《中华人民共和国劳动法》及《工资支付暂行规定》等法律、法规对特殊情况下的薪酬种类及支付办法做出了详细的解释和规定：

（1）依法参加社会活动期间的薪酬支付。劳动者在法定工作时间内依法参加社会活动，用人单位应视同其提供了正常劳动而支付薪酬。依法参加社会活动主要指：依法行使选举权或被选举权，当选代表出席政府、党派、工会等组织召开的会议，出任人民法庭证明人，出席劳动模范、先进工作者大会，《中华人民共和国工会法》规定的不脱产工会基层委员会委员因工会活动占用的生产或工作时间，其他依法参加的社会活动。

（2）法定休息假日及婚丧假期间的薪酬支付。在法定节假日期间，用人单位应当依法安排劳动者休假，并按劳动者正常工作，依法向劳动者支付工资。

婚丧假指劳动者本人结婚以及其直系亲属死亡时依法享有的假期。用人单位在劳动者婚丧假期间，应给予劳动者往返所需的路程假。在婚丧假及相关路程假期间，单位应按劳动者提供了正常工作而向劳动者支付薪酬。

（3）单位停工、停产期间的薪酬支付。不是由于劳动者原因造成单位停工、停产在一个工资支付周期内的，用人单位应按劳动合同规定的标准支付劳动者薪酬。超过一个工资支付周期的，若劳动者提供了正常劳动，则支付给劳动者的劳动报酬不得低于当地的最低工资标准；若劳动者没有提供正常劳动，应按国家有关规定办理。

（4）劳动者在法定标准时间外工作的薪酬支付。用人单位在劳动者完成劳动定额或规定的工作任务后，安排其在法定标准工作时间以外工作的，应按以下标准支付薪酬：①在法定标准工作时间以外延长工作时间的，按照不低于劳动合同规定的劳动者本人小时工资标准的150%支付；②在休息日工作又不能安排补休的，按照不低于劳动合同规定的劳动者本人日或小时工资标准的200%支付；③在法定休假节日工作的，按照不低于劳动合同规定的劳动者本人日或小时工资标准的300%支付。

实行计件工资的劳动者，在完成计件定额任务后，由用人单位安排延长工作时间的，应根据上述规定的原则，分别按照不低于其本人法定工作时间计件单价的150%、200%、300%支付其工资；经劳动行政部门批准实行综合计算工时工作制，其超过法定标准工作时间的部分，应视为延长工作时间，并支付劳动者相应的工资。

（5）单位破产时的薪酬支付。用人单位依法破产时，劳动者有权获得其工资。在破产清偿中用人单位应按《中华人民共和国企业破产法》规定的清偿顺序，首先支付本单位劳动者的薪酬。

3.特殊人员的薪酬支付

特殊情况下的薪酬支付主要包括以下三个方面。

（1）劳动者受处分后的薪酬支付。①受行政处分后仍在原单位工作（如留用察看、降级等）或受刑事处分后重新就业的，应主要由用人单位根据具体情况确定其工资报酬；②受刑事处分[如收容审查、拘留(押)、缓刑、监外执行或劳动教养]期间,其待遇按国家有关规定执行。

(2)学徒工、熟练工、大中专毕业生在学习期、熟练期、见习期、试用期及转正定级后的薪酬待遇由用人单位自主确定。

(3)新就业复员军人的薪酬待遇由用人单位自主确定;分配到企业的军队转业干部的工资待遇,按国家有关规定执行。

9.5.2 个人所得税的缴纳

2018 年 8 月 31 日第十三届全国人民代表大会常务委员会第五次会议通过了《关于修改〈中华人民共和国个人所得税法〉的决定》,自 2019 年 1 月 1 日起施行。施行前,自 2018 年 10 月 1 日至 2018 年 12 月 31 日,纳税人的工资、薪金所得,先行以每月收入额减除费用 5000 元后的余额为应纳税所得额。12 月 18 日,修订后的《中华人民共和国个人所得税法实施条例》发布,自 2019 年 1 月 1 日起施行。12 月 21 日,国家税务总局发布了《个人所得税专项附加扣除操作办法(试行)》。个人所得税的税率分为:①综合所得,适用百分之三至百分之四十五的超额累进税率;②经营所得,适用百分之五至百分之三十五的超额累进税率;③利息、股息、红利所得,财产租赁所得,财产转让所得,偶然所得和其他所得,适用比例税率,税率为百分之二十。自 2019 年 1 月 1 日开始,个人所得税起征点就调为了 5000 元,并且增加了子女教育、继续教育、大病医疗、首套房贷款利息、住房租金和赡养老人等六方面的专项附加扣除规定。

公安、人民银行、金融监督管理等相关部门应当协助税务机关确认纳税人的身份、银行账户信息。教育、卫生、医疗保障、民政、人力资源社会保障、住房城乡建设、人民银行、金融监督管理等相关部门应当向税务机关提供纳税人子女教育、继续教育、大病医疗、住房贷款利息、住房租金等专项附加扣除信息。同时,个人必须通过手机 App 申报个人所得税的专项附加扣除项目,每年年初填报一次。个税改革前,工薪所得的扣除因素单一,主要有基本养老保险、基本医疗保险、失业保险、住房公积金等专项扣除项目,但缺乏教育、赡养、租房等专项附加扣除,没有考虑纳税人家庭负担,同样的收入水平下,对抚养人口较多的纳税人不公平。六项专项附加扣除并不是所有人都能享受到的。比如房租和房贷利息,这两项是只能选择一项,要么扣房租,要么扣房贷利息。按照 2018 年的专项附加扣除标准,家庭支出负担较重,上有老、下有小、有房贷的中年人最为获利,有很大概率可以享受子女教育、首套房贷、赡养老人等多项专项附加扣除。继续教育支出、大病支出、住房贷款、租房租金等项目,是每个纳税人都可能享受到的,包括单身。

月收入在 5000 至 10000 元之间的,税率调整前后纳税额的变化如表 9-5 所示。那么,考虑到专项扣除项目,纳税额会有什么变化呢?

例题:小李在西安上班,月收入 1 万元,每月房屋租金 3000 元,有一女儿上幼儿园,父母已经 60 多岁,由小李和姐姐共同赡养。如果考虑专项附加扣除,小李每月应缴纳的个人所得税是多少?

解答:首先,计算应纳税额,"五险一金"中养老保险个人缴纳 8%、失业保险个人缴纳 0.5%、医疗保险个人缴纳 2%、住房公积金个人缴纳 5%,合计为 15.5%,小李月入 10000 元,"五险一金"中个人缴纳 1550 元。

考虑专项附加扣除,小李可以享受扣除住房租金 1200 元、子女教育 1000 元、赡养老人

1000元扣除(跟姐姐分摊扣除额),合计为3200元。

小李的应纳税额为10000-5000-1550-3200=250(元)。

适用税率为3%,应纳税250×3%=7.5(元)。

对比表9-5,可以发现月收入1万的工作人员,应纳税所得额为8450元,在2019年之后每月的应纳税额的差值为427.5元。算法如下:

$$(10000-1550-3500)\times20\%-555=990-555=435(元)$$

$$435-7.5=427.5(元)$$

表9-5 税率调整前后纳税额的变化

月应纳税所得额/元	调整前纳税额/元	调整后纳税额/元	差额/元
5000	$(5000-1500)\times3\%=45$	0	45
6000	$(6000-3500)\times10\%-105=145$	$(6000-5000)\times3\%=30$	115
7000	$(7000-3500)\times10\%-105=245$	$(7000-5000)\times3\%=60$	185
8000	$(8000-3500)\times10\%-105=345$	$(8000-5000)\times3\%=90$	255
9000	$(9000-3500)\times20\%-555=445$	$(9000-5000)\times10\%-210=190$	355
10000	$(10000-3500)\times20\%-555=745$	$(10000-5000)\times10\%-210=290$	455

思考题

1.什么是薪酬?它有哪些具体形式?

2.什么是薪酬管理?薪酬管理有什么作用与意义?

3.薪酬系统的构成有哪几部分?

4.薪酬体系的设计流程是什么?

5.薪酬沟通的基本步骤和要点是什么?

6."月计薪天数"与"月工作日"有何区别?在薪酬管理中引入"计薪天数"有什么意义?

7.特殊情况下的薪酬支付包括哪些内容?

8.2019年开始执行的个人所得税缴纳方案,与之前相比,有哪些改进?对个体可支配收入有何影响?

案例分析

腾讯的薪酬管理体系

截至2019年3月31日,腾讯5.46万名雇员的第一季度总酬金成本为116.16亿元人民币。据此估算,腾讯员工平均月薪7万元,但腾讯人士表示"不能这么算"。除了考虑一季度发放上一年度年终奖因素,公司支付的酬金还包括员工培训、福利开支,以及公司缴纳的公积金和各种保险。那么腾讯的薪酬体系具体包括什么内容呢?

1.职级与职位族

腾讯职级体系分6级,最低1级,最高6级。同时按照岗位又划分为四大通道,被称为"族",比如:产品/项目通道,简称"P族";技术通道,简称"T族";市场通道,简称"M族";职能通道,简称"S族",见图9-10。以"T职位族"为例,其职级情况见表9-6。

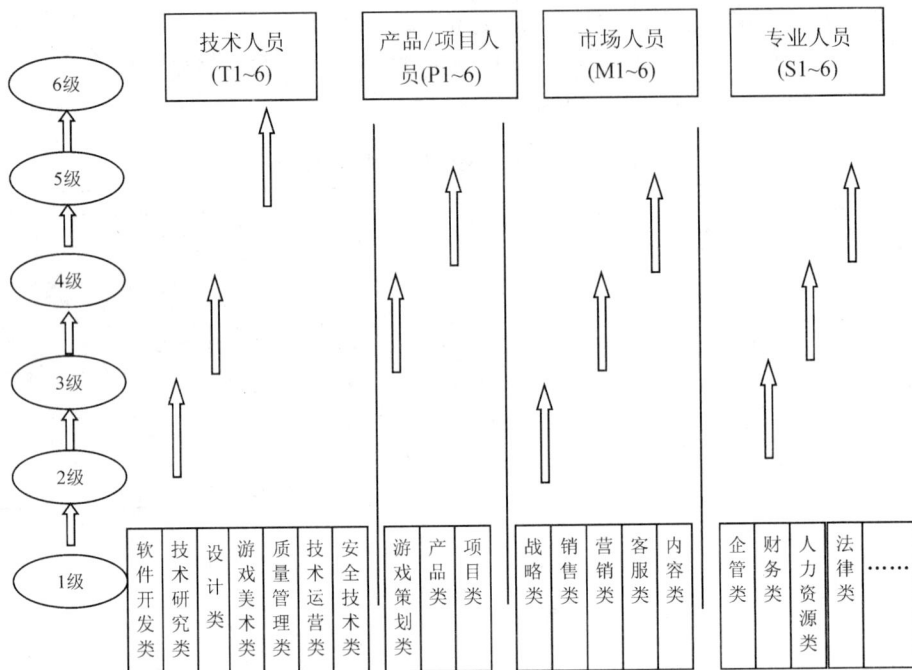

图9-10 四大职位族的职级体系

表9-6 "T职位族"的职级

T1	助理工程师(一般为从高等院校招聘的新人)
T2	工程师
T3	高级工程师
T4	专家工程师
T5	科学家
T6	首席科学家

T1到T6之间的每一级又分为3个子级,3.1是任命组长/副组长的必要条件。T4基本为总监级,也不排除有T3.3的总监,职位晋升到T4是非常困难的。

2.腾讯的薪酬和级别的关系

腾讯标准薪资是14薪,但是通常能拿到16~20薪,T3.1以上开始有股票激励。腾讯实行末尾考核淘汰制,一年考核两次(6月、12月),优秀率控制在10%以内,排在最后5%的人需要转组(转组也可能出现没人接收的情况)或者被开除。晋升和考核结果关联性很强,要升一个子级,必须最近两次考核得过一次A类考核结果。晋升至T3.1是腾讯内部职业生涯发展的第一个分水岭,只有30%的通过率。

3.薪酬体系

现行薪酬体系由基本薪酬、年度服务奖金和年度绩效奖金(不适用于拿提成的销售人员)等构成的可变薪酬和福利服务等部分构成。

（1）基本薪酬包括职位工资和固定津贴两部分。职位工资主要指公司每月根据员工的职位性质和职责提供的保障性现金报酬。固定津贴主要指公司对全体员工每月提供的固定津贴,包括住房补贴、保密津贴、竞业限制津贴、知识产权转让费等专项津贴。根据员工的岗位为员工提供具有市场竞争力的固定工资,并在每年根据最新市场趋势、员工的薪酬水平以及绩效水平进行综合的回顾和审阅。固定工资的发放时间由人力资源部核算,每月定期制作发放表,由财务部安排发放到员工。工资计算期间为每月1日至月底,按月支付,次月5日发放,如发薪日遇到法定节假日或休息日时,工资支付日提前到放假前的最后一个工作日。离职人员工资与离职补偿,将按照公司与离职员工本人双方协商之日发放。

（2）可变薪酬包括年度服务奖、年度绩效奖金和特别激励奖金三部分。

年度服务奖金指公司在年末向当年在职员工提供的特别奖金,根据员工当年在公司的服务时间,向员工提供年度服务奖金即年底双薪(最后一个月发双倍薪资)。员工在当年内入职的,则按入职时间折算年度绩效奖金,15日之前(含15日)入职的当月按全月计算,15日之后入职的当月按半月计算。当年度12月15日之前入职且奖金发放当日在职的员工方可参与当年度绩效奖金的分配。若员工在当年度内病事假(工伤、产假除外)合计超过30个工作日,超出部分天数将扣除相应奖金。

年度绩效奖金(不适用于拿提成的销售人员)指公司在达成总体绩效目标的基础上,公司对员工在该年度完成或超额完成个人绩效目标的现金奖励。绩效奖金与员工绩效和贡献紧密联系,体现了公司与员工同成长、共分享的理念。员工年度绩效奖金的分配向绩效优秀的员工倾斜。在公司绩效、部门绩效均达标的情况下,按员工个人绩效进行奖金分配的原则如下:绩优员工,考核结果为"优秀"或"超出预期",将全额甚至更多地获得其个人的年度绩效奖金;考核结果为"符合预期"的员工将获得接近其个人的年度绩效奖金标准的奖金;考核结果为"低于预期"的员工将不能获得年度绩效奖金。

特别激励奖金主要指各种专项奖励。腾讯设立了多项的奖励项目,认可每一个有杰出贡献的员工及团队,如"星级员工""星级团队"等公司级和系统级专项奖励等,主要以精神激励及实物奖金的形式奖励有突出表现和贡献的员工,向全体员工宣传"明星"们的闪光点,以树立良好的楷模。公司为绩效表现持续优秀,且有志于在公司长期发展的骨干员工提供公司股票期权,旨在通过分享公司业绩增长,使员工个人利益与公司发展的长远利益紧密结合在一起。

（3）福利服务。

腾讯秉承员工为企业的第一财富的理念,致力于为员工提供舒适的工作环境和有竞争力的薪酬福利待遇。除了国家法定的养老保险、医疗保险、工伤保险、失业保险、生育保险及住房公积金之外,腾讯于2011年正式推出"安居计划",为符合条件的员工提供首套购房首付款的免息借款,早期是20万元(二线城市)、30万元(一线城市),2015年分别调整为25万元、50万元,迄今为止已经为超过3000多名员工提供过贷款,总额超过8亿元,目的是帮助员工解决后顾之忧,早日实现安居梦想。此外,公司为员工投保了团体商业补充医疗保险,包括意外伤害保险、定期寿险、重大疾病、补充医疗等,同时,开放配偶和子女的商业保险自费团购平台,此外,新增父母、公婆、岳父母商业保险自费团购。

为增强公司及部门内员工的凝聚力,促进部门整体气氛积极向上、和谐自由,腾讯开展年度团队建设活动,提供多样的地点选择,让员工能尽情享受旅程的美好,感受集体的氛围。为平衡员工工作与生活的关系,公司设有年休假、带薪病假、双休日/法定公众假期、婚假、丧假、产假、陪产假、哺乳假等相关法定假期。员工满足相应假期条件的,可以获得相应假期的休假资格。目前的假期类型包括年休假、事假、病假、婚假、产假、陪产假、丧假、流产假、派驻假、未出勤假、调休假等。员工享受法定节假日、年休假、产假、婚假、丧假、陪产假期间,工资全额发放。如全年事假累计不超过 15 个工作日的,事假期间日固定工资按 50％发放,扣发事假工资＝日固定工资/21.75×事假天数×50％;如全年事假超过 15 个工作日,超出部分的假期,扣发全额日固定工资;如全年病假累计不超过 30 个工作日,病假期间日固定工资全额发放;超过 30 个工作日,超出期间日固定工资按 60％发放,扣发病假工资＝日固定工资/21.75×病假天数×40％。

基本薪酬、可变薪酬和福利服务形成了腾讯多样化的薪酬体系,助力腾讯持续发展。

案例讨论

1. 腾讯公司薪酬体系的优势主要体现在哪里?

2. 请结合本案例,分析企业如何设计薪酬体系才能发挥激励员工的作用。

第10章　劳动关系

引导案例

王女士于2019年2月11日入职大连一家公司,担任网页设计工作。该公司试用期为1至3个月,如果试用期内能够胜任工作要求,她最迟会在5月成为正式员工。4月13日,28岁的王女士发现自己怀孕了,这是第一胎,经检查怀孕已有40天。新的生命即将到来,家里人都高兴不已。在单位,她的工作强度不是很大,怀孕并不会影响工作。于是王女士主动向领导汇报了自己怀孕的情况。同时,因为生孩子时会用到生育保险,于是她提出可否提前缴纳社保。她原以为公司领导能理解她的境遇,但让她没想到的是,领导得知她怀孕后,当即表示要辞退她,并且多给她开了2天的工资,共200多元作为补偿。当天下午,王女士就离开了公司。

入职时,王女士与公司没有签订劳动合同,双方也没有谈及入职后关于生育方面的福利待遇问题。她发现怀孕后,想在转正之前跟领导进行坦诚的沟通,但没想到领导会直接辞退了她。因为怀孕的缘故,王女士很难找到合适的工作。

那么,用人单位辞退在试用期的怀孕女员工,这种做法合法吗?

类似事件不胜枚举,2018年3月,长春市的陈女士转正后一个月,发现自己怀孕了,公司得知后一直催促其离职。陈女士认为自己的权益受到了侵犯,就将公司告到了法院,要求公司继续履行合同。陈女士虽然胜诉,但是,工作岗位被调整到一处偏僻的、没有卫生间的工地,给怀孕的她造成了极大的困扰。

经济的快速发展使越来越多的女性走入职场,那么孕妇作为特殊劳动群体如何受劳动法的保护?如何确立劳动者和用人单位在劳动过程中的权利义务关系?如何合法合规建立、变更和解除劳动关系呢?希望本章的学习,能够解答大家心中的疑问。

10.1　劳动关系概述

劳动关系是社会经济关系中最基础最敏感的部分,它不仅影响经济发展,而且影响政治格局和社会稳定。20 世纪 90 年代中期以来,随着劳动关系市场化进程加快,劳动关系研究逐渐成为管理实践和理论界关注的热点。

10.1.1 劳动关系的概念

劳动关系有广义和狭义之分。从广义上讲,生活在城市和农村的任何劳动者与任何性质的用人单位之间因从事劳动而结成的社会关系都属于劳动关系的范畴。从狭义上讲,现实经济生活中的劳动关系是指依照国家劳动法律法规规范的劳动法律关系,即双方当事人是被一定的劳动法律规范所规定和确认的权利和义务联系在一起的,其权利和义务的实现,是由国家强制力来保障的。劳动法律关系的一方(劳动者)必须加入某一个用人单位,成为该单位的一员,并参加单位的生产劳动,遵守单位内部的劳动规则;而另一方(用人单位)则必须按照劳动者的劳动数量或质量给付其报酬,提供工作条件,并不断改进劳动者的物质文化生活。劳动法中的劳动关系就是指这种狭义的劳动关系。

我国 2008 年 1 月 1 日起开始实施的《中华人民共和国劳动合同法》对劳动关系做出明确定义。劳动法中的劳动关系是指劳动者与用人单位(包括各类企业、个体工商户、事业单位等)在实现劳动过程中建立的社会经济关系。

10.1.2 劳动关系管理的含义及意义

劳动关系是在就业组织中因为雇佣行为产生的关系。劳动关系管理是组织管理的特定领域,主要涉及与雇佣行为有关的管理问题。

1. 劳动关系管理的含义

所谓劳动关系管理,主要是指以保障企业经营活动的正常开展为目标,以缓和企业劳动关系的冲突为基础,以促进劳动合作为手段,从而提高企业生产率和整体绩效的一系列综合性的组织管理措施和手段。

2. 劳动关系管理的意义

(1)劳动关系管理是完善社会主义市场经济体制的需要。社会主义市场经济体制的建立完善是一项巨大的系统工程,涉及国家、集体和职工三者之间的利益关系调整,在这个调整过程中,各个利益主体之间不可避免地产生一些摩擦和冲突,在全国人民总体利益一致的前提下,这些利益冲突和矛盾都将逐步得到妥善解决。其中劳动者自身利益的维护和保障则主要通过劳动关系管理机制整体作用的发挥加以解决。在市场经济中,劳动关系市场化、契约化、法制化程度越来越高,大量涉及职工劳动就业、劳动报酬、社会保障和劳动安全卫生等与职工利益密切相关的问题亟待协调解决,只有把这些工作做好,社会主义市场经济体系才能逐步建立和完善,改革发展稳定的大局才能得以顺利地维护。

(2)劳动关系管理是维护劳动者合法权益的手段。改革开放以来,我国的社会经济成分、企业结构、就业方式、利益关系和分配方式日益多元化,经济关系和劳动关系发生了复杂深刻的变化,国家、集体、职工三者利益关系日渐清晰,劳动关系正在逐步实现契约化、制度化和法制化。劳动者作为劳动关系的主体之一,有着其具体的、根本的利益,主要是劳动权益、政治权利和精神文化需求,其中劳动权益是职工最基本的利益。劳动权益主要包括劳动者的劳动就业权利、工资报酬权、社会保险权以及与其相关的休息、休假权和劳动安全卫生权。这些合法权益的实现,在很大程度上,依赖于劳动关系管理机制作用的发挥和劳动关系法律、法规的执法力度。只有建立完善的劳动关系管理机制,充分发挥各级工会组织代表维护职工利益的作用,使各级工会能够在劳动关系管理机制中与企业行政以及政府部门之间进行沟通交流和协商谈判,并拥有一定的话语权,才有可能切实维护职工群众的合法权益。

(3)劳动关系管理是构建和谐社会的基础。劳动关系作为生产关系的重要组成部分,是在劳动过程中劳动者与劳动力使用者之间形成的一种社会关系。人是社会关系的总和,社会和谐首先是社会关系的和谐,作为工业化时代一种最基本、最重要的社会关系,劳动关系是其他社会关系的基础,其和谐稳定是企业健康发展的重要保证,是社会和谐的重要基础和具体体现。

10.2　我国劳动关系的历史、现状与发展

进入 21 世纪以来,中国的市场经济得到了进一步的深入发展,与国际经济一体化相伴随的是更为激烈的市场竞争以及对企业、政府包括个人所提出的更为严峻的挑战。人力资源是中国最具潜力的各种资源之中最为重要的资源。在实践中,劳动关系问题正在成为经济发展过程中不可回避的重大课题和敏感社会问题。

10.2.1　劳动关系的历史

(1)中华人民共和国成立前的劳动关系状况:
- 帝国主义、封建官僚、资本家对工人的超经济剥削;
- 劳动者与资本家形成人身依附关系;
- 工人的人身、财产等权利得不到保障,甚至丧失交易主体地位;
- 工人的劳动保障非常少。

(2)中华人民共和国成立初的劳动力市场状况:
- 大量的失业工人、破产的农民和手工业者在寻找工作;
- 超低工资,生活水平极低;
- 超长的工作时间,17～18 小时/天;
- 超重的劳动强度,工头的监督;
- 童工、女工占非常大的比重,包身工、养成工、学徒工等形式大量存在。

(3)中华人民共和国成立后至改革开放前劳动计划体制的状况:
- 为了保护城市工业的发展、减少城镇失业,实行城乡隔离的制度,将农村当作劳动力的蓄水池;
- 实行统招统配制度,劳动力的招收、使用由国家政府决定,企业既无辞退权,也无工资决定权;
- 取消临时工、季节工,转为固定工;
- 实行国家统一的等级工资制度,不同组织间只存在地区差异。

(4)劳动计划体制下的劳动关系特点:

- 企业和劳动者都没有任何劳动力流动的权利;
- 企业的目标是雇佣规模的最大化而非利润最大化;
- 劳动者缺乏激励机制,干多干少一个样。

10.2.2 劳动关系与社会保障现状

1.劳动关系的现状

1994 年 7 月 5 日第八届全国人民代表大会常务委员会第八次会议通过了《中华人民共和国劳动法》(以下简称《劳动法》),于 1995 年 1 月 1 日起施行,并根据 2009 年 8 月 27 日第十一届全国人民代表大会常委委员会第十次会议通过的《全国人民代表大会常务委员会关于修改部分法律的决定》修正,根据 2018 年 12 月 29 日第十三届全国人民代表大会常务委员会第七次会议通过的《全国人民代表大会常务委员会关于修改〈中华人民共和国劳动法〉第七部法律的决定》第二次修正;2007 年 6 月 29 日第十届全国人民代表大会常务委员会第二十八次会议修订通过了《中华人民共和国劳动合同法》(以下简称《劳动合同法》),自 2008 年 1 月 1 日起施行,2012 年 12 月 28 日第十一届全国人民代表大会常务委员会第三十次会议通过了《关于修改〈中华人民共和国劳动合同法〉的决定》,对部分内容进行了修订;2007 年 12 月 29 日第十届全国人民代表大会常务委员会第三十一次会议通过了《中华人民共和国劳动争议调解仲裁法》(以下简称《劳动争议调解仲裁法》),自 2008 年 5 月 1 日起施行;2013 年 12 月 20 日人力资源和社会保障部第 21 次部务会审议通过了《劳务派遣暂行规定》,于 2014 年 3 月 1 日开始施行。《劳动法》《劳动合同法》《劳动争议调解仲裁法》《劳务派遣暂行规定》的出台,构建了劳资双方的劳动契约关系的确立、变更和解除的法律法规依据。随着市场化改革的推进,我国的劳动关系已经完成了从计划经济体制到市场经济体制的根本性转变。具体表现在以下五个方面:

(1)确立了劳动关系的主体。其标志为:一是劳动者和企业通过签订劳动合同建立劳动关系的格局已经形成;二是劳动者流动人数、比例、频率明显增多,劳动者拥有较大的择业自主权;三是劳动关系主体双方的地位和权益受法律保护,自《劳动合同法》实施以来,劳动者和管理者自觉学法、懂法、用法,维护自身合法权益的意识明显增强。

(2)劳动关系格局多样化、复杂化、动态化。表现在:从所有制性质区分看,目前有国有、集体、合作、股份、外商投资、私营以及其他等多种经济成分的劳动关系;从劳动关系的时间划分看,有以完成一定工作任务为期限、各种不同时间长短的有固定期限和无固定期限的劳动关系;从劳动关系的具体内容看,有规定双方权利、义务比较宽泛、简单的和比较具体、细化的不同类型劳动关系;从劳动关系协调的方式看,有劳动者个人与企业、劳动者群体与企业、工会组织与企业或企业组织协商而确定的劳动关系。上述几种类型劳动关系之间相互交叉重叠,其变动也呈经常化态势。劳动关系出现多样化、复杂化、动态化,这是建立社会主义劳动力市场的必然结果,有效规范劳动关系几方的行为是需要进一步解决的问题。

(3)以劳动合同制度为主要内容的新型用人制度使劳动关系规范化、法制化。签订劳动合同作为贯彻劳动法的核心,首先在企业普遍实施。到目前,全国城镇国有企业、集体企业和外商投资企业基本与职工签订了劳动合同,并按照劳动法的规定依法履行和管理;私营企业和个体工商户有半数以上的从业人员签订了劳动合同。劳动合同制度的普遍实施,实现了中国企业劳动关系由行政管理向依法管理的转变,强化了劳动者和用人单位的法律意识。

（4）推行集体协商和集体合同制度,探索建立以集体协商为主的劳动关系自我协调机制。按照《劳动法》的规定,劳动者与用人单位可以就劳动报酬、工作时间、休息休假、劳动安全卫生、保险福利等事项签订集体合同。为贯彻实施《劳动法》,推动集体合同制度的建立,劳动和社会保障部制定了《集体合同规定》,并对集体协商的具体程序、主体、管理和争议处理等做出了较完整的规定。企业开展集体协商签订集体合同工作取得了较大进展。通过推选集体协商和集体合同制度,强化了工会组织代表职工参与协调企业劳动关系的职能,从整体上维护了职工的合法权益,预防和减少了劳动争议的发生。

（5）健全和完善劳动争议处理制度,将劳动争议纳入依法解决的渠道。为了公正及时解决劳动争议,保护当事人合法权益,促进劳动关系和谐稳定,实行劳动争议调解仲裁制度。我国劳动争议仲裁委员会的组成实行三方原则,劳动争议处理实行"一裁两审"制度。目前,我国劳动争议处理体系已经初步建立,全国普遍成立了各级劳动争议仲裁委员会,并在制度建设、处理程序等方面逐步形成了独立体系。劳动争议仲裁委员会由同级劳动行政机关代表、总工会代表、与争议事项有关的企业主管部门的代表或者企业主管部门委托的有关部门的代表组成。三方代表人数相等,但委员人数必须为单数。经仲裁委员会协商并一致同意,可以约请有关单位的代表列席仲裁会。我国各级劳动争议处理机构紧紧围绕社会经济发展的大局,以促进企业和社会稳定,维护劳动者和用人单位合法权益为宗旨,依法、公正、及时地处理了一大批劳动争议案件。

2018 年全国企业劳动合同签订率达 90％以上。截至 2018 年末,全国报送人力资源社会保障部门审查并在有效期内的集体合同累计 175 万份,覆盖职工 1.55 亿人;经各级人力资源社会保障部门审批且在有效期内实行特殊工时制度的企业 8.3 万户,涉及职工 1300 万人;各地主管单位继续开展薪酬调查工作,合理调整最低工资标准。

2018 年,全国各地劳动人事争议调解仲裁机构共处理争议 182.6 万件,涉及劳动者 217.8 万人,涉案金额 402.6 亿元。全年办结争议案件 171.5 万件,案件调解成功率为 68.7％,仲裁结案率为 95.1％。终局裁决 13.6 万件,占裁决案件数的 37.9％。全国各级劳动保障监察机构共主动检查用人单位 138.1 万户次,涉及劳动者 6240.3 万人次。书面审查用人单位 199.5 万户次,涉及劳动者 6792.5 万人次。全年共查处各类劳动保障违法案件 13.9 万件。通过加大劳动保障监察执法力度,为 168.9 万名劳动者追发工资等待遇 160.4 亿元。共督促用人单位与劳动者补签劳动合同 106.3 万份,督促 0.9 万户用人单位办理社保登记,督促 1.9 万户用人单位为 37.3 万名劳动者补缴社会保险费 9.3 亿元。加强人力资源市场监管,依法取缔非法职业中介机构 1235 户。

2.社会保障现状

从 1802 年英国颁布《学徒健康与道德法》起,世界上诞生了国家强制规定的、保障劳动者基本权益的劳动标准,但劳动标准的制定在其后的一百年时间里基本被认为是国家的内部事务。直到《世界人权宣言》和《经济、社会及文化权利国际公约》颁布后,才逐渐形成了一整套劳动权保障的国际标准。我国在自由结社、集体谈判、罢工权、劳改制度、劳教制度、平等就业、禁止使用童工方面都与国际劳动标准存在一定的差距,但经历了几十年的发展,建立起了我国多层次劳动保障体系。为了规范社会保险关系,维护公民参加社会保险和享受社会保险的合法权益,2010年10月28日在十一届全国人民代表大会常务委员会第十七次会议上通过了《中华人民共和国社会保险法》,国家建立了基本养老保险、基本医疗保险、工伤保险、失业保险、生育保险等社会保险制度,保障公民在年老、疾病、工伤、失业、生育等情况下依法从国家和社会获得物质帮助的权利。社会保险制度坚持广覆盖、保基本、多层次、可持续的方针,社会保险水平努力做到与经济社会发展水平相适应。

在基本保障之外,国家积极推动其他保障形式的发展,力争形成多层次的社会保障体系,通过改革与发展,逐步实行全国统一的社会保障制度。经过多年的探索和实践,以社会保险、社会救济、社会福利、优抚安置和社会互助为主要内容,多渠道筹集保障资金,管理服务逐步社会化的社会保障体系已初步建立起来。针对社会保障的发展目标,党的十九大报告的第八部分"提高和保障改善民生水平"中第三部分指出:①按照兜底线、织密网、建机制的要求,全面建成覆盖全民、城乡统筹、权责清晰、保障适度、可持续的多层次社会保障体系;②全面实施全民参保计划;③完善城镇职工基本养老保险和城乡居民基本养老保险制度,尽快实现养老保险全国统筹;④完善统一的城乡居民基本医疗保险制度和大病保险制度;⑤完善失业、工伤保险制度;⑥建立全国统一的社会保险公共服务平台;⑦统筹城乡社会救助体系,完善最低生活保障制度;⑧完善社会救助、社会福利、慈善事业、优抚安置等制度;⑨发展残疾人事业,加强残疾康复服务。2017年我国社会保险覆盖范围进一步扩大。截至2017年年底,基本养老、基本医疗、失业、工伤、生育保险参保人数分别达到91453.87万人(其中城镇职工人数40198.87万人,城乡居民人数51255万人)、117663.94万人、18784.18万人、22725.67万人、19240.16万人;五项基金总收入6.64万亿元,同比增长23.9%,总支出5.69万亿元,同比增长21.4%,全面参保登记信息库已基本建设成型,社会保障卡持卡人数达10.88亿人。

目前,我国现行的社会保障制度主要包括:

(1)社会养老保险制度。1984年,我国各地进行养老保险制度改革。1997年国务院制定了《关于建立统一的企业职工基本养老保险制度的决定》,开始在全国建立统一的城镇企业职工养老保险制度。当时,养老保险制度覆盖范围包括:国有企业、城镇集体企业、外商投资企业、城镇私营企业和其他城镇企业及其职工,实现企业化管理的事业单位及其职工。同时,各省、自治区、直辖市人民政府可以根据当地实际情况,将自由职业人员、城镇个体工商户纳入基本养老保险范围。2009年12月22日,国务院总理温家宝主持召开国务院常务会议决定:从2010年1月1日起施行《城镇企业职工基本养老保险关系转移接续暂行办法》。该办法的主要内容包括:农民工在内的参加城镇企业职工基本养老保险的所有人员,其基本养老保险关系可在跨省就业时随同转移;在转移个人账户储存额的同时,还转移部分单位缴费;参保人员在各地的缴费年限合并计算,个人账户储存额累计计算,对农民工一视同仁。2012年3月,机关事业单位与企业职工基本养老金采取不同的退休养老金制度的"双轨制",在全国"两会"上引起代表委员们的关注和热议,2013年12月,人力资源和社会保障部确定养老金双轨制并轨方案。2014年12月,机关事业单位养老保险制度改革方案经国务院常务会议和中央政治局常委会审议通过。

为了降低养老金"并轨"难度,保障改革顺利进行,机关事业单位工作人员的工资也同步进行了调整。随着机关事业单位全面完成基本工资标准的调整,养老金"并轨"也正式进入实质性启动阶段。2015年1月,国务院印发《关于机关事业单位工作人员养老保险制度改革的决定》,要求"各地区、各部门要按照本决定制定具体的实施意见和办法,报人力资源社会保障部、财政部备案后实施"。虽然多数机关事业单位是2015年、2016年开始缴纳养老保险,但是社会养老保险金并轨是从2014年10月1日开始实行的,各机关事业单位都从此时间节点开始进行了补缴。

根据现行政策规定,享受养老保险需要具备的条件:一是达到国家法定退休年龄。中国对退休年龄的规定是男性职工年满60周岁,女性职工年满50周岁,女干部年满55周岁;从事井下、高空、高温、特别繁重体力劳动或其他有害身体健康工作达到一定年限的,男性年满55周岁。女性年满45周岁即可退休。二是在基本养老保险覆盖范围并且参加保险缴费期限满15年。截至2018年1月,中国城镇职工参加基本养老保险的人数为40198.69万人,参加城乡居民社会保险的人数为51259万人。

基本养老保险基金来源于组织缴费与劳动者个人缴费,其中,组织缴费的比例不得超过总工资额的20%,具体比例由省、自治区、直辖市人民政府决定。少数省、自治区、直辖市因劳动退休人数较多、养老保险负担过重需要超过工资总额的20%的,需要报人力资源和社会保障部、财政部审批。个人缴费的标准是工资的8%。2018年4月25日,中国银行保险监督管理委员会、中华人民共和国财政部、中华人民共和国人力资源和社会保障部和国家税务总局等4部门联合发布《个人税收递延型商业养老保险产品开发指引》(银保监发〔2018〕20号)。中国社会保障学会秘书长、中国人民大学副教授鲁全向《工人日报》记者介绍说,我国正在建立多层次社会保障体系,其中第一层次是依靠劳资双方和政府力量的基本养老保险,第二层次是劳资双方共同承担的职业年金,第三层次是体现个人责任的商业养老险。"目前,基本养老保险'一支'独大,第二层次覆盖范围较小。退休职工收入的主要来源是基本养老保险,其替代率(退休金/退休前工资)在50%左右,保障水平跟退休前的工资收入相比有落差。要保证退休后的生活水平,还需要第二、第三层次发力。"

(2)医疗保险制度。西方国家社会保险制度的建立,大多是从医疗保险起步的。医疗保险始于1883年德国颁布的《劳工疾病保险法》,其中规定某些行业中工资少于限额的工人应强制加入医疗保险基金会,基金会强制性征收工人和雇主应缴纳的基金。这一法令标志着医疗保险作为一种强制性社会保险制度的产生。特别是1929—1933年世界性经济危机后,医疗保险立法进入全面发展时期,这个时期的立法,不仅规定了医疗保险的对象、范围、待遇项目,而且对与医疗保险相关的医疗服务也进行了立法规范。目前,所有发达国家和许多发展中国家都建立了医疗保险制度。

1988年,中国政府开始对机关事业单位的公费医疗制度和国有企业的劳保医疗制度进行改革,颁布了《关于建立城镇职工基本医疗保险制度的决定》,开始在全国建立城镇职工基本医疗保险制度。自2003年起,开始实行新型农村合作医疗。《中华人民共和国城镇职工基本医疗保险条例》2013年12月15日开始实施。

目前,确定了新的医疗保险筹资机制,明确医疗保险由用人单位(或雇主)和职工共同承担。用人单位的缴费比例为工资总额的6%左右,个人缴费比例为本人工资的2%,各统筹地区的具体缴费标准由当地政府确定,允许筹资标准随经济发展做出适当调整。根据《医疗保险条例》第十一条(个人医疗账户的资金计入)在职职工缴纳的基本医疗保险费全部计入本人的个人医疗账户。用人单位缴纳的基本医疗保险费,根据下列比例计入在职职工个人医疗账户:①34 岁以下的,按上一年度本市职工年平均工资的 0.5%;②35 岁至 44 岁的,按上一年度本市职工年平均工资的 1%;③45 岁至退休的,按上一年度本市职工年平均工资的1.5%。

我国的基本医疗保险制度实行社会统筹与个人账户相结合的模式。基本医疗保险基金原则上实行地市级统筹。单位缴纳的基本医疗保险费部分用于建立统筹基金,其中 30%左右划入个人账户,个人缴纳的基本医疗保险费计入个人账户。统筹基金和个人账户分别承担不同的医疗费用支付责任。统筹基金主要用于支付住院和部分慢性病门诊治疗的费用,统筹基金没有起付标准、最高支付限额,个人账户主要用于支付一般门诊费用。截至 2018年 1 月,中国医疗保险参保人数为 115172.69 万人。

(3)失业保障制度。1999 年,我国政府颁布《失业保险条例》。该条例以及相关政策的出台,标志着中国失业保险制度的基本确立,把失业保险制度建设推进到一个新的发展阶段。

失业保险覆盖城镇所有企业、事业单位及其职工,所有企业事业单位及其职工必须缴纳失业保险费。确定缴费比例,首先要根据经济的周期性变化,对失业保险的压力、负担进行测算,确定每个劳动者的负担金额,再将金额在用人单位和劳动者之间分配,根据社会平均工作水平,折算成一定比例。由于失业保险的周期性特征,缴费比例应该随经济周期的变化做出相应的调整,以避免失业保险基金的收支出现赤字。我国现行失业保险的缴纳比例是企业按照工资总额的 2%缴纳,劳动者按照个人工资的 1%缴纳。

享受失业保险待遇需要满足三方面的条件:①缴纳失业保险费满一年。②非因本人意愿中断就业。2001 年 1 月 1 日起开始实施的《失业保险金申领发放办法》规定,非因本人意愿中断就业的是指下列人员:终止劳动合同的;被用人单位解除劳动合同的;被用人单位开除、除名和辞退的;根据《中华人民共和国劳动法》第三十二条第二、三项与用人单位解除劳动合同的;法律、行政法规另有规定的。③已经办理失业登记并有求职要求。失业保险待遇主要是失业保险金。失业保险金按月发放,标准低于最低工资标准,高于城市居民最低生活保障标准。领取失业保险金的期限根据缴费年限确定,失业人员失业前用人单位和本人累计缴费满一年不足五年的,领取失业保险金的期限最长为十二个月;累计缴费满五年不足十年的,领取失业保险金的期限最长为十八个月;累计缴费十年以上的,领取失业保险金的期限最长为二十四个月。重新就业后,再次失业的,缴费时间重新计算,领取失业保险金的期限与前次失业应当领取而尚未领取的失业保险金的期限合并计算,最长不超过二十四个月。失业者在领取失业保险期间患病,还可领取医疗补助金,失业者在领取失业保险金期间死亡,其遗属可领取丧葬补助金和遗属抚恤金。此外,失业者在领取失业保险金期间还可接受职业培训和享受职业介绍补贴。截至 2018 年 1 月,我国失业保险参保人数 18785.26 万人。

(4)工伤保险制度。随着我国社会经济的快速发展,现行的工伤保险制度也显现出覆盖范围不广、保障水平不够高、保障功能较为单一等不足,需要加以修改完善。历经 4 年多时间修订,修订后的《工伤保险条例》于 2011 年 1 月 1 日起实施。中华人民共和国境内的企业、事业单位、社会团体,以及民办非企业单位、基金会、律师事务所、会计师事务所等组织和有雇工的个体工商户应当依照规定参加工伤保险。工伤保险费由企业缴纳,职工个人不用缴费。企业缴纳工伤保险的数额为本企业职工工资乘以组织缴费费率之积,用人单位缴费基数低于统筹地区上年度职工平均工资60%的,按60%征缴;高于300%的,按300%征缴。工伤保险基金支付的待遇主要包括:工伤医疗期间发生的医疗费用;工伤医疗期结束后根据劳动能力丧失程度确定的伤残补助金、抚恤金、伤残护理费等。

《工伤保险条例》规定,职工有以下情形的,应当认定为工伤:①在工作时间和工作场所内,因工作原因受到事故伤害的;②工作时间前后在工作场所内,从事与工作有关的预备性或收尾工作受到事故伤害的;③在工作时间和工作场所内,因履行工作职责受到暴力等意外伤害的;④患职业病的;⑤因工外出期间,由于工作原因受到伤害或发生事故下落不明的;⑥在上下班途中,受到机动车事故伤害的;⑦法律、法规规定应当认定为工伤的其他情形。视同工伤的情形有:①在工作时间和工作岗位,突发疾病死亡或者在48小时之内抢救无效死亡的;②在抢险救灾等维护国家利益、公共利益活动中受伤害的;③职工原在军队服役,因战、因公负伤致残,已取得革命伤残军人证,到用人单位后旧伤复发的。截至2018年1月,我国工伤保险参保人数为22571.08万人。

(5)生育保险制度。1988年以来,我国的一些地区开始进行企业生育保险制度的改革。1994年,在总结各地经验的基础上,我国政府有关部门制定了《企业职工生育保险试行办法》,其中规定生育保险费由企业缴纳,生育保险支付待遇主要包括:因生育发生的医疗费用和产假期间按月发放的生育津贴,女职工生育期间的医疗费主要包括检查费、接生费、手术费、住院费和药费等。生育保险覆盖范围包括国家机关、事业单位、企业、社会团体、有雇工的个体经济组织等单位及其职工。国务院发布的《女职工劳动保护特别规定》将女职工生育的正常产假规定为98天。2016年1月1日,修正后的《中华人民共和国人口与计划生育法》正式实施,其中规定符合法律法规生育的,均可获得延长生育假的奖励或者其他福利。因此,女职工享受法定98天产假的基础上,可以获得一定天数的生育奖励假。具体天数由各省(自治区、直辖市)《人口与计划生育条例》做出明确规定。目前,经人大审议通过的27个省(自治区、直辖市)人口与计划生育条例规定,生育奖励假期为1~3个月不等。根据现行生育保险政策,女职工生育"一孩"和"二孩",同样享受生育保险待遇。截至2018年1月底,中国生育保险参保人数为19195.59万人。

我国生育保险基金实践中筹集的三种方式:①用人单位按照职工工资总额的一定比例缴纳生育保险费,最多不超过职工工资总额的1%;②国家机关、事业单位参保,资金来源于财政拨款;③用人单位按照每人每月固定的绝对额缴纳生育保险费。

(6)最低生活保障制度。早在中华人民共和国成立初期,我国政府就建立了针对城乡贫困居民的社会救济制度。2012年国务院印发《关于进一步加强和改进最低生活保障工作的意见》(国发〔2012〕45号),对城乡低保的对象认定、标准制定、规范管理等提出了明确要求。2014年,国务院颁布《社会救助暂行办法》(国务院令649号),社会救助工作进入制度定型和规范发展的新阶段。按照现行政策规定,低保标准由各地按照当地居民生活必需费用综合确定,并根据当地经济社会发展水平和物价变动情况适时调整。各地主要采用基本生活费用支出法、恩格尔系数法或消费支出比例法,制定和调整低保标准。同时,为保障困难群众基本生活不受物价上涨的影响,财政部会同发展改革委、民政部等部门指导地方进一步建立健全社会救助和保障标准与物价上涨挂钩的联动机制。2016年,国务院办公厅转发民政部等部门《关于做好农村最低生活保障制度与扶贫开发政策衔接的指导意见》(国办发〔2016〕70号),规定农村低保标准低于国家扶贫标准的地方,要按照国家扶贫标准综合确定农村低保的最低指导标准;已经达到的地方,要按照动态调整机制科学调整。近年来,通过特困人员救助供养制度给予农村低保、低收入家庭和建档立卡贫困家庭的老年人、残疾人给予全方位的保障,与此同时还将会加大临时救助力度,根据具体情形分类分档设定救助标准,适当提高救助额度。并且加强低保审查,基本实现了"应保尽保,应退尽退"。截至2018年9月底,全国共有城乡低保对象4619.9万人,全国平均农村低保标准为每人每年4757元。

最低生活保障资金筹集主要采用两种形式:一是由市、区两级财政与机关企事业单位分担,救济对象有工作单位的,由其所在单位给予困难补助;救济对象无工作单位的和所在单位无力负担的由市区财政给予社会救济。二是完全由市、区两级财政分担。地方政府根据当地维持市民基本生活所必需的费用来确定最低生活保障标准。家庭人均收入低于最低生活保障标准的城市居民均可申请享受最低生活保障待遇。城市居民领取最低生活保障待遇需要经过家庭收入调查领取的待遇水平为家庭人均收入与最低生活保障标准的差额部分。

除了上述与企业密切相关的保险和保障制度外,我国的社会保障体系还包括社会福利制度、优抚安置制度、灾害救助制度和社会救助制度。

10.2.3　涉及劳动关系管理的主要法规

劳动关系管理涉及的法规很多,但是只有《劳动法》和《劳动合同法》代表性最强。在此,仅介绍这两部法规中涉及的劳动关系管理的重要条款。

1.《劳动合同法》

劳动合同亦称劳动契约,是劳动者与用人单位确立劳动关系、明确双方权利和义务的协议。订立和变更劳动合同,应当遵循平等自愿、协商一致的原则,不得违反法律、法规。《劳动合同法》共8章98条,对劳动合同的订立、履行和变更、解除和终止进行了约定,此外还包括特别规定、监督检查和法律责任等内容。

(1)劳动合同的主要条款。根据《劳动合同法》第十七条规定,劳动合同应当具备以下条款:

①用人单位的名称、住所和法定代表人或者主要负责人;
②劳动者的姓名、住址和居民身份证或者其他有效身份证件号码;
③劳动合同期限;
④工作内容和工作地点;
⑤工作时间和休息休假;
⑥劳动报酬;
⑦社会保险;
⑧劳动保护、劳动条件和职业危害防护;
⑨法律、法规规定应当纳入劳动合同的其他事项。

劳动合同除上述规定的必备条款外,用人单位与劳动者可以约定试用期、培训、保守秘密、补充保险和福利待遇等其他事项。

(2)劳动合同变更的条件。劳动合同变更,是指在劳动合同履行过程中,合同当事人双方或单方依据情况变化,按照法律规定或当事人的约定,对原合同条款进行修改、补充的法律行为。

应注意的问题:①变更劳动合同必须在劳动合同的有效期内进行,劳动合同期满是不能再变更的。②劳动合同的变更必须遵守法律的规定,坚持平等自愿、协商一致的原则,并要按法定程序进行。③劳动合同变更后,原合同未做修改、补充的条款仍然有效。④因劳动合同变更给当事人双方造成经济损失的,除法律法规规定可以减免责任外,造成损失一方应负赔偿责任,即谁提出变更合同,谁负赔偿责任。⑤劳动合同变更,提出变更的一方当事人给对方造成损失的,只负赔偿责任,而不负违约责任。合同变更属合法行为,但未经双方当事人协商一致,由一方擅自变更劳动合同,属违约行为。⑥合同变更后,变更了的条款就取代原条款,变更条款生效后,原条款不再有法律效力。⑦应及时变更。双方当事人应根据实际情况变化,及时提出变更合同的要求,该变更的不应久拖不变,而影响合同的履行。

(3)劳动合同的解除与终止。劳动合同法中有如下规定:

第三十六条　用人单位与劳动者协商一致,可以解除劳动合同。

第三十七条　劳动者提前三十日以书面形式通知用人单位,可以解除劳动合同。劳动者在试用期内提前三日通知用人单位,可以解除劳动合同。

第三十八条　用人单位有下列情形之一的,劳动者可以解除劳动合同:

(一)未按照劳动合同约定提供劳动保护或者劳动条件的;

(二)未及时足额支付劳动报酬的;

(三)未依法为劳动者缴纳社会保险费的;

(四)用人单位的规章制度违反法律、法规的规定,损害劳动者权益的;

(五)因本法第二十六条第一款规定的情形致使劳动合同无效的;

(六)法律、行政法规规定劳动者可以解除劳动合同的其他情形。

用人单位以暴力、威胁或者非法限制人身自由的手段强迫劳动者劳动的,或者用人单位违章指挥、强令冒险作业危及劳动者人身安全的,劳动者可以立即解除劳动合同,不需事先告知用人单位。

第三十九条　劳动者有下列情形之一的,用人单位可以解除劳动合同:

(一)在试用期间被证明不符合录用条件的;

(二)严重违反用人单位的规章制度的;

(三)严重失职,营私舞弊,给用人单位造成重大损害的;

(四)劳动者同时与其他用人单位建立劳动关系,对完成本单位的工作任务造成严重影响,或者经用人单位提出,拒不改正的;

(五)因本法第二十六条第一款第一项规定的情形致使劳动合同无效的;

(六)被依法追究刑事责任的。

第四十条　有下列情形之一的,用人单位提前三十日以书面形式通知劳动者本人或者额外支付劳动者一个月工资后,可以解除劳动合同:

(一)劳动者患病或者非因工负伤,在规定的医疗期满后不能从事原工作,也不能从事由用人单位另行安排的工作的;

(二)劳动者不能胜任工作,经过培训或者调整工作岗位,仍不能胜任工作的;

（三）劳动合同订立时所依据的客观情况发生重大变化，致使劳动合同无法履行，经用人单位与劳动者协商，未能就变更劳动合同内容达成协议的。

第四十一条　有下列情形之一，需要裁减人员二十人以上或者裁减不足二十人但占企业职工总数百分之十以上的，用人单位提前三十日向工会或者全体职工说明情况，听取工会或者职工的意见后，裁减人员方案经向劳动行政部门报告，可以裁减人员：

（一）依照企业破产法规定进行重整的；

（二）生产经营发生严重困难的；

（三）企业转产、重大技术革新或者经营方式调整，经变更劳动合同后，仍需裁减人员的；

（四）其他因劳动合同订立时所依据的客观经济情况发生重大变化，致使劳动合同无法履行的。

裁减人员时，应当优先留用下列人员：

（一）与本单位订立较长期限的固定期限劳动合同的；

（二）与本单位订立无固定期限劳动合同的；

（三）家庭无其他就业人员，有需要扶养的老人或者未成年人的。

用人单位依照本条第一款规定裁减人员，在六个月内重新招用人员的，应当通知被裁减的人员，并在同等条件下优先招用被裁减的人员。

第四十二条　劳动者有下列情形之一的，用人单位不得依照本法第四十条、第四十一条的规定解除劳动合同：

（一）从事接触职业病危害作业的劳动者未进行离岗前职业健康检查，或者疑似职业病病人在诊断或者医学观察期间的；

（二）在本单位患职业病或者因工负伤并被确认丧失或者部分丧失劳动能力的；

（三）患病或者非因工负伤，在规定的医疗期内的；

（四）女职工在孕期、产期、哺乳期的；

（五）在本单位连续工作满十五年，且距法定退休年龄不足五年的；

（六）法律、行政法规规定的其他情形。

第四十三条　用人单位单方解除劳动合同，应当事先将理由通知工会。用人单位违反法律、行政法规规定或者劳动合同约定的，工会有权要求用人单位纠正。用人单位应当研究工会的意见，并将处理结果书面通知工会。

第四十四条　有下列情形之一的，劳动合同终止：

（一）劳动合同期满的；

（二）劳动者开始依法享受基本养老保险待遇的；

（三）劳动者死亡，或者被人民法院宣告死亡或者宣告失踪的；

（四）用人单位被依法宣告破产的；

（五）用人单位被吊销营业执照、责令关闭、撤销或者用人单位决定提前解散的；

（六）法律、行政法规规定的其他情形。

第四十五条　劳动合同期满，有本法第四十二条规定情形之一的，劳动合同应当续延至相应的情形消失时终止。但是，本法第四十二条第二项规定丧失或者部分丧失劳动能力劳动者的劳动合同的终止，按照国家有关工伤保险的规定执行。

第四十六条　有下列情形之一的,用人单位应当向劳动者支付经济补偿:

(一)劳动者依照本法第三十八条规定解除劳动合同的;

(二)用人单位依照本法第三十六条规定向劳动者提出解除劳动合同并与劳动者协商一致解除劳动合同的;

(三)用人单位依照本法第四十条规定解除劳动合同的;

(四)用人单位依照本法第四十一条第一款规定解除劳动合同的;

(五)除用人单位维持或者提高劳动合同约定条件续订劳动合同,劳动者不同意续订的情形外,依照本法第四十四条第一项规定终止固定期限劳动合同的;

(六)依照本法第四十四条第四项、第五项规定终止劳动合同的;

(七)法律、行政法规规定的其他情形。

第四十七条　经济补偿按劳动者在本单位工作的年限,每满一年支付一个月工资的标准向劳动者支付。六个月以上不满一年的,按一年计算;不满六个月的,向劳动者支付半个月工资的经济补偿。

劳动者月工资高于用人单位所在直辖市、设区的市级人民政府公布的本地区上年度职工月平均工资三倍的,向其支付经济补偿的标准按职工月平均工资三倍的数额支付,向其支付经济补偿的年限最高不超过十二年。

本条所称月工资是指劳动者在劳动合同解除或者终止前十二个月的平均工资。

第四十八条　用人单位违反本法规定解除或者终止劳动合同,劳动者要求继续履行劳动合同的,用人单位应当继续履行;劳动者不要求继续履行劳动合同或者劳动合同已经不能继续履行的,用人单位应当依照本法第八十七条规定支付赔偿金。

第四十九条　国家采取措施,建立健全劳动者社会保险关系跨地区转移接续制度。

第五十条　用人单位应当在解除或者终止劳动合同时出具解除或者终止劳动合同的证明,并在十五日内为劳动者办理档案和社会保险关系转移手续。

劳动者应当按照双方约定,办理工作交接。用人单位依照本法有关规定应当向劳动者支付经济补偿的,在办结工作交接时支付。

用人单位对已经解除或者终止的劳动合同的文本,至少保存二年备查。

(4)事实劳动关系。事实劳动关系,指的是用人单位招用劳动者后不按规定订立劳动合同,或者用人单位与劳动者以前签订过劳动合同,但是劳动合同到期后用人单位同意劳动者继续在本单位工作却没有与其及时续订劳动合同。事实劳动关系是劳动争议处理和工伤认定工作中经常被用到的概念,《关于贯彻执行〈中华人民共和国劳动法〉若干问题的意见》第十七条第一次在立法中使用了"事实劳动关系"这一概念,但《工伤保险条例》把事实劳动关系推到了最前沿,使劳动保障部门无法也不容回避这一问题。《工伤保险条例》第十八条规定:劳动关系包括事实劳动关系。这进一步明确了事实劳动关系作为劳动关系的存在。最高人民法院《关于审理劳动争议案件适用法律若干问题的解释》(法释〔2001〕14号)第十六条规定:"劳动合同期满后,劳动者仍在原用人单位工作,原用人单位未表示异议的,视为双方同意以原条件继续履行劳动合同。"这表明对于用人单位与劳动者以前签订过劳动合同,劳动合同到期后形成的事实劳动关系,用人单位与劳动者均继续享有原劳动合同约定的权利,并应履行原劳动合同约定的义务。

其实,事实劳动关系与劳动关系相比,只是欠缺了书面合同这一形式要件,但并不影响劳动关系的成立。目前,立法认定用人单位故意拖延不订立劳动合同但形成事实劳动关系的,劳动者享有劳动保障法律法规所规定的一切权利,并应履行劳动保障法律法规所规定的一切义务。从立法沿革来看,法律上赋予"事实劳动关系"合法地位,更多的是维护劳动者的合法权益,进而维护整个社会的稳定。存在事实劳动关系的劳动者在劳动保障权益受到用人单位侵害时,同签订劳动合同的劳动者一样,可以通过劳动保障监察、劳动争议仲裁、向人民法院起诉等途径,依法维护自身的合法权益。事实劳动关系主要包括以下几种情形:

①应签而未签订的劳动合同;

②以口头协议代替的书面劳动合同;

③以其他合同形式代替劳动合同,即在其他合同中规定了劳动者的权利、义务条款,比如在承包合同、租赁合同、兼并合同中规定了职工的使用、安置和待遇等问题,这就有了作为事实劳动关系存在的依据;

④劳动合同期满没有终止也没有续签而形成的事实延续的劳动关系;

⑤劳动合同构成要件或者相关条款缺乏或者违法,事实上成为无效合同,但是双方依照这一合同规定已经建立劳动关系。

2.劳动法

劳动法是规范和调整劳动关系的法律。在市场经济中,劳动、资本和技术是市场的三大基本要素,因而,调整劳动关系的劳动法律也就成为市场经济中的重要法律制度。

(1)劳动法的主要内容。从法律理论上讲,劳动法主要包括以下几个方面:

①劳动关系方面的法律。这是调整劳动关系最基础的法律制度,主要是指《劳动合同法》《集体合同规定》。在市场经济下,劳动关系主要通过劳动者与用人单位订立劳动合同来建立。

②劳动基准方面的法律。其主要指国家制定的关于劳动者最基本劳动条件的法律法规,包括《最低工资法规定》《国务院关于职工工作时间的规定》等。

③劳动力市场方面的法律。其主要是指劳动力市场、促进劳动就业的法律法规,包括《中华人民共和国就业促进法》《就业服务与就业管理规定》等。

④社会保险方面的法律。其主要对劳动者基本生存条件的保障及生活质量的提高进行规定,具体包括《中华人民共和国社会保险法》《失业保险条例》《工伤保险条例》《企业职工生育保险试行办法》等。

⑤劳动权利保障与经济方面的法律法规。其主要包括《劳动保障监察条例》等。

(2)最低工资法律保障。工资是指基于劳动关系,用人单位根据劳动者提供的劳动数量和质量,按照劳动合同约定支付的货币报酬。

①法定工作时间。法定工作时间,是指按照国家工时制规定的工作时间。即:劳动者月平均工作时间为20.83天,每日8小时,每周工作40小时。除法律规定的特殊情况,劳动者工作时间达到此要求即为达到法定工作时间。加班加点工资,不能作为最低工资的组成部分。

根据《劳动法》有关规定,用人单位依法安排劳动者加班加点的,应按以下规定支付劳动者工资报酬:安排劳动者在法定标准工作时间以外延长工作时间的,按照不低于劳动者本人小时工资的150%支付加班工资;安排劳动者在休息日工作的,应首先安排其补休,不能安排补休的,按照不低于劳动者本人日或小时工资的200%支付加班工资;安排劳动者在法定休假日工作的,应按照不低于劳动者本人日或小时工资的300%支付加班工资。

春节期间安排加班,初一到初三属于法定节假日,用人单位只能支付职工日或小时工资三倍的加班工资,而不能安排补休;初四到初七属于调整的休息日,在此期间加班的用人单位应首先安排职工补休,不能安排补休的应付职工日或小时工资两倍的加班工资。

②提供了正常劳动。最低工资是指劳动者在法定工作时间内提供了正常劳动的前提下,其所在企业应支付的最低劳动报酬。不包括加班加点工资、中班、夜班、高温、低温、井下、有毒有害等特殊工作环境、条件下的津贴,以及国家法律法规、政策规定的劳动者保险、福利待遇和企业通过贴补伙食、住房等支付给劳动者的非货币性收入等。

《劳动法》第五章明确规定,国家实行最低工资保障制度,用人单位支付劳动者的工资不得低于当地最低工资标准。最低工资的确定实行政府、工会、企业三方代表民主协商的原则,主要根据本地区低收入职工收支状况、物价水平、职工赡养系数、平均工资、劳动力供求状况、劳动生产率、地区综合经济效益等因素确定,另外,还要考虑对外开放的国际竞争需要及企业的人工成本承受能力等。当上述因素发生变化时,应当适时调整最低工资标准,每年最多调整一次。

③最低劳动报酬。最低工资保障制度适用于我国境内的所有企业,包括国有企业、集体企业、外商投资企业和私营企业等。最低工资保障制度的实施,对促进劳动力市场的发育,促进工资管理和工资支付的法制化,加强企业工资收入的宏观调控,制止部分企业过分压低职工工资,保护劳动者合法权益,发挥了积极作用。

最低工资标准的发布程序是:拟定和调整最低工资标准,应先报人力资源和社会保障部征求意见,报出25日内未接到变更意见,或接到变更意见进行修改后,报省、自治区、直辖市人民政府批准发布,并报国务院备案,同时抄送人力资源和社会保障部。

(3)病假工资。根据《中华人民共和国劳动法》以及《关于贯彻执行〈中华人民共和国劳动法〉若干问题的意见》中的规定,用人单位应当向在医疗期内享受病假的职工支付病假工资。职工患病或非因工负伤治疗期间,在规定的医疗期内由企业按有关规定支付其病假工资或疾病救济费,病假工资或疾病救济费可以低于当地最低工资标准支付,但不能低于最低工资标准的80%。

(4)违背最低工资的法律责任。根据我国《最低工资规定》(劳动和社会保障部令第21号)的规定,用人单位支付劳动者的工资低于当地最低工资标准的,由劳动保障行政部门责令其限期补发所欠劳动者工资,并可责令其按所欠工资的1~5倍支付劳动者赔偿金。

(5)女职工保护。其包括以下内容:

①女职工禁忌从事的劳动。根据《女职工禁忌劳动范围的规定》中的有关规定,女职工禁忌从事的劳动范围有:矿山井下作业;森林业伐木、归楞及流放作业;《体力劳动强度分级》标准中第Ⅳ级体力劳动强度的作业;建筑业脚手架的组装和拆除作业,以及电力、电信行业的高处架线作业;连续负重(指每小时负重次数在六次以上)每次负重超过二十公斤,间断负重每次负重超过二十五公斤的作业。

②女职工"特殊生理期"禁忌的劳动范围。女职工在月经期间禁忌从事的劳动范围:食

品冷冻库内及冷水等低温作业;《体力劳动强度分级》标准中第Ⅲ级体力劳动强度的作业;《高处作业分级》标准中第Ⅱ级(含Ⅱ级)以上的作业。已婚待孕女职工禁忌从事的劳动范围:铅、汞、苯、镉等作业场所属于《有毒作业分级》标准中第Ⅲ、Ⅳ级的作业。

(6)未成年人保护。未成年工是指年满16周岁未满18周岁的劳动者。未成年工的特殊保护是针对未成年工处于生长发育期的特点,以及接受义务教育的需要,国家采取的特殊劳动保护措施。

10.2.4　劳动关系管理展望

计划经济体制下,国家对劳动关系实行集中统一管理,资源配置完全由计划决定,劳动关系建立是政府对劳动力进行"统分统配"的结果,劳动者和劳动力使用者都是国家行政部门的附属物,双方都没有独立主体资格,企业没有用人自主权,劳动者没有自主择业权,国家直接管理企业生产,劳动者和企业管理者都是国家主人,在劳动关系中处于同等地位,双方权益都由国家决定。劳动者形式上面对企业,实际上面对政府,与政府发生关系,劳动关系直接表现为劳动行政关系,由政府劳动行政机构进行劳动行政管理。

现代企业制度中,企业具有独立法人地位或经营者地位,拥有独立用人自主权,对于国有企业而言,所有权归国资委,用工权由国家转移给经营者,劳动关系中法律主体地位明确。劳动者作为企业生产要素之一,通过劳动力市场与企业建立劳动关系,劳动关系运行由市场规律决定,国家只通过制定劳动法律标准,建立劳动争议处理制度,对劳动关系运作过程加以监督调控。

现代劳动关系转换围绕企业产权关系变动展开,理顺产权关系必须理顺劳动关系。现代企业制度的主要特征就是要求国家、企业法人、社会股东、经营者、管理者和企业劳动者相应分享企业产权。产权所有者不论份额大小,都依法享有资产受益权,企业法人享有法人财产的占有、使用、收益和处分的权利,劳动者对劳动力同样享有产权,并据此享有一定的剩余索取权,主体意识和权利意识也会越来越强,表现出产权激励的效果。财产所有权、经营管理权和劳动力产权,作为三种生产要素同时发挥作用,市场力量把劳动关系双方利益彻底区分开,各自身份确定,主体明确,并具体规范。随着我国经济体制改革不断完善,市场经济不断建立,劳动关系管理将呈现以下趋势:

1.劳动关系管理更加市场化

随着市场经济体制的不断完善,我国劳动关系管理的方式将更加灵活与多样,劳动力市场将出现个体化、弹性化趋势,兼职、非全日制、间断性劳动关系将显著增长。

2.劳动关系管理将更加民主化、法制化

随着社会主义民主体制的建设与劳动立法不断完善,我国的劳动关系管理方式将建立劳动关系双方依法自主协商、政府依法调整与监察的新型民主化体制。而以《劳动法》《劳动合同法》为代表的社会主义劳动法律、法规将不断得到完善,并成为劳动关系双方平等自主协商的基础和维护双方合法权益的保障。

3.劳动关系管理的时代要求

2015年,党中央、国务院出台《关于深化国有企业改革的指导意见》,把"国有企业内部

管理人员能上能下、员工能进能出、收入能增能减的市场化机制更加完善"作为一项重要改革目标,部署了国有企业薪酬分配和用人制度改革。2016 年,国务院国资委印发《关于进一步深化中央企业劳动用工和内部收入分配制度改革的指导意见》,进一步对中央企业推进三项制度改革提出具体要求。2017 年,党的十九大对国有企业改革进行重大部署,为新时代国有企业深化改革进一步指明前进方向、提供根本遵循。党中央对国有企业劳动关系的定位,核心就是建立干部能上能下、员工能进能出、收入能增能减的"三能"机制。目的是希望改变中央企业用工分配管理方面存在的体制机制僵化问题,形成市场化选人用人机制,健全激励约束机制。一系列文件对国有企业劳动关系提出了要求,也为其他组织劳动关系的改革指明了方向,各地的国有资产管理监督委员会都开始探索进行劳动关系改革,重点是劳动用工和收入分配制度。

(1)加强劳动用工契约化管理,实现员工能进能出。

①全面推行公开招聘制度。按照公开、公正、竞争、择优的原则,招录企业员工。要面向社会发布招聘办法并公开招聘,不得设置歧视性录用条件,不得降低条件定向招录本企业员工亲属,做到信息公开、过程公开和结果公开,提高员工招聘质量。

②加强劳动合同管理。要形成以合同管理为核心、以岗位管理为基础的市场化用工制度。要细化劳动合同期限、工作内容、劳动纪律、绩效要求以及续签、解除合同条件等条款,明确双方的权利义务,依法与员工签订劳动合同,强化劳动合同对实现员工能进能出的重要作用。依据《劳动合同法》《劳务派遣暂行规定》的要求,规范使用劳动合同制、劳务派遣等各类用工,完善管理制度,履行法定程序,确保用工管理依法合规。

③构建员工正常流动机制。根据企业战略规划和生产经营需要,合理控制用工总量,优化人员结构,盘活人力资源存量,提高人力资源使用效率,构建员工正常流动机制。要建立企业内部人力资源市场,畅通员工退出渠道,细化员工行为规范、劳动纪律和奖惩标准,明确劳动合同期满续签标准和员工不胜任岗位要求的认定标准。对违法违规、违反企业规章制度或不胜任岗位要求等符合解聘条件的员工,要严格履行法律法规要求的相关程序,依法解除劳动合同。

(2)推进收入分配市场化改革,实现收入能增能减。

①加强工资总额能增能减机制的建设。完善与财务预算和业绩考核目标挂钩的工资总额预算管理办法,切实做到工资总额与企业效益紧密挂钩。逐步将工资总额以外的其他人工成本项目纳入预算管理范围,严格控制人工成本不合理增长,不断提高人工成本投入产出效率。

②推进与效益紧密挂钩的内部薪酬制度改革。构建与劳动力市场基本适应、与企业经济效益和劳动生产力挂钩的工资决定和正常增长机制,优化薪酬结构,合理拉开收入分配差距。推进全员绩效考核,根据劳动力市场价位、人工成本承受能力、岗位价值评估和员工个人能力等因素合理确定员工薪酬,同时要与企业效益、个人绩效紧密挂钩。建立员工薪酬市场对标机制,结合企业薪酬战略和人工成本承受能力,逐步提高核心骨干员工薪酬的市场竞争力,消除"不患寡而患不均"的平均主义思想影响。

③规范员工福利保障制度。结合企业实际,统筹福利项目和费用管理。社会保险、住房公积金、企业年金、福利费等国家和地方有明确政策规定的,要严格执行相关规定,不得超标

准列支。已经建立企业年金制度的企业,不得提高建立年金制度前已退休人员统筹外补贴水平和临近退休人员的企业年金补偿标准。企业效益下降的,福利费不得增长,企业年金缴费标准可以适当降低;企业出现亏损的,企业年金应当暂停缴费。

10.3 劳动关系管理的基本依据与主要内容

1994 年 1 月,《劳动法》开始实施,劳动关系开始各项重大制度变迁,1995 年实行全员劳动合同制度改革,并逐步开始建立失业保险制度、医疗保险制度等,劳动者逐渐从"单位人"转变为"自由人",越来越多的农业人口流向城镇,使劳动关系的管理呈现出复杂化、多样化、动态化的特点。

10.3.1 劳动关系管理的基本依据

劳动法是各种劳动关系调整和管理的基本依据和准绳。一般意义上的劳动法是指调整特定劳动关系及与劳动关系密切联系的社会关系的法律规范的总称,是一个独立的法律部门,是一种调整劳动关系的法律体系。我国的劳动法律体系以《劳动法》为核心,主要包括对劳动关系有关内容进行一般性规定的公司法、企业法,对劳动关系中的具体内容做出规定的专门法律,对劳动争议处理程序等进行规定的民事诉讼程序等众多法律法规。

劳动法是世界各国公认的保护劳动者合法权益和调整劳动关系的法律规范,它所指的劳动是基于特定劳动关系而发生的职业性、有偿的社会劳动。劳动法是以研究劳动权为基础,涵盖了公平就业、劳动保护、工资保障、集体谈判、劳动争议处理、民主参与管理、社会保障、社会对象等内容,劳动关系主体中的劳动者、工会、用人单位以及政府行为都要受到劳动法的制约和规范。劳动法通过规定和平衡雇员和雇主双方的权利、义务关系,并将劳动关系主体的行为纳入法制的轨道而达成调整劳动关系的目的。

劳动法律法规对于劳动关系的调整或影响作用主要体现在以下三个功能上:①规定基本的劳动标准,保护劳动者的合法权益,如工作时间、最低工资、劳动安全标准等;②保护劳动关系的自愿安排和健康运行,如劳动合同、集体合同制度等;③解决劳动纠纷,协调劳动关系,维护社会安定,如劳动争议、罢工问题处理等。

劳动法对劳动关系的调整,重在确立公正的社会劳动秩序,保护在市场经济劳动关系中处于弱势地位的劳动者合法权益。劳动法主要是通过制定劳动关系双方必须遵循的最低劳动条件和劳动标准,来实现对劳动者权益的保护。

10.3.2 劳动关系管理的主要内容

1.劳动报酬

劳动报酬是企业员工生活的主要来源和基本保障。员工在企业中的劳动报酬在劳动法中的称谓是工资,主要是以工资的法律含义来界定的。一般在劳动法中,工资是企业或雇主根据劳动合同约定和国家有关法规,以货币形式支付给劳动者的劳动报酬。按照我国《关于工资总额组成的规定》,工资总额由以下部分组成:计时工资、计件工资、奖金、津贴和补贴、加班加点工资、特殊情况下支付的工资。工资的种类可以是货币工资、实物工资和混合工资,其形式包括了计时工资、计件工资、奖励工资、津贴、佣金和分红等。

2. 工作时间

工作时间是劳动者根据法律规定在用人单位履行劳动义务所消耗的时间。工作时间包括劳动者实际完成工作的时间以及从事工作所必需的准备和结束的时间、工艺中断时间,从事连续性有害健康的工作所需间歇时间等法律规定限度内消耗的其他时间。工作时间可以用小时、日、周、月、季和年来计算。

3. **劳动合同管理**

在市场经济条件下,劳动关系是劳动者和劳动力使用者通过双向选择得以确定和形成的,劳动合同即是劳动者和劳动力使用者(用人单位)之间确立、变更和终止劳动权利和义务关系的协议。"建立劳动关系应当订立劳动合同。"(《劳动法》第十六条规定)。劳动合同是建立劳动关系的法律形式,是确立和确认劳动者与用人单位劳动关系的凭证,是维护双方合法权益的法律保障。

劳动合同制度是当代市场经济体制下确认和形成劳动关系的基本制度,是建立和维护劳动关系协调机制的一项基础性法规,也是企业人力资源管理的重要手段和工具。根据劳动合同,劳动者加入一定的用人组织,从事某种工作,承担一定的义务,并遵守组织内部的劳动规章制度。根据劳动合同,用人方规定劳动者的工作内容、岗位和职责,依法支付劳动报酬、提供劳动条件、保障劳动者依法享有劳动保护、社会保险等合法权利。

《劳动合同法》是劳动合同管理的依据,涉及劳动合同的订立、履行和变更、解除和终止。

劳动合同订立是指劳动者和用人单位经过相互选择和平等协商,就劳动合同条款达成协议,从而确立劳动关系和明确相互权利义务的法律行为。它一般包括确定合同当事人和确定合同内容两个阶段。依据《劳动合同法》第三条规定,订立劳动合同,应当遵循合法、公平、平等自愿、协商一致、诚实信用的原则。《劳动合同法》的第二章的内容为"劳动合同的订立",涉及第七条至第二十八条,对劳动关系的建立,用人单位的告知义务和劳动者的说明义务,劳动合同的种类、内容、期限、薪酬、生效以及未约定事项的处理,保密义务和竞业限制和无效合同等进行了明确阐述,是劳动合同订立的依据。

《劳动合同法》第三章的内容为"劳动合同的履行和变更",涉及第二十九条至第三十五条,涉及的具体条款包括劳动合同的履行,劳动报酬的支付,加班、劳动者拒绝违章指挥、强令冒险作业,用人单位名称、法定代表人等的变更、用人单位合并或者分立,劳动合同的变更应符合的条件等。

《劳动合同法》第四章的内容为"劳动合同的解除和终止",涉及第三十六条至第五十条。具体内容包括协商解除劳动合同,劳动者提前通知或单方解除劳动合同,用人单位单方解除劳动合同(过失性辞退和无过失性辞退),经济性裁员。此外,还明确规定了用人单位不得解除劳动合同的情形以及工会在劳动合同解除中的监督作用,劳动合同的终止的情形以及劳动合同的逾期终止条件,用人单位应当向劳动者支付经济补偿的情形和经济补偿的计算,违法解除或者终止劳动合同的法律后果,社会保险关系跨地区转移接续以及劳动合同解除或者终止后双方的义务。

4. 劳动保护

劳动保护就是保护劳动者在劳动过程中的安全和健康所采取的各种技术措施和组织措

施的总称,所以,劳动保护又称作雇员安全与健康。劳动保护是为了满足劳动者生存和安全的最基本需要而采取的措施,它是提高劳动者工作生活质量的基础,是提高职工劳动积极性的先决条件。企业劳动保护的主要任务有:未成年人保护、女工保护、劳动安全、减少事故、工伤救护、劳逸结合、提高生活质量、促进员工身体健康等。

5.平等就业与公平对待

每一位劳动者都希望获得平等就业的机会,并得到用人单位的公平对待。有关的国际公约和我国的法规都对平等就业和公平对待(雇员)问题做出明确的规定。平等就业与公平对待方面的工作是企业人力资源开发与管理工作的重要组成部分,这方面的问题在我国企业越来越突出,越来越普遍。

有关平等就业或公平就业机会方面的立法与执法是世界各国调整劳动关系,保护劳动者合法权益的重点内容。尤其是美国、德国、英国、加拿大等工业发达国家在反对就业歧视和保护公平就业机会方面,已经具备了完整的法律制度和长期的实践经验。我国在禁止就业歧视、保护劳动者平等就业方面的核心法律是《劳动法》。《劳动法》第十二条明确规定:"劳动者就业,不因民族、种族、性别、宗教信仰不同而受歧视。"

公平对待是指用人组织在管理和开发人力资源,在日常对待和处理员工或雇员的权利与义务实践中,能够制定和实行公平合法的管理制度、内部公平制度和人事政策,公平公正地对待员工,维护工作场所的正义,保护员工免受管理机构或管理者的专横对待或歧视性行为。公平对待问题涉及面很广,实际上贯穿在企业等用人组织的招聘、甄选、培训、开发、绩效考核、奖惩、薪酬待遇、晋升、调动、解雇、遣散等人力资源开发与管理的各个环节和所有工作之中。

10.4　工会与集体谈判

工会是由工人组成的旨在维护并改善其工作条件的连续性组织。工会的主要目标就是通过集体谈判方式增强工人在与雇主谈判时的力量,改善工人的工作条件、劳动报酬及其他待遇。

10.4.1　工会的法定权利和义务

权利和义务是相对而言的,是相互联系、辩证统一的整体。没有不讲权利的义务,更没有不履行义务的权利。

我国正在推行依法治国方略,这一方面要求进一步完善社会主义法制,另一方面要求包括国家机关、企事业单位、社会团体和公民个人在内的所有的主体都应该依法行事,即在法律的范围内活动。工会作为个人自愿结合的群众组织也不例外,也必须在法律规定的范围内活动,享受法律所赋予的权利,履行法律所规定的义务。《中华人民共和国工会法》是调整工会活动的关系法,是为保障工会在国家政治、经济和社会生活中的地位,充分发挥工会在我国社会主义现代化建设事业中的重要作用而制定的。《中华人民共和国工会法》中明确了工会的地位和作用,为工会代表和维护职工合法权益,赋予了更加广泛、具体的权利,同时也相应规定了工会的职责和义务。《中华人民共和国工会法》确立的工会的权利和义务主要有三方面：

1. 工会代表和维护职工合法的权利和义务

①维护职工的民主权利。企业、事业单位违反职工代表大会制度和其他民主管理制度，工会有权要求其予以纠正，有权保障职工依法行使民主管理的权利。职工的民主权利不仅需要党和国家在制定和执行政策、法律、法规时加以维护，而且还需要工会组织通过参与立法、参政议政，代表和组织职工参加民主管理和民主监督等途径，依法加以维护。

②帮助、指导职工与企业以及实行企业化管理的事业单位签订劳动合同，代表职工与企业以及实行企业化管理的事业单位进行平等协商，签订集体合同并监督集体合同的履行。

③对企业、事业单位处分职工，工会认为不适当的，有权提出意见。企业单方面解除职工劳动合同，工会认为其违反法律、法规和有关合同，可以要求企业重新研究处理。企业应当研究工会的意见，并将处理结果书面通知工会。

④对企业、事业单位违反劳动法律、法规，严重侵犯职工合法权益的，工会应当代表职工与企业、事业单位交涉。

⑤工会有权对危及职工生命安全的情况提出解决建议。

⑥企业、事业单位发生停工、怠工事件，工会应当代表职工同企业、事业单位或者有关方面协商，反映职工的意见和要求并提出解决意见。

⑦工会有权参加劳动争议的调解和仲裁工作，有权为其所属的工会和职工提供法律服务。

2. 工会的法人权利和义务

《中华人民共和国工会法》还规定了工会的一些法人权利义务，主要有：

①依法取得社会团体法人资格的权利。该法第十四条直接赋予中华全国总工会、地方总工会、产业工会社会团体法人资格，这些工会自成立起就具有社会团体法人资格；法律同时规定，基层工会组织依照民法通则规定的法人条件，取得社会团体法人资格。

②依法获取工会经费的权利以及依法获取工会办公或者开展活动所必要的设施和活动场所等物质条件的权利。

③工会财产、经费独立的权利。

④工会法人义务。

3. 工会的其他权利和义务

①必须关心职工生活，帮助职工解决困难，全心全意为职工服务。

②吸引和组织职工群众积极参加改革，努力完成国家经济建设和社会发展的任务。

③代表和组织职工参与国家和社会事务的管理，参与关系职工切身利益的相关立法和政策制定，组织职工参与企业、事业单位的管理，实行民主管理，民主监督。

④教育职工提高思想道德素质、科学文化素质和技术素质，使职工成为有理想、有道德、有文化、有纪律的劳动者。

⑤根据政府委托，与有关部门共同做好劳动模范和先进生产（工作）者的评选、表彰、培养和管理工作。

10.4.2　集体谈判

《劳动法》明确规定,工会代表职工与企业及实行企业化管理的事业单位进行平等协商、签订集体合同;没有建立工会的企业,由职工推举的代表与企业签订集体合同,这是法律赋予工会代表职工的集体谈判权。集体谈判是劳资双方为了各自利益讨价还价的斗争过程,也是双方协调各自内部意见的过程。双方都会在坚持各自基本要求的情况下努力寻求共同点和争取对自己最有利的结果。但是,有时会由于利益冲突而使谈判搁浅,甚至破裂。这时或者工会将组织罢工等抗议活动迫使企业主继续谈判;或者企业主以关厂相威胁拒绝接受工会的要求,但这些活动都须依法进行。有时还需要政府出面干预或通过法律程序解决双方的分歧。其实如果谈判破裂,对企业和工人都会造成不利影响,因此双方都不希望出现这样的局面。

集体合同是集体谈判的最终结果。企业集体合同的主要内容包括就业条件、劳动条件和调节劳资关系的规定等。

集体合同的主要条款包括劳动报酬、福利、劳动保护和卫生保健、职业培训及其保障条件、工时制度、休息和休假规定、履行集体合同的义务和监督规定等。

按照内容,集体合同可分为综合性合同、工资合同和专门合同,如劳动保护合同、休假合同等。合同文本应该简明扼要,便于贯彻实施。

10.5　新形势下劳动关系的发展趋势

在共享经济、物联网和人工智能的快速发展下,个人或组织以网络平台为依托、借助智能化技术,使劳动力的供给与需求有效连接,将闲置资源(包括劳动力资源)有偿或无偿让渡给其他个人或组织,在盘活、优化、配置资源方面实现协同,使劳动关系发生了深刻的变化,出现了劳动关系复杂化、劳动形态多元化、从属关系弱化的趋势。

共享经济和人工智能技术的广泛应用满足了灵活用工的需求,远程劳动、共享劳动、委托劳动、人机协同劳动、多重身份劳动等新的劳动形态日益凸显。远程劳动是指从业者突破地理环境的限制,借助于网络,利用高科技在传统工作场所之外灵活参与工作。组织不再拘泥于现场的指挥和监控,而是强调工作完成的时间节点,关注劳动成果。这种方式降低了组织成本,给予劳动工作者时间和空间上的高度自由。共享劳动是指依托互联网平台搜寻或匹配服务对象,劳动者可以多重身份为非特定主体提供劳动服务。在共享劳动中劳动者不专属于某个互联网平台交易,使从属关系中另一方主体的"雇主身份"变得模糊,带来了劳动关系认定的困难。此外,共享劳动者的劳动工具一般由劳动者自己提供,他们承担了几乎所有的经营风险。委托劳动是指不采取标准劳动关系进行雇佣,而是基于双方的信任,利用业务委托的方式把某项雇主事务交由个体劳动者处理,且由雇主承担其处理受托事务的后果的劳动形态。委托劳动覆盖的职业基本都是机器人无法替代的领域,比如精算师、律师、人力资源开发与管理等领域,在这些领域中高级专业人才具有稀缺性和不可替代性,其劳动力价格往往很昂贵。为了降低成本,有效利用这些高级专业人才,组织不愿意直接培养和雇佣此类劳动者,而采用业务委托的方式使用这些人才。另一方面,这些高级专业人才为了充分发挥自己的专业能力,也不愿局限于受一家公司雇佣或委托。人机协同劳动是指机器人参与到组织化生产中,人类作为主导对机器人进行指挥和管控,甄别机器人无法识别和处理的领域,而机器人协助人类来提高劳动生产率。人机协同工作将成为劳动模式常态,机器人负责机械的、程序化的、重复性的工作,人类从事艺术设计、哲学、研发等创造性工作。多重身份劳动是指劳动者以个人兴趣和爱好做引导,积累多种工作技能,同时从事不同工作的状态。劳动力提供者从单一劳动中解放,参加工作的动机不再源于生存的需要,而是对劳动自由的向往。劳动者的身份可以在受雇和自雇状态中自由转换。劳动者在被他人雇佣的同时,也可以自主创业,或同时雇佣他人从事另外的工作。

面对灵活多变的劳动形态,组织不得不采用弹性化的劳动关系管理来适应市场环境,由传统的"组织+个人"的劳动关系逐渐转变为"组织+平台+个人"的复杂劳动关系。同时,个人逐渐摆脱了对组织的依赖,能力成为个人发展的重心。新型劳动关系具有以下特征:

(1)劳动者供需双方交易成本降低。在共享经济、物联网、人工智能等新形势快速发展的背景下,传统市场的时间和空间限制被打破,消费者与愿意提供未充分利用资源的提供者通过智能化平台相互联系,有效匹配供需资源,降低了信息搜寻、交流和交易成本。主要表现在:首先,消费者或生产者不需要地理位置的迁移,就可以了解到其他地区的需求,降低了信息搜寻成本;其次,消费者或生产者可以通过网络平台进行交流,利用视频实时共享信息,降低了交易成本;再次,共享平台组织对于个体劳动提供者不需要付出传统意义上的管理成本,降低了组织内部的交易成本,同时,共享平台对组织的供需匹配能够做到精准化,扩大了交易的范围与成功率,降低了组织外部交易成本。

(2)劳动关系模式趋于自由化、弹性化、多重化,从属性弱化。共享平台组织与劳动者通过互联网平台建立用工关系,具有不稳定性和灵活性。共享经济和网络的广泛使用促进了灵活就业的迅速发展,共享平台给了劳动者很高的支配时间的自由度,劳动者只需要按照事先确定的时间节点提供符合绩效标准的劳动,而不拘泥于"朝九晚五"或"996"的工作班制。以人工智能技术和大数据的应用为引导,组织的用工需求趋向于弹性化,逐渐出现了劳动时间灵活的非全日制用工,劳动地点灵活的新型劳动状态,有许多劳动从业人员并不满足于拥有一种专业技能或同一种受雇状态,而是以身份的变化和体验作为个人追求。基于实现人力资本价值的需求,员工与多个组织之间会形成多重劳动关系。劳动方式并不局限于集团化的流水线劳动,可以单独或组成临时团队协作进行,使得从属性弱化。

(3)人力资本在组织中逐渐趋于核心地位。随着互联网的快速发展,在共享经济模式下人力资本所有者可以通过互联网平台与外界组织形成利益关系网络,可跨越组织边界去实现人力资本的价值。这一做法打破了传统的"单一组织对应单一员工的"劳动关系模式,使人力资本所有者获得利益的渠道趋于多样化,在一定程度上提高了组织中人力资本的地位。新形势下的人力资本价值的实现突破了组织以物质资本作为前提的条件,物质资本所有权归人力资本提供者所有,组织可以不用再提供物质资本,只需利用网络共享平台来整合供需双方的需求。越来越多的共享平台组织意识到了在组织财富创造过程中人力资本的价值和对组织持续运营的重要作用。

(4)合作型劳动关系模式将占领主导地位。在共享经济、物联网、人工智能等新形势快速发展的背景下,互联网平台作为一个利益关系汇聚的中介,它可以使组织内部的人力资本所有者与外部需求形成多重的供需利益关系,进而形成一个多元、宽泛的利益关系网络。这种多重供需利益关系网络打破了传统的劳动关系模式,化解了劳资之间的利益冲突,使员工获取利益的途径不再局限于单一的组织内部,而是取决于员工自身的价值。因此,员工与组织之间的劳动关系由传统的劳资雇佣模式转变为基于人力资本价值基础的合作模式。这种合作关系为员工或劳动主体提供了发展空间,有利于劳动者挖掘自身的人力资本潜能,实现个人价值。例如,在海尔集团为了促进员工最大限度地实现个人价值,将企业组织结构转型为一种平台,以平台为载体,员工与企业之间的关系定位于以价值创造为基础的合作者或创业者角色,员工具有了更大自主权,身份更具开放性,企业与员工之间的关系融入了开放性的、合作性的基因。员工在其人力资本价值实现过程中,可以达到员工与企业的共赢。不仅在海尔,近年来蓬勃发展起来的一些创业型组织所实行的合伙人制度也是关于上述问题的有益尝试。可以预期,由共享经济所带来的劳资之间利益关系格局的变化,可以逐渐催生员工的参与意识与合作意识,以员工与企业之间的合作为特征的劳动关系模式将逐渐取得主导地位。

思考题

1. 简述劳动关系、法定劳动时间、劳动合同的定义。
2. 解除或终止劳动合同应该具备哪些条件?
3. 劳动关系管理的基本事务和依据是什么?
4. 对妇女和未成年人有什么特殊的劳动保护?
5. 了解工会和集体谈判。
6. 我国当前劳动关系的特点有哪些?
7. 我国现行的社会保障制度主要包括哪些内容?
8. 简述劳动关系管理的时代要求。
9. 简述劳动关系的发展趋势。

案例分析

"996"&ICU

2019年3月26日,一位程序员在程序员最流行的网站Git Hub写下了一段话,发起了名为"996·ICU"的开源项目,以此来抗议公司的"996"工作制,该项目的含义是"工作'996',生病ICU",引发了关于互联网乃至其他行业的讨论。网络上出现的越来越多"996""996·ICU",到底是什么意思? "996"和ICU有什么关系呢?

"996"指工作时间制度安排,即每天早上9点到岗,一直工作到晚上9点,每周工作6天时间。"996·ICU"就是长期在"996"工作制下,积劳成疾,甚至要进入ICU急救的情况。职场上除了出现"996"这样的工作制之外,甚至还有247工作文化。247,则是24小时,每周7天来应对工作。

"996"工作制由来已久

2016年9月1日,有消息称58同城将实行全员"996"工作制(早9点到晚9点、一周工作6天),且没有任何的补贴。9月2日,58同城官方回应称,"996"是为了应对9、10月业务高峰阶段,更好地服务集团客户及平台用户,而每年的同时期都会有常规性的动员,集团不会强制要求所有人一定要按照"996"的规定来安排工作。

2019年1月下旬,杭州的一家科技公司宣布,今后将实行"996"工作制,即每天早9点半到岗,一直工作到晚上9点。遇到紧急项目时,每周工作6天,每天工作时间可能会更久。除了要求员工每天工作10多个小时外,该公司高管发言时曾提出如果无法将工作和家庭妥善平衡,可以选择离婚。

在此之前,济南某集团内部的"奋进者申请书"要求员工必须每周自愿工作6天,每天工作12小时,自愿放弃所有带薪年假,自愿进行非指令性加班。不仅如此,其还要求员工在春节、国庆等节假日无条件加班,随叫随到。

2019年3月,国内某知名互联网企业开始实行分部门的"996"或"995"工作制,美其名曰"全情投入"。

管理者对"996"的评价

"996"一度占据热搜位置,包括马云、刘强东在内,不少企业高管都对此做出了回应。2019年4月11日晚阿里内部交流活动上,马云提出:"能做'996'是一种巨大的福气,很多公司、很多人想'996'都没有机会。""如果你年轻的时候不'996'",你什么时候可以'996'?"4月12日晚间,马云在微博再次就"996"发声,称:"任何公司不应该,也不能强制员工'996'。""不为'996'辩护,但向奋斗者致敬!"京东创始人刘强东在朋友圈发文谈及"996",他表示,京东永远不会强制员工"995"或者"996",但要求京东员工必须有拼搏精神。当当创始人李国庆以六点理由坚决反对"996"。4月14日,360董事长称不会强制员工"996",因为强制没有意义,但是优秀的人自然而然会"996",年轻人不要混日子,要打造自己的身价。高管的热议迅速引起了社会对于工作与健康、奋斗拼搏与加班文化的讨论。

《广州日报》发表评论:一个行业起步和发展阶段可以靠咬牙拼下来,但靠牺牲员工的正常生活与休息时间的发展不可持续,它不仅给员工的身体健康埋下隐患,也无法迎来一个行业的未来。"上班'996',生病ICU",虽然是调侃,但也足以警醒相关公司。只有工作没有生活的状态下,员工哪怕拿着高薪,幸福感又从何而来?"996"工作制不应该成为任何行业的常态。《人民日报》表示:"崇尚奋斗,不等于强制'996'。"牺牲健康为代价的成功值不值?加班加点已经构成了社会危害,扭曲了正当的劳动产出数据,牺牲健康和家庭,需要引起我们的重视……

""996"工作制"合法吗?

《劳动法》第四章第三十六条规定:"国家实行劳动者每日工作时间不超过八小时、平均每周工作时间不超过四十四小时的工时制度。"第三十九条规定:"企业因生产特点不能实行本法第三十六条、第三十八条规定的,经劳动行政部门批准,可以实行其他工作和休息办法。"第四十一条规定:"用人单位由于生产经营需要,经与工会和劳动者协商后可以延长工作时间,一般每日不得超过一小时;因特殊原因需要延长工作时间的,在保障劳动者身体健康的条件下延长工作时间每日不得超过三小时,但是每月不得超过三十六小时。"第四十三条规定:"用人单位不得违反本法规定延长劳动者的工作时间。"第四十四条规定:"有下列情形之一的,用人单位应当按照下列标准支付高于劳动者正常工作时间工资的工资报酬:(一)安排劳动者延长工作时间的,支付不低于工资的 150％的工资报酬;(二)休息日安排劳动者工作又不能安排补休的,支付不低于工资的 200％的工资报酬;(三)法定休假日安排劳动者工作的,支付不低于工资的 300％的工资报酬。"

《劳动法》第十二章第九十条规定:"用人单位违反本法规定,延长劳动者工作时间的,由劳动行政部门给予警告,责令改正,并可以处以罚款。"

显然,"996"工作制与劳动法背道而驰!

柏拉图曾说过,人生的第一财富是健康,第二财富是美丽,第三财富是财产。人生应该奋斗,但当奋斗偏离了健康的航道,就失去了奋斗本身的意义。但是,当行业竞争激烈,大多数企业的员工都在实际执行"996"工作制,不断提高工作绩效的时候,企业和员工该如何选择呢?

案例讨论

1. 站在员工的角度考虑,你是否赞成"996"工作制? 为什么?

2. 如果你是一名创业企业家,你是否赞成"996"工作制? 为什么?

3. 对上述两个问题的回答有差异吗? 请思考劳动关系处理的精髓。

参考文献

[1] 白瑞. 基于互联网时代 ELM 主导型雇佣关系的社交招聘创新模式研究:以 LinkedIn 为例[J]. 中国人力资源开发,2016(18):14-19.

[2] 多尔蒂,威尔逊. 机器与人:埃森哲论新人工智能[M]. 北京:中信出版社,2018.

[3] 蔡海琴,林巍. "互联网+"背景下企业人员招聘的创新[J]. 中外企业家,2017(31):167-168.

[4] 曹芳. 产业多元化、地域多元化与管理层薪酬:来自中国上市公司的经验证据[D]. 广州:暨南大学,2008.

[5] 常涛. 团队性绩效考核对知识共享的影响及其作用机制研究[D]. 上海:华东科技大学,2008.

[6] 陈劲,郑刚. 创新管理:赢得持续竞争优势[M]. 3 版. 北京:北京大学出版社,2016:449.

[7] 陈微波. 共享经济背景下劳动关系模式的发展演变:基于人力资本特征变化的视角[J]. 现代经济探讨,2016(9):35-39.

[8] 陈志霞,周佳彬. 信息化人力资源管理研究进展探析[J]. 外国经济与管理,2017(1):56-67.

[9] 陈对. 我国人口质量红利影响因素研究[J]. 统计与决策,2015(10):88-91.

[10] 杜敏. 职业发展中的"斜杠青年"现象论析[J]. 当代青年研究,2017(5):78-83,114.

[11] 范洪敏,穆怀中. 人口老龄化会阻碍中等收入阶段跨越吗?[J]. 人口研究,2018(1):31-43.

[12] 符谢红. 易变性职业生涯路径研究[D]. 上海:东华大学,2013.

[13] 傅小兰,张侃,陈雪峰,陈祉妍. 心理健康蓝皮书:中国国民心理健康发展报告(2017—2018)[M]. 北京:社会科学文献出版社,2019.

[14] 郭伟,李广平,吕旭峰. 创新驱动发展形势下的人才培养变革:访浙江大学发展战略研究院常务副院长魏江[J]. 世界教育信息,2016,29(17):11-15.

[15] 郭文臣,孙琦. 个人-组织职业生涯管理契合:概念、结构和动态模型[J]. 管理评论,2014,26(9):170-179.

[16] 宫淑燕. 新生代知识员工自我认同对组织行为的作用机理研究[D]. 西安:西北工业大学,2015.

[17] 何勤,邹雄,李晓宇. 共享经济平台型灵活就业人员的人力资源服务创新研究:基于某劳务平台型网站的调查分析[J]. 中国人力资源开发,2017(12):148-155.

[18] 金丽佳. 打造充满企业文化的新员工入职培训[J]. 人口与经济,2011(S1):38-39.

[19] 德斯勒. 人力资源管理[M]. 14 版. 刘昕,译. 北京:中国人民大学出版社,2017.

[20] NG J C Y，邵丹慧，贾良定，等．一群去专业化的人：斜杠青年的事业发展研究［J］．中国人力资源开发，2018，35(6)：109－120．

[21] 雷静．新员工入职培训不能走"捷径"［J］．企业管理，2016(12)：54－56．

[22] 李静，楠玉，刘霞辉．中国研发投入的"索洛悖论"：解释及人力资本匹配含义［J］．经济学家，2017(1)：31－38．

[23] 李晓曼，曾湘泉．新人力资本理论：基于能力的人力资本理论研究动态［J］．经济学动态，2012(11)：120－126．

[24] 李伟阳，罗仕文，吴伟炯．e－HRM 对人力资源管理战略职能影响研究：一个文献综述［J］．中国人力资源开发，2018，35(5)：84－95．

[25] 李燕萍，齐伶圆．"互联网＋"时代的员工招聘管理：途径、影响和趋势［J］．中国人力资源开发，2016(18)：6－13，19．

[26] 吕红，金喜在．转型期中国灵活就业的特征及发展空间分析［J］．当代经济研究，2010(9)：48－51．

[27] 刘涛．基于"互联网＋"时代的员工招聘管理分析［J］．现代经济信息，2018(9)：42，44．

[28] 孟亮．基于自我决定理论的任务设计与个体的内在动机：认知神经科学视角的实证研究［D］．杭州：浙江大学，2016．

[29] 庞程露．企业如何与新型人才打交道：浅谈"斜杠青年"对人力资源管理培训与开发模块的影响［J］．现代商业，2018(7)：130－132．

[30] 卿涛．人力资源管理概论［M］．2 版．成都：西南财经大学出版社，2013．

[31] 苏列英，杨睿娟．薪酬管理［M］．2 版．西安：西安交通大学出版社，2012．

[32] LEKA S，HOUDMONT J．职业健康心理学［M］．傅文青，赵幸福，译．北京：中国轻工业出版社，2014：202．

[33] 陶云武．员工潜能开发研究［D］．上海：复旦大学，2006．

[34] 腾讯新人入职培训大曝光，鹅厂 HR 都花了哪些心思［EB/OL］．(2018－06－22)［2019－06－03］．http:/dy.163.com/v2/article/detail/DKUFPKBO0514 CAMJ.html．

[35] 田思路，刘兆光．人工智能时代劳动形态的演变与法律选择［J］．社会科学战线，2019(2)：212－221．

[36] 唐镳，李彦君，徐景昀．共享经济企业用工管理与《劳动合同法》制度创新［J］．中国劳动，2016(14)：41－52．

[37] 王震．人力资源管理三支柱模型：理念与实践［J］．中国人力资源开发，2015(18)：3．

[38] 王聪颖，杨东涛．期望差距对新生代知识型员工离职意向的影响研究［J］．管理学报，2017(12)：54－62．

[39] 王吉斌，彭盾．互联网＋：传统企业的自我颠覆，组织重构，管理进化与互联网转型［M］．北京：机械工业出版社，2015．

[40] 王雁飞，朱瑜．职场心理健康促进系统的建构与实施研究［J］．科技管理研究，2010，30(13)：188－191．

[41] 王林雪. 人力资源管理概论［M］. 西安：西安电子科技大学出版社，2016.

[42] 吴家喜. 共享经济对创新的影响机制及政策取向［J］. 中国科技资源导刊，2016，48（3）：1－5，13.

[43] 隗媛. 易变性职业生涯倾向对感知职业竞争力的影响机制研究［D］. 北京：北京外国语大学，2018.

[44] 熊颖. 灵活就业催生人力资源服务模式再创新［J］. 人力资源，2016(5)：26－29.

[45] 徐振梅，王锐兰. 职场80后：HRM研究的新焦点［J］. 人才资源开发，2008(7)：32－33.

[46] 肖兴政，冉景亮，龙承春. 人工智能对人力资源管理的影响研究［J］. 四川理工学院学报(社会科学版)，2018，33(6)：37－51.

[47] 萧鸣政. 工作分析的方法与技术［M］. 5版. 北京：中国人民大学出版社，2018.

[48] 萧鸣政. 人力资源开发的理论与方法［M］. 2版. 北京：高等教育出版社，2012.

[49] 杨睿娟. 中国高校教师职业心理健康理论构建与实证研究［D］. 西安：陕西师范大学，2018.

[50] 袁光华. 绩效考核指标的选取与组织目标一致性的实现［D］. 北京：清华大学，2005.

[51] 原新. 积极应对人口老龄化是新时代的国家战略［J］. 人口研究，2018(3)：5－10.

[52] 马尔托奇奥. 战略薪酬管理［M］. 5版. 杨东涛，钱峰，译. 北京：中国人民大学出版社，2009.

[53] 俞文钊，吕建国，孟慧. 职业心理学［M］. 3版. 大连：东北财经大学出版社，2014.

[54] 叶华，石爽. 健康的教育梯度、城乡差异与影响机制［J］. 学术研究，2015(9)：50－59.

[55] 姚凯，桂弘诣. 大数据人力资源管理：变革与挑战［J］. 复旦学报(社会科学版)，2018，60(3)：146－155.

[56] 张同斌. 从数量型"人口红利"到质量型"人力资本红利"：兼论中国经济增长的动力转换机制［J］. 经济科学，2016(5)：5－17.

[57] 张德. 人力资源开发与管理［M］. 5版. 北京：清华大学出版社，2016.

[58] 赵琛徽，徐何晴. 基于内部营销的HRBP模式研究［J］. 中国人力资源开发，2015(20)：6－10.

[59] 赵曙明，白晓明. 创新驱动下的企业人才开发研究：基于人力资本和生态系统的视角［J］. 华南师范大学学报(社会科学版)，2016(5)：93－98，190.

[60] 中国劳动和社会保障部劳动科学研究所课题组. 中国灵活就业基本问题研究［J］. 经济研究参考，2005(45)：2－16.

[61] 周箫，杨柳青. 中国新生代员工敬业度的影响机理研究［J］. 东南学术，2017(5)：170－178.

[62] 朱国文. 国有企业战略人力资源管理模式研究［D］. 哈尔滨：哈尔滨工程大学，2006.

[63] 左祥琦. 劳动关系管理［M］. 修订版. 北京：中国发展出版社，2007.

[64] BRISCOE J P, HALL D T. The interplay of boundaryless and protean careers: Combinations and implications［J］. Journal of Vocational Behavior，2006，69(1)：4－18.

[65] HANUSHEK E A, RUHOSE J, WOESSMANN L. Knowledge Capital and Aggregate Income Differences: Development Accounting for US States[J]. American Economic Journal: Macroeconomics, 2017, 9(4):184 – 224.

[66] DESSLER G. Human Resource Management[M]. 13th. Prentice – Hall International, Inc. 2018.

[67] HANUSHEK E A, SCHWERDT G, WIEDERHOLD S, WOESSMANN L. Coping with change: International differences in the returns to skills[J]. Economics Letters, 2017, 153(C): 15 – 19.

[68] LOHR S. The Origins of"Big Data": An Etymological Detective Story[N]. The New York Times, 2013 – 02 – 01.